KB203199

하이데거와
부정성의 신학

하이데거와 부정성의 신학
— 하이데거의 죽음 이해와 무無 물음 그리고 그 신학적 의미

2021년 3월 10일 초판 1쇄 인쇄
2021년 3월 17일 초판 1쇄 발행

지은이 | 이관표
펴낸이 | 김영호
펴낸곳 | 도서출판 동연
편 집 | 김구 박연숙 전영수 정인영 김율 디자인 | 황경실
등 록 | 제1-1383호(1992. 6. 12)
주 소 | 서울시 마포구 월드컵로 163-3
전 화 | (02)335-2630
전 송 | (02)335-2640
이메일 | yh4321@gmail.com
블로그 | https://blog.naver.com/dong-yeon-press

Copyright © 이관표, 2021

이 책은 저작권법에 따라 보호받는 저작물이므로 무단 전재와 복제를 금합니다.
잘못된 책은 바꾸어드립니다. 책값은 뒤표지에 있습니다.

ISBN 978-89-6447-649-9 93200

이 저서는 2019년도 한세대학교 교내학술연구비 지원에 의하여 연구되었음.

MARTIN

하이데거와 부정성의 신학

하이데거의 죽음 이해와 무無 물음 그리고 그 신학적 의미

HEIDEGGER

이관표 지음

동연

추천의 글

이 책은 하이데거의 철학 전체를 '죽음-삶', '무-존재', '비움-충만'이라는 역설적 부정성의 관점에서 해석하고, 이를 신학에 적용하여 현대 허무주의를 극복할 수 있는 새로운 신-인-관계를 제안하고 있다. 철학과 신학의 양 날개로 부단히 사유의 창공을 나르고자 애쓴 저자의 공력이 고스란히 녹아있는 이 방대한 작업 속에서 독자는 하이데거 철학의 깊이를 가늠하고 새로운 신학의 향방을 모색하는 출구를 찾을 수 있을 것으로 기대한다.

김재철

한국하이데거학회 회장, 경북대 철학과 교수, 유럽현대철학

이 책에서 필자는 죽음과 무의 부정성에 대한 전통적인 이해에 도전하는 하이데거의 철학에 기초하여 죽음과 무의 부정성이 갖는 신학적 의미를 새롭게 조명하고자 한다. 즉, 필자는 죽음의 인간론적 의미, 무의 신론적 의미 그리고 자기 비움의 기독론적 의미를 새롭게 밝혀냄으로 새로운 신학의 길을 제시하고자 한다. 이 책을 통해 독자는 죽음과 무와 자기 비움을 통해 구원과 존재와 충만함에 도달하는 새로운 신학의 길을 발견하게 될 것이다.

윤철호

(전)한국조직신학학회 회장, 장로회신학대학교 신학과 명예교수, 조직신학

이관표 박사가 집필한 『하이데거와 부정성의 신학』을 접하며 평소 그와 나누었던 학문적 궤적이 선명하게 그려지는 느낌을 받았다. 하이데거의 죽음 이해와 무(無) 물음에 천착하여 그것의 신학적 의미를 인간학으로, 신론으로, 기독론으로 고찰하고자 하는 저자의 학문적 노력과 성찰은 독자들의 정신을 새롭게 깨어나게 할 것으로 믿는다. 하이데거의 사상의 전체적 흐름에 기초하는 동시에 죽음과 무에 천착한 저자의 노력은 본 저서의 곳곳에서 향기를 발한다. 이 책을 통하여 독자들은 하이데거라는 난해한 광산에서 기독교신학의 정수를 채굴하는 기쁨을 저자와 함께 맛보리라 생각한다. 다른 독자들과 함께 누리는 동일한 기쁨 외에 제자의 학문적 업적에 감탄하는 기쁨은 나에게 주어진 더 큰 덤의 기쁨이다.

박숭인

(전)한국문화신학학회 회장, 협성대학교 웨슬리창의융합대학 교수, 조직신학

머리말

이 글은 저자의 긴 학업 중 신학 분야에서 일구어낸 첫 결과물이다. 저자는 삶 안에서 느껴야 했던 이해할 수 없는 부정적 경험들 때문에 자연스럽게 철학과 신학을 선택하여 진학하였고, 특별히 신학 분야에서는 죽음과 무에 관한 논의를 중심으로 연구해왔었다.

처음 저자가 하이데거를 발견하고 그 안으로 들어갔던 이유는 철저히 삶이 어린 시절부터 던져주던 부정적 기분(Stimmung) 때문이었다. 도대체 내가 왜 이런 기분과 감정을 느껴야 했는지 늘 억울했고 그래서 이것을 알기 위해 기웃거리다가 만났던 것이 하이데거의 죽음과 무에 대한 사유였다.

일반적으로 하이데거의 죽음 이해는 죽음에의 순응을 조장함으로써 폭력적 죽음을 방조하게 만들 수 있다는 비판을 받고 있으며, 그의 무無 물음 역시 그것이 가진 악마적-사멸적 성격에도 불구하고, 종교적-신비적 궁극자와 동일시되고 있다는 비판을 받는다. 그러나 이러한 비판들은 대부분 하이데거 사상의 일부분에 제한되어 있거나, 혹은 오해에서 비롯된 것이며, 나아가 그의 죽음 이해와 무無 물음 안에서 분명하게 드러나고 있는 '부정성의 자유를 주어 해방하는 힘'을 간과하고 있다. 왜냐하면 하이데거는 '죽음의 부정성'을 통해 인간의 본질을 탁월하게 통찰함으로써 죽음에 대한 오해를 극복하고 있으며, '무의 부정성'을 통해 존재의 본령을 해명함으로써 현대의 허무주의를 극복하고 있기 때문이다. 따라서 본 저서는 이러한 죽음과 무의 부정성의 힘을 신학적으로 분명하게 밝힘으로써 앞서 언급한 비판과 오해들을 극복하고, 나아가 새로운 신학적 가능성을 획득하게 된다. 특별히 이것을 위해 본 논의는 죽음 이해(1부), 무無 물음(2부) 그리고 신학적 의미와 '비움-충만의 신-인-관계'(3부)의 세 부분으로 각각 구분된다.

먼저 죽음은 하이데거 전기 사상의 중심개념으로 등장한다. 그의 사상의 출발점은 형이상학의 새로운 정초를 위한 '기초존재론'이다. 그러나 기초존재론은 예비적 분석 안에서 현존재의 '본래적 전체성'을 앞서 확보해야만 하는 필연성을 가지고 있었으며, 이것을 위해 그는 현존재의 '죽음'을 자신의 논의의 핵심 개념으로 수용하게 된다. 따라서 죽음이 '사망', '불가능성의 가능성' 그리고 '현존재의 본래적 전체 존재가능의 가능성'으로 규정되고, 다시금 그것이 '양심', '탓이 있음', '결단성'의 현상학적 증거를 통해 해석됨으로써 마침내 '앞서-달려가보는 결단성'이 현존재의 본래적 전체성으로 드러난다.

특별히 본 저서는 하이데거의 죽음 이해 안에 세 가지 역설적 성격이 존립하고 있다는 점에 주목하면서 그것을 전기 하이데거의 방법론에 따라, '존재론적-실존론적'으로 해명해본다. 첫째 역설적 성격은 '삶과 죽음의 연합의 역설'로서 현사실 안에서 죽음이 존재가능성, 즉 삶의 일부로 드러나며, 이와 동시에 현존재가 이미 '죽음을 향한 존재'로서 규정된다는 점에서 증거된다. 이러한 '삶과 죽음의 연합의 역설'은 유한성의 근거이다. 둘째 역설적 성격은 '죽음의 실존론적 확실성의 역설'로서 빠져있음 안에서 일상적인 그들이 죽음을 회피하려 함에도 불구하고, 언제나 스스로를 드러내고 있는 죽음의 현상 안에서 증거된다. '죽음의 실존론적 확실성'은 본래적 현존재와 타인이 해방되는 근거이다. 셋째 역설적 성격은 '무성과 세계형성의 역설'로서 본래적인 실존성에서 증거된다. 이것은 인간 현존재가 이미 본질상 유한한 자로, 즉 무적인 자로 규정되어 있음에도 불구하고, 다시금 그 무적인 빈터에서 새롭게 세계를 형성하고 있음을 의미하며, 하이데거에 따르면, 이러한 무성과 세계형성의 역설적 이중성이란 바로 '자유'이다.

전회Kehre를 통해 전기 하이데거의 핵심 주제였던 죽음 이해는 후기의 무無 물음으로 변경된다. 이러한 변경 안에서 인간의 영역에 속하는 죽음의 부정성의 힘은 존재의 영역에 속하는 무의 부정성의 힘으로 확대되고, 그럼으로써 무는 현대의 기술문명이 직면한 허무주의의 원인이자, 동시에 그것을 극복할 수 있는 단초로 드러난다.

하이데거는 전회 이후 허무주의가 형이상학의 종말로서 존재 역사 안에서의 '존재망각'으로부터 기인하였고, 이러한 망각 안에서 결국 현대의 존재경험이 무에 대한 경험으로 변이되었다는 사실에 주목함으로써 허무주의와 형이상학 극복의 실마리를 앞서 언급한 현대의 허무주의에 직면한 존재 경험, 즉 무의 경험 안에서 발견한다. 따라서 그는 무를 존재와의 관계 안에서 새롭게 해명함으로써 형이상학을 극복하고, 제이 시원의 존재사유를 향해 나아가려 시도하게 된다. 특별히 이러한 시도가 가능할 수 있는 이유는 현대의 우리가 경험하는 무가 결코 단순한 허무한 없음이 아니기 때문이다. 그것은 오히려 자기 스스로를 존재 역사 안에서 그리고 허무주의의 이면에서 드러내고 있는 존재자체 외에 다른 것이 아니다. 따라서 이제 형이상학의 극복을 위한 무의 해명은 동시에 존재자체에 대한 해명이 되며, 그 안에서 무와 존재가 동근원적으로 공속한다는 일종의 역설, 즉 '무와 존재의 공속의 역설'이 나타난다. 그리고 이러한 역설 안에서 존재의 '우상파괴의 힘'과 '자체로-삼감'이 드러남과 동시에, 인간 역시 자신이 가진 '죽음과 삶의 연합共屬의 역설'을 가지고 삶의 측면에서는 '존재의 목자'로 그리고 죽음의 측면에서는 '무의 자리지기'로 각각 규정된다.

지금까지 논의한 하이데거의 죽음 이해와 무 물음은 세 가지 신학적 의미를 가지고 있으며, 그것은 각각 '신학적 인간학', '신론' 그리고 '기독론'으로 구분될 수 있다. 첫째는 신학적 인간학의 의미에서의 '죽음을 통한 피조성의 자각'이다. 죽음은 인간 유한성의 존재론적-실존론적 기초이며, 인간현존재에 속하는 유한성의 근거이다. 따라서 죽음을 통해 인간은 하나님 앞에서 자신이 피조물임을 통찰하게 되며, 그럼으로써 '생명존중의 깨달음'과 타자를 위한 '죽음 이해의 변경'으로 나아가게 된다.

둘째는 신론적 의미에서의 '무를 통한 우상파괴'이다. 우상파괴란 기독교의 오랜 전통으로, 하나님 대신 다른 신들, 어떤 형상, 혹은 사물 등을 대치시키지 못하게 하는 유대교, 기독교의 종교전통을 의미한다. 특별히 하이데거에 따르면, 우상에 대한 문제는 비본래적 현존재의 일상적 '빠져있음' 안의 문제이자, 수천 년의 서구 사상을 지배해온 형이상학과 기독교의 '존재-신-론' 안의 문제이다. 따라서 서구의 형이상학과 기독교의 신 관념이 붕괴된 현대에서 다시금 신적인 신의 도래는, 즉 새로운 신론의 모색은 무 안으로 자기를 들여놔서, 우상들로부터 자유로워지고, 동시에 자기신앙의 절대화와 우상화를 무화시키는 것에서 시작되어야 한다. 물론 이러한 우상파괴가 가능한 이유는 현존재가 이미 무 안에 들어서 머물러 있는 자이기 때문이다.

셋째는 기독론적 의미에서의 '죽음 이해와 무 물음의 역설적 성격을 통한 자기 비움'이다. 실존성에서의 죽음 이해의 역설적 성격은 '무성과 세계형성의 역설', 즉 고착된 것을 부숴 무화시킴과 동시에 자신의 세계를 형성하는 '근거의 근거'로서의 자유를 의미한다. 그러나 이러한 자유 안에 죽음의 무성이 속하고 있기 때문에 인간은 본질적으로 실현된 가능성들을 무 앞에서 포기하고 자기를 비워야 하는 자이다. 그뿐만 아니라, 자기 비움은 인간과 더불어 존재자체의 본령이기도 하다. 왜냐하면 존재로서의 '존재생기'에는 자신을 내빼면서 은폐하는 '존재탈생기'가 함께 귀속되어있기 때문이다. 이것은 곧 존재 안에 있는 역설적인 성격, 즉 무의 무화이자 존재가 자기를 비움으로써 다른 것들을 충만하게 만드는 존재의 원천이다. 특별히 이러한 인간과 존재 각각이 자신의 본질로서 수행하고 있는 '자기 비움'은 예수 그리스도의 '케노시스'와 연결될 수 있으며, 그럼으로써 신학적으로 인간과 하나님의 관계가 회복되는 기독론적 의미를 가지고 있다. 다시 말해, 신학적으로 자기 비움이란 인간과 하나님 사이의 자기 비움의 관계를 그 안에 담고 있는 예수 그리스도의 케노시스를 의미하며, 그 안에서 하나님의 자기 비움과 인간의 자기 비움은 궁극적으로 만나게 된다.

나아가 하이데거의 죽음 이해와 무 물음의 수용을 통해, 현대신학은 '극복 대상으로서의 죽음'을, 하나님을 향하는 '인간의 가사적 본질'로서의 죽음으로, 또한 '극복 대상으로서의 무'를 '무로서의 하나님'으로 각각 변경시키고 있으며, 이것을 통해 우리는 그 안에서 '가사자로서의 인간'과 '무로서의 하나님' 사이의 역설적 관계 안에 있는 '비움-충만의 구도'를 새로운 신학적 가능성으로 발견하게 된다.

전통신학은 죽음을 단지 극복해야 하는 부정적인 것으로만 규정해왔다. 왜냐하면 예수 그리스도의 죽음 안에서 하나님은 죽음에 직접 관계했으며, 그럼으로써 그것을 극복하셨기 때문이라는 것이다. 그러나 죽음은 단순히 거부되거나 극복될 어떤 것으로만 규정될 수 없다. 왜냐하면 극복의 대상으로서의 죽음을 주장하는 것은 그것을 마지막에 있는 사건으로 간주하여 배제해 버림으로써 그것이 가진 '자유롭게 해방하는 힘', 즉 자기 비움의 힘을 간과하는 것이기 때문이다. 오히려 우리는 죽음을 '신(혹은 성스러움)'을 향해 자기를 비우며 나아가는 가사자로서의 인간의 본질로 이해해야만 한다.

그뿐만 아니라, 전통신학은 무를 신과 대립되는 부정적인 힘이며, 하나님이 몸소 예수 그리스도의 죽음 안에서 극복한 것으로 규정해왔다. 그러나 이러한 무에 대한 규정 역시 전통 신학적인 존재-신-론에 귀속해 있는 한계를 지니고 있으며, 오히려 우리는 이러한 한계를 넘어 그것을 하나님에 대한 이 시대의 새로운 종교경험, 즉 하나님을 체험하는 현대의 장소로 사유할 수 있어야만 한다. 특별히 이것이 가능한 이유는 우리가 이 시대의 종교경험 안에서 만나는 신이 바로 '무로서의 하나님'이라 명명될 수 있기 때문이다. 다시 말해, 예수 그리스도가 보여준 절대타자로서의 하나님은 지금 무로서 경험되지만, 그럼에도 불구하고 역설적으로 이 무란 바로 하나님 자신의 모습, 즉 그의 '자기 비움', 혹은 '자기 감춤' 이외에 다른 것이 아니다.

나아가 이러한 논의를 통해 우리는 마침내 죽음을 가진 '가사자로서의 인간'과 '무로서의 하나님' 사이의 역설적 관계 안에서, 그들이 각각의 부정성, 즉 '죽음'과 '무'를 통해 '자기 비움'으로부터 '더욱 충만함'에 도달하는 새로운 신학적 구도를 발견하게 된다.

인간의 자기 비움은 '그러함에도 불구하고' 안에서 수행되지만, 결코 무한반복에서 끝나지 않고, 오히려 '더욱 충만함'에 도달하게 된다. 왜냐하면 무근거 위에 있는 자유로서의 자기 비움에는 그러함에도 불구하고 '더욱 충만함(풍부함)의 논리'가 함께 존재하기 때문이다. 특별히 이러한 자기 비움과 더욱 충만함과의 관계는 죽음 이해의 역설적 성격 중 실존성에서의 '무성과 세계형성의 역설'의 인간적 '무성'과 더불어, 무 물음의 역설적 성격인 '무와 존재의 공속의 역설'에서의 존재의 '자체로-삼감' 사이 관계의 상호 역설에서 그 증거를 획득할 수 있다. 왜냐하면 '인간과 존재'가 각각 자신들의 부정성으로서의 '죽음과 무'를 통해, 즉 '무성'과 '자체로-삼감'을 통해 자신을 비움과 동시에 상대편을 더욱 충만함에 도달시키고 있기 때문이다. 다시 말해, 가사자로서의 인간이 '무성'을 통해 비워두고 있는 열린 빈터 바로 그곳에서, 무로서의 존재자체가 '자체로-삼감'을 통해 자신을 비워 내뺌과 동시에 존재를 주고 있으며, 그럼으로써 그 둘 사이의 상호비움의 관계 안에서 양자 모두가 충만함에 도달한다. 그리고 마침내 이러한 상호적인 '비움-충만'의 역설적 사태 관계는 다음과 같은 신학적 의미로 해석된다. '가사자로서의 인간'이 신을 상실한 세상의 환란과 시련에도 불구하고, 무성을 통해 스스로를 비워내어 가장 가난해지는 바로 그 고통의 때, 바로 그 장소에서, '무로서의 하나님'은 스스로를 자체로-삼가며 비우면서 '더욱 충만함'을 그에게 부어주실 것이다. 왜냐하면 '가사자로서의 인간'과 '무로서의 하나님'은 상호적인 자기 비움의 관계 안에 놓여있으며, 바로 이 비움의 관계 안에는 역설적으로 더욱 충만함 역시 함께 속해있기 때문이다.

이처럼 하이데거의 죽음 이해와 무 물음은 앞에서 언급한 비판을 넘어 신학적 의미와 새로운 가능성, 즉 '가사자로서의 인간'과 '무로서의 하나님'의 '상호적인 비움-충만'의 관계를 우리에게 보여주고 있으며, 이것은 곧 현대의 죽음의 문제와 허무주의를 극복할 수 있는 단초를 의미한다. 왜냐하면 바로 이 관계 안에서 죽음은, 그것을 통해 인간이 우상에서 벗어나 자유롭게, 구원을 희망할 수 있는 본질이자 자격으로 드러나며, 이와 더불어 허무주의, 즉 무의 경험은 존재자체가, 거룩한 것이, 혹은 궁극적 신이, 인간의 고통스런 상황 안에서 스스로를 드러낼 것에 대한 징표로 드러나기 때문이다.

차례

제3부 하이데거 사유의 신학적 의미와 부정성의 신학 309

약어표(Abkürzung)

Martin Heidegger, 전집 (Gesamtausgabe - GA) :

GA2:	Sein und Zeit. Tübingen: Max Niemeyer, 1972.
GA5:	Holzwege. Frankfurt(M): Vittorio Klostermann, 1977.
GA6 II:	Nietzsche Vol. II(1939-1946). Pfullingen: Neske, 1961.
GA7:	Vorträge und Aufsätze. Pfullingen: Neske, 1954.
GA8:	Was heiβt Denken. Pfullingen: Neske, 1954.
GA9:	Wegmarken. Frankfurt(M): Vittorio Klostermann, 1976.
GA11:	Identität und Differenz, Frankfurt(M): Vittorio Klostermann, 2006.
GA12:	Unterwegs zur Sprache. Frankfurt(M): Vittorio Klostermann, 1985.
GA13:	Aus der Erfahrung des Denkens. Frankfurt(M): Vittorio Klostermann, 1983.
GA14:	Zur Sache des Denkens. Tübingen: Max Niemeyer, 1976.
GA15:	Seminare. Frankfurt(M): Vittorio Klostermann, 2003.
GA20:	Prolegomena zur Geschichtesbegriff der Zeit. Frankfurt(M): Vittorio Klostermann, 1988.
GA24:	Grundprobleme der Phänomenologie. Frankfurt(M): Vittorio Klostermann, 1975.
GA26:	Metaphysische Anfangsgründe der Logik im Ausgang von Leibniz. Frankfurt(M): Vittorio Klostermann, 1990.
GA29/30:	Grundbegriffe der Metaphysik. Welt-Endlichkeit-Einsamkeit. Frankfurt(M): Vittorio Klostermann, 1985.
GA40:	Einführung in die Metaphysik. Tübingen: Max Niemeyer, 1953.
GA42:	Schellings Abhandlung über das Wesen der menschlichen Freiheit(1809) Tübingen: Max Niemeyer, 1971.
GA45:	Grundfragen der Philosophie. Ausgewählte 'Probleme' der 'Logik'. Frankfurt(M): Vittorio Klostermann, 1992.
GA48:	Nietzsche. Der Europäische Nihilismus. Frankfurt(M): Vittorio Klostermann, 1986.
GA51:	Grundbegriffe. Frankfurt(M): Vittorio Klostermann, 1991.
GA54:	Parmenides. Frankfurt(M): Vittorio Klostermann, 1982.
GA55:	Heraklit. Frankfurt(M): Vittorio Klostermann, 1994.
GA60:	Phänomenologie des religiösen Lebens. Frankfurt(M): Vittorio Klostermann, 1995.
GA61:	Phänomenologische Interpretationen zu Aristoteles. Einführung in die phäno menologische Forschung. Frankfurt(M): Vittorio Klostermann, 1994.
GA65:	Beiträge zur Philosophie. Vom Er-eignis. Frankfurt(M): Vittorio Klostermann, 1989.
GA66:	Besinnung. Frankfurt(M): Vittorio Klostermann, 1997.
GA67:	Metaphysik und Nihilismus. Frankfurt(M): Vittorio Klostermann, 1999.
GA79:	Bremer und Freiburger Vorträge. Frankfurt(M): Vittorio Klostermann, 2005.

❚ 들어가는 말 ❚

현대의 위기적 상황과 하이데거의 부정성의 사유

현대를 살아가는 우리는 너무나도 많은 죽음의 소식들을 접하며 살아간다. 충격적이었던 연쇄살인, 안타까운 사고들, 그리고 매일 보도되는 자살사건까지, 현대인들은 단 하루도 죽음에 대한 뉴스를 듣지 않을 수 없는 시대에 살고 있다. 특별히 오래전부터 한국의 자살률은 OECD국가들 중 최고에 올라와 있으며, 살인을 저지르고도 아무런 가책을 느끼지 않는 사이코패스가 등장했고, 흉악하게 타인의 생명을 빼앗는 범죄들이 10대들에게서도 다수 나타나기 시작했음을 우리는 알고 있다. 이것을 통해 우리 사회가 그 어느 때보다 죽음의 혼란기에 있는 것으로 진단되기도 했었으며, 그럼으로써 우리는 "양심의 판단을 잃어버린 죽음론이 삶에 얼마나 위험한 것"[1]인가를 알게 되었다.

물론 앞서 언급한 죽음의 문제들은 단순히 죽음 자체, 혹은 죽음에 대한 왜곡된 이해와만 연관되는 것은 아닌 것으로 보인다. 오히려 이것은 현대의 인류가 최소한의 윤리적인 가치조차 당연하게 주장할 수 없게 되었다는 것을 보여준다. 우리는 허무주의에 직면해 있으며, 그래서 우리가 가지고 있는 그 어떤 종교, 문화, 전통 등도 이제 우리에게 삶의 기준을 제공하지 못한다. "허무주의란 [...] 모든 목적들이 사라져버

1 Eberhard Jüngel, *Tod* (Stuttgart: Kreuz Verlag, 1983), 42.

리는 것을 의미하"[2]며, "[...] 허무(nihilum)에서는 무의미가 모든 삶의 근본에서, 즉 정신적-인격적인 삶의 근본에서 나타난다."[3] 따라서 현대인들은 이러한 무의미를 회피하고자, 돈만을 생각하고 있으며, 그래서 '부자되세요!'라는 매스미디어의 인사는 현대 한국의 가장 큰 덕담이 되었다. 왜냐하면 모든 가치가 붕괴된 허무주의 사회에서 돈은 가장 좋고, 선한 삶의 기준이 되었기 때문이다. 이러한 기준을 통해 사람들은 재벌을 삶의 승리자로, 가난한 자를 삶의 패배자(looser)로 간주하며, 인간의 죽음조차 돈으로 보상받으면 그만인 하찮은 사고로 치부해버리고 있다.

이처럼 왜곡된 죽음과 허무주의의 문제가 우리의 삶 전체를 위협하고 있지만, 우리는 거기로부터 기인되는 무의미, 허무 그리고 부정성 등을 삶 안에서 잊어버리려 애쓸 뿐이다. 죽음과 허무주의는 단지 '배제'(Verdrängung)[4], 즉 "인간의 심리적 기능과 평형 관계를 침해할 수

---

2 Martin Heidegger, *Beiträge zur Philosophie. Vom Er-eignis* (Frankfurt(M): Vittorio Klostermann, 1989), 138. (이하 GA65)

3 Keiji Nishitani/Übers. von Dora Fischer-Barnicol, *Was ist Religion* (Frankfurt(M): Insel Verlag, 1982), 164.

4 Werner Fuchs, *Die These von der Verdrängung des Todes* (Frankfurt(M), Frankfurter Hefte, 1971), 177. 융엘에 따르면, 죽음의 배제는 "이성과 자율이라는 기본정서(Pathos)를 지닌 '현대 사회의 탄생'에서부터"(Jüngel, *Tod* (1983), 48) 기인된 현상이다. 왜냐하면 인간중심의 계몽주의 이후 현대는 죽음을 공공적인 삶으로부터 추방시켜버렸고, 그럼으로써 죽음을 보지 않고 사는 것이 안전함의 기준이라는 착각을 만들어내었기 때문이다. 의학과 과학기술은 죽음을 피하는 방편으로 훈련되고 있으며, "사회제도는 공공적인 상황에서 나타나는 죽음들을 국장 등의 사회적인 장례제도로 꾸며 죽음에 대한 연극을 하도록" 종용하고 있다(Ibid., 49). 또한, 몰트만에 따르면, 죽음 배제의 경향은 계몽주의 이후의 현대사회의 등장과 유토피아적 낙관을 통해 발생한 '개인주의'에서 비롯되었다. 이러한 인간상의 변형을 통해 세계 안의 관계들은 단절되고, 모든 존재자들은 생산하는 기계로 취급받으며, 자신의 조상과 후손에 대한 기억과 배려조차 사라져버리게 되었다(Jürgen Moltmann. *Das Kommen Gottes. Christliche Eschatologie* (München: Chr. Kaiser, 1995), 67 ff).

있는 본능들, 관심들, 생각들을 인간의 의식에서 제거하고자 하는 심리적 메커니즘"[5]으로 포장되고, 마침내 단지 공허한 것으로 간주될 뿐이다. 그럼으로써 사람들은 이러한 문제들을 쾌락의 탐닉이나, 가벼운 망각을 통해 극복할 수 있는 단순한 현대 시대의 경향이라 생각한다. "허무주의의 본질은 사람들이 무에 대한 물음을 진지하게 생각하지 않는다는 데에 있다."[6] 그러나 특별히 우리가 여기에서 주목해야 하는 것은 이러한 한국 사회 안에 개신교 신도가 이미 1,000만 명을 넘어섰으며, 가톨릭 신도 역시 500만 명을 넘어서 있다는 사실이다. 그렇다면, 이것은 무엇을 의미하는가? 이것은 기독교가 한국 사회 안에서 큰 잘못을 범하고 있다는 것을 의미한다. 다시 말해, 기독교가 한국 사회에서 자신의 책임을 제대로 해내지 못하고 있다는 사실을 드러내 주고 있다는 말이다. 그렇다면, 왜 기독교가 이러한 사회적 현상, 즉 죽음의 문제와 허무주의의 팽배에 대한 책임을 가지고 있다는 말인가?

기독교는 분명히 여기에 대한 책임을 가지고 있다. 왜냐하면 기독교는 세상이 창조주 하나님의 뜻과 목적 아래에 있으며, 예수 그리스도의 죽음을 통해 세상이 구원되었다는 신앙을 통해 성립되었기 때문이다. "기독교 신앙은 죽음 물음에 대한 대답과 같으며 [...] 기독교 신앙의 본질은 (세상에 대한) 물음이 하나의 대답을 발견했다는 사실을 통해 규정되어 있어서 그 대답을 사태와 시대에 맞게 표현하는 것이 신학의 필수적 과제이다."[7] 따라서 이러한 종교가 죽음과 허무주의의 문제에 혼란을 겪고 있는 이 사회에 책임을 느끼지 못하거나 현실에서 벌어지

5 김균진, 『죽음의 신학』 (서울: 현대기독교서회, 2002), 67.

6 Martin Heidegger, *Nietzsche. Der Europäische Nihilismus* (Frankfurt(M): Vittorio Klostermann, 1986), 43. (이하 GA48)

7 Jüngel, *Tod* (1983), 40-41.

고 있는 문제들에 침묵하고, 그것을 내버려둔다면, 기독교는 자기 자신의 본질에 모순되게 존재하고 있는 것이 된다. 다시 말해, 그것에 대해 대답하고, 대응하는 것이 기독교의 의무이자 권리이며, 이러한 의무와 권리를 다했을 때만 그것은 사회에 존재할 이유를 가질 수 있을 뿐이다.

본 연구는 바로 이런 문제의식을 가지고 하이데거(Martin Heidegger) 사상의 중심주제들인 '죽음 이해'와 '무無 물음'의 신학적 의미를 살펴보고, 그것을 통해 새로운 신학, 즉 부정성의 신학을 구성해봄으로써 우리 사회가 당면한 죽음 문제와 허무주의를 극복하기 위한 신학적 기초를 마련하고자 하는 노력의 일환이다. 특별히 우리가 그의 사상 안에서 현대의 죽음과 허무주의의 문제를 해결할 수 있는 단초를 찾으려는 이유는 다음과 같다. 즉, 하이데거는 '죽음의 부정성'을 통해 인간의 본질을 탁월하게 통찰함으로써 죽음에 대한 오해를 극복하고 있으며, '무의 부정성'을 통해 존재의 본령을 해명함으로써 현대의 허무주의적 경향과 대결하고 있기 때문이다. 그뿐만 아니라, 이러한 죽음과 무의 부정성에 대한 논의를 중심으로 삼고 있는 "하이데거의 작품들은 현대 사유에 깊은 영향을 주었"[8]고, 그럼으로써 "신앙에 중요한 통찰력을 가져올 수도 있"[9]는 가능성 역시 가지고 있기 때문이다. 이러한 의미에

---

8 Bernhard Welte/ Eingeführt und bearbeitet Holger Zaborowski, *Denken in Begegnung mit dem Denken. Hegel-Nitzsche-Heidegger*, Bd. II/2 (Freiburg/ Basel/Wien: Herder, 2007), 105. "하이데거 이후, 유럽 철학은 백 년 동안 하이데거 없이는 이해될 수 없다. 또한, 이 시대의 유일한 철학자라는 것 이상으로 하이데거는 전체 철학사의 새로운 층위를 열었다"(Günter Figal, *Heidegger. Zur Einführung* (Hamburg: Junius, 1996), 7).

9 John Macquarrie, *Heidegger and Christianity. The Hensley Henson Lectures (1993-1994)* (New York: Continuum, 1999), 108. 특별히 크로너에 따르면, 하이데거의 전체 사상의 중심은 죽음에 대한 사유였으며, 그 당시 이 죽음에 대한 논의가 니체가 유행시킨 '생철학'을 죽음의 철학으로 전이시킴으로써 다시 한 번 엄청난 반향을 일으켰었다(Richard Kroner, "Heidegger's Private Religion" in: *Union Seminary Quarterly*

서 "비록 그 자신이 신학자는 아닐지라도 플라톤, 아리스토텔레스 그리고 칸트가 신학의 창시자였던 것과 같은 방식으로 그는 신학의 창시자이다."[10]

물론 앞서 우리가 언급한 필연성에도 불구하고 본 연구는 아직 다음과 같은 두 가지 문제에 직면해 있다. 그것은 바로 첫째로 하이데거의 정치적 오판에 대한 비판이며, 둘째로 그의 죽음 이해와 무(無) 물음에 대한 비판이다. 우선 우리가 직면한 첫째 문제는 하이데거가 범한 씻을 수 없는 정치적 오류로서 1930년대를 기점으로 그가 대학의 총장이자 나치당원으로서 히틀러를 찬양하고 나치의 이념과 과업들에 적극적으로 가담한 것에 대한 비판이다. "하이데거의 나치 참여는 프라이부룩 대학의 총장으로 선출된 지 얼마 안 되어 나치에 입당하는 것으로 시작된다."[11] 그리고 얼마 지나지 않아 그는 1933년 11월에 총장으로서 "오직 히틀러 총통만이 독일의 진정한 현실이자 법이다"라고 연설함으로써 대학의 구성원들에게 히틀러의 나치혁명에 대한 지지와 참여를 호소한다.[12]

"하이데거와 나치즘 간의 관계에 대한 연구는 정확하게는 잘 알려져 있지 않은 슈니베르거(Guido Schneeberger)의 저서에서 출발하여"[13]

Review Vol. 11, no. 4 [1956], 24).

10 John Macquarrie, *Martin Heidegger. Makers of contemporary theology* (Cambridge: The Lutterworth Press, 1968), 서문.

11 박찬국, 『하이데거와 나치즘』 (서울: 문예출판사, 2001), 55.

12 이 연설의 이유에 대한 가장 일반적인 설은 하이데거가 1933년의 나치혁명이야말로 기술문명의 위기에 직면한 유럽을 이끌고 나갈 수 있는 독일민족의 유일한 길이라고 생각했다는 의견이다. 하지만, 그가 소망하던 나치혁명은 유대인학살, 세계대전, 원폭투하 등과 더불어 붕괴되고 말았으며, 그 이후 그는 연합군과 프랑스 군정에 의해 나치에 대한 해명을 여러 번 요구받았고, 굴욕적인 고초들을 당했다.

13 Victor Farias/ Übers. von Klaus Laermann, Vorwort von J. Habermas, *Heidegger und*

파리아스(Victor Farias)의 『하이데거와 나치즘』이 1987년, 프랑스에서 출간되어 프랑스 지성계에 돌풍을 몰고 온 이후, 전 세계적으로 격렬한 논쟁으로 발전되었다. 자신의 책에서 파리아스는 기초적인 자료들을 가지고, 하이데거의 나치즘을 다루고 있는데, 그의 "핵심적 주장은, 하이데거가 그의 생애 동안 파시스트였으며, 인종차별주의자로 있었고, 또 그렇게 머물렀다는 것이다."[14] 따라서 파리아스에게 하이데거 자신은 처음부터 '체질적인 나치주의자'였으며, 그의 철학 역시 철저히 '나치적'이었다. "그(하이데거)의 사유는 이러한 (나치의) 강령들을 시야에서 잃어버리지 않았을 때에만 알맞게 이해될 수 있다."[15] 이것이 엄청난 문제가 될 수밖에 없는 이유는 파리아스가 주장하는 것처럼 하이데거가 처음부터 끝까지 반유태주의자였고 철저한 나치였을 경우, 이는 하이데거 사상의 영향 밑에 있는 현대 철학과 사상이 동시에 나치적인 오류 안에도 머물러 있음을 의미하게 된다는 점 때문이다. 주지하다시피 20세기의 거의 모든 철학들뿐만 아니라 신학, 문학, 심리학 등 다른 학문들이 그의 영향 하에서 형성되었기에, 만약 그가 없었더라면 20세기의 정신계는 완전히 달라졌을 것이며, 다른 사상가들의 정치적 오류

der Nationalsozialismus (Frankfurt(M), Fischer, 1989), 39. 여기서 언급되고 있는 쉬니베르거의 저서는 다음과 같다. Guido Schneeberger, *Ergänzungen zur einer Heidegger-Bibliographie* (Bern: Selbstverlag [자체출판], 1960).

14 Thomas Rentsch, *Martin Heidegger - Das Sein und der Tod. Eine kritische Einführung* (München: Piper, 1989), 160.

15 Farias, *Heidegger und der Nationalsozialismus* (1989), 44. 파리아스는 하이데거와 나치즘과의 관계에 대한 자신의 입장을 다음과 같이 설명한다. "나의 중심주제는 다음과 같이 요약될 수 있다. 마르틴 하이데거는 긴 준비기간을 거친 이후 나치당에 가입하기로 결정했다. [...] 그의 나치주의적 대학개혁의 노력과 그 당시의 텍스트들은 하이데거가 당의 일원이 되어 정치적으로 활발하게 활동했다는 것을 분명하게 한다. [...] (말년의) 슈피겔지와의 인터뷰까지 하이데거가 나치즘의 강령들에 대해 결정적인 지점에서 신뢰를 지켰다는 것은 분명해진다"(Ibid., 40-44).

와는 별개로 유독 하이데거의 나치 참여가 주목받는 근거도 바로 이러한 그의 사상의 독보적인 영향력에 놓여 있다.[16] 또한, 그의 사상과 그의 정치적 판단을 떼어놓고 생각한다고 해도, 그의 잘못은 결코 가벼워질 수 없는 상황이다.[17]

이와 다르게, 하이데거를 옹호하는 사람들도 있다. 대표적인 하이데거의 제자인 가다머는 하이데거가 위대한 사상가이자, 제자들에 대한 애정과 책임의식으로 충만한 성실한 교육자였기 때문에 그의 정치적 오류는 짧은 기간에 벌어진 단순한 개인적 오해, 혹은 착각으로 간주되어야 한다고 주장한다. 뮐러(Max Müller) 역시 하이데거의 평가서 때문에 베를린 대학의 교수가 될 수 없었던 쓰라린 상처가 있었음에도 불구하고, 그것에 대해 비판하기보다는 하이데거에게 존경과 찬탄을 가다머 못지않게 바치고 있다.[18] 특별히 맥쿼리는 그의 나치 참여가

---

16 Ibid., 14. "전기 하이데거는 사르트르와 메를로 퐁티의 실존철학, 현상학적 인간학에 우선 영향을 미쳤다. 독일에서는 한스-게오르그 가다머(Hans Georg Gadamer)의 철학적 해석학이 비슷한 상황이다. 생산적인 발전으로는 요즘 예를 들어 칼-오토 아펠(Karl-Otto Apel), 미하일 토이니센(Michael Theunissen) 그리고 에른스트 투겐하르트(Ernst Tugendhart)가 존재한다. 하이데거의 이성비판은 프랑스와 미국 안에서 더 강하게 수용되었다. 그들은 자크 데리다(Jacques Derrida), 리차드 로티(Richard Rotty) 그리고 허버트 드라이퍼스(Hubert Dreyfuß) 등이다."

17 예를 들어, 그의 사상을 논외로 하고 오직 하이데거의 생애의 실체를 역사학자의 안목에서 서술한 오트(Hugo Ott) 역시 다음과 같이 비판한다. 그에 따르면, 하이데거가 나치에 참여한 것은 하이데거가 주장한 것처럼 나치들이 대학을 유린하는 것을 저지하기 위해서가 아니라, 자신이 생각하는 진정한 나치 이념을 구현하려는 열정에서 비롯되었다. 그리고 이 열정이란 특별히 하이데거가 자신의 가톨릭 신앙에 대한 내적 갈등에서 분출된 정신적 분열 상태의 표출이었을 따름이다(Hugo Ott, "Wege und Abwege: Zu Victor Farias' kritischer Heidegger-Studie", in: Günzher Neske und Emil Kettering, hg., *Antwort, Martin Heidegger im Gespräch* [Pfullingen: Neske, 1988], 148, 참조).

18 박찬국, 『하이데거와 나치즘』 (2001), 16. 옹호자들의 주장은 일반적으로 다음과 같다. 나치즘은 아우슈비츠와 연결되지만, 하이데거가 나치를 찬양한 1933년은 아우

"극단적이거나 광신적인 것이 아니었으며, 대단히 중요하게도 그것들은 어떤 인종주의적인 것도 아니었다"고 말한다. 오히려 하이데거는 나치가 가지고 있던 극단, 광신, 인종주의 등의 문제들에 대항하여 싸웠기 때문에 총장직을 1년 안에 사임할 수밖에 없었고, 그의 참여가 그렇게 깊숙한 것이 아니었기에 1950년에 정치적, 학문적으로 복권될 수 있었다는 것이다.[19] 맥쿼리는 이것을 증명하기 위해 유대인 여성이면서, 하이데거의 제자이고, 정치 철학자인 아렌트(Hannah Arendt)와의 대화를 그 증거로 제시한다.

> 당신은 그가 1933년에 나치에 들어갔다는 주장과 관련하여, 그가 거기에 관여되지 않았기 때문에 그렇게 말하는 것인가요? 예, 그녀는 정말 그렇다고 말했다.[20]

우선 여기에서 우리가 분명히 해야 하는 것은 하이데거가 타계한 지금의 상황에서는 그 어느 누구도 그와 나치의 관계에 대해 정확히 판단할 수 없다는 사실이다. 물론, 혹자는 지금까지 드러난 그의 나치 참여 정황만으로도 충분히 문제가 될 수 있으며, 그래서 하이데거에 대해 부정적으로 생각하면 그만이고, 그럼으로써 모든 것이 정리될 수 있다고 생각할지 모른다. 그러나 우리가 간과해서는 안 되는 문제는

슈비츠가 문제가 될 때가 아니었으며, 따라서 한 때 나치주의자였던 어떤 사람의 죄를 평가할 때, 오늘날의 나치에 대한 연상을 모두 투사해서는 안 된다는 것이다. 이러한 이유에서 그의 참여 사실은 당시에는 범죄가 아니었으며, 오히려 그는 1933년 이래 나치를 벗어나 그들의 인종주의를 공격했다는 것이다. 이러한 옹호들은 특별히 하이데거가 평생 나치이데올로기에 공감하고 있었다는 파리아스의 총체적인 비판에 대한 반동이다.

19 Macquarrie, *Heidegger and Christianity* (1999), 113.

20 Ibid., 117.

이러한 정치적 오판에도 불구하고 그의 사상이 단순히 버릴 수 없는 중요한 부분을 가지고 있다는 점이다. 다시 말해, 그의 사상은 정치적인 오류에도 불구하고, 이와는 전적으로 다른 차원의 가능성, 즉 그의 오류들을 만회할만한 신학적 기여 가능성을 가지고 있으므로, 우리는 결코 이것을 간과해서는 안 된다. "하이데거의 철학이 지닌 기독교적 함의와 현대 기독교 신학에 미친 영향은 지대하다."[21]

특별히 헤밍(Laurence Hemming)에 따르면, 하이데거의 사상은 신학자들의 고유한 신학적 작업을 새롭게 하는 계기가 되어왔다.[22] 예를

---

21 존 맥쿼리/강학순 역, 『하이데거와 기독교』(서울: 한들출판사, 2006), 해제, 11. 우리는 하이데거의 사상이 지니고 있는 신학적 가능성과 함의 그리고 영향 등의 근거를 출생부터 장례까지 철저히 기독교 신앙과 연관되어 있는 그의 생애에서부터 찾아볼 수 있다. 하이데거는 1889년 독일 성 마르틴 성당 종치기의 아들로 태어나 가톨릭 안에서 성장했고, 젊은 시절 예수회에서 수도생활을 했으며, 프라이부룩 대학에서 철학을 시작하기 전, 신학부에 입학하여 칼 브라이크(Karl Braig) 교수 밑에서 2년 간 신학을 공부했다. 학업과 관련하여 그는 가톨릭 신부가 되려는 분명한 의도를 가지고 신학생이 되었고, 신학수업을 통해 "근대주의의 위험에 대항하여 교회의 영원한 진리를 방어하려는 목적"(Alfred Denker, *Historical Dictionary of Heidegger's Philosophy* [Lahm, Maryland, and London: The Sarecrow Press, 2000], 100)을 가지고 있었다. 하지만, 그는 건강상의 문제로 1911년 신부의 길을 포기하고 철학으로 완전히 전과하게 된다(신상희, 『하이데거와 신』 [서울: 철학과 현실사, 2007], 31). 이처럼 그는 가톨릭의 전통 안에서 살았으며, 자신을 기독교 철학자, 혹은 스콜라주의적 현상학자라 지칭했다. 특별히 그는 1919년 가톨릭주의와 결별함으로써 신앙적 변화를 겪는 와중에서도 1918년부터 21년까지 종교적 삶의 현상학을 강의했으며, 이 강연 안에서 수행한 초대 기독교의 삶의 경험들에 대한 분석은 자신의 중심개념인 실존의 개념을 준비한 작업이었다. 이러한 하이데거와 기독교 신학과의 평생의 관계는 그 자신에 의해 다음과 같이 고백되고 있다. "신학적 유산이 없었다면, 나(하이데거)는 이 사상에 결코 이르지 못했을 것이다. 유래는 미래에 남는다"(Martin Heidegger, *Unterwegs zur Sprache* [Frankfurt(M): Vittorio Klostermann, 1985], 91). (이하 GA12)

22 Laurence P. Hemming, *Heidegger's Atheism-The refusal of Theological Voice* (Indiana: Notre Dame Univ. Press, 2002), 21. 즉, 신학은 하이데거의 사상을 해석학적인 입장에서 차용하기도 하고(불트만과 그의 제자들, 푹스, 에벨링 등), 그의 존재개념을 신과 병치 관계에 놓고 논의하기도 했으며(라너, 벨테), 방법론만을 숙고하

들어, 불트만(Rudolf Bultmann)은 신학과 철학 사이를 완전히 구별하여 실존철학이 가지고 있는 실존의 개념화 작업을 자신의 신학 안에 차용한다. 따라서 불트만에게 현존재의 실존범주란 신에 의해 완결된 인간의 구조이며, 그는 그 구조 안에서 신과의 관계를 발견하고, 그것을 통해 케리그마를 해석고자 한다.[23] 라너(Karl Rahner)는 "많은 교수들을 만났지만, 한 분의 스승인 하이데거가 있었다"[24]고 말함으로써 하이데거를 최고의 스승으로 꼽고 있으며, 특별히 기초 존재론에서 가톨릭적 기초신학의 가능성을 찾는다.[25] 또한, 오트(Heinrich Ott)는 하이데거를 가설적으로(hypothetical), 그리고 논의전개의 목적(argument's sake)을

여 자신의 신학에 적용하기도(오트, 맥쿼리) 했다. 결과적으로 인간론은 불트만이, 해석학은 포스트 불트만주의자들이, 존재론은 가톨릭 신학자들이, 현상학적-존재론적 방법론은 개신교 신학자들이 자신들의 신학을 위해 차용했다는 것이다(Ibid., 21-30).

23 Ibid., 23. 불트만은 다음과 같이 이야기한다. "실존철학의 인간 실존분석은 인간과 신 사이의 관계를 고려하지 않고 인간 실존을 분석하는 것이 가능하다는 판단을 전제로 하고 있다. 그러나 하나님과의 관계 안에서 인간적인 실존을 이해한다는 것은 단지 나의 개인적 실존을 이해한다는 것이다. [...] 이 분석은 단지 신앙이 인간과 하나님 사이의 관계의 영역으로서만 이해할 수 있는 하나의 영역(Gebiet)을 드러낸다"(Rudolf Bultmann, *Glauben und Verstehen 4. Gesammelte Aufsätze* (Tübingen: J.C.B.Mohr [Paul Siebeck], 1993), 171).

24 Hemming, *Heidegger's Atheism* (2002), 23. 또한, 맥쿼리, 『하이데거와 기독교』(2006), 해제, 12.

25 하지만, 번서(Jack Bonsor)에 따르면, 기초 존재론에 대한 "그(라너)의 해석은 전적인 하이데거주의자의 것은 아니었다"(Jack Bonsor, Rahner, *Heidegger, and Thuth: Karl Rahner's Notion of Christian Truth, Influence of Heidegger* [Lanham, Md., Univ. Press of America, 1987]), 187). 즉, 이미 라너는 가톨릭 신학자로서 토미즘을 신봉하는 상황에서 하이데거를 만났기 때문에 그의 사상 역시 어디까지나 토미즘 안에서 수용할 뿐이었다(Hemming, *Heidegger's Atheism* (2002), 25. 무의 문제에서도 하이데거는 신을 존재자로 보는 것에 비해 라너는 무를 존재의 의미, 인간의 초월로서의 신으로 본다. 이렇게 라너에게는 하이데거의 신이해가 주제화되지 못했다(Ibid., 26).

위해 받아들였다. 그는 앞의 두 학자처럼 단지 신학의 기초를 위해서만 그의 철학을 수용하고 있으며[26], 그 이유에 대해 이것이 철학과 신앙을 엄격하게 구분하는 하이데거 자신의 뜻을 존중하는 것이라고 말한다.[27]

특별히 하이데거의 사상과 신학과의 연관관계는 다음과 같은 자카그니니(Marta Zaccagnini)의 말에서 확실히 드러난다. 그는 푀겔러(Otto Pöggeler)의 주장을 빌려, 다음과 같이 이야기한다.

> 그의 사상은 기독교 신학적 전통에 대한 해석과 연관되어 있다.[28]

이러한 자카그니니의 말은 결국 "하이데거가 철학과 신학 사이의 공통적인 토대가 있다는 사실을 인식했다는 것"[29]을 의미한다. 따라서 우리는 그의 사유가 언제나 신학과의 대화를 기다리고 있으면서, 그러한 가능성을 실현할 수 있는 큰 매력을 보여주고 있다는 사실 그리고 이것이 그의 사상 안에 명백하게 드러나고 있다는 점을 결코 부정할

---

26 Ibid., 29.

27 하인리히 오트/김광식 역, 『사유와 존재. 마르틴 하이데거의 길과 신학의 길』 (서울: 연세대학교출판부, 1985), 한국판 서문. 오트는 다음과 같이 이야기한다. "내가 느낀 바로는 하이데거가 신학자들이 거두어들이는 어떠한 종류의 '수용'이든지 저항하고 있다는 것이었다. [...] 나는 그것을 존중할 수밖에 없었다. [...] 개인적 신앙고백으로는 하이데거는 그리스도인이었다. 그러나 철학적 사유자로서 그는 결코 하느님에 대하여 말하지 않았다. [...] 하느님과 존재를 떼어놓는 데 관하여 나는 아무래도 나의 논술에서 너무나 덜 주의하였던 것 같다." 이러한 이유로 오트는 하나님의 계시가 어떻게 물어지는가에 관심을 가지고 여전히 철학과 신학의 물음 범위를 차별적으로 구분한다(Hemming, *Heidegger's Atheism* [2002], 29).

28 Marta Zaccagnini, *Christentum der Endlichkeit. Heideggers Vorlesungen: Einleitung in die Phänomenologie der Religion* (Münster - Hamburg - London: Lit Verlag, 2003), 1.

29 Macquarrie, *Heidegger and Christianity* (1999), 61.

수 없다.

하이데거는 슈피겔지와의 인터뷰에서 "오직 신만이 우리를 구원할 수 있다"[30]고 말하고 있으며, 맥쿼리에 따르면, 하이데거의 사상 전체를 통해 말하고 있는 '존재의 소리', '마지막 신의 눈짓' 등은 더 이상 철학의 영역이 아니라, 오히려 종교의 영역, 다시 말해 신학이 해오던 작업이다. "그의 후기 작품에서는 종교적 모티브들, 다시 말해, 성스러운 것, 태도로서의 경건성, 부정신학의 착상으로서의 침묵이 되살려지고, 다의성을 지닌 비의적인 형태로 발견된다."[31] 그뿐만 아니라, 이러한 신학적 성격들은 1950년을 전후한 여러 강연들에서 신적인 신(der göttliche Gott)[32], 알려지지 않은 신(der unbekannte Gott)[33] 그리고 신적인 것들(die Göttlichen)이라는 이름으로 드러나게 된다. 따라서 "우리는 그가 결코 기독교와 무관할 수 없는 주제인 신을 끝내 던지지 않았다는 기본적인 사실 하나만으로도, 실은 거기에 기독교적 동기가 깔려 있었다고 주장할 수 있다."[34]

물론 우리에게는 아직 하나의 문제가 더 남아있다. 그것은 바로 둘째로 하이데거의 죽음 이해와 무 물음에 대한 현대 학자들의 다수의

---

30 Martin Heidegger, "Nur noch kann ein Gott uns retten!: Spiegel-Gespräch vom 23. 9. 1966," in: *Der Spiegel* Nr. 23 (1976), 193, 209.

31 맥쿼리, 『하이데거와 기독교』 (2006), 해제, 38.

32 Martin Heidegger, *Identität und Differenz* (Frankfurt(M): Vittorio Klostermann, 2006), 65. (이하 GA11)

33 Martin Heidegger, *Vorträge und Aufsätze* (Pfullingen: Neske, 1954), 191. (이하 GA7)

34 이수정, "하이데거의 신론", 「하이데거연구. Vol.18」. 한국하이데거학회편, (2008), 33. "그리고 기독교의 신이 유일신이고 절대자이며, 그 신이 만유를 창조하고 주재한다는 것을 기본적 전제로서 인정한다면, 그 증거라고도 할 수 있는 결과로서의 존재, 즉 존재 현상을 통해 눈짓하는 신이 기독교의 신과 다를 수 없다는 것은 논리적인 필연이기도 하다."

비판들이다. 예를 들어, 마르쿠제(Herbert Marcuse)는 하이데거의 죽음 이해가 죽음의 순응을 조장할 가능성을 가지고 있다고 비판한다. 그에 따르면, 죽음이란 "대부분의 경우 고통과 공포로 가득 찬 사건이고, 폭행이며, 달갑지 않은 일로 일어난다."[35] 또한, "죽음에 순응하는 것은 (Einvernehmen mit dem Tod) 도시국가(Polis), 국가, 자연 혹은 신 등과 같은 죽음을 주관하는 주인에게 순응하는 것"[36]일 뿐이다. 따라서 죽음에 대한 개념 자체가 인간의 본질의 차원에서 논의되는 경우, 그것이 아무리 실존적인 타당성을 가진다 할지라도 그것은 여전히 사회적, 정치적, 폭력적 죽음을 허용할 위험을 가지고 있다.

몰트만(Jürgen Moltmann) 역시 하이데거의 죽음개념이 사회적, 정치적 차원에서 비판되어야 한다고 주장한다. 그가 보기에 "하이데거의 사회, 역사 등의 공동체적 차원은 모두 인간 실존에 근거되어 있을 뿐이며, 단지 주관적으로 생각될 뿐이다."[37] 따라서 이러한 죽음 이해는 우리에게 주어진 수많은 외적 요인, 곧 정치적, 사회적, 종교적 요인들을 간과할 수밖에 없다. 그리고 이러한 이유 때문에 에벨링(Hans Ebeling)과 같은 비판자들은 그의 죽음 이해가 개별적 죽음의 정치적, 사회적 오용 가능성을 넘어 더 이상 현대 사회의 죽음 이해에 맞지 않게 되었다고 주장하게 된다.[38]

---

35 Herbert Marcuse, "Die Ideologie des Todes" in: *Der Tod in der Moderne*, Hans Ebeling (Hrsg.) (Meisenheim am Glan: Anton Hain, 1979), 106.

36 Ibid., 114-115.

37 Jürgen Moltmann/ trans. Margaret Kohl, *The Way of Jesus Christ. Christology in Messianic Dimensions* (London: SCM Press, 1990), 236.

38 Hans Ebeling, *Selbsterhaltung und Selbstbewußtsein. Zur Analytik von Freiheit und Tod* (Freiburg/München: Karl Alber Verlag, 1979), 133-135. 그에 따르면, 죽음이 나타나는 현상들은 10단계로 구분할 수 있으며, 그중에서도 하이데거의 실존적 죽음 이해는 가장 원초적인 단계에 속한다. 그럼으로써 그는 현실적인 죽음의 논의

이와 더불어 하이데거의 무 물음과 관련한 비판 역시 존재한다. 바르트는 무를 악, 어둠, 창조에 반하는 것으로서 정의한다. "무가 또한 악과 죽음의 형태를 가진다는 것은 그것의 죄로서의 형태 안에서 명확하지 않았던 것을 명확하게 만든다. [...] 그것은 총체적인 무(überhaupt Nichtige)이다. 그것은 피조물과 피조적 본성의 포괄적 부정이다."[39] 여기서 바르트가 문제 삼는 것은 하이데거가 전통적으로 악으로 간주되던 무를 신과 동일한 위치로 격상시키고 있으며, 그럼으로써 무를 그것과 전적으로 모순될 수밖에 없는 존재, 즉 만물의 근거와 척도로서 삼고 있다는 점이다. 따라서 이러한 모순을 그대로 인정하게 된다면, 사실상 부정적인 세력인 무가 오히려 존재를 규정하고, 그것을 재단하는 역할을 하게 된다는 것이다.[40] 그렇다면, 이러한 비판들에도 불구하고, 하이데거의 죽음 이해와 무 물음은 여전히 연구될 가치가 있는가? 더군다나, 그것이 신학적으로도 유의미할 수 있는가?'

우리는 감히 '그렇다!'라고 대답할 수 있다. 왜냐하면 앞서 언급한 것처럼 하이데거의 죽음과 무에 대한 논의는 '인간의 본질인 죽음의 부정성'과 '존재의 본령인 무로서의 부정성'에 대한 논의에서 정점에 이르고 있으며, 그것을 통해 "하이데거의 철학은 기독교 신앙과 양립할 수 있는 방식으로 해석될 수 있고, 그뿐만 아니라 그것은 신앙에 중요한 통찰력을 가져올 수 있"[41]기 때문이다. 물론 이것이 가능할 수 있는 이유

가 원초적 단계에 머물러서는 안 되며, 사회적, 공동체적 죽음의 의미와 나아가 폭력적 죽음과 죽임에 대항하는 안전의 차원이 논의되어야 한다고 주장하고 있다.

39 Karl Barth, *Kirchliche Dogmatik. Die Lehre von der Schöpfung, III/3.* (Zollikon-Zürich: Theologischer Verlag Zürich, 1950), 353.

40 김광식, 『토착화와 해석학. 토착화신학과 대화의 신학의 만남을 위하여』 (서울: 대한기독교출판사, 1997), 222.

41 Macquarrie, *Heidegger and Christianity* (1999), 108.

는 그 주제들이 우리의 삶을 철저히 관통하여 지배하고 있으면서도, 동시에 자유와 해방을 가능하게 만들어 주는 부정성의 두 계기라는 사실 때문이다. "인간실존은 부정성에 의해 관통(durchsetzt)되어 있"[42] 지만, 동시에 "이러한 [...] 부정성은 무시무시하며, 비판적이고 자유를 주어 해방하는 힘(freisetzende Dynamik)을 가지고 있다."[43] 더 적극적으로 말한다면, "부정성은 인간적 세계를 구성한다."[44] 따라서 '죽음을 받아들임' 그리고 '죽음을 죽을 수 있음'(GA7, 171)이라는 하이데거의 용어는 단순한 죽음에의 순응이 아닌, 인간 자신의 자유와 해방을 의미하며, 그의 무 물음 역시 단순히 신과 무를 동일화하기 위한 것이 아닌, 무가 가지고 있는 무화의 힘, 즉 '우상파괴'와 '자기 비움'의 근거를 의미한다. "현존재는 죽음을 향한 열정적 자유 안에서 그 자신일 수 있으며,

---

42 Thomas Rentsch, *Negativität und praktische Vernunft* (Frankfurt(M): Suhr- kamp Verlag, 2000), 88. 부정성은 "존재론적으로는 거부(Versagung)로서, 무성(무)으로서 그리고 죽음으로서, 인간학적으로는 거절할 수 있음(Neinsagenkönnen)으로써, 논리학적으로는 아님으로서, 부정의 형식으로서 나타난다. [...] 인간경험의 일상적인 영역에서는 사실적인 부정성이며, 이것은 인간학적인 연약성과 유한성, 결핍성, 결여성, 고통의 위협, 잘못됨과 가사성으로서 각각의 인간과 인간적인 문화를 총체적으로 포함하는 것이다"(Ibid., 9-10). 이러한 측면에서 보자면, 우리가 다루게 될 부정성의 범위는 존재론적인 영역에서 출발하여 인간학적인 의미들로 확장된다. 우선 존재론적으로 우리는 인간의 부정성을 "결정적인 무성으로서, 종말을 향한 존재로서, 즉 가사성과 죽음으로서의 부정성"(Ibid., 88)으로, 또한 존재의 부정성을 존재가 자신을 내빼고 있는 고유한 본성으로서의 무의 측면, 즉 "존재자 전체의 부정"으로서의 무(Martin Heidegger, *Wegmarken* [Frankfurt (M): Vittorio Klostermann, 1976], 119. [이하 GA9])로 정식화할 것이며, 나아가 그 둘의 신학적 인간학의 의미들을 유한성, 가사성, 고통 등으로 드러낼 것이다.

43 Thomas Rentsch, *Gott* (Berlin: Walter de Gruyter, 2005), 120. 특별히 렌취는 이러한 해방의 힘을 이스라엘 종교의 우상파괴에서 본다. "예언자적인 우상비판과 같은 성서적 형상금지는 스스로 만들어낸 이념적 기획의 망상적인 지배(우상화, Idolatrie)에 대항하여 자주 논쟁이 되었다. [...] 신은 대상화될 수 없으며, 되어서도 안 된다. 절대자는 표상하거나 도구적인 인간의 지배 안에 존재하지 않는다."

44 Rentsch, *Negativität und praktische Vernunft* (2000), 92.

자유 안에서 일상적인 그들의 환상으로부터 사실적으로, 자기 자신으로, 불안해하며 풀려날 수 있다."[45] "무 안으로 자기 자신을 풀어놓을 것(Sichloslassen), 다시 말해 누구나 갖고 있는 우상, 누구나 거기로 슬그머니 기어들어가 버리는 그런 우상들(Götzen)로부터 자유로워질 것(Freiwerden)"(GA9, 122)뿐만 아니라, 이러한 측면에서 본다면, 위에서 언급한 하이데거의 죽음 이해와 무 물음에 대한 비판들은 타당하지 않으며, 중요한 신학적 가능성 역시 간과하고 있는 셈이다. 오히려 그의 죽음 이해와 무 물음을 지나치게 실존적이라든지 혹은 신비적이라고 이야기하는 위의 비판들은 위 주제들의 철학적-신학적 배경과 함의를 고려하지 않고, 단지 제한적인 개념들과 기술들에 대한 이해에 그 뿌리를 두고 있을 뿐이다. 따라서 우리는 앞서 제기된 비판들의 한계와 더불어 그의 죽음 이해와 무 물음의 새로운 신학적 가능성 역시 밝힐 수 있으며, 또한 밝혀야만 한다. "이것은 죽음을 부정적이 아니라 오히려 긍정적으로, 즉 그것이 인간본질과 존재의 영역 안에 귀속됨에 맞추어 생각해야 한다는 말이"[46]며, 또한 "무란 존재자에 대한 대립 개념이 아니라, 근원적으로 (존재의) 본질 자체에 속한다"(GA9, 115)는 말이다.

바로 이러한 입장에서 본 연구는 하이데거의 부정성의 두 계기인 '죽음'과 '무'를 구체적으로 고찰하고, 그 신학적 의미를 부정성의 신학으로 제시하기 위해 다음과 같은 구체적 논제들로 세분화하여 전개된다. 첫째, 앞서 언급한 정치적, 사회적, 종교적 비판들, 다시 말해 '그의 죽음 이해가 인간들에게 죽음을 단순하게 수용하도록 만들고 있으며,

---

45 Denker, *Historical Dictionary of Heidegger's Philosophy* (2000), 94.

46 James M. Demske, *Sein, Mensch und Tod. Das Todesproblem bei Martin Heidegger* (Freiburg/München: Verlag Karl Aber GmbH., 1984), 151.

그렇기 때문에 오용될 가능성이 있다' 그리고 무와 관련하여서는 '그가 악마적 개념을 신적인 것으로 대치시켰다'는 비판은 과연 타당한가? 오히려 이 비판들은 하이데거의 '죽음 이해'와 '무 물음'을 오해하고 있는 것은 아닌가? 만약 하이데거의 죽음 이해와 무 물음이 정확히 파악된다 해도, 그 비판들은 과연 자신들의 타당성을 계속 주장할 수 있을 것인가? 이러한 질문을 통해 우리는 제1부와 2부에서 하이데거의 죽음 이해와 무 물음이 가지고 있는 각각의 형성배경, 내용 그리고 그것들의 역설적 성격을 구체적으로 살펴봄으로써 위의 비판들이 주장하는 오해들을 극복하게 될 것이다.

둘째, 하이데거의 죽음 이해와 무 물음이 일반적인 비판으로부터 벗어남과 동시에 보다 적극적으로 신학 안에서 유의미하게 평가될 수 있는가? 만약 그럴 수 있다면, 그것의 신학적 의미는 무엇인가? 이 질문을 통해, 우리는 제3부 7장에서 그의 죽음 이해와 무 물음이 가지고 있는 신학적 의미들을 죽음 이해, 무 물음 그리고 그 둘의 역설적 성격의 순서로 해명해봄으로써 그것들이 기독교 신학에 기여할 수 있는 부분들을 제시하게 된다.

셋째, 이러한 신학적 의미를 가지고 있는 하이데거의 죽음 이해와 무 물음은 실제로 기독교 신학에 어떠한 방식으로 수용되었으며, 또한 어떠한 새로운 신학적 가능성을 가지고 있는가? 보다 구체적으로 물어, 하이데거의 사상과 "십자가에서 죽고, 그럼으로써 신의 삶을 바로 드러내는 한 사람의 그림 사이에는 어떤 유사성(parallel)이 존재하는가?"[47] 이 질문을 통해 우리는 제3부 8장에서 현대의 신학자들, 특별히 융엘(Eberhard Jüngel), 벨테(Bernhard Welte) 그리고 예거(Alfred Jäger)를 주목

47 Macquarrie, *Heidegger and Christianity* (1999), 62.

하면서 이전의 신학적 연구들이 발견하지 못한 하이데거의 죽음 이해와 무 물음의 신학적 가능성을 새롭게 제시하게 된다.

본 연구는 이러한 질문들과 관련하여 하이데거의 죽음 이해와 무 물음을 구체적으로 서술할 것이며, 그럼으로써 그것이 현대신학을 위한 큰 기여가능성을 가지고 있다는 사실을 밝히게 될 것이다.

하이데거는 전기에서 인간 현존재에, 후기에서는 존재자체에 주목했으며, 이것을 위해 위의 각각이 가진 부정성의 요소, 즉 죽음과 무를 탐구의 매개 개념으로 사용하고 있다. 따라서 그 둘 모두는 그의 철학에서 필수적으로 동반될 수밖에 없는 개념들이다. 왜냐하면 죽음 개념 없이는 인간 현존재도, 또한 존재자체도 전개될 수 없으며,[48] 또한 이 죽음 논의가 전회를 거치면서 무 물음으로 발전되었기 때문이다. 두 개념과 관련된 다수의 연구문헌들은 이러한 중요성으로부터 기인한다.

하이데거의 죽음 이해에 대한 연구는 처음 슈테른베르거(Adolf Sternberger)에서 시작되었다.[49] 그의 책은 하이데거에서의 죽음 문제에 대한 해석의 기준으로 삼을 수 있을 만한 책이며, 초판이 1934년에 나왔기 때문에 어디까지나 하이데거의 초기 연구에 한정되어 있다.[50] 그 책 안에서 슈테른베르거는 일상성을 본래적인 존재를 위한 흔적

48 Demske, *Sein, Mensch und Tod* (1984), 12.

49 Adolf Sternberger, *Der verstandene Tod. Eine Untersuchung zu Martin Heideggers Existential-Ontologie* (Leipzig: Hirzel, 1934). 하이데거 죽음개념과 연관된 둘째 문헌은 1955년, 류베(Hermann Luebe)에 의해 편집된 1917-1955년까지의 하이데거 문헌목록, *Zeitschrift für philosophische Forschung* 11 (1957), 401-452과 앞서 언급한 쉬니베르거의 책, Schneeberger, *Ergänzungen zur einer Heidegger- Bibliographie* (1960)이 존재한다(Demske, *Sein, Mensch und Tod* [1984], 17).

50 Demke, *Sein, Mensch und Tod* (1984), 17.

(Spur)이라고 명명하고, 죽음이 인간 현존재로 하여금 이 흔적을 따라 본래성으로 가도록 만드는 하나의 도구, 혹은 조명(Licht)이라고 주장한다.[51]

1947년 신학자 바이스(Thaddaeus Weiss)는 하이데거의 죽음개념을 인간 실존의 근본적 물음을 정초하려는 인간학적 시도로 보면서, '죽음 앞에서의 불안'(Angst vor dem Tod)과 '죽음을 향한 자유'(Freiheit zum Tod)에 대한 주제를 통해 자신의 글을 개진하고 있다.[52] 또한, 1953년 크로욱(Wolfgang Kroug)은 하이데거의 죽음 이해가 곧 존재가능의 문제와 밀접히 연관되어 있으며, 나아가 사랑의 가능성과 연관되어 있다는 논문을 발표했었다.[53]

특별히 죽음개념과 개신교 신학 사이의 관계에 대한 최초의 논문은 슈톰프스(M. A. Stomps)의 논문이지만,[54] 처음으로 그의 죽음에 대한 해석을 "신학적으로 접근하고 있는 연구로는 개신교 신학의 범위로부터 추이데마(S. U. Zuidema)의 작품이 거론될 수 있다."[55] 추이데마는 개신교 신학의 입장에서 하이데거의 죽음 이해를 다루고 있는 논문들 중 명시적으로는 가장 최초의 논문이며, 그 안에서 죽음이 가진 신학적 문제점들, 예를 들어 불안의 문제와 신 없이 죽음을 인간중심적으로 논의한 문제점을 "날카롭고 부정적인 비판으로 설명하고 있다."[56]

---

51 Sternberger, *Der verstandene Tod* (1934), 97.

52 Thaddaeus Weiss, *Angst vor dem Tode und Freiheit zum Tode in M. Heideggers 'Sein und Zeit'* (Innsbruck, 1947).

53 Wolfgang Kroug, "Das Sein zum Tode bei Heidegger und die Problem des Könnens und der Libe," in: *Zeitschrift für philosophische Forschung* 7 (1953), 392-415.

54 M. A. H. Stomps, "Heideggers verhandeling over den dood en de Theologie", in: *Vox Theologia* 9 (1938), 63-73.

55 Demke, *Sein, Mensch und Tod* (1984), 17. 추이데마의 논문은 다음과 같다. S. U. Zuidema, "De dood bij Heidegger," in: *Philosophia reformata* 12 (1947), 49-66.

최근의 논의들은 대부분 하이데거가 죽음을 인간 현존재의 유한성 정초와 연관하여 해석하고 있다고 평가하고 있다. 예를 들어, 프라이부룩 대학의 피갈(Günter Figal)은 하이데거가 죽음을 가능성으로 보았음에 주목한다. "본래적인 실존함이 그의 가능존재 안에서 투명해짐으로써(durchsichtig) 존립하기 때문에, 그것을 위해서는 하나의 가능성을 찾아야만 한다. [...] 이 가능성은 죽음이다."[57] 그럼으로써 그는 하이데거의 죽음개념이 철저히 본래적인 인간 현존재의 유한성을 드러내는 순수한 가능성이며, 나아가 본래적 전체성을 획득시키고, 자유를 획득하게 만드는 일종의 매개라고 말한다. "죽음은 [...] 오히려 순수한 가능성이며, 그 이외에 아무것도 아니다."[58]

렌취(Thomas Rentsch)는 하이데거가 죽음개념을 통해 보여주려 했던 것이 인간의 유한성의 구조이며, 동시에 그 구조란 불가능성의 가능성의 한계지점이라고 주장한다. 렌취에 따르면, 여기서 언급된 한계지점이란 곧 부정신학의 구조와 비견될 수 있는 '부정'(negativum)의 차원의 시작이며, 그래서 '죽음 안으로 앞서-달려가봄'으로써 현존재는 자신의 존재에 대한 전체적 부정으로 넘어가 사라지게 되는 아슬아슬한 경계의 지점에 서게 된다. 그러나 그 지점에서 현존재는 그 어떤 가능성도 선택할 수 없게 되는 한계, 즉 유한성에 직면하여 그것을 과감히 자기의 것으로 받아들임으로써 자유를 획득할 수 있게 된다.[59]

폴트(Richard Polt)에게도 하이데거의 죽음은 유한성의 자각을 위

---

56 Demke, *Sein, Mensch und Tod* (1984), 17.

57 Günter Figal, *Martin Heidegger. Die Pänomenologie der Freiheit* (Frankfurt(M): Athenäum, 1988), 230.

58 Figal, *Heidegger. Zur Einführung* (1996), 78

59 Rentsch, *Martin Heidegger* (1989), 164.

한 장치이다. 그에 따르면, 하이데거는 죽음을 통해 인간 삶의 연약성(fragility)과 결단의 필연성을 느끼게 함으로써 가사성(mortality)에 직면하게 만들며, 이러한 직면함을 유한성의 의미로 정식화하고 있다. 그리고 유한성을 느끼는 나는 내가 지금 살아가고 있는 삶의 의미를 묻게 되고, 또한 "내가 누구인가?"를 묻게 됨으로써 내 자신의 가능성을 선택하고 내 자신을 규정함의 중요성을 깨닫게 된다는 것이다.[60]

그 외에도 신학자 로너(Alexander Lohner)는 하이데거의 죽음개념을 현대의 실존철학의 범위 안에서 논의하면서 그것이 기초신학적인 면에서 인간학적인 영육의 통일성을 가르쳐주고 있다고 말한다.[61] 그리고 이러한 통일성 때문에 죽음이란 '실존범주로서의 유한성'을 의미하게 되는데, 왜냐하면 "죽음이란 결국 대리불가능성과 각자성으로 드러나기 때문이다."[62] 그에 따르면, 이러한 유한성 때문에 하이데거는 죽음을 어디까지나 철저히 개별적인 사건에 한정된 유한성의 징표로 볼 뿐이며, 따라서 사후의 삶의 논의는 거절될 수밖에 없었다.[63] 아넬리(Aberto Anelli)가 죽음을 인간행위의 수동적 전환과 연결시키면서, 그것이 신학적 유한성이라는 개념을 증거하고 있다고 주장한 것도 이와 같은 선상에 있는 것이다.[64]

---

60 Richard Polt, *Heidegger. An Introduction* (New York: Cornell Univ. Press, 1999), 88.

61 Alexander Lohner, *Der Tod im Existentialismus. Eine Analyse der fundamentaltheologischen, philosophischen und ethischen Implikationen* (Paderbon: Ferdinand Schöningh, 1997), 160-161.

62 Ibid., 145.

63 Ibid., 162.

64 Aberto Anelli, *Heidegger und die Theologie. Prolegomena zur zukünftigen theologischen Nutzung des Denkens Martin Heideggers* (Würzburg: Ergon Verlag, 2008), 66-71. 그 외에도 유한성의 신학적 적용에 대해서는 게트만-지퍼르트(Annemarie

특별히 하이데거 죽음 이해의 성립배경과 관련해서는 이어톤(Sean Ireton)의 연구가 주목된다. 그에 따르면, 하이데거의 사상은 "당시의 (1) 철학적 문학적인 계승이며, (2) 그의 고유한 사유, 특별히 존재의 문제와 형이상학을 통해 은폐되었던 긴 역사에 대한 입문으로 봉사"[65] 한다. 그럼으로써 그는 죽음개념뿐만 아니라 여러 가지 개념들과 방법론들을 헤겔, 횔덜린, 니체, 릴케 그리고 헤르더와 괴테의 작품들로부터 차용하게 된다. 이것은 특별히 죽음 논의에서 두드러지게 드러난다. 그에 따르면, 하이데거의 '죽음 안으로 앞서-달려가봄'은 "루터의 cursus ad mortem(Lauf zum Tode, 죽음을 향해 달려감)과 당시의 일차세계대전 당시의 슬로건이라는 두 가지 신학적이며, 이데올로기적인"[66] 뿌리를 가진다. 또한 '앞서-달려가봄'이라는 개념 자체도 앞서 언급한 영향들의 "이중적 의미 안에서 '횔덜린의 엠페도클레스'에 나오는 '선구자'(Vorläufer)에 살을 붙여 만든"[67] 개념이다.

하이데거의 죽음 이해에 대한 정식화된 결론은 뎀스케(James Demske)에게서 발견된다. 그에 따르면, 죽음 이해에 대한 연구들은 일

Gethmann-Siefert)도 같은 목소리를 내고 있다(Annemarie Gethmann-Siefert, *Das Verhältnis von Philosophie und Theologie im Denken Martin Heideggers* [Freiburg/München: Karl Alber Verlag, 1974]). 한국의 연구들 역시 유한성과 관련해서만 죽음개념을 논의하고 있다. 비교적 최근의 연구로 박찬국, 김희봉, 윤병렬의 논문은 각각 하이데거의 『존재와 시간』 안에서 수행되고 있는 죽음 분석을 해명함으로써 그것이 그의 철학 안에서 수행하고 있는 존재론적-실존론적 역할과 그것을 통해 도출되는 유한성과 자유개념에 초점을 맞추고 있다(박찬국, "하이데거의 『존재와 시간』에 있어서 죽음개념에 대한 고찰", 「호서대 인문논총」 Vol.13 [1994]; 김희봉, "현존재의 실존성과 죽음의 문제", 그리고 윤병렬, "하이데거의 죽음-해석학과 그 한계", 「해석학 연구」 Vol.3 [1997, 한국해석학회]).

65 Sean Ireton, *An Ontological Study of Death. From Hegel to Heidegger* (Pittsburgh, Pennsylvania: Duquesne Uni. Press, 2007), 231.

66 Ibid., 230.

67 Ibid., 280.

반적으로 다음과 같은 결론에 도달한다. 전기에서 죽음은 '현존재의 전체성의 실존범주'(Ganzheitsexistenzial)이다. 즉, 하이데거는 죽음을 현존재가 스스로를 본래성과 전체성을 획득할 수 있는 일종의 매개적인 가능성으로 생각했고, 그럼으로써 그것을 '인간적 실존의 전체성을 규정하고 파악하는 총체적인 것'으로 정의하고 있다. 또한 뎀스케는 아직 구체적으로 연구된 적이 없는 후기 하이데거의 죽음개념과 관련하여 그것이 "개방성의 자리이며, 가늠할 수 없는 것의 척도이고, 스스로를 인간에게 드러내는 존재의 척도"라고 정식화한다.[68]

하이데거의 무 물음에 대한 선행연구들은 일반적으로 다음과 같은 세 가지 종류의 연구형태를 가진다. 그 중 첫 번째는 하이데거의 무 물음이 처음부터 헤겔과 마찬가지로 '존재=무'의 구도에서 출발하고 있다는 점을 강조하는 연구이다. 프렌츠키(Ekkehard Fräntzki)에 따르면, 존재와 무가 동일하다고 보는 하이데거의 입장은 그의 초기 현존재의 존재론에서부터 이미 나타나고 있다. "그것(무)은 또한 존재 안에, 다시 말해 현존재의 존재론에 속한다."[69] 그리고 이러한 흐름은 어느 정도 헤겔의 영향 하에 있음을 의미한다. "하이데거는 야스퍼스와의 편지교환에서 다음과 같이 말한다. 우선 나는 존재와 무가—헤겔적인 의미에서— 어느 정도는 사라져버려야 한다는 것을 전혀 이해할 수 없다. 반대로 존재와 무가 동일하다고 헤겔이 고유한 역설로서 제기한 것은 흔쾌히 (이해할 수 있다)."[70]

---

68 Demske, *Sein, Mensch und Tod* (1983), 13. "[D]er Tod ist [...] die Stätte der Offenbarkeit, die 'Massgabe des Unermesslichen' und somit das Mass des sich dem Menschen zeigenden Seins."

69 Ekkehard Fräntzki, *Daseinsontolgie. Erstes Hautstück* (Dettelbach: J. H. Röll Verlag, 1996), 420.

70 Ibid., 421. 물론 프렌츠키에 따르면, 이러한 존재와 무의 동일성에 대한 논의 역시 헤

맥쿼리는 하이데거에게 있어 무는 존재와 처음부터 분리될 수 없는 관계에 있었으며, 이러한 이유에서 그 둘은 그의 존재론의 중심주제로서 처음부터 함께 탐구되었다고 말한다. "그래서 우리는 여기서 하이데거가 『존재와 시간』에서 시작한 물음을 계속하고 있음을 보게 된다. 무에 대한 물음은 존재물음과 분리될 수 없다. [...] 존재물음은 실존론적 물음이며, 또한 무에 대한 물음도 실존론적인 것이다."[71] 그리고 바로 이러한 이유에서 "하이데거는 철학의 근본물음을 다음과 같은 두 가지로 규정하게 된다. 그것은 곧 존재의 의미에 대한 물음, 즉 존재물음 그리고 왜 어떤 것이 있으며, 오히려 무는 아닌가라는 존재의 근거물음(Grundfrage)이다."[72]

아넬리에 따르면, 하이데거의 무 개념은 이미 그의 『존재와 시간』에서부터 존재자의 절대부정으로서의 존재를 포함하고 있다. "자체로 그것(무)은 존재자로부터 이해된 존재를 내보여준다(anzeigt)."[73] 다시 말해, 전기 하이데거에서 무는 불안이라는 근본 기분에 의해 개방되며, 그럼으로써 존재자 전체는 인간에게 그 자체로 드러나지 못하고, 앞서 언급한 무의 개방성 안에서만, 즉 부정성에서만 자신을 드러낼 수 있는 것으로 설명된다. 그리고 존재와 무의 동일성에 대한 전제 때문에 하이데거는 그의 전기에서의 기초존재론을 실패했으며, 이러한 이유에서 전회 이후로 그의 사상의 강조점은 현존재로부터 존재자체에게로 변경된다.[74]

겔과 분명히 구별되는 지점을 가진다. "존재와 무의 통일과 더불어 전체, 즉 진리가 주어진다. 왜냐하면 헤겔과 더불어, 하지만 전체적으로 다른 바탕에서 말하기 위한 전체란 곧 진리이기 때문이다"(Ibid., 427).

71 Macquarrie, *Heidegger and Christianity* (1999), 49.

72 Rentsch, *Negativität und praktische Vernunft* (2000), 33.

73 Anelli, *Heidegger und die Theologie* (2008), 130.

둘째, '존재=무'의 도식이 처음부터 하이데거의 사상 안에 전제되어 있었던 것은 아니며, 오히려 그의 사상의 발전과정 안에서 자연스럽게 등장하게 되었다고 주장하는 연구, 즉 무 물음이 하이데거의 후기로의 전회와 연관되어 있음을 강조하는 연구이다. 예컨대 바르트는 하이데거의 철학이 무의 충격에 대한 반동을 통해 전회하게 되었으며, 그럼으로써 그의 후기에는 "무 물음이 하이데거에 있어 주도적인 물음"[75]이 된다고 말한다. 또한, 하이데거가 요구했던 것은 형이상학에게 스스로를 새롭게 제시할 수 있는 가능성을 주고자 하는 것이었으며, 이러한 의도를 통해 그는 전회를 겪고, 그럼으로써 근거의 무근거, 혹은 무근거의 근거로서의 무에 주목하게 되었다는 것이다.[76]

마이(Reinhard May) 역시 바르트와 마찬가지로 무 물음이 하이데거가 전기의 현존재 분석의 한계를 벗어나 새롭게 허무주의의 극복을 이야기할 수 있게 된 전향의 중심에 서 있다고 주장한다. "존재의 의미에 대한 탐구는 이제(전향 이후) 그에게, 망각되었지만 여전히 대답할 가치가 남아있는 것이며, 동시에 무에 대한 물음이면서, 허무주의의 무와의 대결 안에 있는 무의 의미에 대한 탐구이다. 그래서 이러한 탐구의 두 가지 측면에서 허무주의의 진정한 극복의 과제는 전면에 배치된다."[77]

---

74 Ibid., 131.

75 Barth, *Kirchliche Dogmatik. Die Lehre von der Schöpfung, III/3* (1950), 384.

76 Ibid., 389. 슐츠에 따르면, 이러한 이유에서 하이데거의 무 물음은 본격적으로 제기된 "'형이상학이란 무엇인가?'가 전통적 형이상학의 형이상학적 마지막 작품(Endwerk)이다. [...] 이러한 무는 전통의 마지막 지점이다. 그것은 자체로 하이데거가 반복하여 말하듯이 형이상학으로부터 보여진다. 그것의 고유한 본질은 그러나 형이상학적인 시야가 떠나게 되었을 때, 본질적이 된다. 따라서 무란 곧 존재이다(Walter Schulz, "Über den philsophiegeschicht- lichen Ort Martin Heideggers," in: *Philososche Rundschau* 1 [1953/54, Tübingen], 110).

특별히 비엇츠(Markus Wirtz)는 하이데거의 무 물음이 전기와 후기에서 각각 다르게 발견되며, 전기의 인간 현존재의 무가 전회 이후 존재자체의 무화하는 측면이자, 존재자체와 동일한 것으로 변경되었다고 주장한다. 비엇츠에 따르면 전기에서의 무는 현존재의 내적 성격이며, 그것은 "현사실적 삶의 무적(nichtige) 성격을 적중시킨다."[78] 그리고 현존재는 "일종의 아님에 의해 규정된 존재, 이것은 무성의 근거존재를 의미"하며, 그럼으로써 "자유가 항상 이미 무화인 부정[79]"으로 드러난다. 이와 다르게 후기의 하이데거에게서는 무가 인간을 넘어 존재의 차원으로 확장된다. 그는 무를 (1) '허무한 무', (2) '존재와 암시적으로 연관된 무(헤겔과 같은)', (3) '무화(Nichten)로서 존재의 탈은폐(Entbergen)에 속하는 무', 그리고 (4) '존재와 동일한 무'로 구분하면서[80] 특별히 (3)과 (4)의 무 이해에 주목한다. 그럼으로써 그는 (1)의 '허무한 무'와 (2)의 '존재와 암시적으로 연관된 무'가 서구형이상학의 오해이자, 부정적 존재경험일 뿐이라는 사실을 깨닫고, 마침내 '존재의 탈은폐인 무'와 '존재와 동일한 무'가 동일하다는 사실을 허무주의와의 대결을 통해 새롭게 드러낸다. 비엇츠에 따르면, 이러한 의미에서 하이데거는 허무주의를 통과한 이후에야 비로소 무를 존재의 측면에서 사유할 수 있게 된 것이며, 이러한 사유가 확립되고 나서야 무는 존재와 무 중 하나 만을 강요하는 논리적 양자택일을 넘어, 인간에게 새로운 시원적

---

77 Reinhard May/ Trans. with a complementary essay, by Graham Parkes, *Heidegger's hidden sources. East Asian influences on his work* (London and New York: Routledge, 1996), 22.

78 Markus Wirtz, *Geschichte des Nichts. Hegel, Nietzsche, Heidegger und das Problem der philosophischen Pluralität* (München: Karl Alber Verlag, 2006), 325.

79 Ibid., 327.

80 Ibid., 351-352.

사유를 요구하는 존재자체의 모습으로 드러날 수 있었다.[81]

이와 다르게 폰 헤르만(Friedrich W. von Hermann)은 앞서 언급한 무 물음의 전회적 변화를 세 단계로 구분하고 있다. 그에 따르면, 하이데거는 이미 그의 저서 『존재와 시간』에서 무를 다루고 있다. 첫째로 "『존재와 시간』에서 무는 불안이 현존재의 근본적 처해 있음으로서 분석되는 곳에서 나타난다."[82] 그 이후 무는 둘째로 존재자체와 같은 것으로 새롭게 언명된다. "이 강연("형이상학이란 무엇인가?") 안에서 무와 존재가 함께 생각되었듯이 무의 존재로의 이행(Übergang)이 문제가 된다. [...] 무는 존재자의 존재에 귀속하는 것으로서 드러난다."[83] 나아가, 폰 헤르만에 따르면, 이러한 존재와 동일한 것으로서의 무는 마침내 셋째로 현존재와 존재가 서로 만나는 그 양자 사이의 관계로 사유된다. 그는 다음과 같이 이야기한다.

> 이 강연("형이상학이란 무엇인가?") 안에서 주제화되었던 무에 대해 하이데거는 1943년 위의 강연에 넣게 된 나가는 말 안에서 그리고 1956년 『존재물음에 관하여』(Zur Seinsfrage)라고 출판된 작품 안에서 새로운 상황을 제기한다. 또한, 그 안에서 [...] 실존론적-초월론적인 단초로부터 알레테이아론적이며-탈존적인(aletheiologisch- eksistenzia-len) 단초로의 변경이 드러난다. 무와 관련하여 초월 안에서 무화하는 무 혹은 스스로를 드러내는 존재가, 존재와 현존재의 관계로서 무화하는 무로 변경됨이 문제가 된다.[84]

81 Ibid., 327

82 Friedrich W. von Hermann, *Die Selbstinterpretation Martin Heideggers* (Maisemheim am Glan: Anton Hain, 1964), 218.

83 Ibid., 227.

84 Ibid., 229.

결론적으로 폰 헤르만에 따르면, 하이데거의 무는 현존재의 근본적인 처해있음에서 출발하여, 존재자체와 공속하는 것으로 사유된 이후, 마지막으로 존재자체와 현존재 사이의 관계로서 사유되는 셈이다.

셋째, 하이데거의 무 물음을 동양 사유와의 관계 안에서 살펴보는 연구들이다. 예를 들어, 아베(Masao Abe)는 하이데거의 무 물음이 서양 역사에서 가장 중요한 문제를 건드리는 물음이며, 또한 불교의 공 이해와 상당한 연관성을 가지고 있다는 점을 분명히 한다. “[...] 하이데거는 가장 심각하게, 아마도 서양 역사에서 가장 심도 있게 무의 문제를 취급한다. [...] 무는 존재자체를 연다. 다시 말하면, 이것은 공에 대한 불교의 이해와 현저히 유사하다.”[85] 왜냐하면 공은 무와 같이, 단순히 텅 빈 없는 것이 아니라, 오히려 어떤 그 비움을 통해 다른 것들을 생성하게 하는 무근거로서의 근거로 사유될 수 있기 때문이다. “이러한 이유에서 그것(공)은 처음부터 존재(Sein)와 하나이다.”[86] 다시 말해, 선불교와 마찬가지로 “하이데거에게서도 공(Leere)은 어떤 것의 순수한 부재와는 전적으로 다른 것이며,”[87] 그래서 아베는 이러한 무와 공의 유사성 안에서 선불교의 공과 하이데거의 존재자체의 개념을 연결시킬 수 있었다.[88]

이와 더불어 일본 교토학파를 연구했던 신학자 발덴펠스(Hans

85 아베 마사오/변선환 엮음, 『선과 현대신학. 종교부정의 이데올로기를 극복하는 길』 (서울: 대원정사, 1996) 206-207.

86 Nishitani, *Was ist Religion* (1982), 206.

87 Byung-Chul Han, *Philosophie des Zen-Buddhismus* (Stuttgart: Philipp Reclam, 2008), 59.

88 Abe, “Kenotic God and Dynamic Sunyata” (1990), 27. 이러한 유사성과 관련하여 아베는 다음과 같이 이야기한다. “중요하게도 공 개념은 불교 안에서 존재라는 단어에 X를 친 마르틴 하이데거를 따를 수 있다. 그것은 존재의 대상화의 불가능성을 보여주기 위한 것이었으며, 그래서 우리는 공 개념을 Sunyata라고 지워내야 한다.”

Waldenfels) 역시 하이데거의 무(無) 물음이 동양적 사유 안에서 상당히 긍정적으로 평가될 수 있으며, 나아가 동양적인 사유를 서양적 사유와 연결시킬 수 있는 중요한 단초라고 이야기한다. "그(하이데거)는 무의 물음을 서구 역사 안에서 가장 진지하게 취했으며, 가장 깊이 있는 방식으로 다루었기 때문에, 그에 이르러 이러한 (무 물음의) 순환(Kreis)은 종결된다."[89] 따라서 하이데거의 무의 사상, 즉 존재와 무의 공속성 혹은 동일성은 선불교의 공사상과 긴밀하게 결합되어 있으며, 특별히 '상즉상입'(soku = sive)의 '즉'(qua)을 말하는 대승-사상(Mahayana-Denken)과 유사한 모습을 가지고 있다. 그러나 발덴펠스에 따르면, 이러한 하이데거의 무 개념에도 약점이 있는데, 그것은 바로 서양의 전통적인 무에 대한 이해의 방향으로 다시 되돌아가고자 한다는 점이다.[90]

---

89 Hans Waldenfels, *Absolutes Nichts. Zur Grundlegung des Dialogs zwischen Buddhismus und Christentum* (Freiburg i. Br.: Herder Verlag, 1976), 98.

90 Ibid., 103. 특별히 하이데거의 무 물음과 동양사상과의 관계에 대한 연구정보들은 다음의 저서에서 자세히 다루어지고 있다. Graham Parkes, ed., *Heidegger and Asian Thought* (Honolulu: Hawaii Univ. Press, 1990). 이 책에서는 하이데거의 무사상이 인도의 베단타(J. L. Mehta, "Heidegger and Vedanta. Reflection on a Questionable Thema," in: Ibid., 15-46), 도가(Otto Pöggeler, "West-East Dialogue. Heidegger and Lao-tzu," in: Ibid., 47-144), 불교의 카르마(Akihiro Takeichi, "On the Origin of Nihilism. In View of the Problem of Technology and Karma," in: Ibid., 175-186)와 비교되고 있다. 더 구체적으로 하이데거의 존재 혹은 무와 도가사상의 도를 비교하고 있는 연구는 마이의 저서이다. 그는 하이데거와 도가를 '무, 빔 그리고 열어밝힘'이라는 개념 아래에서 비교하면서 그 둘이 무라고 하는 장소(topos)에 관한 통찰에서 만나고 있다는 점을 밝힌다(May, *Heidegger's hidden sources* [1996], 21이하). 실제적으로 하이데거의 무 물음과 많이 비교되는 사상은 불교이다. 이와 관련해서 다음의 책이 구체적 정보를 제공하고 있다. Willfred Hartig, *Die Lehre des Buddha und Heidegger: Beiträge zum Ost-West-Dialog des Denkens im 20. Jahrhundert* (Konstanz: Konstanz Verlag, 1997). 이 책 안에는 동남아시아의 소승불교에서부터 중국, 한국, 일본의 선불교에 이르는 보다 광범위하고 자세한 동양인 학자들의 하이데거와 불교의 비교연구가 수록되어 있다. 또한, 한국에서 가장 많이 알려져 있는 연구는 헴펠의 저서 Hans-Peter Hempel, *Heidegger und Zen*

본 연구는 죽음 이해와 관련해서는 죽음의 구체적 분석이 수행되고 있는 하이데거의 전기 사상과 저서들을, 무 물음과 관련해서는 무가 구체적으로 논의되고 있는 그의 후기사상과 저서들을 살펴본다. 그러나 이러한 범위 안에서 본 연구는 앞서 살펴보았던 기존의 연구들과 다르게, 그의 죽음 이해와 무 물음을 그 둘의 상호연결성 안에서 살펴봄으로써 그것들이 가진 역설적 성격을 처음으로 밝히고, 그것을 통해 전후기 사상을 재해석함과 동시에, 그 안에서 발견되는 새로운 신학적 의미를 제시하게 된다. 그렇다면, 여기서 말하는 역설적 성격이란 무엇을 말하는가?

저자가 보기에 앞서 살펴본 하이데거의 죽음 이해와 무 물음에 대한 선행연구들은 중요한 사항 하나를 간과하고 있다. 그것은 바로 죽음이 삶 안에서 그리고 무가 존재 안에서 각각 일종의 '역설'(Paradox)을 만들어내고 있다는 점이다.[91] "하이데거의 존재론적-실존론적 죽음 개념에는 항상 이중적-모순적 삶(존재)과 죽음(무) 사이의 긴장(Spannung)이 문제가 된다."[92] 하지만, 이러한 두 가지 방식의 역설이 그의

(Frankfurt(M): Hain, 1992)이다. 이 외에도 진(Dieter Sinn)의 연구는 존재생기를 불교의 공과 비교하고 있다는 점에서 주목해볼 만하다. Dieter Sinn, *Ereignis und Nirwana: Heidegger, Buddhismus, Mythos, Mystik. Zur Archäotypik des Denkens* (Bonn: Bouvier Verlag, 1991).

91 '역설'이란 어원적으로 반(反), 역(逆) 등을 의미하는 '파라(παρά)'와 의견, 억견 등을 의미하는 '독사(δοξα)'의 합성어이다. 그 의미는 일반적으로 일리가 있는 것처럼 보임에도 불구하고, 모순으로 이끄는 논증이나 사고, 또는 인간의 생각 안에서 공존할 수 없는 명제들이나 사실들의 충돌 등을 뜻한다. "그것들(역설적 문제들)은 근거의 충돌을 보여준다. [...] 각각 안에는 어떤 진술이 참인 근거의 완전무결한 사용이 있긴 하다. 하지만 그 근거는 우리에게 바로 그 동일한 언술이 표현상 부조리하다고 말하는 것처럼 보인다(Doris Olin, *Paradox* [Chseham: Acumen, 2003], 5)."

92 Kogaku Arifuku, *Deutsche Philosophie und Zen-Buddhismus* (Berlin: Akademie Verlag, 1999), 163.

논의체계 안에서 명시적으로 언급되지 않고 있다는 점에서 본다면, 하이데거 본인도 우리가 중요하게 다루게 될 본 사항을 간과하고 있기는 마찬가지라고 볼 수 있다.

물론 여기서 분명히 해야 하는 것은 우리의 논의의 단초가 될 이 역설이 결코 하이데거의 사상체계에 문제가 있음을 의미하지 않는다는 점이다. 왜냐하면 모순(Widerspuch)이 '배제의 논리'라면, 이와 다르게 삶과 존재 안에서 발견되는 역설(Paradox)은 다름을 껴안는, 그래서 다름과 차이가 함께 품어져 있는 삶과 존재의 모습 그 자체이기 때문이다.[93] 오히려 역설은 죽음 때문에 이미 우리의 삶 안에 그리고 무 때문에

---

93 이러한 삶과 존재의 역설에 대한 논의는 다음을 참조. 정재현, 『신학은 인간학이다. 철학읽기와 신학하기』(분도출판사: 경북 왜관, 2003), 293. 그리고 이관표, "하이데거 사상에서의 역설과 그 종교철학적 함의", 「존재론연구 Vol.25」. 한국하이데거학회 편 (2011), 270. "우리는 역설과 관련하여 다음과 같은 점에 주목할 필요가 있다. 그것은 바로 역설이 앞서의 부정적 정의와 달리, 현실 세계 안에 이미 들어와 있다는 사실이다. 예를 들어, '과녁에 도달할 수 없는 화살', '거북이를 앞지를 수 없는 아킬레스', '주인이 누군지 알 수 없는 테세우스의 배'의 역설 등은 이성적으로 생각할 때, 결코 일어날 수 없는 일들이다. 그러나 현실에서 쏜 화살은 과녁에 꽂히며, 인간은 경주에서 거북이를 앞지를 수 있고, 배는 누구의 것이든 상관없이 뼈대를 바꾸고도 존재한다. 즉, 과녁을 명중시키는 것, 경주하는 것, 배의 뼈대를 바꾸는 것 등은 그것이 역설로 간주됨에도 불구하고 현실에서 일어날 수 있는 일들이다. 뿐만 아니라, 이러한 상황은 철학적 논의로 확대될 때, 더욱 복잡해진다. 예를 들어, '삶과 죽음'이 서로 반대임에도 불구하고 상호 다르지 않다는 많은 선각자들의 가르침이나, 이 세계 안에 '생성과 소멸'이 함께 일어나고 있다는 철학 혹은 자연과학의 논의는, 역설이 현실 안에서 이미 항상 벌어지고 있음을 분명히 보여주고 있다. 다시 말해, 삶과 죽음, 생성과 소멸이 공존한다는 사실은 어떤 논리적 결함이 아니라, 오히려 우리의 삶과 전체 존재 안에서 벌어지고 있는 엄연한 현실을 의미한다"(앞의 논문, 같은 곳). 특별히 이러한 역설의 현실성에 대한 논의는 우선 헤겔에서 발견되는데, 주지하다시피 그는 테제, 안티테제, 그리고 종합으로 연결되는 역설적 변증법을 이야기하고 있다(역설과 변증법과의 관계에 대한 헤겔의 논의는 하워드 케인스/이명준 역, 『헤겔철학의 현대성. 역설, 변증법, 그리고 체계』 [서울: 문학과 지성사, 1998], 3장을 참조). 또한, 키에르케고르는 이러한 변증법의 역설적 성격을 신앙과 실존에 연결시킴으로써 하나님과 인간 간의 신앙의 역설적 관계 그리고 비진리와 진리 사

이미 존재의 영역 안에 들어와 있으며, 이러한 이유에서 "모든 선입관들, 모든 기대와 반대로—para taen doxan— 모든 경험과 인간이 가능하게 보는 모든 것과 반대로"[94] 그것은 지금 여기에서 벌어지고 있는 사실들이다. "존재는 이미 모순적인 혼잡(gegenwendigen Unruhe)의 총합이다."[95] 그렇다면, 이처럼 죽음 이해와 무 물음의 역설적 성격이 언급될 수 있는 근거는 무엇인가?

우선 죽음 이해의 역설은 하이데거가 『존재와 시간』에서 도출하고 있는 주요 개념들에 그 근거를 두고 있다. 주지하다시피 그가 죽음을 근거로 인간 현존재의 본질로 제시하고 있는 것은 '유한성', '자유' 그리고 '해방' 등의 개념이다. 그럼에도 불구하고 그는 죽음이 "현존재로 하여금 개별 현존재일 것을 요구한다"[96]라던가, "상황은 결단성(Entschlossenheit)에서 열어밝혀진 (현존재의) '현'(Da)이"(GA2, 299)라고 이야기하면서 갑자기 유한성을 언급할 뿐 그것이 등장할 수 있는 구체적인 근거를 제시하지 못하고 있다. 또한, 그는 '자유'와 '해방'의 개념 역시도 죽음이 가지는 부숴버리는 특성, '철회'(Zurücknahme), '스

이에 서 있을 수밖에 없는 실존의 역설적 상황을 이야기하고 있다. 그에 따르면, 신앙이란 사유가 끝나는 바로 그곳에서 시작하기 때문에, 사유를 통해서는 결코 도달할 수 없는 역설'이라고 언급한다. 즉, 신앙은 '불합리하기 때문에 믿는다'(credo, quia absurdum). "우리는 아브라함의 (이삭제물) 이야기 안에서 이러한 역설을 발견하게 된다. [...] 신앙은 역설이다"(Sören Kierkegaard/ Übers. Walter Rest, Günther Jungbluth und Resemarie Lögstrup, *Die Krankheit zum Tode. Furcht und Zittern. Die Wiederholung. Der Begriff der Angst* [München: Deutsch Taschenbuch Verlag, 2005], 258, 259).

94 Gert Hummel, hg., *Das theologische Paradox. Interdisziplinäre Reflexionen zur Mitte von Paul Tillichs Denken* (Berlin/New York: Walter de Gruyter, 1995), 3.

95 Martin Heidegger, *Einführung in die Metaphysik* (Tübingen: Max Niemeyer, 1953), 102. (이하 GA40)

96 Martin Heidegger, *Sein und Zeit* (Tübingen: Max Niemeyer, 1972), 263. (이하 GA2)

스로를 자유롭게 견지함'(Sichfreihalten)(GA2, 307-308) 그리고 "'그들'의 환상으로부터 해방된 정열적이고 [...] 죽음을 향한 자유 속에 있는 자기"(GA2, 266) 등의 표현을 통해 갑자기 등장시킬 뿐, 그 근거를 명확하게 해명하지 못하고 있다. 그러나 분명히 이러한 '유한성', '자유' 그리고 '해방' 등의 전기 하이데거의 중심개념들은 죽음이 삶 안에 철두철미하게 침투되어 있다는 점이 분명해질 때 드러난다. 즉, 그것들은 삶과 죽음이 공속, 혹은 연합되어 있는 역설 안에서 비로소 가능해진다.[97] "하이데거는 죽음을 존재와 죽음(무)의 이중적이며, 모순(역설)적인 측면으로부터 탁월한 자유의 대상으로서 선택하고 파악했다."[98]

특별히 본 연구가 처음으로 시도하는 전기 하이데거의 죽음 이해의 역설에 대한 논의는 '존재론적-실존론적'으로 현존재의 존재구성틀 안에서 해석되어야만 하며, 또한 그 안에서 해석될 것이다. 왜냐하면 '존재론적-실존론적' 해석[99]이란 그가 전기 사상에서 사용하던 근원적

97 정재현, 『티끌만도 못한 주제에. '사람됨'을 향한 신학적 인간학』 (경북: 분도출판사, 1999), 359. 또한, 맥쿼리 역시도 하이데거의 죽음개념의 역설적 성격을 지적하고 있다(Macquarrie, *Heidegger and Christianity* [1999], 35).

98 Arifuku, *Deutsche Philosophie und Zen-Buddhismus* (1999), 165.

99 '존재론적-실존론적'(Ontologisch-existenziale) 해석이란 하이데거가 명시적으로 정식화한 방법론은 아니다. 단지 그는 『존재와 시간』 192쪽에서 "이러한 존재[현존재]는 염려라는 명칭의 의미를 충족시키며, 이 명칭은 순수하게 존재론적-실존론적으로 사용된다"라고 말하면서 이 해석의 단초를 밝히고 있을 뿐이다. 그러나 본 연구는 염려의 구조, 즉 현존재의 존재구성틀을 통과시켜 현상학적 증명을 제시하는 『존재와 시간』의 해석방법론과 관련하여 이 형용사를 차용할 것이며, 그럼으로써 이것을 '존재론적-실존론적' 해석이라 명명하기로 한다. 존재론적-실존론적 해석에 관한 것은 다음 논문을 참조. 이관표, "M. 하이데거, <존재와 시간>에서 '존재론적-실존론적 해석'의 의미와 적용에 대한 연구: 죽음, 양심, 탓이있음, 결단성, 그리고 앞서달려가보는 결단성 분석을 중심으로", 「현대유럽철학연구 59집」, 현대유럽철학회 (2020). 짧게 말해, 존재론적-실존론적 해석이란, "근원적 해석" 혹은 "근본적 해명"으로서, 탐구되어야 하는 현상을 현존재의 염려구조, 즉 현존재의 존재구성틀을 통과시켜 증명하는 해석방법론을 의미한다(GA2 231 참조). 그리고 이 해석은 제2부

해석이며, 따라서 이것을 통과할 때에만, 하이데거가 명시적으로 언급하지 않은 것을 밝히려는 본 논의가 그의 체계 내에서도 타당성을 획득할 수 있기 때문이다(GA2, 230-233 참조).[100] 그리고 이러한 해석을 통해 죽음 이해의 역설적 성격은 현존재의 현사실성 안에서 '삶과 죽음의 연합(공속[101])의 역설'(das Paradox der Zusammengehörigkeit von Leben

---

의 1-3장에서 현존재의 본래적 존재가능의 증거, 즉 "그의 실존의 가능한 본래성에 관한 증거"를 위해 실제적으로 적용되고 있다. 이것은 다음과 같은 하이데거의 말에서 타당성을 획득한다. "우선 먼저 이러한 증명 자체가 발견될 수 있어야 한다. [...] 그러한 증명의 현상학적인 제시는 자체 안에 현존재의 존재구성틀에서부터 자신의 근원을 입증하는 일"이다(GA2, 267). '실존론적'(existential) 해석이란 존재론 혹은 존재에 적합한 실존구조 안에서 이론적으로 투명하게 관계 맺음을 가리킨다. 다시 말해, 그것은 앞으로 우리가 살펴볼 현존재의 존재론적 구조(존재구성틀, 실존범주, 실존성) 안에서의 해석을 의미한다. 그에 반해 '실존적(existentiell)'은 실존함 자체 혹은 실존의 수행을 지칭한다. '존재론적'(ontologisch) 역시 '존재적'(ontisch)과 대비되어 이와 흡사한 의미를 가지고 있다. 전자가 존재론적으로 근거에 놓여진 채, 그것을 가능하게 만들고, 존재자의 존재를 형성해 가고 있는 구조인 반면 후자는 이러한 구조를 통해 가능해지는 현상을 가리킨다(GA2, 25). 따라서 존재론적-실존론적 해석이란 하이데거가 제시한 현존재의 다양한 탈자적 실존범주 안에서 우리의 과제를 수행함을 의미하며, 그는 전기에서 자신의 중심테마들인 '죽음', '양심', '탓이 있음', '결단성', '앞서-달려가보는 결단성'의 분석 모두를 이러한 방식 안에서 해석하고 있다.

100 '존재론적-실존론적 해석'은 근원적인(ursprünglich) 것으로 명명되며, 특별히 이 '근원적'이라는 말을 하이데거는 『존재와 시간』의 제2편으로 넘어가기 위한 단초로서 사용하고 있다. 그것은 곧 "염려라는 현상이 현존재의 가장 근원적인 존재론적-실존론적 구성틀로 열어밝혀져야 한다"든지, '해석의 근원성', '이 존재자의 근원적인 해석', '근원적인 존재론적 해석', '기초존재론적으로 요구된 근원성' 등의 표현에서 나타난다.

101 하이데거는 공속(Zusammengehörigkeit)과 관련해 다음과 같이 말한다. "동일함을 우리는 공속성이라고 풀이한다"(GA11, 36). 공속성이란 각항이 "다르지만 그 차이를 기초로 해서 상호 귀속이 형성된다는 것이다. [...] 상호 귀속하지 않으면, 공동의 존재 양식이 형성될 수 없는 것이다"(김형효, 『하이데거와 화엄의 사유. 후기 하이데거의 자득적 이해』 [경기 화성: 청계, 2002], 301). 즉 공속 혹은 공속성이란 '다르지만 동일하고', '동일하지만 다른 채, 함께 모이는' 역설적인 '불일불이'(不一不二)의 관계를 해명하는 용어이다.

und Tod),[102] 빠져있음 안에서 '죽음의 실존론적 확실성의 역설' (das Paradox der existenzialen Gewißheit des Todes)[103] 그리고 마지막 실존성 안에서 '죽음을 통한 무성과 세계형성의 역설'(das Paradox von Nichtigkeit und Weltbilden)[104]로 정식화된다.

이와 더불어 무 물음의 역설적 성격이 제시될 수 있는 근거는 하이데거가 직접 언급하고 있는 다음과 같은 부분에서 발견된다.

> 존재의 역운에서 보내줌(Schicken)은 하나의 줌으로서 특징지어지는데, 이때 보내주고 있는 것 자체는 자신을 삼가며, 바로 이 자체로-삼감 안에서 자기 자신을 탈은폐(Entbergung)로부터 내빼고 있다.[105]

> 존재와 무는 공속한다(zusammengehört)(GA9, 120).

이러한 언급들을 통해 우리는 하이데거가 명시적으로 밝히지 않

102 정재현, 『티끌만도 못한 주제에』(1999), 358과 비교. 이 용어는 정재현이 삶과 죽음이 하나라는 사태에 대해 언급하면서 사용했던 '삶과 죽음의 역설적 연합'에서 차용하였다. 특별히 이러한 역설과 관련하여 그는 하이데거 죽음 이해의 역설적 성격이 "이그나티우스(Ignatius Antiochenus)의 기독론에서도 언급된 바 있는 '죽음 안에서의 참다운 삶'이 의미하는 종말론적 실존에 대한 철학적 해석이라고" 이야기한다(앞의 책, 359).

103 Demske, *Sein, Mensch und Tod* (1983), 34-35와 비교. 이 용어는 뎀스케가 일상적 확실성을 분석하면서 그것이 가지고 있는 역설적인 드러남의 성격을 언급할 때 사용한 것을 차용하였다.

104 이 용어는 "죽음의 무가 인간 현존재를 그의 근거에서 규정하고 있는 무성(Nichtigkeit)을 드러냄"(GA2, 308)과 "인간은 세계형성 속에 존재한다"(Martin Heidegger, *Grundbegriffe der Metaphysik. Welt-Endlichkeit-Einsamkeit* (Frankfurt (M): Vittorio Klostermann, 1985), 265. [이하 GA29/30])라는 동시적 사태관계를 지칭한 하이데거의 단어들을 종합한 것이다.

105 Martin Heidegger, *Zur Sache des Denkens* (Tübingen: Max Niemeyer, 1976), 23. (이하 GA14)

은 무 물음의 역설적 성격과 더불어, 이 역설이 그로 하여금 자신의 후기 사상에서 목표로 했던 허무주의와 형이상학의 극복을 존재자체로서 무에 대한 물음을 통해 수행하도록 만들고 있음을 발견하게 된다. 물론 하이데거의 무 물음의 역설적 성격에 대한 논의는 전기의 존재론적-실존론적 해석을 넘어, 그의 새로운 존재사유, 다시 말해 존재 역사[106]의 해체작업으로서 '뒷걸음질'(Schritt zurück)[107]을 따라 연구되어

106 하이데거에게 존재 역사란 존재가 자신을 드러내왔던 전통형이상학의 역사를 말한다. 그는 다음과 같이 말한다. "존재 역사란 존재의 운명(Geschick)을 뜻하는데, 이러한 보냄들(Schickungen)들 속에서 '보내줌'뿐만 아니라, '보내주는 그것(Es)'이 이러한 (보냄들) 자체의 알려짐(Bekundung)과 더불어 스스로는 삼가고 있다(halten)"(GA14, 9). 또한 이 개념은 그것이 전통형이상학의 운명이었다는 의미에서 존재역운과 함께 쓰인다. "하이데거에게 '존재의 역운'이란 용어는 '탈은폐하는 줌이 자기 자신을 현존으로서 보내주면서도 스스로를 내빼는 그러한 보내줌'의 다양한 방식들이 서로 모여들어 공속하는 현상을 가리킨다"(신상희, 『시간과 존재의 빛. 하이데거의 시간이해와 생기사유』 [서울: 한길사, 2000], 228). 그리고 이러한 존재역운을 통해 존재는 형이상학 안에서 다양한 방식으로 자신을 드러내어 왔다. "플라톤이 존재를 이데아와 이데아의 집합체(koinoia)로, 아리스토텔레스가 에네르게이아로, 칸트가 정립(Position)으로, 헤겔이 절대적인 개념으로, 니체가 권력에의 의지로 표상할 경우 [...] 이것들은 자신을 은폐하는 보내줌 내에서 '그것이 존재를 주는'(Es gibt Sein) 사건 내에서 비롯되는 말-건넴에 대한 응답들이다. 그것들은 존재의 말씀(Worte)이다"(GA14, 9).

107 뒷걸음질(Schritt zrück)이란 존재가 자신을 드러내었던 장소를 형이상학으로 간주하고, 그것의 근거를 제일시원으로서의 고대 그리스철학자들의 존재경험으로까지 소급해 올라가 그 스스로가 자신을 드러내도록 하는 후기 하이데거의 현상학적 방법론이다. "뒷걸음은 지금까지 간과된 영역을 향해 그 속으로 들어가는데, 이러한 영역으로부터 진리의 본질은 처음으로 사유할 만한 것이 된다"(GA11, 58). "뒷걸음은 이제 도래하려는 것으로부터 뒤로 물러선다. 그것으로부터 거리를 둔다. 거리 둠(Gewinnen des Abstandes)은 멀리함(Entfernung), 즉 사유해야 할 것이 자유롭게 가까이 다가오게 해줌이다"(GA14, 32). 특별히 이러한 방법론은 앞서 본 후기의 존재역운의 통찰에서 시작되었으며, 이러한 이유에서 존재에 대한 탐구는 전기의 현존재 분석을 넘어 존재자체에 대한 탐구로 변경된다(오트, 『사유와 존재』 [1985], 114). 따라서 하이데거는 이전까지 전해 내려오는 철학적 의견들의 배후로 돌아가서 그것을 가능하게 했던 사태, 즉 존재의 자기개시의 역운을 직시하고자 하며, 그럼으로써 그것이 현대에 이르러 무의 경험으로 변경되었음을 통찰하게 된

야 한다. 그리고 이러한 연구를 통해 무는 자신 안에 '자체로-삼감'(Ansichhalten)으로서의 '존재탈생기'(Enteignis)를 지니고 있는 존재자체의 또 다른 모습으로 정식화되며, 마침내 존재와 동일한 것, 즉 공속하는 것으로 통찰된다. 특별히 이것은 '존재와 무의 공속의 역설'(das Paradox der Zusammengehörigkeit von Sein und Nichts)이라 명명될 수 있다.

나아가 이러한 '죽음 이해의 역설적 성격'과 '무 물음의 역설적 성격'이 상호 연관되면서, 기존의 고착되어 있는 삶과 신앙에서 자유롭게 해방될 수 있는 신학적 의미가 신학적 인간학, 신론 그리고 기독론의 의미 안에서 나타난다. 이러한 역설의 신학적 의미가 가능할 수 있는 이유는 앞서 언급한 것처럼 죽음과 무가 자체로 부정성이기 때문이다. 즉 하이데거는 인간의 실존 안에 있는 죽음과 무라는 부정성으로서의 자유와 해방의 힘을 통해 자신의 사유를 전개하였으며, 바로 이러한 이유에서 그것은 중요한 신학적 의미를 가지고 있다.

우리는 죽음 이해와 관련해서는 죽음의 구체적 분석이 수행되고 있는 『존재와 시간』(GA2)을 전후로 한 전기의 저서들을 중심으로,[108]

다. "뒷걸음은 거기로부터 진리의 본질이 단지 사유될만하게 될 수 있는 지금까지의 근원적 영역을 향해 지시한다"(GA11, 58).

108 그 이유는 다음과 같다. 첫째, 그의 죽음 이해에 대한 중심맥락이 전후기에 걸쳐 거의 변하지 않고 있기 때문이다. 앞서 보았듯이 죽음은 인간을 유한한 '죽음을 향한 존재'로 제한하며, 존재를 가장 탁월한 방식으로 자신 안에서 유한하게 드러나도록 만든다. 즉 전후기 모두에서 죽음은 '가능성'이며, '유한성'의 근거이고(Demske, Sein, Mensch und Tod [1983], 191-192), 또한 '유한한 인간존재의 척도(Maßgabe)'이다(Ibid., 14). 둘째, 전후기 죽음 논의의 차이를 강조한다 하더라도, 사실상 하이데거의 후기철학에서는 죽음개념에 대한 직접적인 해명이 없기 때문이다. 그의 후기사상에서는 새롭게 '가사자' (Sterblicher)라는 단어가 죽음 대신 등장하고 있으며, 그럼으로써 그의 논의는 존재론적, 철학적 차원이 아닌 이른바 '존재사유'로 넘어가 버린다. 이것은 본 연구의 의도에서 벗어난 인간학의 과제가 되며, 따라서 여기서는 죽음은 그의 전기 사상만을 중심으로 하여 살펴보고 후기의 죽음 논의는 '죽음 이해의 전회'에서 짧게 다루도록 한다.

무 물음과 관련해서는 무의 본격적인 성찰이 수행되고 있는 "형이상학이란 무엇인가?"가 수록된 『이정표』(GA9) 그리고 전회 이후의 후기 하이데거의 저서들인 『숲길』(GA5), 『강연과 논문』(GA7), 『사유의 사태에로』(GA14) 등을 중심으로 살펴보기로 한다. 그리고 이 주제들을 구체적으로 해석하기 위해 뎀스케, 폰 헤르만, 푀겔러,[109] 피갈 그리고 렌취 등의 독일어권 하이데거 연구서와 덴커(Alfred Denker)와 맥쿼리 등의 영어권 하이데거 연구서들을 주로 참고하기로 한다. 마지막으로 죽음 이해와 무 물음의 신학적 의미와 관련해서는 리쾨르(Paul Ricoeur),[110] 발덴펠스 그리고 정재현의 저서들을 중심으로, 그 신학적 수용과 새로운 가능성과 관련해서는 융엘,[111] 벨테[112] 그리고 예거[113]의 저서들을 중심으로 살펴보기로 한다.

---

109 Otto Pöggeler, *Der Denkweg Martin Heideggers* (Pfullingen: Neske, 1983).

110 Paul Ricoeur/ Edited. Don Ihde, *The Conflict of Interpretations: Essays in Hermeneutics* (Evanton: Northwestern Univ. Press, 1974).

111 앞서 각주에서 언급했던 *Tod* (1983)와 더불어 다음과 같은 융엘의 저서들이 사용될 것이다. Eberhard Jüngel, *Entsprechungen. Gott-Wahrheit-Mensch* (München: Chr. Kaiser, 1986); *Gottes Sein ist im Werden* (Tübingen: J.C.B. Mohr (Paul Siebeck), 1986); *Gott als Geheimnis der Welt* (Tübingen: J.C.B. Mohr (Paul Siebeck), 1977); "Gott entsprechendes Schweigen? Theologie in der Nachbarschaft des Denkens von Martin Heidegger," in: *Martin Heidegger, Fragen an sein Werk. Ein Symposion* (Stuttgart: Stuttgart Verlag, 1977); *Unterwegs zur Sache. Theologische Bemerkungen* (München: Mohr Siebeck, 1972).

112 벨테 전집, *Bernhard Welte Gesammelte Schriften* (Freiburg/Basel/Wien: Herder, 2006-)과 더불어 다음과 같은 저서들이 사용될 것이다. Bernhard Welte, *Zwischen Zeit und Ewigkeit. Abhandlungen und Versuche* (Freiburg/Basel/ Wien: Herder, 1982); *Zeit und Geheimnis. Philosophische Abhandlungen zur Sache Gottes in der Zeit der Welt* (Freiburg/Basel/Wien: Herder, 1975); *Auf der Spur des Ewigen. Philosophische Abhandlungen über verschiedene Gegenstände der Religion und der Theologie* (Freiburg/ Basel/Wien: Herder, 1965).

113 Alfred Jäger, *Gott. Nochmals Martin Heidegger* (Tübingen: J.C.B. Mohr [Paul Siebeck], 1978); *Gott. 10 Thesen* (Tübingen: J.C.B. Mohr [Paul Siebeck], 1980).

제1부

하이데거의 죽음 이해

이때의 자기 자신이란 [⋯]

해방된 [⋯] 자기 자신을 확신하고,

그리고 불안해하는 죽음을 향한 자유 속에 있는 자기이다.

_ 하이데거

1장

"죽음"을 다루어야 하는 이유 : 형이상학의 새로운 정초

하이데거가 죽음을 다루었다는 사실은 실존철학이라는 그의 사상사적 분류를 놓고 본다면 당연한 것처럼 보인다. 철학이란 고통과 부정성에 직면한 인간의 있음 자체, 즉 실존으로부터 논의를 시작해야 한다는 실존철학 혹은 실존주의의 입장에서 본다면, 죽음만큼 삶을 잘 표현하고 있는 단어 혹은 현상도 없기 때문이다. 그러나 이 추측은 하이데거 자신의 전체 프로젝트를 통해 본다면, 절반만 옳은 이야기에 머문다. 왜냐하면 하이데거는 자기 자신의 관심의 출발점이 삶이나 실존 자체가 아니라 존재였고, 나아가 존재론 전체를 포괄하는 형이상학과 연관되어 있었기 때문이다.

하이데거는 스스로를 존재론자이자 형이상학자로 인식했지 실존철학 혹은 실존주의에만 머문다고 생각하지 않았다. 오히려 그는 기존의 형이상학이 지니고 있던 존재망각을 극복하고, 존재론적 차이를 견지한 채 존재의 의미를 찾고자 시도했으며, 특별히 이러한 목표를 위해 그가 시도하고 있는 것은 형이상학에 대한 새로운 정초이다. "하이데거가 목표하는 전통 형이상학의 극복은 어떤 의미에서는 진정한 형이상학의 건립이라고 말할 수 있다. 이런 의미에서 초기의 하이데거는 '형이상학의 새로운 정초'나 '형이상학의 근거에로의 진입'에 대해서 말했던 것이다."[1] 그리고 이것을 위해 그는 '현상학'과 '해석학'을 방법론으로서 수용하고, 그것들을 통해 현존재의 죽음 분석을 수행한다.

특별히 그가 자신의 체계 안에서 죽음을 논의하고 그것을 분석할 수밖에 없었던 이유는 다음과 같다. 즉, 하이데거는 자신의 존재물음을 개진하기 위해 현존재를 임시적 분석의 대상으로 선택했으며, 이러한 현존재의 본래적 전체성을 획득하기 위해서는 인간 현존재의 죽음에 대한 분석이 필수적이기 때문이다.

1. 형이상학의 새로운 정초

하이데거는 평생에 걸쳐 오직 존재만을 연구한 철학자로서 "1927년에 그의 유명한 작품 『존재와 시간』이 나타났을 때, 그 작품은 마르틴 하이데거를 전격적으로 세계에 걸쳐 유명하게 만들었다."[2] 특별히 앞서 언급한 그의 주저 제목처럼 그가 존재에 대한 연구를 했다는 사실은 그의 존재사유가 구체적으로 서구 사상 안에 그 기반을 두고 있으며, 서구형이상학 전통 안에 본래 속할 수밖에 없었다는 점을 말해주고

---

1 이수정 · 박찬국, 『하이데거. 그의 생애와 사상』 (서울: 서울대학교출판부, 1999), 49. "물론 하이데거는 형이상학의 정초나 형이상학의 근거에로의 진입과 같은 표현을 후기의 존재사적 사유에서는 버리고 있다. 그럼에도 그는 전기든 후기든 항상 동일한 사태를 문제 삼고 있다고 생각된다. 전회란 전기의 사상을 폐기하는 것이 아니라, 전기의 사상을 보다 철저히 사태에 맞게 사유하는 것을 의미한다."

2 Welte, *Denken in Begenung mit dem Denken*, Bd. II/2 (2007), 199.

있다. 따라서 그에게 있어 "철학은 형이상학이며"(GA14, 61), "형이상학은 존재론과 같은 것으로 간주된다."[3] 그렇다면, 그는 형이상학을 어떻게 평가하고 있는가?

1) 형이상학에 대한 하이데거의 규정

형이상학이란 말은 원래 아리스토텔레스가 지혜, 신학, 탐구된 학문, 혹은 제일철학 등의 표현으로 추구했던 학문에 그의 후계자들이 이름을 부여한 것이다.[4] 형이상학이란 메타-피지카(μετà-φυσικà), 즉 물리학(자연학) 다음의 학문, 혹은 그것을 넘어선 학문으로 정의된다. 특별히 하이데거는 이러한 '메타 타 피지카'(μετà τà φυσικà)에서 "메타(μετα)의 서술적인 의미가 '다음'(post)이"(GA29/30, 56)라는 사실을 통해 그 앞선 단어에 주목하게 된다. 왜냐하면 이 단어는 일종의 당혹감(Verlegenheit)에서부터, 즉 철학의 출발점인 경이(Erstaunen)와 같은 하나의 기분에서부터 시작되었기 때문이다. 다시 말해, 형이상학은 아리스토텔레스의 제자들이 겪게 된 당혹감에서 시작되고 있다.

고대철학이 쇠퇴했던 수 세기 동안—기원전 300년 무렵에서 기원전 1세기까지— 아리스토텔레스의 저술들은 거의 분실되어 버리고 말았다. 원래 그의 저술들은 몇 안 되는 것들만 그 자신에 의해서 체계적으로 정리되었을 뿐이었으며, 그 이외의 다른 저술들은 그것들이 처음 생겨나온 그대로, 즉 원도들, 강의 초안들 그리고 강의 사본들의 방식으

---

3 Inwood, *A Heidegger Dictionary* (1999), 126.

4 심광섭, 『탈형이상학의 하느님. 포스트모던 시대를 살아가는 사람들의 하느님 물음』 (대구: 이문출판사, 1998), 45-46.

로만 그 당시까지 보관되었다. 따라서 분실을 막기 위해 제자들은 아리스토텔레스가 쓴 논문들의 전체 재고를 모으고 정리해야 할 필요를 느끼고, 곧 작업을 시작하게 된다. 그런데 바로 이 정리과정에서 문제가 발생한다. 왜냐하면 제자들은 작업 중 아리스토텔레스의 저작 안에서 '프로테 필로소피아'(πρώτη φιλοσοφία), 즉 본래적인 철학함의 서술을 발견하고 당혹감을 느끼게 되었기 때문이다. 여기서 말하는 본래적인 철학함이란 존재자 일반에 대해서 그리고 본래적 존재자에 대해서 묻고 있는 논문들을 의미하며, 아이러니하게도 바로 그것들 앞에서 제자들은 평정심을 잃고 당혹감에 직면하게 된다.

하이데거에 따르면, 그것은 사람들이 아리스토텔레스가 본래적인 철학으로서 지칭하고 있는 그것을 수용할 능력이 없었기 때문에 나타난다. 즉 아리스토텔레스가 남긴 본래적인 철학이라는 이름의 부분이 기존의 분과들 가운데 어떤 곳에도 속하고 있지 않았으며, 제자들은 이러한 결과 앞에서 당혹감을 느끼게 되었다는 것이다. 하지만 다행스럽게도 "이러한 당혹감(Verlegenheit)으로부터 단지 하나의 출구가 머물게 된다"(GA29/30, 57).[5] 그 출구란 바로 이 문서들을 자연학(Physik)과의 연관 안에서 정리하는 것이었다. 왜냐하면 그들은 본래적인 철학을 다른 문서들과 비교해 보았으며, 이러한 노력 끝에 본래적 철학, 즉 제일철학이 자연학과 흡사한 물음들을 가지고 있다는 사실만을 발견하게 되었기 때문이다.

물론 제일철학에서 다루고 있는 물음들과 자연학에서 논의하고 있는 물음들 사이에는 어떤 특정한 근친성이 존립하지는 않는다. 오히

5 하이데거에 따르면, 철학의 본질적인 것을 갖다놓을 만한 데를 발견할 수 없었던 이러한 처지란 바로 철학함을 마주하여 당혹스러움을 느끼는 강단철학과 같은 것이다.

려 아리스토텔레스가 제일철학에서 다루고 있는 것은 자연학보다 훨씬 더 폭넓고 훨씬 더 원칙적이라는 점에서 그것은 본래적인 철학이며, 제일철학이라 명명될 수 있었을 뿐이다. 그러나 이러한 한계에도 불구하고, 제자들은 제일철학을 문제없이 자연학 속으로 정돈해 넣을 수는 없지만, 요행히 그 옆에, 혹은 그 뒤에 세워둘 수는 있다고는 생각하게 된다. 그리고 마침내 제일철학, 즉 본래적인 철학함은 물리학의 뒤, 혹은 그 다음에 있는 '메타피지카'(형이상학)가 된다. "뒤에(hinter), 즉 '그 다음에'(hintennach)는 그리스어로 '메타'(μετα) 안에서 사람들이 본래적인 철학을 자연학 위에 세워두었음을 의미한다"(GA29/30, 57).

이처럼 본래적인 철학함은 이제 형이상학이라 불리며, 당혹스러움을 지칭하기 위한 칭호로서 사용되기 시작한다. 그런데 언제부터인가 이 기술적 칭호는 하나의 내용적인 뜻을 가지게 되었으며, 그 어순은 라틴어 표현인 '메타피지카'(Metaphysica)로 변형된다. 그러면서 메타(μετà, meta)는 단순한 다음이나 뒤의 표현으로부터 벗어나 '변경'이라는 뜻으로, 즉 '스스로를 하나의 사태로부터 떠나 다른 하나의 사태로 변경함', '어떤 것으로부터 다른 것으로 떠나 건너감(Hinausgehen)'이라는 뜻으로 바뀐다.

> 이러한 메타의 의미를 '어떤 것으로부터 떠나 어떤 다른 것에로 향함'이라는 의미에서 우리는 그리스어 메타소레(갑작스런 변경)라는 단어를 가지고 있다. 그리스어 이름인 타 메타 타 피지카와 라틴어 메타피지카가 연관되면서 메타의 의미는 변경되었다. 순수한 장소적인 의미로부터 '스스로를 하나의 사태로부터 떠나 또 다른 방향의 사태로' 변경된다는 의미, 혹은 '어떤 것으로부터 또 다른 떠나 건너감의 것으로' 변경된다는 의미가 되었다"(GA29/30, 59).[6]

하이데거에 따르면, 이러한 방향의 '(갑작스런) 변경', 혹은 '떠나 건너감'이란 곧 피지카로부터 몸을 돌려 다른 존재자 쪽으로, 다시 말해 존재자 일반과 본래적인 존재자 쪽으로 향하는 것을 다루는 바로 그것이다. 그는 다음과 같이 말한다.

> 개별 영역으로서의 자연으로부터, 일체의 그와 같은 개개의 영역으로부터 본래적인 철학이 이렇게 몸의 방향을 변경한다는(Sichweg- wenden) 것은 개별존재자를 넘어서 이 개별 존재자와는 다른 것에로 떠나 건너감(Hinausgehen)을 말한다. 이렇게 형이상학은 감각적인 것 너머에 놓여 있는 것에 대한 인식, 즉 초감각적인 것에 관한 학문과 인식을 지칭하기 위한 칭호가 된다(GA29/30, 59).

그러나 하이데거에 따르면, 여기에는 여전히 중요한 문제가 존립해 있다. 그것은 바로 이렇게 변경된 형이상학이 초감각적이면서 일반적인 어떤 영역에 집중되어 있음에도 불구하고, 여전히 본질상 존재망각 안에 귀속되어 있다는 점이다.

2) 존재망각과 형이상학의 새로운 정초 요구

형이상학은 아리스토텔레스 이후 존재자를 존재자로 묻는 철학의

---

6 "Diese Bedeutung von μετὰ im Sinne des 'von etwas weg zu etwas anderem' haben wir im griechischen Wort μεταβολή(Umschlag). Bei der Zusammen- schließung des griechischen Titels τὰ μετὰ τὰ φυσικὰ zu dem lateinischen Ausdruck Metaphysika hat das μετὰ seine Bedeutung geändert. Aud der rein örtlichen Bedeutung wurde die Bedeutung des Umschlags, des 'sich von einer Sache weg zu einer anderen Wendens', des 'von einem zu einem anderen Hinausgehens'."

근본적 관심사이다. 그것은 존재자에 진입하여 묻고 존재자를 초월하여 물으면서 존재자의 원인과 원리를 묻고 있으며, 플라톤이 이해한 대로 철학의 중심과제이다. 이러한 형이상학은 지식 중 제일의 것, 즉 모든 것들의 원인과 원리이며, 근거물음이다. 그러나 아이러니하게도 서구 형이상학은 바로 그것이 제일의 것, 원인과 원리만을 찾았다는 이유 그 사실 때문에 자체로 존재망각에 속할 수밖에 없는 운명에 처하게 된다.

하이데거에 따르면, 존재망각은 '빠져있음'(퇴락) 안에 있는 현존재의 모습이다. 현존재는 자기의 세계에 일상적으로 빠져있으면서, 언제나 스스로를 그 세계로부터 이해하고 해석하며 살고 있다. 그것은 자기가 대략 파악한 자신의 전통에 빠져서 다른 가능성들을 잊어버리고 살아감을 의미하며, 따라서 현존재의 빠져있음은 형이상학의 존재망각이 일어나는 계기이다. 다시 말해, 전통 형이상학은 이러한 빠져있음 안에서 행한 현존재의 특성 때문에, 태생적으로 존재망각의 운명에 속해있게 된다. 하이데거는 다음과 같이 이야기한다.

> 그리스의 존재론과 그 역사는 다양한 지류와 변천을 거쳐서 오늘날에도 여전히 철학의 개념성을 규정하고 있다. 이것은 곧 현존재가 자기 자신과 존재 일반을 세계로부터 이해한다는 명백한 증거이며, 또 그렇게 성장한 존재론이 전통에 빠져버린다는 명백한 증거이다(GA2, 21-22).

이에 반해 하이데거는 빠져있음의 구조를 존재론적인 차이 속에서 꿰뚫어봄으로써, 서구의 전통 형이상학 속에 은폐되어 있던 '존재일반의 의미'에 대한 근본물음을 제기하게 된다. "사유되지 않고 남아 있는 것, 즉 형이상학이 사유한 모든 것이 거기에 처하고 있는 형이상학의 망각된 근거를 사유하면서 다시 찾으려는 시도이다."[7] 그렇다면, 이러한 시도란 무엇을 말하는 것인가? 그것은 바로 기존 형이상학을 새롭게 정초하고자 하는 시도로서[8] 다양한 존재의미 안에서 드러난 존재물음을 현존재의 존재구조 안에서 탐구하는 것이다.

우리는 항상 이미 빠져있음 안에서 평균적인 모호한 존재 이해 안에 머물러 있기에, 누군가 우리에게 '존재의 의미'에 대해 물을 경우 아무런 대답도 줄 수 없다. 아니 도대체 그 물음을 충분하게 전개할 수조차 없다. 그러나 문제는 이러한 빠져있음의 망각 안에서도 우리는 우리의 존재개념에 대한 다양한 표현과 의미를 이미 말하고, 사용하며, 확신하고 있다는 사실이다. 그렇다면, 이러한 존재의미에 관련된 역설적 현상은 왜 일어나는가? 하이데거에 따르면, 그것은 존재의미 자체가 '사유할 수 있는 존재'와 '시간에서 발견되는 존재'라는 이중성을 지니고 있기 때문이다.

---

7 Pöggeler, *Denkweg Martin Heideggers* (1983), 47.

8 이수정·박찬국, 『하이데거. 그의 생애와 사상』 (1999), 56. 물론 "형이상학에 대한 하이데거의 이해는 변천한다. 그는 처음에는 형이상학을 더욱 깊이 정초하고자 하였으나 나중에는 본질적으로 극복되어야 할 것으로 간주한다(전동진, 『창조적 존재와 초연한 인간. 하이데거가 말하는 존재의 구조』 (서울: 서광사, 2002), 51)." 특별히 "서양 철학의 역사 전반을 형이상학과 관련하여 재검토하려는 하이데거의 야심찬 계획은 이미 형이상학의 존재론적 토대 구축으로서의 『존재와 시간』을 저술할 당시에 수립되었으며, 그가 세상을 떠날 때까지 계속되었다(이유택, "하이데거와 형이상학의 문제", 「하이데거 연구」 Vol.12, 한국하이데거학회 편 (2005), 6)." 이러한 형이상학에 대한 미련은 『존재와 시간』에서 아직 하이데거가 '형이상학'이라는 명칭을 따옴표를 쳐서 사용하고 있었던 점이나 '형이상학'을 다시 긍정하려는 그 시대의 추세에 맞서고 있는 것에서 드러난다. 물론 기존의 형이상학과 다르게 그는 단순히 다시 형이상학을 긍정하지 않고, 그 본질에 대해 묻는다.

우선 사유적으로 드러나는 존재란 추상화의 산물이다. 예를 들어, 우리는 존재를 존재자를 통해서만 생각할 수 있으며, 그것을 존재자의 추상적 속성, 즉 존재자성 혹은 존재자의 일반성 등으로 이해된다. 그리고 바로 이것이 전통철학의 진리규정이었다.[9] 그러나 하이데거에 따르면, 그것은 존재의 사태를 제대로 파악하지 못한 것이다. 왜냐하면 인간들이 현사실적으로 이해하고 있는 존재의미는 추상화, 일반화의 개념이 아니라, 바로 시간 안에 살고 있는 그 자신들의 존재의 의미이기 때문이다. 다시 말해, 오직 인간은 자신의 존재가 그 안에 속해 있는 시간 안에서야 비로소 물을 수 있고, 그것의 의미를 찾을 수 있을 뿐이며, 따라서 존재는 단지 시간 안에서만 드러난다. "하이데거가 제시하는 가장 근본적인 주장은 존재론이란 어떤 본질적인 시간적인 특성을 지니고 있다는 것이다."[10] 그렇다면, 어떻게 이러한 추상화, 일반화의 한계는 극복될 수 있으며, 나아가 어떻게 존재론으로서의 형이상학은 새롭게 정초될 수 있단 말인가?

하이데거에 따르면, 오직 그것은 주관중심적인 형이상학이 주장했던 절대적 자아(das Ich)를 "여기(da)에 있는 유한한 자이면서 시간성 안으로 지양된 자"[11]로서 규정함을 통해서 가능할 뿐이다. 왜냐하면 형이상학이란 "어디에서나 고향을 만들려는, 다시 말해 존재자의 '전체 안에서' 실존하려는 열망이며 [...] 하나의 독특한 물음제기"인데, 이러한 열망과 문제제기가 바로 우리의 시간성, 즉 유한성으로부터 기인되기 때문이다.

---

9 Volker Caysa, *Das Seyn entwerfen. Die negative Metaphysik Martin Heideggers* (Frankfurt(M): Peter Lang, 1994), 41.

10 Macquarrie, *Heidegger and Christianity* (1999), 39.

11 Caysa, *Das Seyn entwerfen* (1994), 41.

> 이렇게 물음을 던지고 답을 찾아나섬 속에서 [...] 일어나고 있는 바로 그것은 인간의 유한성이다. 형이상학이란 인간 현존재 안에서 일어나고 있는 근본사건이다(GA29/30, 12).

형이상학이란 유한한 자, 시간 안에 있는 자의 근본사건으로서의 물음이다. 이 물음 속에서 우리는 존재자의 전체 속으로 물어 들어가며, 그리고 이때 함께 물음 속에 던져진 물음 던지는 자(Befragte), 즉 우리 자신 역시 이러한 물음에 속하게 된다(GA29/30, 13). 왜냐하면 오직 인간으로서의 우리만이 죽음과 더불어 자신과 모든 것들의 존재의 의미와 이유를 묻기 때문이다.[12]

인간은 자신의 존재에 대한 물음을 던짐을 통해, 세계 전체 내지 자연 전체를 낯설게 여기게 되며, 이제까지 살고 있었던 이 장소와 환경이 그전과는 다르다는 사실, 나아가 무엇인가 그것들 너머로 이야기하지 않으면 안 된다는 필연성을 느낀다. 그는 다른 동물들과 마찬가지로 자연 안에서 태어나서 죽는 자연적 존재이면서도 어떤 의미에서는 자연을 초월하고 있다.[13] 인간만이 환경세계를 넘어 존재자 전체, 즉 세계를 수수께끼로 여기며 그것의 진리와 의미를 추구한다. 형이상학이란 이런 의미에서 "인간이 추구할 수밖에 없도록 규정되어 있는 운명이다."[14]

그러나 하이데거에 따르면, 이처럼 형이상학으로서의 '철학이 향수'이며(GA29/30, 7), 불가피한 상황일지라도 만약 그것이 기존의 방법, 즉 존재자 전체의 공통된 본질과 존재자 전체의 궁극적 근거를 제시하

---

12 이수정 · 박찬국, 『하이데거. 그의 생애와 사상』(1999), 42.

13 앞의 책, 43.

14 앞의 책, 46.

는 것에 그친다면, 그것은 더 이상 형이상학이 될 수 없다. 왜냐하면 그 안에는 형이상학의 근본적인 물음이면서, 동시에 유한한 인간의 최종적인 물음, 즉 존재에 대한 올바른 물음이 결핍되어있기 때문이다. 그래서 "그(하이데거)에게는 또 하나의 체계적인 형이상학의 제시가 아니라 형이상학 내지 존재론의 새로운 정초가 문제가 된다. 즉 그는 이전의 모든 전통적 형이상학이 자명하게 전제하고 있는 존재의 의미를 문제 삼는 것이다."[15]

물론 우리가 여기서 주목해야 하는 것은 그가 의도하고 있는 전통 형이상학의 새로운 정초가 그것의 폐기를 의미하지 않는다는 점이다. 오히려 그의 목표는 "어떤 의미에서는 진정한 형이상학의 건립이라고 말할 수 있다. 이런 의미에서 초기의 하이데거는 '형이상학의 새로운 정초'나 '형이상학의 근거에로의 진입'에 대해서 말했던 것이다."[16] 따라서 그는 방법론으로 기초존재론을 채택하고 있으며, 그것을 통해 '형이상학의 근거에로 소급해 올라가' 형이상학 자체를 새롭게 정초하려 시도하게 된다.[17]

2. 기초존재론과 죽음 이해의 필요성

존재는 이미 존재자 안에 주어져 있으며, 그럼으로써 자신을 존재자의 존재함으로 알려온다. 다시 말해, 우리는 오직 앞서 존재를 이해할

---

15 앞의 책, 56.
16 앞의 책, 49
17 Pöggeler, *Denkweg Martin Heideggers* (1983), 102.

때에만 존재자를 존재자로서 파악할 수 있고, 존재자에게 태도를 취할 수 있으며, 존재자와 관계 맺을 수 있을 뿐이다. 이러한 이유에서 하이데거는 형이상학의 근본물음인 '존재자의 존재에 대한 물음'이 존재와 인간의 관계를 전제하고 있다고 말한다. 그에 따르면, 존재를 탐구하기 위해서 우리는 "현존재자체에서 자신의 단초"(GA2, 34)를 취해야 하며, 그것을 위해 존재와 인간 사이의 근원적인 연관관계를 지칭하는 인간의 '현존재'에서 출발해야 한다. 그리고 바로 이러한 존재론의 방법을 우리는 다른 모든 학문의 근거이자, 동시에 기존의 형이상학적 존재론의 근거라는 의미에서 기초존재론(Fundamentalontologie)이라 명명할 수 있다. 그렇다면, 기초존재론이란 정확히 어떤 방법론을 말하는가?

1) 기초존재론의 현상학적-해석학적 방법론

하이데거의 기초존재론적 방법론 중 가장 핵심적인 것은 현상학이다. "기초존재론으로서의 실존분석을 수행하는 근본적인 방법은 현상학적인 것이다."[18] 특별히 "현상학이야말로 하이데거 철학 자체의 근본적 성격을 가장 특징적으로 알려"[19]주며, 하이데거의 사상전개에 있어 "절대적인 영향을 끼친 것은 오직 방법개념으로서의 현상학"이다.[20] 그렇다면, 이러한 현상학이란 무엇을 말하는가?

현상학이란 연구의 대상이나 내용을 규정하기보다 논의해야만 하는 그것을 어떻게 제시하고 취급할 것인가를 해명하는 방법론이다.

---

18 Welte. *Denken in Begegnung mit dem Denken*, Bd. II/2 (2007), 106.

19 이수정, 박찬국, 『하이데거. 그의 생애와 사상』 (1999), 66.

20 이기상, 『하이데거의 존재와 현상』 (서울: 문예출판사, 1992), 17.

현상학의 본질은 주의 깊고 분석적인 기술(description)이며, 하이데거의 현상학적인 해명은 그가 선호하는 방법 중 하나에 의해, 즉 다시 말하자면 '현상학'이라는 단어 자체의 어원학적 논의에 의해 진행된다. 그는 먼저 현상(phenomenon)이라는 단어를, 그 자신을 보여줌 혹은 그것이 존재하는 것에 대해 그 자신을 보여지도록 하는 것이라고 이야기한다. 그래서 그는 말하자면 '보여줌'(showing)인 '로고스'에로 향한다. 따라서 현상학은 근본적으로 그 자신을 보여주는 하나의 보여줌, 즉, 그것이 존재하는 것 그대로 그 자신을 보여지게 하는 것을 우리가 보도록 하게 하는 것처럼 하나의 은폐와 왜곡을 벗겨냄이다.[21]

현상학은 이처럼 순수하게 나타나는 사태 그 자체를 향하기 위해, 모든 규정된 것으로부터 벗어나 '사태 자체로'(Zur Sache selbst)를 이념으로 삼고 있으며, 따라서 그것은 무전제적이고 열려있는 태도를 말한다. 이와 관련하여 하이데거는 현상학을 다음과 같이 정의한다.

> 현상학이라는 표현은 그리스적으로 다음과 같이 형식화된다. 레게인 타 파이노메나(λέγειν τά φαινόμενα); 레게인은 아포파이네스타이(ἀποφαίνεσται)를 의미한다. 따라서 현상학이란 아포파이네스타이 타 파이노메나(ἀποφαίνεσται τά φαινόμενα)이다. 이것은 스스로를 드러내는 것을 그 자체가 스스로를 드러내는 그대로 그 자체로부터 보도록 해주어야 한다"(GA2, 34).[22]

21 Macquarrie, *Martin Heidegger* (1968), 11-12.

22 "Der Ausdruck Phänomenologie läßt sich griesch formulieren: λέγειν τά φαινόμενα; λέγειν besgt aber ἀποφαίνεσται. Phänomenologie sagt dann ἀποφαίνεσται τά φαιν όμενα: Das was sich zeigt, so wie es sich von ihm selbst her zeigt, von ihm selbst her

그리고 현상학의 방법론은 다음과 같은 세 가지 과제를 수행한다. "첫째, 현상학은 '원리적 도구'로서, 철학으로 하여금 자기 본래의 엄밀한 학문성을 발견하도록 도와줘야 한다. [...] 둘째, 현상학은 철학에게 근원적인 인식의 자율성을 가능케 해주어, 철학으로 하여금 아무런 전제 없이 출발하도록 요구하고 주장할 수 있게끔 해야 한다. [...] 셋째, 현상학은 기초학문으로, 개별학문들을 철학적으로 정초하여, 보편학문, 제일철학이라는 철학의 가장 근원적인 개념을 다시 수립해야 한다."[23] 특별히 여기서 말하는 세 가지의 과제란 곧 사태를 현상학적으로 볼 것을, 즉 "철학적 지식들을 검토하지 않고 사용하는 것을 배제함과 동시에 유명한 사상가의 권위를 대화 속에 끌어들이는 것을 포기할 것을 요구한다"(GA14, 86).

물론 하이데거는 이러한 시대적인 유행으로서의 현상학에 무조건 동참만하지 않는다. "내용면에 있어서 하이데거는 학문의 엄밀성, 철학적 근원성 그리고 철학의 학문 간의 근거확립의 관계 등을 후설과 다르게 규정하고 있다."[24] 이러한 사실은 하이데거가 그의 스승이었던 후설에 의해 제창되어 유행하게 된 현상학과는 별도로, 1919년 이후의 강의와 연구에서부터 자기 나름의 현상학적 시선을 가지게 되었다는 것에서 잘 드러난다.[25] 여기서 말하는 차별성이란 현상학에 있어서 그

---

sehen lassen."

23 이기상, 『하이데거의 존재와 현상』 (1992), 13-14. 이것은 곧 현상학을 개진하기 위한 태도로서 "철학적 지식들의 음미되지 않은 사용을 배제한다는 것과 위대한 사상사들의 군위를 대화 속에 끌어들이는 것을 포기한다는 두 가지 성격"으로 정리될 수 있다(이수정·박찬국, 『하이데거. 그의 생애와 사상』 [1999], 70).

24 이기상, 『하이데거의 존재와 현상』 (1992), 14.

25 이수정·박찬국, 『하이데거. 그의 생애와 사상』 (1999), 71. 특별히 "1919년 여름학기 이후 하이데거는 자신의 강의에 직접 '현상학'이라는 명칭을 내걸고 자기 나름의 현상학을 모색해 나가기 시작한다. 이를테면, 1919년 여름학기 『현상학과 초월론적

현상들이 자기를 알려오는 근원적인 어떤 것을 아리스토텔레스를 비롯한 전 그리스적 사유와 인간의 궁극적인 물음을 종합하여, '존재론적 현상학'으로 자신의 방향을 잡았다는 점을 의미한다. 그렇다면, 그가 기존의 현상학과 차별화되는 지점은 어디인가?

첫째, 사태 자체에 집중한다는 점이다. "모든 허공에 뜬 구성, 우연한 발견, 외견상 증시된 듯이 보이는 데 불과한 개념의 답습, 종종 몇 세대를 통하여 문제로서 과시되는 거짓 물음 등에 반대하여, '사태 자체'를 근거로 한다는 뜻이다."[26] 이것은 현상학의 이념을 그대로 계승한 것이다.

둘째, 사태가 스스로를 드러내는 것을 인정하는 것이 현상학이기에, 출발점이 동시에 물음의 대상이 되어야 한다는 점이다. 즉, 현상학을 통해 연구해 들어가는 대상은 언제나 주어져 있으면서도 은폐적 경향(Verdecktheit)을 동시에 가진 채 연구자에게 문제를 스스로 드러내고 있다. 따라서 물음의 제기는 이미 자신 안에 답을 가지고 있는 연구대상인 셈이다.

셋째, 사태 자체를 존재로 본다는 점이다. "그것(사태)은 존재, 즉 존재자의 존재 내지 존재의 의미, 변양들 및 파생태들이며, 이런저런 존재자 자체는 아닌 것이다."[27] 따라서 현상학은 내용상 존재자의 존재에 관한 학, 즉 존재론이 된다고 하이데거는 생각한다. "존재론은 오직 현상학으로서만 가능하다"(GA2, 35).[28]

가치철학』, 1919년 겨울학기 『현상학의 근본문제들』, 1920년 여름학기 『직관과 표현의 현상학』, 1921년 겨울학기 『아리스토텔레스에 대한 현상학적 해석. 현상학적 연구 입문』 등이 그것이다."

26 앞의 책, 80.

27 앞의 책, 84.

28 "Ontologie ist nur als Phänomenologie möglich."

넷째, 현상학을 주제로 접근하는 통로의 양식으로서 하나의 방법론으로 간주한다는 점이다. "이(현상학)는 그것이 철학적 탐구의 대상들이 내용상 무엇인지를 성격지우는 것이 아니라, 철학적 탐구의 '어떻게'를 성격지우는 것이다."[29] 물론 '어떻게'에 대한 방법론으로서의 현상학은 기술적(deskriptiv)이며, 그 안에서 해석(Auslegung)이 관여된다는 점이 드러난다.[30] 그리고 이러한 이유 때문에 현상학적 기술로서 행해지는 해석이 중요해지면서 이제 해석학이 문제가 된다. "현존재의 현상학은 낱말의 근원적인 의미에서 해석학인데, 그 의미에 따르면 그것은 해석의 업무를 지칭하고 있다"(GA2, 37). "그는 현상학을 '해석학적' 현상학으로 파악하고 현사실적인 실존의 이해 속에 현상학적인 보게 해줌(Sehenlassen)을 근거 짓는다."[31]

특별히 해석학과 관련하여 하이데거는 이 명칭을 자신이 신학을 연구했던 시절 이후로도 계속 숙지하고 있었으며(GA12, 96), 마침내 그가 가지고 있던 해석학에 대한 생각은 새로운 모습으로 탈바꿈되어 존재론적 현상학 안에 수용된다. 하이데거가 현상학과 해석학을 가지고 존재물음 안으로 들어갔던 것에 대해 푀겔러는 다음과 같이 말한다.

> 해석학적 현상학은 존재의미 일반을 새롭게 문제 삼을 수 있기 위해서 현존재의 존재의미에 대해 물음을 던진다. [...] 이때 그는 딜타이의 해석학적 사상에서부터 영향을 받았으며, 특별히 신학의 해석학적 사상에서도 자극을 받는다. 그러나 하이데거는 자신의 해석학을 결코 전수된 형이상학의 존재이론의 한 귀퉁이에서 전개시킬 생각은 없었다. 그

29 이수정·박찬국, 『하이데거. 그의 생애와 사상』 (1999), 89.
30 앞의 책, 86-87.
31 Pöggeler, *Der Denkweg Martin Heideggers* (1983), 166-167.

는 [...] 존재자체의 의미에 대한 과제를 부여한다. 현상학이 해석적 현상학이 되면, 이 현상학은 서양사상의 주요 물음인 존재물음과 다시 소급되어 연관된다.[32]

다시 말해, 하이데거에게 해석학이란 어디까지나 현존재에 대한 해석학, 즉 실존의 실존성에 대한 분석론으로서의 해석학을 의미하며, 이것을 통해 그는 마침내 모든 다른 분과학문들의 근거인 제일차적인 의미의 존재론적 해석학, 즉 기초존재론을 정초하게 된다. 그렇다면, 그는 이러한 현상학적-해석학적 기초존재론을 개진하기 위해 무엇을 단초로 삼고 있는가?

2) 기초존재론을 위한 '현존재 분석'

일반적으로 존재에 대한 '물음이 걸려있는 것'(Gefragte)은 존재자이며(GA2, 6), 이러한 이유에서 존재자 일반을 탐구한다는 것이 곧 존재를 탐구하는 것과 동일한 것으로 여겨지곤 한다. 고대 아리스토텔레스에서 시작하여 현대의 니콜라이 하르트만(Nicolai Hartmann)에 이르는 관점은 모두 이렇게, 즉 존재론이 존재자로서의 존재자를 탐구하는 것이라고 생각해왔다. 그러나 하이데거에 따르면 그것은 존재를 자체로 놓쳐버리고 마는 일종의 존재망각의 형태이다. 왜냐하면 '존재론적 차이'라는 개념을 통해 그가 분명히 하고 있듯이 존재와 존재자는 다르기 때문이다. 오히려 그는 존재를 탐구하기 위해서는 이러한 존재론적 차이를 알고 있는 현존재에 대한 존재이해에서부터 출발해야 한다고

32 Ibid., 78.

주장하게 된다. 뎀스케는 이러한 작업을 다음과 같이 이야기한다.

> 『존재와 시간』의 주요관심사는 존재물음의 전제를 구성작업(ausgearbeitet)하는 것이다. 그것을 위해 현존재 분석은 존재물음의 장소로서 그리고 선존재론적인(vorontologische) 존재이해의 장소로서 기획된다. [...] 이렇게 유한하게(endlich) 구조화된 존재자는 그가 존재와 같은 어떤 것을 이해하고, 그것의 의미에 대해 질문하기에 탁월하고, 또한 그가 탁월하기 때문에, 다음과 같은 물음이 발생한다. 유한하고 시간적인 존재자가 존재물음을 제기한다는 사실은 존재자체의 의미에 있어 무엇을 의미하는가?[33]

여기서 우리가 주목해야 하는 것은 존재자의 존재를 밝힌다는 것이 단순히 존재자를 탐구해서 그러한 존재자의 일반성을 도출해내는 것은 아니라는 사실이다. 오히려 먼저 존재물음과 관련하여 우리가 문제 삼아야 하는 것은 존재물음 안에 앞서 들어가 있는 존재가 존재자의 존재라는 사실이며, 그럼으로써 일종의 존재자가 물어져야 한다는 사실이다. "존재가 물어진 것(Gefragte)을 만들어내고, 존재가 존재자의 존재를 의미하는 한, 존재물음의 물어진 대상(Befragte)은 존재자 자체라는 것이 나타난다. 이것은 흡사 그(존재자 자체)의 존재를 향해 물어지는 것이다"(GA2, 6). 그렇다면, 이러한 존재자란 어떤 존재자를 말하는가?

하이데거에 따르면, 그 대상은 바로 현존재이다. 왜냐하면 우리는 묻는 자의 존재 이해 안으로 들어갔을 때, 물어지고 있는 존재를 분명히

33 Demske, *Sein, Mensch und Tod* (1984), 76.

밝혀낼 수 있으며, 이처럼 존재를 묻는 자란, 오직 현존재뿐이기 때문이다. 다시 말해, 존재물음과 관련하여 존재자에게로의 올바른 접근양식을 획득하기 위해 앞서(vorherige) 확보해야 하는 것은 바로 현존재이다. 하이데거는 다음과 같이 이야기한다.

> ~에 대한 관점(Hinsehen auf), 이해와 개념파악(Begreiffen), 선택, ~로의 접근(Zugang zu) 등은 물음을 구성하는 (행동)관계들(Verhaltungen)이며, 그래서 그 자체가 한 특정한 존재자, 즉 묻고 있는 우리들이 각기 그것인 그런 존재자의 존재양태들(Seinsmodi)이다. 그러므로 존재물음의 정리작업(Ausarbeitung)이란 다음과 같은 것을 말한다. 한 존재자의 —즉 묻고 있는 자의(des fragenden)— 투명하게 만듦(GA2, 7).

존재에 대해 묻고자 한다면, 그 물음 안에서 대답을 요구하고 있는 바로 그 대상이 투명하고 분명하게 정리 작업되어야만 한다. "이러한 이유에서 하이데거는 인간이 존재론적인 존재자라고 말하고 있으며 [...] 그는 인간의 존재가 그 자신에 대해 하나의 문제거리라 말하고 있는 것이다."[34] 현존재란 우리들 자신이 각기 그것이며, "자신의 존재가 문제가 되고 있는"(GA2, 42) 유일한 존재자이다.[35]

---

34 Macquarrie, *Martin Heidegger* (1968), 7.

35 맥쿼리는 하이데거가 사용한 Dasein을 다음과 같이 분석한다. "비록 독일 전통 철학에서 그 단어가 실존의 의미로 사용되었다고 하더라도 문자적으로 그 단어는 '거기-있음'을 의미한다. 인간이 거기 있다는 말은 항상 특수한 상황 안에서 자신을 발견하는 사람으로서 그의 유한성에 주의를 기울이는 것이다; 동시에 그는 그의 '거기'가 그에게 비은폐되었고 그것이 자신의 관계의 중심이라는 의미에서 '거기에' 존재한다. 비록 현존재가 전통적으로 실존의 의미로 대개 사용되었더라도 하이데거는

물론 여전히 문제는 남아있다. 그것은 바로 존재물음을 던진 자가 인간임에도 불구하고, 그것에 답하기 위해 인간의 현존재를 분석해야 하며, 따라서 이러한 논의가 마치 하나의 순환논증에 불과한 것처럼 보인다는 점이다. 다시 말해, 존재물음과 묻고 있는 인간 각각은 서로에게 의존되어 물음에 대한 단초를 서로에게 미루는 것처럼 보인다. "물음에 대한 대답이 이제 비로소 데려와야 할 것이 물음의 정리작업을 위해 이미 '전제되어 있지는'(vorausgesetzt) 않는가?"(GA2, 7).

그러나 하이데거에 따르면, 이러한 존재물음은 결코 순환논증에 속하지 않는다. "존재의 의미에 대한 물음에는 '순환논증'(Zirkel im Beweis) 같은 것이 놓여있지 않다"(GA2, 8). 오히려 존재와 현존재 사이의 순환적 관계는 논증의 문제와는 상관이 없으며, 현존재라고 하는 특수한 존재자의 존재론적 구조의 문제이다. 왜냐하면 그는 존재에 대한 이해를 자신의 존재의 근본양식으로 형성하고 있으며, 그럼으로써 존재가 원초적으로 현존재의 구조로서의 염려를 구성하고 있기 때문이다. 따라서 존재와 현존재 사이의 순환관계는 악무한이 아니라, 오히려 우리가 존재물음을 위해 그 안으로 적극적으로 몰아 들어가야

그 개념을 인간 실존에만 한정하고 바로 이 '실존'이라는 단어가 또한 현존재에 속하는 그러한 종류의 존재를 위해 한정된 의미 안에서 사용된다. 우리는 이미 인간, 원자, 산, 나무, 별 그리고 셀 수 없이 많은 것들이 모두 존재하는 반면 인간만이 존재할 뿐만 아니라 그가 누구로 존재하는가를 어떤 이해와 어떤 책임성을 가지고 있기 때문에 다른 모든 것들과 구별된다는 것에 주위를 기울여왔다. 이러한 의미에서 인간은 홀로 실존하는데 말하자면 그는 존재에 대해 결단해야만 하는 특수한 존재자로서 존재자들의 일반적 축으로부터 (밖에) '나와 서 있다(ex-sists).' '현존재는 자신의 존재 안에서 그 존재가 하나의 문제거리가 되는 그러한 존재자이다.' 물론 현존재에게 실존이라는 표현을 한정하면서 하이데거는 그럴 때에 원자, 산, 나무, 별 그리고 그러한 다른 것에 대한 실재성을 거부하고 있는 것은 아니다. 단지 이러한 것들은 충분히 실재적이지만, 그것들이 실존함의 특수한 의미로 그들을 '밖에 나가서 있게' 하는 그러한 종류의 존재를 가지고 있지 않다"(Ibid., 7-8).

만 하는 어떤 장소에 해당한다. 하이데거의 말을 직접 들어보자.

> 순환을 거부하는 것, 그것을 숨기거나 심지어는 극복하려고 하는 것은 곧 이러한 오인을 완전히 고착시켜버림을 말한다. 오히려 우리의 노력이 목표로 삼아야 할 것은 근원적으로 그리고 온전히 이 '원' 속으로 뛰어들어 현존재 분석의 단초에서 현존재의 순환적인 존재에 대한 온전한 시야를 확보하는 것이다(GA2, 315).[36]

따라서 존재와 존재자 사이의 순환적 물음 제기는 존재물음에 대한 필수적인 정리작업이며, 존재에 대한 물음은 이제 현존재에 대한 물음과 동일한 것이 된다. "현존재라는 성격의 이 존재자는 존재물음 자체와 일종의 —더군다나 탁월한— 관계를 가지고 있다"(GA2, 8).

이와 같이 현존재는 존재물음의 대상이 되어야 하며, 하이데거에 따르면, 그것은 인간 현존재가 가지고 있는 다음과 같은 세 가지 우위로 정식화된다. 그것은 첫째, 현존재는 실존(Existenz)이라는 면에서 '존재적' 우위(Vorrang)를 갖는다는 점이다(GA2, 13). 즉 존재는 단적으로 초월이며(GA2, 38), 그 초월로 이미 이해하며 어떤 것에로 나아가 있는 현존재는 자기 자신을 탈자적으로(extase) 벗어나 있는 존재가능인 한에서 실존 자체이다. "현존재가 존재적 우위를 갖는다는 것은, 그것이 자신의 존재에 있어서 이 존재자체에로 관련되어 간다고 하는 것이 문제라고 하는 것, 그것이 자신의 존재에 있어서 이 존재에로 태도를

36 "Den Zirkel leugnen, ihn verkennung endgültig verfestigen. Die Bemühung muß vielmehr darauf zielen, ursprünglich und ganz in diesen 'Keis' zu springen, um sich schon im Ansatz der Daseinsanalyse den vollen Blick auf das zirkelhafte Sein des Daseins zu sichern."

취하는 어떤 존재관계를 가지고 있다고 하는 것, 즉 그것이 이러저러한 태도를 취할 수가 있으며, 또한 항상 그 어떤 방식으로 태도를 취하고 있는 존재자체, 즉 실존을 갖는다고 하는 것, 따라서 결국 그것이 그때그때 이미 자신의 존재에 있어서, 이 물음에 있어서 물어지고 있는 바로 그것에로 태도를 취하고 있다고 하는 것이다."[37]

둘째, 현존재는 '존재론적' 우위를 가지고 있다. 왜냐하면 현존재는 실존으로 규정되고 있다는 그 자체, 즉 '실존규정성'(Existenzbestimmtheit)을 존재론적으로 가지고(GA2, 13) 있기 때문이다. 이것은 곧 "현존재가 자신의 실존규정성에 기초하여 자기 자신에 즉해서 '존재론적'이라고 하는 것, 즉 '현존재가 본래 존재론적으로 존재하고 있다는 것이다. 쉽게 말하자면 현존재는 애당초 존재가 무엇인지를 이해하고 그것을 문제 삼는 자라는 점에서 (존재론적으로) 특별하다."[38]

셋째, 현존재는 '존재적-존재론적' 우위를 갖는다. 그가 가진 존재이해라는 것은 세계-내-존재로서 자신의 존재와 관계 맺음과 동시에 존재연관을 통해 타 존재자와 다시 관계 맺고 있음을 의미한다. 따라서 그에게는 모든 현존재적이지 않은 존재자의 존재가 속해 있다. 이것은 다시 말해, "현존재에게 위에서 말한 두 가지 우위와 동근원적으로, 모든 비현존재적 존재자의 존재의 이해가 귀속한다고 하는 것인데, 이것이 곧 '모든 존재론을 가능케 하는 존재적, 존재론적 조건이기도하다."[39] "현존재는 모든 존재론의 존재적-존재론적 가능조건(Möglichkeit der Bedingung)으로서의 세 번째 우위를 가지고 있다"(GA2, 13). 그리고 마침내 이상과 같은 세 가지 우위성, 즉 '실존', '실존규정성', '타존재자

37 이수정·박찬국, 『하이데거. 그의 생애와 사상』 (1999), 111.
38 앞의 책, 같은 곳.
39 앞의 책, 112.

에 대한 존재 이해'라는 존재적, 존재론적, 존재적-존재론적 우위성을 통해 현존재는 기초존재론을 위한 분석 대상으로 규정된다.

3) '현존재의 예비적 분석'을 위한 '세계-내-존재' 분석

앞서 살펴본 것처럼 기초존재론은 존재의 의미를 해명하기 위해 현존재를 분석해야만 한다. 그렇다면, 이러한 현존재 분석이란 무엇인가? 그것은 바로 예비적으로 현존재를 '세계-내-존재'로 정식화하여 해체하는 작업이다. 특별히 여기서 말하는 세계-내-존재란 현존재의 근본적인 전체 구조를 의미하는데, 우리는 이 개념 안에서 현존재의 존재를 통일적으로 규정하게 될 때, 현존재 분석을 완성할 수 있게 된다. "세계-내-존재(In-der-Welt-sein)라는 합성된 표현이 이미 그것의 형태에서 그것으로써 일종의 통일적인 현상을 의미하고 있음을 보여준다. 이 일차적인 실상이 전체적으로 고찰되어야 한다"(GA2, 53). 따라서 이제 우리는 이러한 세계-내-존재를 분석하기로 하며, 그 순서는 하이데거의 논의를 따라 '세계', '세계-내-존재의 누구' 그리고 '내-존재'로 이어진다.

참고로 분석 이전에 우리는 다음과 같은 점을 분명히 하기로 한다. 그것은 바로 우리의 논의 목표가 하이데거의 기초존재론 그 자체가 아니라는 점이다. 오히려 우리의 관심은 죽음분석이라는 구체적인 범위에 한정되며, 이러한 이유에서 세계-내-존재에 대한 예비적 분석은 우리가 이후에 사용할 개념들과 전체적 구조를 확보하는 수준에서 짧게 논의될 것이다.

(1) 세계

하이데거는 세계를 다음과 같이 구분한다.

> 1. 세계는 존재적 개념으로 사용되며, 이 경우 세계 내부에 존재할 수 있는 존재자의 총체를 의미한다. 2. 세계는 존재론적인 용어로서 기능하며, 1에서 언급된 존재자의 존재를 의미한다. [...] 3. 세계는 다시금 존재적인 의미에서 이해될 수 있는데, 이제는 현존재가 본질적으로 그것이 아닌. 세계내부적으로 만날 수 있는 그런 존재자가 아니라, 오히려 현사실적인 현존재가 이 현존재로서 그 안에(worin) '살고 있는'(lebt) 그곳으로 이해될 수 있다. [...] 4. 세계는 마지막으로 세계성(Weltlichkeit)이라는 존재론적-실존론적 개념을 특징짓는다. 세계성 그 자체는 그때마다의 특수한 '세계들'의 구조전체에 대한 변양되지만, 세계성 일반의 아프리오리를 자체로 담고 있다(GA2, 64-65).

여기서 첫째 세계개념은 존재적으로 세계 내부에 존재하는 존재자들의 총체를 의미한다. 즉, 이것은 세계 내부 안에서 인간에 의해 관찰되거나 도구로서 사용되는 것의 총합을 말하며, 그는 이것을 '세계'와 같이 따옴표 기호를 사용함으로써 구분하고 있다(GA2, 65). 둘째, 존재론적 개념으로서의 세계란 존재자의 존재를 가리킨다. 그리고 이러한 의미에서 그것은 일종의 영역이다. 셋째, 세계란 존재적으로 현존재가 살고 있는 그 장소, 즉 현존재의 현(Da)을 말한다. 그리고 이것은 "공적인 우리-세계, 또는 자신의 고유한 가장 가까운 (가정적) 주위세계(häusliche Umwelt)를 의미한다."[40] 넷째 세계개념은 존재론적-실존론적인 세계일반의 세계성이다. 이것은 일종의 세계들의 선험적 토대를 의미한다. 특별히 이러한 세계에 대한 개념정리 중 하이데거가 우선 자신의 주제로 삼으려 하는 것은 셋째 의미, 즉 현존재가 지금 살고 있는 장소인 현이다. "우리는 세계라는 표현을 용어상 3에 고정시킨 의미로 사용할 것을 요구한다"(GA2, 52). 그렇다면, 세계가 현존재의 구성요소(Konstitutivum)이면서(GA2, 52), 그가 거주하는 현이라는 말은 무엇을 의미하는가?

먼저 우리가 여기서 명확히 해야 하는 것은 하이데거가 앞서 언급한 네 가지 세계개념들을 모두 인정하고 있으며, 따라서 어떤 한 가지만을 지적하여 그것만이 세계의 전부라고 주장하지 않는다는 사실이다. 다만 그는 '세계-내-존재' 중 세계에 대한 개념을 분석하려면, 어디까지나 그 존재자에 포함되어 있는 세계로서, 즉 현존재 존재의 한 계기의 구조로서(GA2, 64) 그것을 파악해야 한다고 말하고 있을 뿐이다. 다시 말해, 세계는 현존재의 구성요소로서 다루어져야 하며, 따라서 세계에 대한 분석의 출발점은 바로 현존재가 현사실적으로 살아가는 바로 그 장소, 즉 현(Da)이어야 한다. 하이데거에 따르면, 이러한 현은 우리가 그 안에서 일상적으로 살아가는 신변적 환경세계성, 다시 말해 일상적인 생활세계를 말한다. 그리고 현존재가 이 주변세계(Umwelt)에서 무엇인가를 만나고, 그것과 관계 맺는 방식은 배려(Besorge)이며, 이러한 만남을 이끄는 봄의 양식은 둘레, 혹은 주변(um)의 전치사를 포함한 둘러봄(Umsicht)이다. "도구와의 왕래(Umgang)는 '하기 위한'(umzu)의 지시다양성(Verweisungs- mannigfaltigkeit) 아래에 예속되어 있다. 그러한 자체로-짜여짐(Sichfügen)의 봄이 곧 둘러봄이다"(GA2, 69). 즉 배려와 둘러봄은 현존재의 세계 내부적 존재자와의 존재방식이다.[41]

---

40 소광희, 『하이데거, 존재와 시간 강의』 (서울 : 문예출판사, 2003), 62.

특별히 생활세계의 주도적 존재방식인 배려란 도구와의 관계방식이며, 그것을 통해 만나는 것들은 손 안에 있는 것(das Zuhandene)이고, 그 존재양식은 손 안에 있음(Zuhandenheit)이다.[42] "현존재에게 속한 세계 현상이란 세계 내부에 있는 존재자, 곧 손안에 있음(Zuhandensein)에 즉해서 스스로 현시된다."[43] '손 안에 있음'의 만남 방식은 '-하기 위한'(um-zu) 것으로 상호 지시관계 속에 연관되어 있으며, 그것은 배려적 만남 속에서 현존재에게 소급 지시되는 것이다(zurückgewiesen). 따라서 현존재가 그의 구성요소로 가지고 있는 세계란 모든 도구들이 자신들의 손안에 있음의 존재방식을 통해 주어져 있는(freigeben) 현존재의 현이라는 사실이 드러난다. 다시 말해, 우리는 세계를 근거로 해서 우리의 도구를 만날 수 있을 뿐이며, 이미 세계는 우리의 만남에 주어져 있다.[44]

이것은 곧 우리가 셋째 현존재의 실존구조를 분석하면서 세계에 접근하기 시작했지만, 다시금 첫째에서 거론된 존재자 전체를 현존재적으로 해석하고, 둘째인 존재자의 존재, 그리고 넷째인 세계의 세계성, 즉 일종의 토대로까지 해석하는 종합적인 형태가 되었음을 의미한다. "세계-내-존재 그리고 따라서 세계도 현존재의 가장 가까운 존재양식으로서의 평균적인 일상성의 지평에서 분석론의 주제가 되어야 한다. 일상적인 세계-내-존재를 뒤따라야 하며, 그것을 현상적인 발판으로 삼아 세계와 같은 것이 시야에 들어와야 한다"(GA2, 66).

---

41 Michael Inwood, *A Heidegger Dictionary. The Blackwell Philosopher Dictionaries* (Oxford: Blackwell, 1999), 35.

42 손 안에 있음이 인식대상으로 존재하게 될 때, 그러한 존재양식을 하이데거는 눈앞에 있음(Vorhandenheit)이라고 명명한다(GA2, 69 참조).

43 소광희, 『하이데거, 존재와 시간 강의』 (2003), 63.

44 Rentsch, *Martin Heidegger* (1989), 58.

> 세계란 달리 말해 현존재가 존재이해를 가지고 모든 손 안에 있음으로 하여금 적합하게 쓰일 자리를 미리 지시해줄 수 있는 바탕, 즉 손안에 있는 것과 구체적으로 교섭하는 우리의 삶이 이루어지는 현장을 가리킨다.[45]

그렇다면, 이러한 세계 안에 있는 '세계-내-존재'란 '누구'를 의미하는가?

(2) '세계-내-존재'의 누구

하이데거에 따르면, 그것은 나와 타자이면서, 동시에 그들이다. 현존재가 세계 안에서 존재할 때에 그는 결코 혼자 사는 것이 아니다. 도리어 그의 존재는 세계라는 개념을 통해 해명된 것처럼, 언제나 남과 더불어 살면서 무엇인가를 이용하며 살아간다. 그리고 여기서 말하는 '더불어'란 곧 내가 아닌 타자이다. 하이데거는 이러한 타자를 나의 현존재와 같은 구조를 가진 남과 일상적인 그들(das Man)로 구분한다.[46]

우선 "타자란 그들로부터 자아가 부각되는, 나 이외의 나머지 사람 전부라는 뜻이 아니다. 타자들은, 사람들이 대개 그들로부터 자신들을 구별하지 않고 그들 아래에 있는 그런 사람들이다"(GA2, 118). 타자란 단지 나와 함께 공동의 세계를 형성하면서 그 속에 함께 살고 있는 공동현존재일 뿐이다. "현존재는 자기 자신을 우선 대개 그의 세계에서부터 이해하고 있으며, 타인의 공동현존재는 세계 내부적 손 안의 것에서부

---

45 소광희, 『하이데거, 존재와 시간 강의』(2003), 72.

46 Inwood, *A Heidegger Dictionary* (1999), 212.

터 다양하게 만나고 있다. [...] 오히려 우리는 타인을 작업 중에, 다시 말해 일차적으로 그의 세계-내-존재에서 만난다"(GA2, 122). 그리고 세계 안에서 다른 현존재와 만나는 현존재의 존재방식은 심려(Fürsorge)이며, 앞서 손 안에 있는 존재자들의 배려가 둘러봄이듯이 현존재가 자신과 동일한 존재구조를 가진 존재자를 심려하는 방식은 고려와 관용이다.[47] "이러한 존재자는 배려되는 것이 아니라 오히려 심려의 대상이 된다"(GA2, 121). 또한, "배려함에 손안의 것을 발견하는 방식으로 둘러봄이 속하듯이 심려는 고려(Rücksicht)와 관용(Nachsicht)에 의해서 이끌려지고 있다"(GA2, 123). 이러한 타자란 우선 대개 자기 자신이 아닌 일상적인 그들이다. "일상적인 현존재의 누구(Wer)는 바로 나 자신은 아니다."[48] 그들이란 평균적 일상성 속에서 우선 대개 살고 있는 사람 일반이며, 모든 사람이면서 동시에 아무도 아닌 사람들이다. "그들은 항상 그것'이었지만(war)', 그럼에도 '그 어떤 누구도'(keiner) 없었다고 말해질 수 있다"(GA2, 127). 그들은 비본래적인 방식으로, 즉 우선 대개 잡담(Gerede), 호기심(Neugier), 애매함(Zweideutigkeit)으로 살아가고 있다.

여기서 특별히 우리가 주의해야 하는 것은 앞서 언급한 비본래성이 본래성에 비해 "단순히 부정적인 가치를 함축한 어떤 것이 아니"[49]라는 사실이다. 양자는 모두 현존재의 존재양태이며, 그중에서 비본래성이란 일상적인 그들의 존재양식이 변형되어 빠져있음이 되었음을 의미할 뿐이다. 그리고 빠져있음 역시도 현존재의 실존의 차원에 속하는

47 Ibid., 35.

48 Figal, *Martin Heidegger. Die Pänomenologie der Freiheit* (1988), 137.

49 William. J. Richardson, *Heidegger: Through Phenomenology to Thought* (The Hag Netherlands: Martinus Nijhoff, 1974), 70.

하나의 계기이다. "현존재의 빠져있음을 어떤 순수하고 고차적인 '원초상태'(Urstand)에서 '타락한'(Fall) 것으로 파악해서는 안 된다"(GA2, 176). 오히려 빠져있음 안에 우선 대개 머물러 있는 그들이란 타 현존재일 뿐만 아니라 나를 포함한 현존재 모두를 의미한다. "우선 나는 독자적인 나 자신이라는 의미로 '존재하지' 않고, 오히려 나는 그들이라는 방식 안에서는 타자이다. 이것으로부터, 그리고 이것으로서, 나는 '나 자신에게' 우선 '주어'진다. 현존재는 우선 그들이고, 또 대개 그들로 그렇게 머무른다(bleibt)"(GA2, 129). 그렇다면, 그들로서 '세계-내-존재'는 그 안에서 어떠한 방식으로 존재하는가? 다시 말해, 그의 '내-존재'로서의 존재방식은 어떻게 구성되어 있는가?

(3) '내-존재'

'내-존재'(In-sein)란 현존재가 세계 안에 머물고 있는 일종의 거주방식에 대한 표현이지만, 그렇다고 단순히 위치를 지시하고 있는 것은 아니다.[50] 하이데거에 따르면, 내-존재란 현존재가 '세계 안에 살고 있음' 그 자체이다. 즉, 그 안에서 때론 자신을 잃어버린 일상인으로, 때론 다른 것들과의 관계 안에서 거주하고 있는 존재방식을 의미한다. 그리

---

50 Macquarrie, *Heidegger and Christianity* (1999), 23. 맥쿼리는 이러한 내-존재의 '내'(in)의 의미와 관련하여 다음과 같이 이야기한다. "우리가 '그는 사랑하고 있다' (He is in love) 또는 '그는 계략을 꾸몄다'(He was in conspiracy)와 같은 표현에서 볼 수 있는 것처럼 '내'(in)라는 전치사는 개인적인 주어에서 사용될 때처럼 (예를 들어) 마치 우리가 '잔 안에 물이 있다'(There is water in the glass)라고 말할 때처럼 그렇게 공간적인 관계에만 한계 지어질 수는 없는 단어이다. 이렇게 더 넓은 종류의 개인적이고 실존론적인 '안에의 상태'(inhood)라고 하는 것은 하나의 장소 안에 '거주함'(dwelling)과의 모든 관계를 암시한다. 우리는 거기에 단순히 위치해 있는 것만이 아니라 일, 흥미, 애정 등등의 모든 결합에 의해 거기와 묶여(binding) 있다"(Ibid., 15).

고 "내-존재를 고찰한다는 것은 이러한 세계를 현존재의 현으로서, 즉 현존재의 열어-밝혀져있음(Erschlossenheit)으로 성찰하는 것을 의미한다."[51] 하이데거에 따르면, 세계 안에 있는 내-존재의 방식, 즉 세계 안에 열어-밝혀져-있음의 존재방식은 다음과 같은 세 가지로 분류된다. 그것은 바로 '처해있음'(Befindlichkeit), '이해'(Verstehen) 그리고 '말'(Rede) 또는 '빠져있음'(Verfallensein)이다.[52] 그리고 이러한 삼중적 존재방식들은 상호 동근원적이며, 상호 통일되어 현존재의 존재방식을 구성하게 된다.

먼저 열어-밝혀져-있음의 계기인 '처해있음'은 'sich befinden'(있다)이라는 독일어에서 현상학적으로 차용된 단어로서 사람의 어떤 정서적 상태, 즉 기분과 관련된 존재방식이다. "하이데거는 기분이 현존재 그 자체로(to itself) 드러내는 데 중요한 역할을 한다고 믿는다."[53] 왜냐하면 기분 안에서 현존재는 자신을 근원적으로 드러내기 때문이다. "그것은 반성을 통해 드러나는 것이 아니며, 자기와 세계를 원초적, 직접적으로 열어-밝히는 것이다."[54] 그렇다면, 기분으로 열어-밝힘은 무엇을 의미하는가?

하이데거에 따르면, 그것은 현존재가 그렇게 세계 안에 내던져있음이라는 사실, 즉 그렇게 내던져진 채 있고, 내던져져 있어야 한다는 사실, 다시 말해 그의 현사실(Faktum)을 열어-밝힘을 의미한다(GA2, 135).

51 소광희, 『하이데거, 존재와 시간 강의』 (2003), 89.
52 여기서 '말'과 '빠져있음'은 때때로 상호대치되는 개념이다.
53 Macquarrie, *Heidegger and Christianity* (1999), 24.
54 소광희, 『하이데거, 존재와 시간 강의』 (2003), 93.

기분잡혀 있음 속에서 현존재는 언제나 이미 기분에 따라서 현존재가 그의 존재에서 그 자신이 실존하면서 존재해야 하는 그 존재로서 떠맡겨진 그런 존재자로서 열어-밝혀져 있다. [...] '그(현존재)가 존재하고 있다는 사실(Daβ es ist)'을 우리는 이 존재자가 그의 거기(Da)에로 내던져져 있음(Geworfenheit)이라고 칭한다. [...] 내던져져 있음이라는 표현은 떠맡음의 현사실성(Faktizität der Überantwortung)을 암시하고 있을 것이다(GA2, 134-135).

따라서 처해있음은 현존재가 이미 자신의 의지와는 상관없이 내던져졌다는 현사실성을 기분을 가지고 비로소 열어-밝히는 장소, 즉 현존재의 현(Da)을 말한다.[55]

둘째 열어-밝혀져-있음의 계기는 이해이다. "그것(처해 있음)과 동근원적으로 이해가 그 존재를 함께 구성하고 있다"(GA2, 142). "처해있음과 이해는 실존범주로서 세계-내-존재를 근원적으로 개시하는 두 성격이다"(GA2, 138). 특별히 이 이해라는 말은 독일어의 etwas verstehen(어떤 것을 이해하다)에서 정확히 파악될 수 있다. 왜냐하면 어떤 것을 이해한다는 것은 존재적 언사로서, '어떤 일을 맡아서 할 수 있다'(können), '누구에 못지않은 능력(vermögen)이 있다', '무엇을 할 수 있다'(können)는 말로 쓰이기 때문이다.[56] "우리는 때때로 존재적 언술에서 '어떤 것을 이해한다'라는 표현을 '어떤 일을 주관할(vorstehen) 수 있다' '그것을 진척시킨다'(gewachsen sein), '어떤 것을 할 수 있다'(können)의 뜻으로 사용한다"(GA2, 143). 이처럼 이해했음이란 그것을 할 수 있는

55 Richardson, *Heidegger* (1974), 64.
56 소광희, 『하이데거, 존재와 시간 강의』 (2003), 96.

가능성을 가지고 있으며, 따라서 어떤 가능성의 상태로 그것과 관계하게 된다는 것이다. "실존범주로서의 이해에서 가능적인 것은 무엇(Was)이 아니라, 실존하고 있는 것으로서의 존재이다. 이해 안에 실존론적으로 놓여있는 것은 '존재-가능'(Sein-können)으로서의 현존재의 존재양식(Seinsart)이다"(GA2, 143).

물론 존재가능이라는 표현은 단지 실존하고 있는 인간 현존재에게만 해당된다. 왜냐하면 가능성을 향해 살고 있는 것은 오직 현존재뿐이기 때문이다. 인간 현존재만이 자신의 미래와 관련하여 자신을 계획하면서 살아가며, 그 계획들을 통해 인간 현존재는 가능성으로서 실존한다. 이러한 의미에서 하이데거는 실존하는 인간이 가진 미래에 대한 계획 혹은 가능성의 측면을 보다 일반적으로 표현하기 위해 이해의 일반적 존재계기, 존재구성틀을 기획투사(Entwurf)라고 명명한다. "왜 이해는 그 안에서 열어-밝혀질 수 있는 것(Erschließbaren)의 모든 본질적인 차원을 따라, 항상 가능성 안으로 밀고 들어가는가(dringt)? 왜냐하면 이해는 그 자체에서 우리가 기획투사라고 명명하는 실존론적 구조를 가지고 있기 때문이다"(GA2, 145).[57] "이해의 특징적 구조는 기획투사(Projection)이다."[58] "현존재는 지속적으로 기획투사함이다."[59] "현존재는 그가 실존하는 한 기획투사함 그 자체에서 벗어나지 않는다."[60]

---

57 덴커는 이해와 기획투사의 관계를 다음과 같이 이야기한다. "1. 이해는 현존재의 존재를 '-하기 위한'(for-the-sake-of-which, um zu)에로 기획투사한다. 2. 이해는 현존재의 존재를 세계의 세계성의 의미연관으로 기획투사한다. 3. 이해는 현존재의 존재를 또 다른 현존재의 함께-있음(being-with, Mit-sein)의 열어-밝혀져-있음으로 기획투사한다"(Denker, *Historical Dictionary of Heidegger's Philosophy* [2000], 222).

58 Macquarrie, *Martin Heidegger* (1968), 22

59 Macquarrie, *Heidegger and Christianity* (1999), 24.

60 von Hermann, *Die Selbstinterpretation Martin Heideggers* (1964), 82.

물론 이해와 마찬가지로 기획투사(혹은 줄여서 기투) 역시도 단순히 그 단어 자체가 가지고 있는 뜻 그대로 계획을 세운다거나, 건물의 설계도를 그려냄을 지시하지 않는다.[61] 오히려 그것은 단순한 계획을 넘어 인간 현존재가 항상 일정한 미래적인 방향을 가지고 존재하고 있음을 함축한다. "[...] 그가 존재하는 한, 현존재로서 그는 그때마다 이미 자기를 기획투사했으며, 기획투사하면서 존재한다. 현존재는 그가 존재하는 한 언제나 이미 가능성들과 관련하여 스스로를 이해한다"(GA2, 145).

셋째 열어-밝혀져-있음의 계기는 말이다. 말이란 언어의 존재론적-실존론적 기초이며(GA2, 160), '말(Rede)은 처해있음, 이해와 더불어 실존론적으로 등근원적이다"(GA2, 161). 그러나 여기서 우리가 주의해야 하는 것은 하이데거가 말과 빠져있음(혹은 퇴락)을 때때로 상호교환하면서 쓰고 있다는 사실이다. 그는 말을 열어-밝혀져-있음의 계기들과 등근원적이라고 규정하지만, 어떤 때는 "말 대신에 퇴락을 거론하기도 한다. 더러는 이 네 가지를 다 언급하기도 한다."[62] 이처럼 애매모호한 말의 위치에도 불구하고 분명한 것은 그것이 이해의 가능성의 분류파악함/분절함이며, 이해와 해석을 가능하게 하고 있다는 사실이다. "말은 이해가능성의 분류파악함/분절함(Artikulation)이다. 그러므로 말은 해석의 발언의 근저에 놓여 있다"(GA2, 161).[63]

이와 더불어 열어-밝혀져-있음의 셋째 계기로서 말 대신에 '빠져있음'이 선택되기도 한다. 즉, 빠져있음은 '이해'와 '처해있음'과 더불어 열어-밝혀져-있음에 속하기도 하고, 때로는 일상성의 존재양식에 속

---

61 소광희, 『하이데거, 존재와 시간 강의』 (2003), 100.

62 앞의 책, 114.

63 "Rede ist die Artikulation der Verständlichkeit. Sie liegt daher der Auslegung und Aussage schon zugrunde."

하기도 한다. 이것은 앞서 언급한 '세계-내-존재'의 '누구'에서 논의한 바로 그 누구에 해당되었던 자, 즉 나 자신과 타자가 우선 대개 그들로서 존재하면서 그 안에서 아무도 아닌 자로 살아가는 비본래적인 존재양식이다. "현존재는 우선 항상 이미 본래적인 자기 존재가능에서부터 떨어져나와 '세계'(현존재의 거주하는 현)에 빠져있다. [...] 빠져있음은 현존재 자신의 실존론적 규정의 하나이다. [...] 세계-내-존재의 한 실존론적 양태(Modus)가 빠져있음의 현상에서 기록된다"(GA2, 175-176).

종합적으로 이러한 삼중적 존재계기들(말 혹은 빠져있음을 단일하게 보아)은 '염려'로 명명된다. "현존재의 근본구성틀로서 염려(Sorge)가 가시화되었다. 이 표현의 존재론적 의미는 다음과 같은 '정의' 안에서 표현된다. 자기를 앞질러 (세계-내적으로) 만나는 존재자 곁에 있음으로서 이미 (세계) 내에 있음(Sich-vorweg-schon-sein-in (der Welt) als Sein-bei (innerweltlich) begegnendem Seienden)"이다(GA2, 249). 그리고 여기서 말하는 '자기를 앞질러'란 이해, 실존, 기획투사의 성격을 나타내고, '세계-내적으로 만나는 존재자 곁에 있음'이란 도구적인 세계 안에서 우선 대개 있던 빠져있음, 혹은 말의 성격을 나타내며, '이미 세계 내에 있음'이란 내던져짐, 현사실성, 처해있음을 말한다.

그러나 이러한 내-존재 분석에도 불구하고 아직 모든 것이 다 해결된 것은 아니다. 왜냐하면 앞서 행한 세계-내-존재에 대한 분석, 즉 현존재에 대한 예비적 분석은 물음의 대상인 현존재를 아직 다 설명하지 못하고 있기 때문이다.

4) '세계-내-존재'의 '본래적 전체성' 획득을 위한 죽음분석의 필요성

(1) 죽음분석의 필요성

앞서 살펴본 것처럼 하이데거는 현존재의 존재구조를 '염려'(Sorge, cura)라고 칭한다(GA2, 180).[64] 그러나 문제는 그가 스스로 지적한 것처럼 염려로서 명명된 그의 현존재 해석이 평균적인 일상성에 단초를 두고, 비본래적인 실존함의 분석에만 국한되어 있다는 사실이다. 하지만, 현존재를 구성하고 있는 그의 존재 방식이란 단순히 '본래성'(Eigentlichkeit)만이 아니며, 오히려 자신 안에 '비본래성'(Uneigentlichkeit) 역시 함께 지니고 있다.[65] 따라서 현존재 분석을 통해 획득해야 하는 것이 그의 전체성이라면, 그것은 평균적인 일상성, 다시 말해 비본래성에만 제한될 수 없으며, 전체성을 확보하기 위해서는 비본래적인 실존함과 동시

---

64 여기서 잠시 짚고 넘어가야 할 것은 그가 존재구조를 염려라고 갑자기 칭한 것이 그의 논의과정에 있어 부자연스러움을 만들어내고 있다는 사실이다. 그러나 그는 이러한 부자연스러움을 염려가 '존재론 이전(vorontologische)의 증거'라는 말을 통해 극복하고 있다. 다시 말해, 그것이 인간 현존재에 평생토록 딸린 것이고, 또한 육체와 정신의 합성체라는 잘 알려진 견해와의 관련 속에서 만들어진 단어라는 면에서 존재론 이전의 증거라고 할 수 있다는 것이다(GA2, 198).

65 Michael Inwood/ Übers. David Bernfeld, *Heidegger* (Freiburg: Herder, 2004), 96. 여기서 언급하는 본래성과 비본래성이란 현존재의 각자성 안에 근거 지어져 있는 두 가지 존재양태이다. 현존재의 모든 실존범주들은 본래성과 비본래성 사이의 긴장에 의해 규정된다. 현존재는 항상 이러한 양태 중 하나 안에서 실존하든가 혹은 둘 간의 무차별성 안에서 실존한다. 불안은 현존재 안에서 자신의 가장 고유한 존재 가능, 즉 그 자신을 선택하고 그 자신을 확립하는 자유를 위한 그의 자유함에 '대해 나와 서있음'을 명백하게 만들어 준다. 불안은 현존재를 그의 존재의 본래성과 직면하게 만들고 그가 항상 존재하는 그러한 가능성으로서의 본래성에 대해 직면하게 한다.

에 본래적인 실존의 가능성도 함께 밝혀져야 한다. 그렇다면, 어떻게 이러한 본래성을 밝힐 수 있는가?

하이데거에 따르면, 그 단초는 바로 현존재의 염려의 구조 안에 들어있는 '아직 아님'(Noch-nicht)의 존재계기이다. 앞서 살펴본 것처럼 염려는 현존재가 실존하는 한, 그가 존재 가능적으로 각기 그때마다 '아직 있지 않은'(noch-nicht) 어떤 것이다(GA2, 233). 즉, "자기를 앞질러 (세계-내적으로) 만나는 존재자 곁에 있음으로서 이미 (세계) 내에 있음(Sich-vorweg-schon-sein-in)"(GA2, 249)에서 문제가 되는 것은 '자기를 앞질러'(Sich-vorweg)라는 현존재의 실존의 표현이다(GA2, 250). 왜냐하면 '자기를 앞질러'는 실존의 본질적인 구조계기임과 동시에 현존재의 '아직-아님'의 성격을 의미하기 때문이다. "현존재에게는 그가 실존하는 한, 이러한 '아직-아님'이 속해있다. 그것은 항상 어떤 것을 유보한다. 그래서 비전체성, 혹은 유보가 현존재를 규정한다. [...] 현존재는 그의 존재의 전체를 경험할 수 없다."[66]

염려가 언제나 아직-아님으로만 밝혀지기 때문에 현존재를 온전한 전체 존재자로서 파악한다는 것은 본질적으로 불가능한 것처럼 보인다. 이러한 이유 때문에 현존재에 대한 염려의 분석은 본래적, 전체적으로 밝혀질 수 없으며, 따라서 지금까지의 현존재 분석은 결코 근원적일 수 없다. 그러나 이러한 문제에도 불구하고, "존재론적 근본 물음을 구성작업(Ausarbeitung)하려는 기초로서 현존재의 존재해석이 근원적이어야 하며, 또한 그것은 본래성과 전체성에서 실존론적으로 밝혀져야 한다"(GA2, 233). 그렇다면, 이것은 어떻게 해결될 수 있는가?

---

66 Thomas Rentsch, hg., *Martin Heidegger. Sein und Zeit* (Berlin: Akademie Verlag, 2001), 133-134.

하이데거는 여기에서 현존재에 속해 있는 종말개념을 끌어들인다. 왜냐하면 "실존에 속하는 종말(Ende)이 각기 그때마다 가능한 현존재의 전체성을 제한하며 규정하고 있기"(GA2, 234) 때문이다. 여기서 말하는 종말이란 죽음을 의미한다. 그리고 이러한 죽음에 대한 존재론적으로 충분한 개념, 즉 실존론적인 개념이 획득되어 있을 때에만, 현상적으로 적합하게 가능한 전체 존재에 대한 논의가 가능할 수 있을 뿐이다. 하지만 문제는 있다. 왜냐하면 죽음이 그의 종말인 한에 있어서 현존재는 자신의 전체에 결코 이르지 못하기 때문이다. 현존재가 종말에 이르게 되고, 그럼으로써 자신의 전체를 획득하게 될 때, 그 획득은 단적으로 세계-내-존재의 상실이 되고 만다. 따라서 그의 전체존재의 "불가능성에 대한 [...] 중대한 이유는 이 존재자의 존재에 있다"(GA2, 236).

그러나 길이 전혀 없는 것은 아니다. 왜냐하면 "죽음은 현존재적으로 오직 '죽음을 향한 존재'(Sein zum Tode) 안에만 있기"(GA2, 234)[67] 때문이다. 다시 말해, 그것은 실존론적 구조로서 현존재의 전체존재가능의 존재론적 구성틀에 속해 있기 때문이다(GA2, 248-249). 따라서 실존하는 전체 현존재를 실존론적으로 획득할 수 있는 길은 "종말을 향한 존재로서의 죽음의 현상을 현존재의 근본구성틀(Grundverfassung)에서부터"(GA2, 249) 해석하는 방법, 즉 '존재론적-실존론적'(existenzial-ontologisch)으로 해석하는 방법이다. 물론 이러한 해석방법은 죽음뿐만 아니라, 하이데거가 죽음분석과 연결하여 계속적으로 분석해나가고 있는 '양심'(Gewissen), '탓이 있음'(Schldigsein), '결단성'(Entschlossen-

67 죽음을 향한 존재는 현존재의 전체 존재가 가능하게 되는 일종의 실존범주이다. 모든 실존범주와 같이 죽음을 향한 존재는 본래적이고 동시에 비본래적인 양태이다.

heit), '앞서-달려가보는(vorlaufende) 결단성'에 대한 분석과, 또한 우리가 4장에서 새로운 관점으로 취해올 '역설'(Paradox)에 대한 분석의 중요한 방법론이 된다.

(2) '내-존재'의 시간성 구조

죽음에 대한 본격적인 논의에 들어가기에 앞서 우리는 이번 장에서 마지막으로 하이데거가 염려의 구조의 통일성으로서 제시한 시간성, 즉 현존재의 시간성에 대해 살펴보기로 한다. 왜냐하면 그렇게 하는 것이 우리가 다음 장에서 살펴보게 될 하이데거의 죽음과 현존재의 본래적 전체성을 존재론적-실존론적으로 실존범주 안에서 분석하는 데에 상당한 도움이 될 것이기 때문이다.

하이데거는 죽음, 양심, 탓 있음 그리고 결단성에 대한 분석을 통해 본래적 전체성을 획득하고, 그 이후 이러한 개념들을 통해 현존재의 염려의 구조를 시간성으로 통일시키고 있다. "하이데거가 제시하는 가장 근본적인 주장은 존재론이란 어떤 본질적인 시간적인 특성을 지니고 있다는 것이다."[68] 그러나 이러한 하이데거의 논의는 그가 목표로 삼고 있는 기초존재론을 수행하기 위해 염려를 다시금 시간성 안에서 반복하는 것이다. "현존재의 실존론적-시간적 분석은 그 나름으로 존재개념에 대한 원칙적인 논의의 테두리 내에서 새롭게 반복되어야 할 필요가 있다"(GA2, 333). 따라서 우리는 이러한 반복을 피하면서도 우리가 구체적으로 목표로 삼고 있는 죽음분석을 보다 더 잘 이해하기 위해 염려구조의 통일성으로서의 시간성을 먼저 살펴봄과 동시에, 그것을

---

68 Macquarrie, *Heidegger and Christianity* (1999), 39.

도표화 할 필요가 있다. 그렇다면, 그는 염려의 삼중적 존재구조를 어떻게 시간성 안에서 통일시키고 있는가(GA2, 324)?[69] 하이데거에 따르면, 염려의 삼중적 구조는 시간성이 가지고 있는 삼중적 계기 안에서 통일된다. 그는 말한다.

> 자기를 앞질러(Sich-vorweg)는 도래(Zukunft)에 근거한다. -안에 이미 있다(Schon-sein-in)는 자체로 있어왔음(Gewesenheit)을 알려주고 있다. -곁에 있음(Sein bei)은 현재화(Gegenwärtigen)에서 가능해진다(GA2, 327).

물론 그가 위에서 언급하고 있는 세 가지 시간성의 개념은 우리가 일상적으로 말하거나 생각하는 그런 시간과는 다르다. 왜냐하면 일상적인 우리의 시간관념은 지금, 혹은 현재를 중심으로 해서 지나가 버린 것으로서의 과거와 아직 오지 않은 것으로서의 미래를 상정하기 때문이다. 그러나 하이데거에 따르면, '우리가 시간 안에 있다'고 하는 사실은 단순히 지금, 혹은 현재에 머물러 있는 것을 의미하지 않는다. 다시 말해, 현재라는 하나의 시점을 통해 존재하는 현상을 모두 다 표현할 수는 없고, 또한 그것은 단지 눈으로 보는 가시적인 현상분석에 불과하다.

일반적으로 우리는 일상적으로 현재라는 하나의 시점에 우리의 존재를 모두 투영시키는 표상을 가지고 있으며, 이러한 표상은 언제나 과거, 현재, 미래라고 하는 시간의 순서를 두고 그것이 연속적으로 사라지고 있는 것처럼 드러난다. 하지만 우리가 인간적인 삶 안에서 시간을

---

69 하이데거는 이 질문을 다음과 같이 묻고 있다. "염려의 분류된 구조 전체의 전체성을 그 펼쳐보여진 분류의 통일성에서 가능하게 하고 있는 것은 무엇인가?"

의식하다 보면, 이러한 과거, 현재, 미래라고 하는 시간이 상호 분리되지 않았음을 깨닫게 된다. 즉, 우리는 순간순간 안에서 있어 왔던 어떤 것과 아직 오지는 않았지만, 우리가 기대하고 있는 계획들이 서로 영향을 미치며 뒤섞여 있는 것을 발견하게 된다. 인간은 단순히 운동이나 하나의 계기판을 통해 계산된 물리적 시간을 사는 것이 아니라, 오히려 시간 속에서 겪었던 삶의 사건들과 우리의 계획된 사건들을 매순간 재구성하며 살아간다. 하이데거에 따르면, 바로 이러한 재구성이 본래적 순간에서 벌어지며, 그 안에서 삼중적인 시간들의 통일화가 일어난다. "시간성은 실존, 현사실성 그리고 빠져있음의 통일성을 가능하게 하며, 그렇게 염려구조의 전체성을 근원적으로 구성하고 있다"(GA2, 328). 특별히 여기서 말하는 삼중적 시간성이란 우리가 앞서 살펴본 삼중적 존재계기(Momente), 즉 삼중적 열어밝혀져있음을 통해 획득된 계기들의 근본구조, 즉 의미이다. "시간성이 본래적인 염려의 의미로서 밝혀진다"(GA2, 326). 그리고 이러한 탈자적 통일적 시간성의 세 가지 계기란 바로 도래(미래), 있어왔음(과거), 현재화(현재)로 명명된다(GA2, 326).[70] 그렇다면, 시간성 안에서 현존재의 존재구성틀은 어떻게 통일되는가?

삼중적 구조 중 존재계기인 실존과 기획투사 그리고 열어-밝혀져-있음으로서의 이해는 '자기를 앞섬'(Vorwegsein)인 현존재의 구성틀로서 그것의 존재의미에 있어 시간성의 계기인 '도래/미래'(Zufunft)로 함

70 이러한 시간 명칭들은 하이데거의 다음과 같은 제안을 통해 구분된 것이다. "[...] 시간성이라는 용어의 뜻을 충족시키고 있다. 이 표현을 용어로 사용하면서 우리는 우선 통속적인 시간개념에서 밀어닥치는 '미래', '과거', '현재'라는 그 모든 의미들을 멀리해야 한다. [...] '미래', '과거', '현재'라는 개념들은 우선 비본래적인 시간이해에서부터 자라나온 것이다." 따라서 우리는 미래를 '도래'로 과거를 '있어왔음'으로 그리고 현재를 '현재화'로 명명하기로 한다(GA2, 327).

께 묶여질 수 있다.

> 탁월한 가능성(죽음)을 참고 견디면서(aushaltende), 그 안에서 스스로를 자기 자신에게로 다가오도록-함은 도래의 근원적인 현상이다. [...] '도래'는 여기에서 아직 '현실적'이 되지 않은, 이제야 비로소 존재하게 될(sein wird) 그런 지금을 의미하는 것이 아니라, 현존재가 그의 가장 고유한 존재가능에서 자기 자신에게로 다가오는 그런 옴(Kunft)이다(GA2, 325).

항상 아직-아님이고 자신을 앞섬인 현존재는 자신의 존재가능에 대해 기획투사함을 이해로 열어 밝히면서 자신의 존재의미를 도래적 시간성으로 '시간화'(Zeitigen)하고 있다(GA2, 327-328). 도래적 시간계기를 가지는 구조는 자신을 나와 탈자적으로 존재가능과 관계 맺고 자신을 '벗어나'(ex) 어디에로 나아가 자신을 규정하는 것이다(GA2, 328-329).[71]

둘째, 존재계기인 내던져져-있음과 현사실성 그리고 열어-밝혀져-있음으로서의 처해있음은 '이미 있음'(schon-sein)의 존재구성틀로서 그것의 존재의미에 있어 시간성의 계기인 '있어왔음'(Gewesenheit)으로 함께 묶여질 수 있다(GA2, 325). "-안에 이미 있다는 그 자체로 있어왔음을 알려주고 있다"(GA2, 327). 하이데거는 이와 관련하여 다음과 같이 이야기하고 있다.

---

71 "도래, 있어왔음, 현재는 '자기를 향해', '-에로 돌아와', '-를 만나게 함'이라는 현상적 성격들을 보여준다. '-을 향해', '-에로', '-곁에'의 현상들은 시간성을 단적으로 엑스타티콘(ἐκστατικόν)으로서 드러난다." 엑스타티콘이란 탈자태, 자기를 벗어나있음 등을 의미한다.

> 염려가 오직 있어왔음에 근거하고 있기 때문에만, 현존재는 그가 그것인(das es ist) 내던져져 있는 존재자로서 실존할 수 있다. 현존재가 현사실적으로 실존하는 '한에서' 그는 결코 지나가버린 것이 아니라 '나는 존재해왔다'(ich-*bin*-gewesen)는 의미 안에서 항상 이미 있어왔던(*gewesen*) 것이다. [...] 처해있음 안에서 현존재는 그 자신에 의해서, 그것이 아직 존재하면서도 이미 존재했던, 즉 있어왔으면서 지속적으로 존재하는 그런 존재자로서 덮쳐지고(überfallen) 있다. 현사실성의 일차적인 실존론적 의미는 있어왔음에 놓여 있다(GA2, 328).

있어왔음은 '있다'(sein)의 독일어 과거분사형의 명사형인데, 독일에서는 과거분사형으로 현재완료를 만들어 과거형 대신 과거시제로서 사용하는 것이 일반적이다. 이러한 단어사용의 예를 통해 하이데거는 '현사실'(Faktum)이 비본래적인 일상성 안에서의 과거(Gegangenheit), 혹은 지나가버린 것이 아니라, 오히려 계속 생생하게 살아서 지금에 영향을 미치고, 나아가 지금을 구성하고 있는 어떤 것이라는 점을 강조한다.

물론 이러한 있어왔음은 살아왔던 사실 그 자체가 계속적으로 변하지 않고 이루어지고 있는 것은 아니다. 오히려 그것은 항상 망각이라는 전적으로 다른 방식으로 변형되면서 그것의 영향력을 현재에까지 미치게 된다. "이러한 망각은 필연적인 것이다. 왜냐하면 인간들은 지속적으로 여기서 지금 존재해야만 하고, 그의 삶을 이끌어야 하기 때문이다. 만약 우리가 지금 과거의 기억에 몰두한다면, 이것은 일종의 인간 실존의 감상적 뒤틀림일 것이다. 만약 우리가 모든 것을 기억한다면, 우리는 미쳐버릴 것이다."[72] 따라서 '있어왔음'이란 정지되고 이론화된 과거의 '사실'(Tatsache)이 아니라, 오히려 현존재의 기투를 통해 새롭게 의미를 부여받을 수 있는 '현사실'이다. "그(인간)는 자신의 과거를 [...] 최고의 의욕으로 변형할 수 있다. 이것은 개별적인 전기(Biographie)에서 그렇고, 이것은 또한 인간적 역사 전체에서도 그렇다."[73]

셋째, 빠져있음은 근원적인 시간성을 구성하지 못한다. 왜냐하면 빠져있음이나, 곁에 있음은 시간성에 근거하지만, 그러함에도 불구하고 그것은 언제나 비본래적인 양태이기 때문이다.

> 이것은 빠져있음이 시간성 안에 근거되어 있음을 의미하는 것이 아니다. 그것은 오히려 빠져있음이 그 안에서 배려하는 손안에 있는 것과 눈앞에 있는 것에 우선적으로 근거지어져 있는 현재화가 근원적인 시간성의 양태 안에, 즉 도래와 있어왔음 안에 열어-밝혀진 채, 머물러 있는 것을 의미한다.(GA2, 328)[74]

빠져있음의 존재계기는 이미 현재화에 그 기반을 둔 채, 그것을 통해서만 시간화될 수 있으며, 이러한 현재화 역시도 이미 도래, 있어왔음에 포함되어 있다. "현재화는 주변세계적으로 현존(Anwesen)하는 존재자의 감추어진 존재의미를 '현존재의 현'(Da des Daseins)에서 밝혀주며 그것의 진리를 간직해 나가는 현존재의 실존론적인 시간현상을 의미한다."[75] 여기서 우리가 특별히 주목해야 하는 것은 '현재화'가 일

---

72 Rentsch, *Negativität und praktische Vernunft* (2000), 86.

73 Ibid., 85.

74 "Das soll nicht bedeuten, das Verfallen gründe nicht auch in der Zeitlichkeit, sondern andeuten, daß das Gegenwärtigen, in dem das Verfallen an das besorgte Zuhandene und Vorhandene primär gründet, im Modus der ursprünglichen Zeitlichkeit ergeschlossen bleibt in Zukunft und Gewesenheit."

상적으로 우리가 이야기하는 '현재'(Gegenwart)를 의미하지 않는다는 사실이다. 오히려 하이데거에게 현재란 우선 대개 빠져 있음 안에서 다른 존재자들과 관계 맺고 있는 현존재가 '눈앞에 있음'을 통해 현재화한 순간을 변형시키는(verkehrte) 비본래적 시간을 일컫는다(GA2, 328). 따라서 이러한 비본래적인 현재는 우리가 앞서 보았던 일상성 안에서의 시간이지만, 이것은 어디까지나 통일적 시간성이 모이는 본래적 순간 안에서 현존재가 스스로를 본래적으로 현재화할 때만 존재할 수 있을 뿐이다. 그리고 자신을 현재화할 때, 현존재는 이제 그 빠져있음에서 나와 다른 존재자와 본래적으로 관계 맺게 되며, 바로 이때가 비본래적 존재양태, 즉 빠져있음으로부터 현존재가 자신을 되찾아오게 되는 바로 그 시간이다.

> [...] 다시 말해, 주변세계적으로 현존하고 있는 것을 다루며 만나게 함은 오직 이 존재자의 현재화함에서 가능할 뿐이다. 오직 현재화함이라는 의미 안에 있는 현재일 때에만, 결단성은 그것인 바인 그것, 즉 결단성이 다루면서 장악하고 있는 그것의 위장되지 않은 만나게 함일 수 있다(GA2, 326).[76]

이러한 결단성 안에서 현존재는 이제 세 가지 시간성을 순간 안에서 통일화시킨다. 다시 말해, 빠져있음으로부터 본래적인 결단성을

---

75 신상희, 『시간과 존재의 빛』 (2000), 98.

76 "Das heißt das handelnde Begegnenlassen des umweltlich Anwesenden ist nur möglich in einem Gegenwärtigen dieses Seienden. Nur als Gegenwart im Sinne des Gegenwärtigens kann die Entschlossenheit sein, was sie ist: das unverstellte Begegnenlassen dessen, was sie handelnd ergreift."

통해 근원적인 시간성이 개방될 때, 이러한 시간성이 순간 안에서 통일적으로 드러난다.

> **결단함으로써 현존재는 자신을 바로 빠져있음에서부터 되찾아왔으며, 그래서 열어-밝혀진 상황을 향한 '순간'(Augen*blick*) 속에서 더 본래적으로 '거기에' 존재한다.(GA2, 326)[77]**

순간은 현존재가 자신의 내던져진 기획투사를 본래적으로 수행해나가는 과정에서 "시간적으로 열어 밝히는 지평을 그의 '열린 눈'(Augen)으로 현상학적으로 '주시하는'(-blick) 실존론적인 통찰의 시간적인 현상을"[78] 가리킨다. 그리고 바로 그 순간 안에, (미래적) '도래', (과거적) '있어왔음' 그리고 '현재화'가 결단성을 통해 본래적인 모습으로 모이고, 그것을 우리는 시간성으로서 현존재의 염려의 통일성과 염려구조의 근원적 전체성이라고 말하게 된다(GA2, 328).

지금까지 논의한 현존재의 전체성, 즉 그의 전체 존재구성틀(Seinsverfassung)을 렌취의 분류를 통해 정리해보면 다음과 같다.[79]

(1) 시간성의 탈자태들(Extasen), 시간성의 지평적 시간화(Zeitigung): 『존재와 시간』, 65-69절 a. 도래적임(자기를 향해, auf-sich-zu) b. 있어왔음(되돌아 향해, zurück-auf) c. 순간, 현-재화함(-와 만나게 함, begegnen-lassen-von)

77 "Entschlossen hat sich das Dasein gerade zurückgeholt aus dem Verfallen, um desto eigentlicher im 'Augen*blick*' auf die erschlossene Situation 'da' zu sein."

78 신상희, 『시간과 존재의 빛』(2000) 106.

79 Rentsch, *Martin Heidegger* (1989), 136.

(2) 세계의 세계성에 대한 지평적인 도식: 『존재와 시간』, 12-21절, 69절 a. 그 때문에(Umwillen seiner) b. 내던져진 거기(Wovor), 하게함의 거기(Woran) c. - 하기 위한(um-zu)
(3) 가능적인 인간행동의 실존론적 구조로서의 염려: 『존재와 시간』, 39-41절, 65절 a. 자기를 앞지름 b. 이미 세계-내에 있음 c. 세계내부적으로 만나게 되는 존재자 곁에 있음
(4) 열어밝혀져있음(Erschlossenheit), 열린 빈터(Lichtung), 개방성, 진리: 『존재와 시간』, 28, 29, 31, 34, 40, 44, 68, 69절 a. 이해 b. 처해있음Befindlichkeit(기분잡혀있음) c. 빠져있음Verfallensein(세계내부적으로 배려하는 존재자에 대해 말함)
(5) 세계-내-존재로서의 현존재: 『존재와 시간』, 12-13절 a. 실존성Existenzialität(기획투사, 자기이해, 존재가능, 가능성) b. 현사실성Faktizität(내던져 있음, 그의 현존재여야 함, 실제성) c. 세계내부적인 존재자에 빠져있음

위에서 볼 수 있는 바와 같이 현존재의 존재구성틀은 탈자적 시간성의 계기를 그 뼈대로 하여 순간에서 통일되어 순환하는 삼중적 형태를 지니고 있다. 그리고 하이데거는 바로 이러한 삼중적 염려의 구조를 통해 현존재의 본래적 전체성을 획득하며, 그 안에서 죽음은 그가 자신의 존재물음을 개진하기 위해 반드시 다루어야 하는 핵심적 주제가 된다. 특별히 이러한 논의는 다음과 같은 세 가지 방식으로 수행된다.

1) 본래적인 죽음을 향한 존재가 그의 '존재론적-실존론적인' 구조로 기획투사된다. 이것은 우리가 앞의 표에서 보았던 세계-내-존재로서의 현존재의 구조, 다시 말해 '실존', '현사실성', '빠져있음'이라는 세 가지 염려의 계기에서 밝혀질 "죽음에 대한 온전한(volle) 실존론적 개

념의 획득"(GA2, 255)의 과정을 의미한다.

2) 실존론적으로 기획투사된 본래적인 죽음이 자신의 현상학적 증거를 획득한다. 이러한 증거란 본래적 죽음을 향한 존재를 해명하기 위해 수행되는 『존재와 시간』 2부 2장 54절 이하의 양심분석을 지시하며, 그 안에서 다시금 '양심의 부름'(Rufen), '탓이 있음'(Schuldigsein), '결단성'(Entschlossenheit)이 존재론적-실존론적으로 논의된다.

3) 앞서의 1)과 2)의 결과들이 종합되어 '현존재의 본래적 전체성'이 도출된다. 다시 말해, 세계-내-존재로서의 현존재적 계기에서 밝혀진 1) '온전한 죽음에 대한 실존론적 개념'이 열어-밝혀져-있음에서 존재론적-실존론적으로 밝혀진 2) '양심의 부름', '탓이 있음', '결단성'을 통해 다시 해석된다. 이러한 해석을 통해 결국 현존재의 본래적 전체성은 '앞서-달려가보는 결단성'으로 정식화된다.

2장

죽음 규정과 현존재의 본래적 전체성의 획득

이제부터 우리는 하이데거의 '존재론적-실존론적인' 죽음해석을 따라가 보기로 한다. 그에 따르면, '존재론적-실존론적' 해석이란 앞서 서론에서 해명했듯이, 현존재 실존의 다양한 가능성들, 혹은 구성틀 안에서 드러나는 현상들을 형식적 개념 안에서 '정리작업하는 것'(Ausarbeiten)이다. 그리고 이 해석을 통해 죽음은 그것의 온전한 실존적 개념을 '현사실성', '빠져있음' 그리고 '실존성'에서 확보함과 동시에 존재가능성인 '불가능성의 가능성'과 '현존재의 본래적 전체존재가능의 가능성'으로 정식화된다(GA2, 262, 266). 나아가 이러한 죽음의 규정은 본래적 전체존재와 관련하여 현상학적 증거(Bezeugung)(GA2, 267)로서 '양심', '탓이 있음' 그리고 '결단성'을 획득하며, 마침내 '앞서-달려가보는 결단성'이 현존재의 '본래적 전체성'으로 밝혀지게 된다.

1. 죽음에 대한 하이데거의 규정

1) '불가능성의 가능성'으로서의 죽음

하이데거는 현존재의 본래적 전체성을 획득하기 위해, 죽음을 현존재의 존재론적-실존론적 구조로 해석해 나아간다. 여기서 특별히 우리가 주의해야 할 점은 그가 이러한 분석을 '기획투사함'(Entwerfen)이라는 명명함으로써, 이미 죽음을 '존재론적-실존론적' 구조 안의 어떤 가능성으로 환원하고 있다는 점이다. 다시 말해, 이것은 죽음을 '세계-내-존재'로서의 현존재의 구조, 즉 '실존', '현사실성', '빠져있음(혹은 말)'이라는 세 가지 염려계기 안에서 해석함을 의미하며, 그럼으로써 그 안에서 "죽음에 대한 '온전한(voll) 존재론적-실존론적 개념'을 [...] 한정하게 된다"(GA2, 258). 그렇다면, 하이데거는 죽음을 어떻게 분석하고 있는가?

우선 우리는 그의 죽음 분석에 대해 본격적으로 들어가기 전에 다음과 같은 사항을 확실히 해야 한다. 즉, 그것은 "하이데거는 자연현상으로서 죽음에 대해 흥미를 가지지 않으며, 그것이 생물학에 속하고 인간이 동물들과 공유하는 운명에 불과하다고 보며", 또한 "하이데거는 죽음을 넘어선 삶의 가능성에 대한 어떤 사변적인 문제를 전착하려고 하지도 않는다"[1]는 사실이다.

---

1 Macquarrie, *Heidegger and Christianity* (1999), 34. 특별히 뎀스케에 따르면, 하이데거는 전통철학, 특히 소크라테스의 영혼불멸의 죽음개념과 다음과 같은 구분점을 가지고 있다. 첫째, 전통철학의 경우 죽음은 영육의 분리인 반면 하이데거의 죽음은 전체성을 획득하게 하는 매개이다. 둘째, 전통철학의 죽음이 삶의 몰락을 의미한 반면 하이데거의 죽음은 삶 안에서의 죽음을 이야기함으로써 더 생생한 삶을 가능하게 한다. 셋째, 전통철학이 죽음을 삶의 종말사건으로 치부한 반면 하이데거는 죽음이 인간의 실존론적 구성

(1) 현존재의 사망

하이데거는 현존재의 죽음을 일반적인 죽음 이해들과 비교하기 위해 죽음과 관련된 다음과 같은 세 가지 주제를 꺼낸다.

> 1. 현존재에게는 그가 존재하는 한, 그가 존재하게 될 어떤 '아직-아님', 즉 부단한 미완이 속한다. 2. 각기 그때마다 '아직 종말에 이르지 않은 자'의 '종말에 이름'(미완을 존재에 맞추어 제거함)은 더 이상 현존재가 아님이라는 성격을 가진다. 3. 종말에 이름은 그때마다의 현존재를 단적으로 대리할 수 없는 어떤 존재양태를 자체 안에 포함하고 있다 (GA2, 242).[2]

하이데거는 이러한 주제들에 맞추어 현존재의 죽음을 그것과 비견할 수 있는 다양한 현상들과 비교함으로써 마침내 그것이 현존재 자신만의 고유한 현상이라는 사실을 밝혀내게 된다.

우선 논의를 위해 그가 처음으로 제시하고 있는 죽음과의 비교는 빚에 대한 정산이다. 특별히 그가 이것을 시도하는 이유는 앞서 인용한 1번의 아직-아님의 가능성이 이러한 빚과 그것의 정산이라는 일반적

틀이라는 점을 밝혀낸다. 마지막 넷째로 전통철학은 죽음이 끝이기에 그 이후의 세계에 대해 탐구할 수밖에 없다고 주장한 반면 하이데거는 다시금 삶 안으로 죽음을 끌고 들어와서 그것이 삶 안에서 어떠한 역할을 수행할 수 있는지를 이야기하고 있다(Demske, *Sein, Mensch und Tod* [1984], 15-16).

2 "1. Zum Dasein gehört, solange es ist, ein Noch-nicht, das es sein wird - ständige Ausstand. 2. Das Zu-seinem-Ende-kommen des je Noch-nicht-zu-Ende- seienden (die seinsmäßige Behebung des Ausstandes) hat den Charakter des Nichmehrdaseins. 3. Das Zu-Ende-kommem beschließt in sich einen für das jeweilige Dasein schlechthin unvertretbaren Seinsmodus."

인 행위와 흡사하며, 특별히 유보함(Ausstehen)이라는 단어가 아직(noch)의 부사와 부정의 의미 둘 모두를 가지고 있음으로써 현존재의 '아직-아님'과 가까운 뜻을 지니기 때문이다. 이것은 "예를 들면, 아직 받지 못한 빚은 정산 잔금이 미완되어 있다(Aussteht)"(GA2, 242)에서 발견된다. 여기서 미완되었다는 것은 유보되어 있어서 아직 완결되어 있지 않음, 그래서 아직 다 모여 있지 않음이며, 언젠가는 미완되어 있는 어떤 것이 완결적으로 모여서 그것의 총합(Summe)이 이루어지기를 기대하고 있음을 의미한다. "미완은 함께 속해 있는 것이 아직 다 모여 있지 않음을 의미한다"(GA2, 242).[3] 그리고 총합이 되는 것은 이제 종말이 된다.

하지만 하이데거에 따르면, 이러한 빚에 대한 정산은 인간의 죽음과는 전적으로 다른 것이다. 왜냐하면 총합이 이루어지기 전의 '미완됨' 이란 개념은 인간에게 해당되지 않기 때문이다. 다시 말해, 미완됨이라는 존재방식은 손안의 것의 존재양식이며, 그것이 총합으로서 정산되어 끝나는 것은 다함께 있지 않은 어떤 결여가 끝나게 되는 것에 불과할 뿐이다. 그러나 이와 다르게, 인간 현존재의 아직-아님은 손안의 것이 결핍된 것과는 전적으로 다른 존재방식이다. "미완으로서의 결여(Fehlen als Ausstand)는 가능한 죽음으로서 현존재에게 속하는 아직-아님(das Noch-nicht)을 결코 존재론적으로 규정할 수 없다. (현존재라는) 이 존재자는 도대체 세계내부적인 손 안의 것(Zuhandenen)의 존재양식을 가지고 있지 않다"(GA2, 243). 따라서 손 안에 있음에서 발생하고 있는 어떤 결여와 그것의 정산은 결코 현존재의 '아직-아님' 그리고 '죽음'과 동일화될 수 없다. 왜냐하면 빚의 정산은 어떤 것을 채우지만, 이와 다르게

---

3 "Ausstehen meint deshalb: Nochnichtbeisammensein des Zusammengehörigen."

죽음은 현존재를 더 이상 존재할 수 없게 만들어 버리기 때문이다.

둘째로 하이데거는 달의 만월의 과정과 현존재를 비교한다. 왜냐하면 달은 그믐에서부터 만월로의 변화를 보여주고 있으며, 이러한 과정은 인간의 아직-아님이 죽음에 이르는 것에 비견될 수 있기 때문이다. 그러나 하이데거에 따르면, 이러한 만월과 그 과정 역시 인간의 죽음, 그리고 아직-아님과 전적으로 다른 차원의 것이다. “달은 언제나 이미 전체로서 눈앞에 있다. [...] 여기에서 ‘아직-아님’은 결코 달에 속하는 부분들이 아직 다 함께 있지 않음을 뜻하는 것이 아니다. 그것은 오로지 ‘지각하는 파악’(das wahrnehmende Erfassen)에만 해당되는 것”(GA2, 243), 즉 인간의 관찰에서만 그렇게 보이는 것일 뿐이다. 이와 달리 현존재에 속해있는 존재방식인 ‘아직-아님’은 관찰을 통해, 일시적으로 불가능하게 됨을 의미하지 않으며, 더군다나 단지 지각적으로 관찰되는 사건을 의미하지도 않는다. 오히려 현존재 그 자신은 이 죽음을 통해 현사실적으로 완전히 사라져버리며, 이 사라짐 전까지 ‘아직-아님’의 존재 방식 안에 놓여 있다.

하이데거는 현존재의 셋째 비교대상으로 생성하는 과일의 ‘익어감’(Reifen)을 제시한다. 왜냐하면 과일이 익어 결국 완성에 도달하는 과정을 일반적으로 사람들은 인간의 삶과 비견될 수 있다고 생각하기 때문이다. “과일 자체가 익어가는 것이며, 이러한 스스로 되어감(Sich-bringen)이 과일로서의 그것의 존재를 성격규정하고 있다”(GA2, 243). 그러나 하이데거에 따르면, 이러한 과일과의 비교 역시 적절하지 못하다. 왜냐하면 익어서 완성됨이라는 단어는 결코 현존재의 아직-아님이 끝나는 죽음과 같은 현상이 아니기 때문이다. “종말로서의 익어감과 종말로서의 죽음이 존재론적 종말구조의 관점에서도 합치한다는 것을 의미할 수는 없다. (오히려) 익어감과 함께 과일은 자기를 완성하(vollendet)"지만, 이와 다르게 현존재가 죽는다는 사실은 언제나 완성을 의미할 수는 없다. 죽기 전에 그는 자신으로 충분히 완성될 수도 있고, 또는 그와 반대로 "성숙하지 못한(unvollendetes) 현존재가 죽기도 한다"(GA2, 244). 다시 말해, 과일의 성숙의 과정이 아무리 생성, 변화 등의 모습을 가지고 있다 해도 그것은 결코 인간 현존재의 아직-아님과 죽음을 지시할 수는 없다.

넷째로 하이데거는 인간 현존재의 죽음을 단순한 '끝남'과 비교해 보고자 한다. 그에 따르면, "끝남(Enden)이란 '중단'(Aufhören)을 의미한다. [...] 비가 멈추고, 길이 끝난다"(GA2, 244). 그러나 끝남이 어떤 중단을 의미한다 할지라도, 오히려 그것은 중단을 의미한다는 그 사실 때문에 인간의 죽음과 전적으로 다른 차원에 속한다. "중단함으로써 끝남은 다음과 같은 것을 의미한다. 눈앞에 있지 않음(Unvorhandenheit)으로 넘어감(übergehen), 혹은 종말과 더불어 비로소 어떤 것이 눈앞에 존재함(vorhanden sein)." 다시 말해, 중단으로서의 끝남은 눈앞에-있음의 존재방식의 마지막을 의미할 뿐이며, 그래서 예를 들어 길이 공사가 중단됨으로써 완성되듯이 그것은 완성을 위한 마무리의 한 양태를 지시한다. 그리고 마무리 자체는 오직 눈앞의 것이나 손안의 것을 나타나게 만드는 규정일 뿐이다(GA2, 245).

물론 끝남이 단순한 중단이 아니라 사라져버림(Verschwinden)을 의미한다고 해도 결과는 마찬가지이다. 왜냐하면 사라져버림은 그저 다 소모해버려 손 안의 것으로 더 이상 가지고 있지 않음을 말하는 것에 불과하기 때문이며, 그래서 결국 그것은 현존재의 죽음과는 다른 차원의 존재방식, 즉 손 안에-있음의 존재방식 안에서 벌어지는 마지막을 의미할 뿐이다. "빵이 다 끝났다는 것, 그것은 다 소모되었다는(aufgebraucht) 것을 의미하며, 손안의 것으로서 더 이상 어떻게 할 수 없다는 것이다(nicht mehr verfügbar). 이러한 끝남의 양태를 통해서는 죽음이 현존재의 종말로서 제대로 성격규정되지 못한다"(GA2, 245).

하이데거는 이렇게 사물들의 종말의 형태와의 비교를 통해 우선 인간 현존재의 죽음이 결코 눈앞의 것, 혹은 손안의 것과 같은 방식 안에서 규정될 수 없으며, 오직 현존재의 고유한 존재방식 자체 안에서만 규정될 수 있음을 확인한다. 그는 다음과 같이 이야기한다.

> 현존재가 오히려 지속적으로 이미 그의 아직-아님이듯이, 그가 존재하는 한, 그는 또한 이미 항상 그의 종말이다. 죽음을 의미하는 끝남은 현존재의 종말에-이름(Zu Ende-sein)이 아니라, 오히려 이 존재자의 종말을 향한 존재(*Sein zum Ende*)이다. 그가 존재하자마자, 죽음은 현존재가 떠맡는 하나의 방식이 되어야만 한다. "인간은 태어나자마자 이미 죽기에는 충분히 늙어있다"(GA2, 245).[4]

이처럼 죽음은 현존재가 가진 고유한 현상이며, 동시에 그가 살아간다는 것 자체가 이미 죽어가고 있다는 것을 의미하는 '이중적-역설적' 사건이다. 그렇다면, 이러한 현존재의 이중적-역설적 사건으로서의 죽음은 다른 생명체들과 어떠한 차이를 지니고 있는가? 이 물음에 대답하기 위해 특별히 하이데거는 이제 일반적인 죽음 이해 중 다섯째로 일반생물체의 죽음을 살펴본다.

현실적인 상식에서 우리는 인간 현존재가 생명을 가진 존재이며,

---

4 "Sobald ein Mensch zum Leben kommt, sogleich ist er alt genug zu sterben."

따라서 일반생물체들과 마찬가지로 마침내 '끝나버림'(Verenden) 안에 도달한다거나, 나아가 단순하게 끝나버림이 아닌 '삶을 다함'(Ableben)을 맞이하게 된다고 말할 수 있다. 그러나 하이데거에 따르면, 이러한 '끝나버림' 혹은 '삶을 다함'을 통한 접근 역시 현존재가 독특하게 가지고 있는 그의 이중적-역설적인 죽음을 적중시킬 수 없다. 왜냐하면 끝나버림이나 삶을 다함이란 오직 생물들에게 적용되는 단어에 불과하며, 그들의 존재방식은 결코 인간의 것과 동등하게 취급될 수 없기 때문이다. 오히려 우리가 여기서 주목해야 하는 것은 하이데거의 말대로 인간의 고유하고 독특한 죽음의 방식이 오직 '사망'(Sterben)으로서만 명명될 수 있다는 사실이다. 다시 말해, 인간의 죽음으로서의 사망만이 오직 인간이 맞이하게 되는 고유한 죽음이며, 오직 인간 현존재의 죽음은 사망으로 불릴 수 있을 뿐이다. 사망이 종말에서 이해될 수 있는 것이 아니라, 그와 반대로 사망이 근거가 되어서 다른 것들의 종말이 이해될 수 있을 뿐이며, 그래서 사망이 발생하고 난 이후에야 인간은 삶을 다함이라는 생물학적인 종말에 이르게 된다. "현존재는 결코 끝나버리는 것이 아니다. 그러나 현존재는 오직 그가 사망하는 동안에만은 삶을 다할 수 있다"(GA2, 247).[5]

물론 여기서 말하는 사망이란 개념 자체는 하이데거가 그의 현상학적-해석학적 방법론 안에서 사용하는 '형식적 지시'(fomarle Anzeige) 중 하나이며, 그래서 그 단어 안에는 어떤 구체적인 사태관계나 내용 등이 담겨있지 않다. 다시 말해, 이 개념은 현존재의 죽음을 지시하고 있을 뿐이며, 그런 한에서 현존재의 죽음이 '종말을 향한 존재'로서의 존재구성틀 안에서만 논의되어야 함을 우리에게 보여주고 있을 뿐이

5 "Dasein verendet nie. Ableben aber kann das Dasein nur solange, als es stirbt."

다. 그렇다면, 왜 인간 현존재의 죽음은 이처럼 독특하게 구분되어야만 하는 것인가?

하이데거에 따르면, 그것은 바로 현존재가 이미 '죽음/종말을 향한 존재'로서 규정되어 있으며, 동시에 그의 죽음/종말이란 다른 것이 아닌 자기 자신에게만 속해있는 고유한 현상을 의미하기 때문이다. 다시 말해, 인간 현존재의 죽음은 오직 그 자신만의 것으로서 결코 다른 것들의 종말과 비교될 수 없고, 오직 자기 자신의 존재방식 안에서만 경험될 수 있을 뿐이며, 그래서 그것은 현존재가 가지고 있는 실존구조 안에서 존재론적-실존론적으로 해명되어져야만 할 뿐이다. "사망함(죽음)은 그 존재론적 가능성의 관점에서 염려에 근거한다"(GA2, 252).[6]

(2) 현존재의 '불가능성의 가능성'

하이데거에 따르면, "죽음이란 아직 눈앞에 있지 않은 어떤 것이 아니며, 최소한으로 줄어든 최후의 미완도 아니요, 차라리 일종의 '앞에 닥침'(Bevorstand)이다"(GA2, 250). 그리고 이것은 일반적인 세계내부적인 것들이 앞에 닥쳐오는 것도 아니며, 그것들을 포기하는 것도 아니다. 오히려 죽음은 전적으로 다른 현상으로서의 '앞에 닥침'이다. 다시 말해, 결코 상상할 수도 없고, 표현할 수도 없으며, 극복할 수도 없는 자기 자신의 '무'가 현존재 앞에 어떠한 가능성으로 닥쳐온다. "죽음은 모든 형태의 '-와의 (행동)관계'(Verhalten zu), 모든 실존함의 불가능성의 가능성이다"(GA2, 262). 현존재는 죽음을 '더 이상-거기에-존재할 수 없게 되는 가능성'(Möglichkeit des Nicht-mehr-dasein-könnens)으

6 "*Das Sterben gründet hinsichtlich seiner ontologischen Möglichkeit in der Sorge.*"

로 경험하고 있으며, 그런 한에서 그것은 "그저 실존의 측정할 수 없는 (maßlosen) 불가능성을 의미하는 그런 가능성으로 드러난다"(GA2, 262). 그렇다면, 이처럼 우리는 과연 죽음이 가능성이라고 말할 수 있을까? 이러한 모순적인 말이 어떤 의미를 가지고는 있는 것인가?

예를 들어, 이러한 비판적인 입장에서 사르트르(Jean-Paul Sartre)는 죽음이 가진 부조리한 성격을 강조하면서 죽음이 가능성일 수 없고, 단지 하나의 우발적인 사실일 뿐이라고 주장한다. 그에 따르면, 죽음이란 항상 삶과는 정반대의 위치에 속하는 것으로 드러나며, 그래서 그것은 원칙적으로 나로부터 벗어나는 것으로서, 나에게 철저히 모순적인 방식이고, 언제나 우리의 인식 범위를 떠나있는 것에 불과하다. 사르트르는 다음과 같이 이야기한다.

> 나는 나의 죽음을 발견하지 못할 것이며, 나의 죽음을 기대하지 못할 것이고, 나의 죽음에 대해서 태도를 취하지도 못할 것이다. 왜냐하면 나의 죽음은 발견될 수 없는 것으로서, 스스로를 열어보이는 것이며, 모든 기대를 쓸데없게 하는 것이(다).[7]

만약 이러한 사르트르의 논의를 우리가 받아들인다면, 이제 죽음이란 단순한 가능성이라 명명될 수 없다. 오히려 그것은 우리에게 소여된 사실성이며, 어떤 양상이자 우리가 견딜 수 없는 부조리, 즉 "나의 주체성의 외적인 하나의 한계 외에 다른 것이 아니다."[8] 이와 더불어 레비나스(Emmanuel Levinas)는 하이데거가 죽음을 가능성으로서 간주

---

7 정동호·이인석·김광윤 편역, 『죽음의 철학. 현대 철학의 논의를 중심으로』 (서울: 청람, 1987), 120.

8 앞의 책, 147

한 것은 죽음의 한계와 수동성을 발견하지 못한 결과라고 비판한다.[9] 따라서 그에게 죽음이란 불가능성의 가능성이 아니라, 그 반대로 '가능성의 불가능성'이며, 그 앞에서 주체는 스스로의 자유를 획득하는 것이 아니라 오히려 포기하게 될 뿐이다.[10]

특별히 우리가 이러한 비판과 관련하여 주목해야만 하는 것은 위의 사르트르와 레비나스의 죽음 이해가 하이데거의 죽음 이해와는 다른 차원의 이야기를 하고 있다는 사실이다. 다시 말해, 하이데거는 죽음을 결코 일반적, 상식적 수준에서 분석하지 않는 반면, 사르트르와 레비나스는 죽음을 마지막에 벌어지는 순전한 사실, 즉 '삶의 마지막에' 도사리고 있는 어떤 사건이라 이야기하고 있으며, 이것은 하이데거의 의도와는 다른 순박한 죽음 이해에 속할 뿐이다. 오히려 만약 죽음이 상식적인 수준에서 '삶의 마지막에' 주체가 자신의 능동성을 상실하고 마는 삶의 마지막의 사건에 불과하다면, 사르트르와 레비나스의 논의는 모순을 범하고 있는 셈이다. 왜냐하면 아직 나타난 적이 없고, 단지 마지막에 나타날지 어떨지도 확신할 수 없는 그것에 대해 인간은 인식할 수도 언급할 수도 없을 것이기 때문이다.

예를 들어, 주위에 있는 사람들의 죽음이 목격된다 해도 죽음이 나에게도 닥친다고 하는 보장은 없다. 그것은 삶의 마지막에야 나타나

---

9 엠마누엘 레비나스/강영안 역, 『시간과 타자』 (서울: 문예출판사, 2001), 78. 물론 레비나스는 사르트르와 달리 하이데거의 죽음 이해가 가진 자유의 문제에 대해서 긍정하고는 있다. 그는 다음과 같이 말한다. "현존재를 통해 실존의 극단적 가능성을 받아들이는 것이며, 이 가능성이야말로 다른 모든 가능성을 가능하게 만들고 그렇기 때문에 가능성을 손에 쥔다는 사실 자체, 즉 능동성과 자유를 가능하게 만든다." 그러나 이러한 능동성과 자유의 문제는 여전히 주체철학의 한계를 지니고 있으며, 그렇기 때문에 죽음이 그 본질에서 가지고 있는 불가능성의 차원을 강조하게 된다.

10 앞의 책, 83.

는 사건이기에 아직 나는 경험하지 못했고, 더욱이 그것이 실재할지, 아니면 실재하지 않을지 확신할 수조차 없다.

> 죽음이 무엇인가 하는 것에 대해 살아있는 그 어떤 누구도 그의 경험으로부터는 알 수 없다. 우리는 죽어가는 자에게 물을 수도 없다. 단지 그들은 자신들의 경험으로부터 인간이 인간에게 죽어가면서 벌어지는 일들만 말할 수 있을 뿐이다. [...] 또한, 논리적인 귀납을 통해서도 죽음에 대해 아무것도 결론짓지 못한다.[11]

그러나 여기서 놀라운 것은 이와 정반대로 나는 죽음이 나의 것일 수 있다는 사실을 하나의 미래적 가능성으로 이미 받아들이고 있다는 사실이다. 다시 말해, 지금 내가 나의 죽음을 확신하고, 알 수 있는 것은 죽음이 마지막에 있을 어떤 사건이기 때문이 아니라, 지금 나에게 언제 닥칠지 모르는 하나의 가능성으로 끊임없이 나에게 자신을 드러내고 있기 때문이다. 죽음은 스스로를 항상 나로 하여금 실존적으로 확신하도록 만들며, 그럼으로써 불안에 직면하게 만든다. 따라서 내가 확신하고 있는 죽음은 결코 마지막의 어떤 사건을 지칭하지 않으며, 오히려 그것은 지금, 내가 살아있는 바로 이 순간에 어떤 가능성으로서 나에게 덮쳐온다. 왜냐하면 "우리는 우리가 죽어야만 한다는 것을 (확실히) 알며,"[12] "죽음의 확실성과 더불어 그것의 언제(Wenn)의 무규정성(Unbestimmtheit)은 함께 가기"(GA2, 258) 때문이다.

---

11 Martin Höring & Peter Leppin, hg., *Der Tod gehört zum Leben. Sterben und Sterbebegleitung aus interdisziplinärer Sicht* (Münster: Lit Verlag, 2005), 86.

12 Figal, *Heidegger. Zur Einführung* (1996), 77.

화이트(Carol White)는 이 점을 정확하게 지적해낸다. 그에 따르면, 하이데거의 죽음이 존재가능성일 수 없다고 비판하는 연구자들 대부분은 그 개념에 대해 오해하고 있는 것이다. 다시 말해, 비판자들은 불가능성의 의미를 가능성의 반대로만 생각했기 때문에 불가능성의 가능성을 모순개념이라 여기게 되었다는 것이다. 오히려 그는 엄밀하게 말해 죽음의 불가능성이 사실상 측정될 수 없음(no measure)으로 해석되어야 할 뿐, 결코 존재행위와 관련된 개념으로 해석해서는 안 된다고 말한다.[13] 왜냐하면 "누군가의 죽음이라는 말이 어떤 의미를 가질 수 있는지는 명확하지 않으"[14]며, 그래서 극단적 가능성, 즉 불가능성의 가능성이란 말은 그것을 알 수 없게 되는 가능성만을 의미하기 때문이라는 것이다.

하지만 안타깝게도 화이트의 이러한 지적 역시 여전히 죽음을 마지막에 있는 사건으로만 보고 있을 뿐이다. 에드워즈(Paul Edwards)의 다음과 같은 말은 이러한 화이트의 한계를 보여준다.

> 죽음과 관련한 하이데거의 위치는 다음의 주장을 한 것으로 환원될 수 있다. 식물, 동물과 다르게 인간은 자신들이 죽을 것이라는 사실을 알고 있다. 그리고 이 지식은 그들에게 다방면에 걸쳐 영향을 끼치고 있다.[15]

---

13 Carol White, "Dasein, Existence and Death", in: *Heidegger reexamined (Vol. Ⅰ) -Dasein, Authenticity, and Death*, ed. with introductions by H. Dreyfus & M. Wrathall (London and New York: Routledge, 2002), 342.

14 Ibid., 331.

15 Paul Edwards, *Heidegger and Death: A Critical Evaluation* (La Salle, Illinois: Hegeler, 1979), 60.

이처럼 에드워즈는 죽음이 끝의 사건이 아니라, 삶 안에서 끊임없이 가능성으로 드러나고 있으며, 그럼으로써 현존재의 삶을 변경시키고 있다는 점을 분명히 한다.

물론 이러한 에드워즈의 화이트 비판에 대해 힌만(Lawrence Hinman)은 가능성으로서의 죽음개념이 비판받는 이유가 가능성개념의 문제가 아니라, 그 개념이 우리들에게 요구하는 기준이 너무 강한 것에 있다고 주장한다. 다시 말해, 죽음이 가능성이 되면 인간은 그것을 떠안아야 하는 필연성에 직면하게 되며, 이러한 떠안는 용감함을 통해 그는 영웅으로 결단하기를 강요받게 된다. 이러한 이유에서 하이데거의 죽음 이해는 신화적 사건, 혹은 격동적인 역사의 과정 안에서는 유의미할지 몰라도, 그때그때마다를 살아가는 모든 이들 중 한 명의 죽음이라고 받아들이기는 힘들며, 또한 상식적이지도 않다는 것이다.[16]

그러나 우리는 이러한 가능성으로서의 죽음에 대한 비판들과 관련하여 다음과 같은 점에 주목할 필요가 있다. 그것은 바로 이 비판들이 하이데거의 죽음 이해를 항상 일반적 상식 안에서 인식하고 있다는 사실이다. 앞서 인간 현존재의 '세계-내-존재' 분석에서 보았듯이 하이데거는 우리가 일상적으로 살아가는 존재방식이 언제나 빠져있음, 즉 일상성의 차원이라는 점을 지적하고 있다. 그 안에서 현존재는 언제나 나 자신이 배제된 채, 그들의 차원에서, 그들 중 하나로서만 살아갈 수 있을 뿐이다. 따라서 거기에서는 나의 죽음이 경험될 수 없으며, 바로 이러한 이유에서 하이데거는 일상성을 비본래성이라고 말하면서 더 다른 차원의 죽음의 경험, 즉 죽음을 떠맡는 본래성에 대해 강조하

16 Lawrence Hinman, "Heidegger, Edwards, and Being-toward-Death," in: *Southern Journal of Philosophy* XVI (Fall, 1978), 211.

게 된다. "현존재의 본래성은 그의 고유한 죽음을 향한 존재를 떠맡음(Übernehmen) 안에 존립한다."[17] 하지만 본래성을 위해 그가 문제 삼고 있는 것은 '나의 죽음'이지 다른 이들의 죽음이 아니며, 그런 한에서 제대로 죽음을 경험하기 위해서는 나에게, 즉 아직 죽지 않은 나에게 경험되는 죽음에 주목해야 할 뿐이다. 그리고 이러한 주목을 통해 나의 죽음은 아직 죽지 않고 존재하는 나에게는 앞으로 닥쳐올 일종의 존재 가능성으로 지금 항상 현존재의 존재론적-실존론적 구조 안에서 경험된다. 오히려 마지막에나 벌어지는 종말의 사건으로서의 죽음은 지금 나에게 전혀 사유될 수도, 경험될 수도 없는 것이다. "더 이상 현존재가 아님으로 이행하는 것은 이러한 이행을 경험하고, 경험한 것으로서 이해할 가능성으로부터 현존재를 치워버린다(hebt)."[18] 따라서 "우리가 있으면, 죽음이 없고, 죽음이 있으면, 우리가 없"[19]게 됨을 말한 "에피쿠로스가 우리는 죽음에 대하여 아무것도 알 수 없다고 말한 소이가 바로 여기에 있다."[20]

이와 반대로 하이데거의 죽음은 지금 여기에 없는 어떤 것이 아니라, 이미 나에게 항상 가능성으로 경험되고 의식되는 것이다. 그것은 나의 존재 가능성이기 때문에, 나는 이것을 경험할 수 있고, 경험하고 있으며, 또한 경험해야만 한다. 그렇기 때문에 나만의 죽음은 경악스럽게도 삶 안에서 지속적으로 자신을 드러내며, 나의 삶에 절대적인 영향을 미친다. "어떤 면에서 죽음은 삶의 현상으로 보여진다."[21] 그것은

---

17 Demske, *Sein, Mensch und Tod* (1984), 190.

18 Rentsch, hg., *Martin Heidegger. Sein und Zeit* (2001), 134.

19 Bernhard Welte/ Eingeführt und bearbeitet Elke Kirsten, *Leiblichkeit, Endlich- keit und Unendlichkeit*, Bd. I/3 (Freiburg/Basel/Wien: Herder, 2006), 151.

20 정동호·이인석·김광윤 편역, 『죽음의 철학』 (1987), 10.

21 Rentsch, hg., *Martin Heidegger. Sein und Zeit* (2001), 135.

일종의 가능성으로서의 '불가능성의 가능성'이며(GA2, 262), 이 가능성을 삶 안에서 언제나 짊어지고 있는 인간 현존재는 그래서 본질상 '죽음을 향한 존재', 즉 본래성 안에서 죽음을 떠맡고 있는 자이다.

> 죽음을 향한 존재(Sein zum Tode)가 현존재를 그의 전체성 안에서 파악할 가능성을 제공함을 통해, 동시에 그것은 현존재 본래성의 가능성의 조건, 다시 말해 현존재일 수 있는 것의 충만함 안에 있는 실존의 가능성의 조건이다. 구체적으로 말해, 현존재의 본래성은 그의 고유한 죽음을 향한 존재를 떠맡음(Übernehmen) 안에 존립한다.[22]

그렇다면, 하이데거는 이러한 가능성으로서의 죽음을 어떻게 분석하고 있는가? 이 질문에 대답하기 전에 우리는 먼저 '가능성'으로서의 죽음을 더 분명히 이해하기 위해 하이데거가 이 개념을 통해 목표로 삼고 있는 다음의 세 가지 사항을 정확히 파악해야만 할 필요가 있다.

1) 불가능성의 가능성이란 개념을 통해 하이데거는 죽음을 존재론적-실존론적 차원으로 끌어들이고 있다. 가능성이란 인간 현존재가

---

22 Demske, *Sein, Mensch und Tod* (1984), 190. 앞서 다루지는 않았지만, 전기 『존재와 시간』에서 발전되어 있는 한 시기의 죽음 이해가 1935년 강의 『형이상학입문』에서 나타나고 있다. 그것과 관련하여 뎀스케는 다음과 같이 이야기한다. "죽음은 1935년도 강의록인 『형이상학 입문』에서는 존재에 깨어질 자의 본질로 나타난다. 이러한 특징은 죽음이 지금 순전히 현존재로부터만 개념파악되는 것이 아니라 존재와의 관계 안에 있고 존재에 대해 섬김의 위치에 있는 현존재로부터 개념파악될 때에 가장 고귀한 의미를 가진다. 존재에 깨어진다는 것은 죽음을 향한 현존재의 존재와 존재가 역사 안으로 침투해 들어오기 위한 틈이 되어야 하는 현존재의 과제 사이에 일종의 내적 연결이 있다는 것을 의미한다." 우리는 이러한 논의들 안에서 가능성, 유한성, 자유의 근거로 규정된 죽음이 후기에서 하나의 자리로서 정식화되는 모습을 발견할 수 있다.

근원적으로 자신을 개진하는 실존의 근거이며, 따라서 죽음이 가능성이란 사실은 앞서 일상적 죽음 이해의 한계들을 극복하고 정확한 죽음 해석의 타당성을 획득하게 만든다.

2) 죽음을 불가능성의 가능성이라고 말함으로써 하이데거는 "죽음이 인간의 궁극적인 가능성이고 이 가능성은 앞지를 수 없으며, 이것이 역설적인 성격을 가진다"[23]는 사실을 보여준다. 따라서 우리는 나중에 죽음 이해 안에서 존재론적-실존론적 해석을 통해 제시될 역설적 성격에 대한 논의에서 다시금 불가능성의 가능성이라는 개념을 현사실성에서의 역설을 통해 만나게 된다.

3) 불가능성의 가능성은 앞으로 존재론적-실존론적인 해석을 통해 획득하게 될 죽음에 대한 '온전한 실존의 개념성'의 출발점이 되고 있다.

이제 우리는 이것을 다음에서 더 자세히 살펴보기로 한다.

2) '본래적 전체 존재가능의 가능성'으로서의 죽음

(1) '현사실성'에서 해석된 죽음

현사실적으로 불가능성의 가능성으로서의 죽음의 '앞에 닥침'은 다른 것들의 무화의 닥침이다. 왜냐하면 불가능성이란 현존재가 혼자 맞이하게 되는 가능성이며, 따라서 그것은 결코 타자와 공유될 수 없기 때문이다. 이러한 이유로 죽음은 오직 현존재 자신에 대한 것으로 제한 규정되며, 그때마다 그가 홀로 떠맡아야 할 존재가능성으로 드러난다.

---

23 Macquarrie, *Heidegger and Christianity* (1999), 35.

그렇다면, 이러한 죽음은 현사실적으로 어떻게 드러나고 있는가?

첫째, 죽음은 현존재 자신이 각기 그때마다 떠맡아야 할 존재 가능성이다. 따라서 그것은 오직 자신만의 유일한 것이라는 의미에서 현사실적으로 가장 고유한 것이다(GA2, 250). "죽음은 가장 고유한(eigenste) 현존재의 가능성이다. 이 가능성을 향한 존재는 현존재에게 그의 가장 고유한 존재가능을 열어밝혀준다"(GA2, 263).

둘째, 죽음, 즉 "가장 고유한 가능성은 무연관적인 것(unbezügliche)이다"(GA2, 263). 죽음이 "그렇게 자기 앞에 닥쳐 있을 때 현존재에게서는 다른 현존재에 대한 모든 관계들(Bezüge)이 풀려버린다(gelöst)"(GA2, 250). 죽음은 다른 것들의 무화의 닥침이기 때문에, 자기 앞에 죽음이 닥칠 때 현존재는 세계내부적인 존재자들뿐만 아니라 다른 현존재와도 그 연관을 상실한다.

셋째, 죽음은 극단적(äußerste)이면서 건너뛸 수 없는(unüberholbare) 가능성이다. 특별히 하이데거는 죽음을 규정하면서 이러한 극단적 가능성과 건너뛸 수 없는 가능성이라는 개념을 같은 의미로 사용한다. 왜냐하면 모든 가능성이 사라지는 불가능성은 나에게 있어 내가 떠맡아야 하는 가장 마지막의 것이면서, 동시에 더 이상 그 다음의 가능성이란 존재하지 않기 때문이다. 따라서 죽음은 현존재가 오직 거기까지만 이를 수 있을 뿐이라는 면에서 극단적인 가능성이며, 그 다음의 단계가 없다는 면에서 건너뛸 수 없는 가능성이다(GA2, 251).

현사실성 안에서 "현존재는 이러한 불가능성의 가능성에로 이미 내던져진 채(geworfend) 존재"하며, 거기에 대한 증명을 우리는 불안(Angst)이라는 처해 있음에서 발견하게 된다. "죽음 앞에서의 불안(Angst)은 가장 고유한, 무연관적, (극단적이며) 건너뛸 수 없는 존재 가능

'앞에서'(vor)의 불안이며"(GA2, 251), 이것이 철저히 모든 세계의 관계들이 다 사라져버린 무 앞에 현존재를 세운다. 즉, 현사실적으로 현존재는 불안이라는 처해있음에 내던져진 채 현사실성에서 '가장 고유하고, 무연관적이며, 극단적/건너뛸 수 없는' 자신의 죽음 앞에 서 있다.

(2) '빠져있음'에서 해석된 죽음

빠져있음에서도 죽음에 대한 온전한 실존론적 개념이 나타난다. 일상성 안에서는 일상적인 그들에게 빠져 있으면서, 우선 대개 죽음을 향한 고유한 존재가 회피되어 은폐되고 있다.

> 일상적인(alltägliche) 죽음을 향한 존재는 빠져 있는 것(verfallendes)으로서 일종의 지속적인 그것(죽음) 앞에서의 도피이다. 종말을 향한 존재는 바꾸어 해석하고, 비본래적으로 이해하며 덮어 감추는(verhüllenden) 그것 앞에서의 회피라는 양태를 가지고 있다(GA2, 254).

그러나 죽음 앞에서의 빠져있는 도피로서 현존재의 일상성이 증명하고 있는 것은 그들이 이미 부정적인 방식에서 죽음과 관련되어 있다는 사실이다(GA2, 255). 그들은 자신들의 죽음을 확신하고 있기 때문에, 그와 반대로 불안에 떨며, 그것을 지우려 애쓰고 있는 것이다. 이러한 그들의 확신 안에서 죽음이 가지고 있는 확실성이라는 성격이 나타난다. "한 번은, 그러나 당장은 아직 아니다에서 일상성은 죽음의 확실성(Gewißheit)과 같은 어떤 것을 시인하고 있다"(GA2, 255). 물론 그것이 긍정적인 확실성은 아니지만, 이미 아니라고 끊임없이 부인하면서도 회피하고, 또한 왜곡한다는 점에서 죽음이 가지고 있는 확실성은 일상성 안에서 드러나는 고유한 죽음의 성격이 된다(GA2, 257).

나아가 그들이 죽음을 계속적으로 나중으로 미루어놓고 있다는 면에서, 그와 정반대로 죽음은 언제든지 가능하다는 무규정성이 드러난다. 그들은 죽음이 언제 닥쳐올지 규정할 수 없다. 그것은 자체로 규정되지 않는다. 따라서 일상성 안에서의 '잡담'(Gerede), '애매함'(Zweideutigkeit), '공공성'(Öffentlichkeit)의 부정적 확신 안에는 죽음을 미루어놓을 수밖에 없을 정도로 두려운 죽음의 '무규정성'이 함께한다. "죽음의 확실성과 더불어 그것의 언제(Wenn)의 무규정성(Unbestimmtheit)은 함께 간다"(GA2, 258). 이처럼 일상성에서 죽음은 확실성과 무규정성으로서의 실존적 개념을 획득한다.

(3) '실존성'에서 해석된 '본래적인 죽음을 향한 존재'

지금까지 현사실성과 빠져있음 안에서 죽음에 대한 온전한 실존론적 개념이 존재론적-실존론적으로 해명되었다. 그렇다면 이제는 세계-내-존재의 세 가지 구성계기 중 실존성에서 죽음이 해명될 차례이다. 그렇다면, 실존성은 죽음과 어떠한 관계를 가지고 있는가?

하이데거는 이 관계를 해명하기 위해 죽음을 "그 자체로 이해하며 열어-밝혀야(erschließen) 한다"고 이야기한다(GA2, 260). 다시 말해, 죽음이 "그 자체로 약화됨 없이 가능성으로 이해되고, 가능성으로 형성되며, 그 가능성과의 (행동)관계 안에서 가능성으로 참고 견뎌내어져야만(ausgehalten) 한다는 것이다"(GA2, 261). 그럼으로써 그는 이러한 죽음에 대한 현존재의 실존방식을 '죽음 안으로 앞서-달려가봄'이라고 명명한다. "그러한 가능성을 향한 존재를 우리는 용어상 가능성으로 앞서-달려가봄(Vorlaufen)이라고 파악한다"(GA2, 262). 특별히 여기서 앞서-달려가봄이란 가장 고유한 극단적인 존재가능을 이해할 수 있는 가능성, 다시 말해 '본래적 실존의 가능성'이자 '본래적 죽음을 향한 존재'를 의미한다(GA2, 263).[24] 그리고 이러한 가능성을 통해 다시금 죽음의 다섯 가지 실존론적 개념은 실존성의 관점에서 본래적으로 해명된다.

첫째, 가장 고유한 죽음 안으로 앞서-달려가봄으로써 현존재는 일상적인 그들로부터 분리된다. 왜냐하면 거기에서 밝혀지는 죽음은 가장 고유한 가능성이기 때문이다. "이 가능성을 향한 존재는 현존재에게 그의 가장 고유한 존재가능을, 즉 거기에서 단적으로 현존재의 존재가 문제가 되고 있음을 열어-밝혀준다(erschließt)"(GA2, 263). 이러한 죽음의 고유성을 통해 현존재는 고유한 자기 자신과 관계하고, 그럼으로써 자기 자신으로 존재하게 된다.

둘째, 무연관적인 죽음 안으로 앞서-달려가봄으로써 가장 고유한 현존재는 동시에 철저히 개별현존재이기를 요구받는다. 왜냐하면 죽음은 현존재에게 철저한 무관계성으로 나타나며, 그것을 통해 '그들'로부터 분리될 수 있기 때문이다. "죽음의 무연관성은 현존재를 그 자신에게로 개별화시킨다"(GA2, 263). 물론 이러한 죽음의 무연관성과 개별화의 관계는 혹자들의 비판과 같은 유아론을 이야기하는 것이 아니다. 왜냐하면 죽음이 보여주는 세계-내-존재의 무성은 철저히 자기 자신으로 고유하고 개별적인 무관계성을 요구받지만, 그러함에도 불구하고

24 "Das Vorlaufen erweist sich als Möglichkeit des Verstehens [...], das heißt als Möglichkeit eigentlicher Existenz."

현존재는 세계 내부적 존재자들과의 관계 안에서만 존재하는 자로 이미 내던져져 있기 때문이다. 따라서 그에게 무관계성이란 자신의 가장 고유한 존재가능성인 죽음을 자신이 스스로 떠맡아야 함을 의미할 뿐이지, 결코 형이상학적, 인식론적 유아론을 의미하지 않는다(GA2, 263).[25]

셋째, 극단적/건너뛸 수 없는 죽음 안으로 앞서-달려가봄으로써 현존재는 자기 자신을 포기함과 동시에, 다시금 모든 것에서 자유로울 수 있는 가능성을 획득한다. “앞서-달려가봄은 이 건너뛸 수 없음을 죽음을 향한 비본래적인 존재처럼 회피하지 않고, 오히려 그것에 대하여 자신을 자유롭게 내준다”(GA2, 264). 특별히 이것은 다른 가능성들이 죽음에 직면하여, 너무 작은 것에 불과해진다는 사실을 알려준다. 예를 들어, 죽는다고 하는 거대한 사실에 내가 직면해 있음은 다른 모든 일들을 다 무의미하게 무화시켜버린다. 이제 내가 선택할 수 있는 것은 오직 내가 죽느냐 사느냐 하는 바로 이 순간이며, 그렇기 때문에 현존재는 죽음에서 처음으로 비로소 모든 가능성들을 본래적으로 이해하고 선택할 수 있게 된다. 그래서 “(죽음 안으로) 앞서-달려가봄은 실존에게 극단적인 가능성으로서 자기과제를 열어-밝히며, 그래서 각각 그때마다 도달한 실존에 경직됨을 부숴버린다”(GA2, 264).

넷째, 빠져있음에서 확실성으로 획득된 죽음 안으로 앞서-달려가보면서 현존재는 죽음을 회피하면서 들어간 일상성 안에서 이리저리 휘둘리던 자기 자신에게 비로소 확실성을 준다. 왜냐하면 죽음 앞에서 인간 현존재는 죽음이 가진 확실성 때문에 그 자신의 가장 고유한 존재

---

25 이와 관련하여 하이데거는 다음과 같이 이야기한다. “그러나 배려와 심려가 소용없다고 해서, 그것이 곧 이러한 현존재의 존재방식을 본래적인 자기존재에서부터 떼어놓음을 의미하지는 않는다. 그 방식들은 현존재 구성틀의 본질적인 구조들로서 실존 일반의 가능조건에 함께 속한다.”

를 확신하게 되며, 또한 자기의 삶 안에서 살아가는 자기를 확신하게 되기 때문이다. “죽음에 대해 참인 것으로 여김(Für-wahr-halten des Todes)은 [...] 현존재를 그의 실존의 온전한(vollen) 본래성에서 요구하고 있다”(GA2, 265).

다섯째, 빠져있음에서 획득된 “무규정적이면서도 확실한 죽음 안으로 앞서-달려가보면서 현존재는 자신의 ‘거기에’(Da) 자체에서부터 발생하는 끊임없는 위협에 자기를 열어놓는다”(GA2, 265). 특별히 이러한 위협이란 단순한 세계내부적인 존재자로부터 받는 공포가 아니다. 그것은 근원적으로는 현존재의 가장 고유한 개별화된 존재에서부터 솟아오르는, 현존재 자신에 대한 부단한 단적인 위협을 열린 채 견지할 수 있는 처해있음의 불안이다(GA2, 265-266). 즉 근본적인 처해있음인 불안은 죽음에 대한, 죽음 앞에서의 불안이다.[26]

여섯째, 마침내 불안 안에서 개별화되면서 현존재는 죽음의 불안 안에 내던져져 있는 자로 스스로를 드러낸다. “앞서-달려가봄이 현존재를 단적으로 개별화시키며 현존재가 자기 자신의 이러한 개별화 안에서 자신의 존재가능의 전체성을 확신하게 될 수 있기 때문에, 현존재의 이러한 자기이해는 그 근거에 불안이라는 근본적 처해있음이 속한다. 죽음을 향한 존재는 본질적으로 불안이다”(GA2, 266).[27] 불안에 의해 본질적으로 규정되어 있는 자는 확실한 죽음 앞에 서 있어야만 하는 ‘죽음을 향한 존재’로서의 현존재이다. 그는 무규정적인 죽음의 불안에

---

26 Rentsch, *Martin Heidegger* (1989), 141.

27 “Weil das Vorlaufen das Dasein schlechthin vereinzelt und es in dieser Vereinzelung seiner selbst der Ganzheit seines Seinkönnens gewiß werden läßt, gehört zu diesem Sichverstehen des Daseins aus seinem Grunde die Grundbefindlichkeit der Angst. Das Sein zum Tode ist wesenhaft Angst.”

내던져진 채, 언제나 자기의 존재가능에 섬뜩해 하는 자로 본래 태어나 있다.

종합적으로 하이데거는 지금까지 논의했던 실존성 안에서의 죽음의 온전한 실존론적 개념을 통해, 실존론적으로 기획투사된 본래적인 죽음을 향한 존재의 성격규정을 『존재와 시간』의 266쪽에서 요약한다. 여기서 죽음에 대한 온전한 실존론적 개념이란 'a) 가장 고유하고', 'b) 무연관적이면서', 'c) 극단적/건너뛸 수 없으며', 'd) 확실하면서', 'e) 무규정적인' 죽음에 'f) 불안으로 내던져져 있음(처해있음)'을 의미한다. 이제 우리는 다음과 같이 각각의 문장에 붙어있는 알파벳을 통해 하이데거가 그 개념들을 어떻게 요약하고 있는지를 확인할 수 있다.

a) "앞서-달려가봄은 현존재에게 '그들'-자신에 상실되어 있음을 드러내 보인다": 이것은 세계-내-존재로서의 현존재에게 죽음이 가장 고유한 가능성이기에 일어나는 현상이다.

b) "현존재를, 배려하는 심려에 일차적으로 의존하지 않은 채, 그 자신이 될 수 있는 가능성 앞으로 데려온다": 이것은 죽음이 무연관적이라는 사실을 말한다. 그것은 무연관적이기에 배려와 심려라고 하는 현존재의 관계적 존재방식은 개별화된(vereinzelten) 존재이기에 거절되고, 그는 자기를 자기 자신으로부터 떠맡게 된다.

a) b) c) "이때의 자기 자신이란, '그들'의 환상에서부터 해방된 정열적이고": 이 말은 현존재가 자신의 가장 고유하고, 무연관적이며 그리고 극단적/건너뛸 수 없는 가능성 때문에 일상성에서 해방되는 것을 말한다.

f) "현사실적인": 앞서 본 죽음의 규정은 일차적으로 내던져진 것이며, 또한 본질적으로 불안이라는 점을 언급한다.

d) "자기 자신을 확신하고": 이것은 일상성에서 드러난 죽음의 확실성에 의해 가능해진다.

e) f) "그리고 불안해하는": 일상성에서 밝혀진 죽음의 무규정성과 확실성 때문에 불안이 본래적인 죽음을 향한 존재에 본질적으로 속한다는 사실이 드러난다. 즉, 그는 존재하는 한, 이미 근거에서부터 불안으로 규정되어 있다.[28]

a) b) c) d) e) f) "죽음을 향한 자유 안에 있는 자기(selbst)이다": 자기란 죽음을 향해 실존하고 있는 자이며, 이미 그가 가진 가장 고유하고, 무연관적이면서, 극단적/건너뛸 수 없으며, 확실하며, 무규정적인 죽음에 불안하게 내던져진 채 규정되고 있는 현존재이다. 따라서 그는 불안 안에서 일상적인 그들로부터 해방되어, 자기 자신을 떠맡고 개별화되면서, 모든 가능성들을 비로소 본래적으로 이해하고 선택함으로써 자기포기를 밝히고, 경직된 모든 실존을 부숴버리는 자유 안에 있을 수 있다. 그리고 이러한 자유의 획득은 바로 죽음 안으로 앞서-달려가봄으로써 가능해지며, 따라서 죽음은 '현존재의 본래적 전체 존재가능의 가능성'으로, 이 가능성 안으로 앞서-달려가봄은 본래적 실존의 가능성으로 드러나게 된다. "죽음은 [...] 현존재의 본래적 전체 존재가능의 가능성이다."[29] "앞서-달려가봄은 [...] 본래적 실존의 가능성으로서 증명된다"(GA2, 263). 그렇다면, 이러한 죽음에 대한 정의를 통해 하이데거가 목표로 하고 있는 것은 무엇인가?

우리는 다음으로 이 목표가 죽음 이해에 대한 '현상학적 증거'와 죽음 이해를 통한 '현존재의 본래적 전체성'의 획득에 있다는 사실을

---

28 Demske, *Sein, Mensch und Tod* (1984), 41.

29 Ibid., 37.

확인하기로 한다.

2. 죽음에 대한 '현상학적 증거'와 죽음을 통한 '현존재의 본래적 전체성'의 획득

앞서 우리는 하이데거가 본래적인 죽음을 향한 존재를 그의 존재론적-실존론적인 구조로 기획투사하면서 '현사실성', '빠져있음'(또는 말), '실존'이라는 '세계-내-존재'로서의 계기 안에서 밝혀진 죽음의 '온전한 실존적 개념'을 살펴보았다. 따라서 우리는 이제 앞에서 해명된 죽음을 통한 '현존재의 본래적 실존의 가능성'이 실제적으로도 수행될 수 있는지를 알아보기로 한다. 왜냐하면 그것이 실제와 아무 상관이 없다면, 그것은 "단순히 일종의 실존적인 환상적 추측(phantastische Zumutung)으로 남을 수 있기 때문이다"(GA2, 267).

죽음 이해는 본래적 존재가능의 현존재적인 증거(Bezeugung)와 더불어 현존재 분석이 목표로 삼았던 본래성과 전체성을 획득하기 위해, '양심', '탓이 있음', '결단성' 그리고 '앞서-달려가보는 결단성' 등의 개념들 안에서 다시금 존재론적-실존론적으로 해석되어야만 한다. 그리고 이러한 해석 안에서 이제 현존재 '본래적 전체성'이 '앞서-달려가보는 결단성'으로 정식화된다.

1) 죽음에 대한 '현상학적 증거'

(1) 양심

'현존재의 본래적인 전체 존재가능의 가능성'이 일종의 실존적인 환상적 추측이라는 비판을 극복하기 위해 하이데거가 현상학적인 본래적 존재가능의 현존재적증거로 선택한 현상은 양심(Gewissen)이다. 물론 그의 양심분석은 이제까지의 양심체험에 대한 심리학적 기술이나 신학적 해석, 그리고 신의 존재증명과 관련된 설명과는 거리가 멀다. 그는 다음과 같이 말한다.

> 양심은 현존재의 현상으로서, 객관적으로 눈앞에 발견되는 사실이나 때때로 눈앞에 있는 사실이 아니다. 양심은 오직 현존재의 존재양식 안에만 있으며, 각기 그때마다 오직 현사실적 실존과 함께, 이 실존 안에서 현사실로서 알려진다(GA2, 269).[30]

따라서 그가 양심을 현상적 증거를 위해 선택하게 된 이유는 어떤 방식으로든 그것이 현존재의 실존 안에서 알려지고 있으며, 그것도 '누구에게 어떤 것을 이해하게 해주는' 그 자체의 성격 때문이다(GA2, 270). 이해하게 해주는 성격을 통해 파악되는 양심은 기존의 통념과는 다른 출발점을 가진다. 양심은 앞서 말한 대로 "이해하게 해주는 것이기에, 열어밝힌다(erschließt). 특별히 이러한 형식적인 성격은 양심이

30 "Das Gewissen ist als Phänomen des Daseins keine vorkommende und zuweilen vorhandene Tatsache. Es 'ist' nur in der Seinart des Daseins und bekundet sich als Faktum je nur mit und in der faktischen Existenz."

라는 현상을 현존재의 열어-밝혀져 있음으로 돌아가게"(GA2, 269) 만드는 역할을 한다. 따라서 그것은 열어-밝혀져 있음(Erschlossenheit)의 처해 있음(Befindlichkeit), 이해(Verstehen), 말(Rede)에 의해 현존재의 본래적 존재라는 관점에서 근원적으로 파악될 수 있게 된다(GA2, 270).

앞서 2장의 말미에서 우리는 렌취의 구분을 따라서 '이해', '처해있음' 그리고 '말' 또는 '빠져있음'이라는 현상을 현존재의 '열어-밝혀져 있음'의 차원으로 그리고 '실존', '현사실성' 그리고 '세계내부적인 존재자에게 빠져있음'을 현존재의 세계-내-존재의 차원이라고 언급한 바 있다.[31] 그리고 다시금 세계-내-존재의 현사실성, 빠져있음(일상성) 그리고 실존의 차원에서 죽음의 성격이 규정되었고, 하이데거는 죽음을 '본래적 전체 존재가능의 가능성'이라고 말했다. "죽음은 [...] 현존재의 본래적 전체 존재가능의 가능성이다."[32] 따라서 이제 그는 이것과 동일한 방식으로 열어-밝혀져 있음의 성격을 가지고 있는 양심을 존재론적-실존론적으로, 다시 말해 열어-밝혀져 있음의 삼중적인 네 가지 계기로 해석하게 된다. 왜냐하면 죽음과 마찬가지로 "양심은 오직 현존재의 존재양식 안에만(nur im Seinsart) 있기"(GA2, 269)[33] 때문이다. 이러한 해석은 다음과 같다.

첫째, 양심은 하이데거에 따르면 존재론적-실존론적으로 말과 연관되어 있다. 양심의 말은 '양심의 부름'(Rufen des Gewissens)이다. 부름은 말의 한 양태(Art)이며, 우리는 특별히 이러한 양심의 부름의 세 가지 요소들을 분석함으로써 양심을 처해있음(현사실성), 이해(실존), 빠져

31 Rentsch, *Martin Heidegger* (1989), 136.

32 Demske, *Sein, Mensch und Tod* (1984), 37.

33 말과 빠져있음이 상호 대치되기도 하고, 때로는 독립되어 언급되기에 열어-밝혀져 있음의 구조는 구조상으로는 삼중적이지만, 전체는 네 가지 계기를 가지고 있다.

있음에서 해명할 수 있게 된다. 왜냐하면 그 요소들이 "분명해질 때, 우리는 양심에 대한 존재론적으로 충분한 해석을 얻게 되기"(GA2, 274) 때문이다. 이러한 요소들이란 부르는 자, 부르는 방향 그리고 불러내어진 자이다.

둘째, 그 부름을 '부르는 자'(Rufener)란 내던져진 현사실성의 섬뜩함, 다시 말해 불안에 처해있는(befindliche) 현존재이다(GA2, 276). 앞서 양심은 이해함과 말을 통해 열어-밝혀져 있음의 계기와 연관되어 있다고 했다. 이와 동시에 양심의 부름을 부르는 자를 통해 양심은 열어-밝혀져 있음의 계기 중 처해있음과 세계-내-존재로서의 현사실성에 정확히 상응하게 된다.

셋째, "양심의 부름은 현존재를 그의 가장 고유한 자기 존재가능으로 불러내는 성격을 가지며, 그것도 가장 고유한 탓이 있음으로 불러세움(Aufrufen)의 방식으로 그렇다"(GA2, 274). "양심의 부름은 '그들'의 판단으로부터 우리를 소환하는 것이다(summons)."[34] 따라서 '양심의 부름이 부르고 있는 방향(Woraufhin)'은 본래적인 실존이며, 앞서 양심을 실존적 수행의 예증을 위한 대상으로 취해왔던 이유, 즉 양심의 이해함이 실존성 안에서 현존재의 존재계기로 밝혀진다.

넷째, 부르는 자가 본래적인 실존으로 부르고 있는 자는 '불러내어진 자'(der Angerufene)이다. 그러나 그는 우선 대개 비본래적인 그들에게 빠져있는(fallende) 현존재이며[35], 그렇기 때문에 양심은 빠져있음 안에서 현존재를 부르는 하나의 실존범주로서 드러나게 된다.

이처럼 양심은 말, 처해있음, 이해, 그리고 빠져있음 안에서 하나의

---

34 Macquarrie, *Heidegger and Christianity* (1999), 37.

35 Demske, *Sein, Mensch und Tod* (1984), 45.

'부름'(말)으로, 나아가 그 안에서 '부르는 자'(처해있음), '부르는 방향'(이해), '불러내어진 자'(빠져있음)로 구분되어 그 연관을 드러내었다. 우리가 특별히 여기에서 주목해야 하는 것은 부름이 아무것도 밖으로 말하지 않으며, 세계의 사건에 대해서 아무런 정보도 주지 않고, 이야기할 아무것도 가지고 있지 않다는 사실이다(GA2, 280). "부름은 [...] 부름받은 자기에게 아무것도 건네 말해지지 않고, 자기가 자신에게로, 다시 말해서 자신의 가장 고유한 존재가능에로 불러 세워지는 것이다"(GA2, 278). 따라서 그것은 단지 앞서 해명되었던 것처럼 현존재가 자신의 빠져있는 일상에서 실존한다는 것과 그가 본래적으로 실존할 수 있다는 것 사이에 있는 간격만을 이해하게 해준다. 그리고 이러한 간격이란 인간 현존재가 '탓이 있음'(Schuldigsein)에 속해있다는 증거이다(GA2, 281).

물론 여기서 말하는 탓이 있음이란 어떤 결여나 결함을 의미하지 않는다. 즉, 이미 무엇인가 간격으로서의 탓을 가지고 있다는 사실은 단지 현존재가 실존론적으로 탓이 있음으로 규정된다는 것을 우리에게 알려주고 있을 뿐이다. 따라서 실존론적 탓과 관련하여 우리는 양심의 부름이 가진 실존의 양상을 다음과 같이 설명할 수 있다. 양심의 부름은 일상성 안에 있는 현존재에게 자신의 본래성과 전체성으로 살라는 명령을 부과한다. 이러한 부름 안에서 현존재는 자신의 고유한 탓에 대해 듣게 되는데, 그 탓은 구체적이지도 않고 명확하지도 않은 대신, 일반적이고 무조건적인 것이다. 따라서 현존재는 그가 자체로 자신의 고유한 존재 근거가 아니기 때문에 스스로를 탓으로 삼는다. 왜냐하면 현존재는 결코 근거지운 것으로부터 가장 독특한 존재를 넘어선 힘을 소유하지 못하기 때문이다. 특별히 이러한 무능력은 현존재의 내던져져 있음에 속하며, 이 내던져져 있음은 무성과 함께 던져진 것이다. "내던져져 있음의 구조에뿐만 아니라 기획투사의 구조에도 본질적으로 일종의 무성이 놓여 있다. [...] 염려 자체가 그 본질에서 철두철미 무성에 의해서 침투되어 있다"(GA2, 285). 그리고 "현존재는 그가 장악할 수 없고 조정할 수 없는 일종의 내던져져 있음으로 자신의 실존이 구성되어 있기에 본래성을 성취하기를 실패하자마자 그의 내던져져 있음은 현존재에게 있어 탓의 근원임이 드러난다."[36] 그렇다면 이러한 탓이 있음이란 무엇인가?

(2) '탓이 있음'

앞서 우리는 탓이 있음이라는 것이 어디까지나 양심이 가지고 있는 존재론적-실존론적 해명에서 도출된 것이라는 사실을 보았다. 따라서 탓이 있음 역시 존재론적-실존론적으로 근원적인 방식에서 해명되어야 함은 당연하다. 이러한 해명을 위해 하이데거는 먼저 일반적인 상식에서부터 그것이 현존재의 근본적인 두 가지 계기, 즉 '아님'(Nicht)과 '-에 근거가 됨'(Grundsein für)을 의미한다는 점에 주목한다. 즉, 그것은 현존재 안에서 '아님의 근거가 됨'이며(GA2, 283), 이러한 의미를 통해 탓이 있음은 염려의 구조 안에서 다음과 같이 해명된다.

첫째, 현사실성 안에서 현존재는 '아님'을 통해 철저히 적중된 자로 드러난다. "염려 자체가 그 본질에서 철두철미 무성에 의해서 침투되어 있다"(GA2, 285). 즉, 현사실적으로 내던져진 자이기 때문에 그는 자기 자신의 근거에 대해 전혀 힘을 쓸 수 없으며, 그러함에도 불구하고 그것

36 Denker, *Historical Dictionary of Heidegger's Philosophy* (2000), 104.

을 떠맡으면서 그것의 근거존재로서 실존해야만 하는 자이다(GA2, 284). 이러한 아님의 내던져져 있음은 세계-내-존재의 현사실성을 말한다. 즉, 탓이 있음은 현사실성에서 아님의 근거존재로서 드러나게 된다. "따라서 우리는 '탓이 있음'이라는 형식적 실존론적 이념을 어떤 아님에 의해서 규정된 존재(ein durch ein Nicht bestimmtes Sein)를 위한 근거가 됨, 다시 말해 **무성의 근거존재**(*Grundsein einer Nichtigkeit*)라고 규정한다"(GA2, 288).

둘째, '아님의 근거존재'로서 실존해야 하는 현존재는 그와 동시에 언제나 비본래성으로 빠져있음 안에 있는 자이다. 우선 대개의 일상성 안에서 자신을 잃어버릴 수밖에 없는 현존재의 근본적인 실존구조 앞에서 그는 자신으로 실존하기에는 너무 무적이기에 그것으로부터 도피하고, 끝내 그것 자체를 은폐시킨다. 그러나 문제는 아무리 도피하고, 은폐시킨다 해도 자신이 무적이며, 그 무성의 근거로서 책임질 수 있는 다른 어떤 것도 없다는 사실이다. 오히려 도피하고, 은폐시키는 것이 현존재의 무력함을 더욱 더 분명하게 보여줄 뿐이다. "근원적인 탓이 있음이 우선 대개 열어-밝혀져 있지 않고, 현존재의 빠져 있는 존재에 의해서 닫혀서 견지된다는 사실이 오히려 바로 앞에서 말한 무성을 드러내고 있다"(GA2, 286). 이처럼 탓이 있음은 빠져있음의 계기에서 현존재의 무력함(무적임)으로 드러나고 있다.

셋째, 실존성 안에서 탓이 있음은 아님의 근거가 됨으로써 현존재가 자신의 고유한 존재가 문제가 되는 그러한 자라는 것을 드러낸다. 그는 자신의 존재에 항상 물음을 던지며, 그럼으로써 자신의 존재를 떠맡아야 한다. 그래서 현존재는 하나의 근거이며, 또한 자신의 고유한 존재가능의 근거일 수밖에 없다. 그러나 "기획투사(Entwurf)는 각기 그때마다 내던져진(geworfene) 기획투사로서 근거존재의 무성에 의해 규정되어 있고, 그런 한에서 기획투사로서 그 자체가 본질적으로 무적(nichtig)이다"(GA2, 285). 이처럼 기획투사의 구조에도 본질적으로 무성이 놓여있기 때문에 탓이 있음은 실존성 안에서도 현존재를 규정하고 있다는 사실이 드러난다.

종합해보자면, 탓이 있음이란 내던져진 '아님의 근거가 됨'(현사실성)으로서, '무력하여 언제든지 일상성 안으로 자신을 잃어버릴 수 있음'(빠져있음)이지만, 종말을 향한 존재로서 '아님의 근거를 자신의 존재로 떠맡아야 함'(실존)이라는 형식에서 현존재의 규정성이다. 그렇다면 '아님의 근거가 되어, 무력하지만, 자신의 존재를 떠맡아야 함'이란 무엇을 의미하는가?

2) 죽음을 통한 '현존재의 본래적 전체성'의 획득

(1) '결단성'

'아님의 근거가 되어, 무력하지만, 자신의 존재를 떠맡음'이란 현존재의 본래성인 '결단성'(Entschlossenheit)을 의미한다. 그러나 여기서 주의해야 하는 것은 그 개념에 도달하기에는 아직 많은 단계가 남아있다는 사실이다. 왜냐하면 결단성 자체가 존재론적-실존론적으로 해석되기 위해서는 그것이 열어-밝혀져 있음의 계기 안에서 드러나야 하기 때문이다. 그러나 하이데거는 그것을 위해 무조건 존재구성틀을 끌어들여 쉽게 결단성과 연관시키지 않는다. 그는 오히려 이해라는 특성을 가지고 있던 앞서의 양심현상, 즉 '양심의 부름'에서부터 다시 시작하여, '양심의 부름을 들음'과 '양심을 가지기 원함'을 통해 거기에 도달하고 있다.

앞서 우리는 실제적 실존의 수행을 위해 양심이라는 현상을 그것의 이해함이라는 단초를 통해 차용했고, 그것이 현존재의 존재구성틀 안에 포함되어 있다는 사실을 존재론적-실존론적으로 제시했었다. 그리고 양심의 말, 즉 부름이 이해하게 해주는 것이 현존재가 가지고 있는 일종의 간격으로서의 탓이 있음이었다. 나아가 탓이 있음 역시 '무력하여(nichtig) 도피'(빠져있음)했던, '아님의 근거가 됨'(현사실성)을 '자신의 존재로 떠맡아야 함'(실존)으로 존재론적-실존론적으로 제시되었다. 그러나 여기서 문제가 되는 것은 이러한 실존 안에서 '자신의 존재로 떠맡음'이 의미하는 바이다. 하이데거에 따르면, 그것은 바로 '부름을 들음'(Hören des Rufens)이다. 왜냐하면 부름의 "불러 세움(Aufrufen)을 올바로 듣는다는 것은 가장 고유한 본래적인 탓이 있게 될 수 있음에로 자신을 기획투사하는 것"(GA2, 287)이기 때문이다. 다시 말해, 부름을 듣는다는 것은 탓이 있음을 통해 드러난 것처럼 무력하지만, 아님의 근거가 됨, 즉 실존론적 무성인 탓이 있음을 선택함이다. 따라서 들음이란 '본래적으로 양심의 부름을 이해함'이 되며, 그는 그것을 용어상 '양심을 가지기 원함'(Gewissen-haben- wollen)이라 명명한다. 그렇다면, 이것은 무엇을 의미하는가? 이 개념은 다음과 같이 존재론적-실존론적으로 해명될 수 있다.

첫째, '양심을 가지기 원함'이 이해하는 것은 본래적인 부름이다. 따라서 이것은 "현사실적인 탓이 있음이 가능하기 위한 가장 근원적인 실존적 전제"(GA2, 288)이다.

둘째, '양심을 가지기 원함'은 처해있음 안에서 고유한 현존재를 개별화시키는 불안을 열어밝힌다(GA2, 296-297). "양심의 불안이 나타나는 것은 현존재가 부름을 이해했고, 그렇기 때문에 그 자신의 섬뜩함 앞으로 데려와졌다는 사실에 대한 현상적 증명(Beweis)이다"(GA2, 296). 따라서 그것은 처해있음 안에서 본래적인 불안에 대한 준비태세(Bereitschaft)로 명명된다.

셋째, '양심을 가지기 원함'은 본래적 말로서의 침묵성(Verschwiegenheit) 안에서 불안에 대한 준비태세를 하면서, 무성의 고유한 탓이 있음을 떠맡음에 대해 분류파악한다(artikulierenden). 예를 들어, 침묵하면서 무엇인가 이해할 것을 주기를 바라는 자는 무엇인가 말할 것이 있다. 그러함에도 불구하고 양심의 말인 부름은 결코 발성되지 않는다. 양심은 오직 침묵하면서 부를 뿐이다. 따라서 양심의 부름을 듣는 '양심을 가지기 원함' 역시 거기에 대해 침묵으로 응대할 뿐이다.

> 양심이 단지 침묵하면서 부른다는 것, 그것은 부름이 섬뜩함의 소리없음에서 나와, 불러 세워진 현존재를 고요하게 되어야 할 자로서 그 자신의 고요 속으로 되돌아 부른다는 것을 의미한다(GA2, 296).[37]

종합적으로 말해 양심의 부름을 듣는 본래적인 들음인 '양심을 가지기 원함'은 현존재의 열어-밝혀져 있음 안에서 '가장 고유한 탓이 있음에로 자기 자신을 기획투사하는 이해', '불안의 처해 있음' 그리고 '침묵성으로서의 말'에 의해 본래적 가능성으로 구성되고 있다. 하이데거는 이러한 양심의 부름을 올바로 듣는 본래적인 현상을 결단성

37 "Das Gewissen ruft nur schweigend, das heißt der Ruf kommt aus der Lautlosigkeit der Unheimlichkeit und ruft das aufgerufene Dasein als still zu werdendes in die Stille seiner selbst zurück."

(Entschlossenheit)이라고 명명한다. 따라서 앞서 살펴본 '양심을 가지기 원함'에 대한 해석은 결국 결단성을 "침묵하면서 불안을 준비하며 가장 고유한 탓 있음에로 스스로를 기획투사함"(GA2, 296)[38]으로 존재론적-실존론적인 방식에서 해명한 것이 되었다. "결단은 현존재가 열어-밝혀져 있는 탁월한 양태(ausgezeichneter Modus)의 하나이고"(GA2, 297), 열어-밝혀져 있음은 실존론적으로 근원적 진리이기 때문에(GA2, 223), "결단성은 현존재의 가장 근원적인 진리, 다시 말해 그의 본래적인 존재라고 이야기할 수 있게 된다"(GA2, 297). 다시 말해, 결단성이란 '현존재의 본래적인 존재'이며, '현존재의 본래성'이고, '본래적인 현존재 자신'이다.

현존재는 결단을 통해 세계에서의 고립을 열고 자신의 세계 안에서 자유롭게 된다. 그럼으로써 그는 자신의 본래적인 이해를 통해 비로소 자신의 세계 안으로 데려가 질 수 있다. 여기서 세계란 현존재가 속해 있는 그의 상황(Situation)이며,[39] 그것은 동시에 각기 그때마다 결단성에서 열어-밝혀진 현존재의 '현'(Da)을 말한다(GA2, 298). 따라서 이러한 현존재의 현인 상황은 오직 결단성에 의해서만 그리고 결단성 안에서만 드러나게 된다. "자기 자신이 그것으로 실존하며 존재해야만 하는 현을 위해 결단하면서 비로소 그에게 그의 환경상태들의 그때그때마다의 현사실적인 사용사태성격도 열어-밝혀질 수 있게 되는 것이다"(GA2, 300).[40] 따라서 상황, 즉 '현'을 위한 결단은 어디까지나 현존재

38 "*[D]as verschwiegene, angstbereite Sichentwerfen auf das eigenste Schuldigsein.*"

39 Demske, *Sein, Mensch und Tod* (1984), 47.

40 "Entschlossen für das Da, als welches das Selbst existierend zu sein hat, erschließt sich ihm erst der jeweilige faktische Bewandtnischrakter der Umstände."

가 유한하다는 것을 알려준다. 그리고 이러한 유한성이야말로 결단성을 통해 드러나는 현존재의 참모습을 의미한다.

(2) 본래적 전체성으로서의 '앞서-달려가보는 결단성'

앞서 우리는 결단성이 '현존재의 본래적인 존재', '본래성', 혹은 '본래적인 현존재'라는 사실을 보았다. 그러나 여기에는 아직 부족한 점이 남아있다. 왜냐하면 현존재는 종말을 향한 존재이기 때문이다. 현존재는 종말을 향해가고 있기 때문에 단지 한순간의 결단으로는 만족될 수 없으며, 따라서 그의 종말에 이르기까지 결단하면서 자신의 탓이 있음을 떠맡아야 한다. 다시 말해, 결단성을 수행하는 자가 죽음을 향한 존재로서 해명될 때에만, 하이데거가 목표로 삼고 있는 현존재의 본래성과 전체성, 즉 본래적인 전체성(eigentliche Ganzheit)을 획득할 수 있다.[41] "이제부터는 바로 이 본래적인 존재가능의 실존론적 구조가 파헤쳐져야 한다. 그렇게 해서만 우리는 현존재 자신 안에서 열어-밝혀지고 있는 그의 실존의 본래성의 근본구성틀(Grundverfassung)로 밀고 들어가게 된다(dringen)"(GA2, 295). 따라서 이제는 '본래적인 죽음을 향한 존재의 앞서-달려가봄'과 실존적 확증인 양심을 통해 도출된 '본래적 현존재의 결단성'이 상호 연관됨으로써 현존재의 본래적 전체존재가 근원적으로 드러나야 한다. 그렇다면, 이것들은 어떻게 연결되는가?

하이데거에 따르면 지금까지 해석되었던 죽음, 양심, 탓이 있음, 결단성과 같이 그 둘의 연결도 근원적인 해석을 위해 현존재의 실존성

41 Demske, *Sein, Mensch und Tod* (1984), 48.

안에서 존재론적-실존론적으로 수행되어야 한다. "그렇지만, 방법적으로 유일하게 가능한 길이 남아있는데, 곧 그 실존적 가능성에서 증거된 결단성의 현상에서부터 출발하여 다음과 같이 물음을 던지는 방법이다. 결단성은 그것의 가장 고유한 실존적인 존재경향 자체에서 그것의 가장 고유한 본래적인 가능성으로서 앞서-달려가보는 결단성을 지시하고 있는가?"(GA2, 302). 따라서 결단성은 염려의 세 가지 계기 안에서 죽음의 온전한 실존적 개념들을 통해 새롭게 해명됨으로써 앞서달려가봄과 연결된다. 그리고 이것이 가능한 이유는 "그것(결단성)이 자체 안에 본래적인 죽음을 향한 존재를 자신의 고유한 본래성의 가능한 실존적 양태성(*Modalität*)으로 간직하고 있기"(GA2, 305) 때문이다.

우선 그는 결단성과 앞서-달려가봄의 본래적 상호 연관성을 용어상 '앞서-달려가보는 결단성'(vorlaufende Entschlossenheit)이라 명명한다. 이러한 용어를 통해 "앞서-달려가봄과 결단성이 서로 번갈아가면서 타방을 보증한다면, 실존적으로 증거된 결단성 속에서 현존재의 본래적 전체 존재가능도 실존적으로 함께 증거될 수 있다."[42] 따라서 앞서-달려가보는 결단성이 위에서 현사실성, 빠져있음 그리고 실존성에서 드러난 죽음의 온전한 실존론적 개념들과 어떤 관계를 맺고 있는지가 드러나야 한다.

현사실성에서 해석된 앞서-달려가보는 결단성

죽음은 현사실성에서 가장 고유하고, 무연관적이며, 극단적/건너뛸 수 없음으로 드러났었다(GA2, 251). 앞서-달려가보는 결단성은 이러한 죽음의 온전한 실존적 개념 안에서 다음과 같이 해석되고 있다.

42 소광희, 『하이데거, 존재와 시간 강의』 (2003), 192.

첫째, 가장 고유한 죽음 안으로 앞서-달려가볼 때, 양심의 부름을 듣는 결단성은 현존재가 일상적인 그들 속에 상실되어(verloren) 있었음을 드러낸다. 따라서 현사실적인 죽음 안으로 앞서-달려가보는 결단성은 곧 '현존재의 상실됨의 드러남'을 의미한다. 따라서 그것을 통해 현존재는 더 이상 그들에게 상실되어 있을 수 없게 되며, 자신을 되찾아 오는 결단을 수행한다. 즉, 가장 고유한 죽음 안으로 앞서-달려가보는 결단성은 현존재를 그의 가장 고유한 자기 존재가능에로 되돌려 준다(GA2, 307).

둘째, 무연관적인 죽음 안으로 앞서-달려가볼 때, 양심의 부름을 듣는 결단성은 세속적인 명성과 능력은 무시하고, 현존재를 가차 없이 탓이 있을 수 있음에로 개별화시킨다. 따라서 현사실적인 죽음 안으로 앞서-달려가보는 결단성은 '탓이 있음에로의 개별화'(Vereinzelung)를 의미한다. 이러한 개별화는 오직 무연관적인 죽음 안으로 앞서-달려가봄을 통해서만 가능한 것이며, 그럼으로써 "탓이 있을 수 있음이 가장 고유한 무연관적인 것으로서 전체적으로 양심 안으로 때려넣어(schlagen)진다"(GA2, 307). 이러한 이유에서 무연관적인 죽음 안으로 앞서-달려가볼 때, 결단성 안에 있는 '고유한 탓이 있음을 향한 기획투사'가 드러나게 된다.

셋째, 가장 고유한 탓이 있음이란 무성이며, 이것은 동시에 불가능성의 가능성, 즉 현존재가 내던져져 있는 죽음을 의미한다. 따라서 극단적/건너뛸 수 없는 죽음 안으로 앞서-달려가보는 결단성은 죽음의 가능성을 자신의 존재가능에로 끌고 오며, 그럼으로써 그것은 가장 고유한 탓이 있음인 '자신의 무성에로 부름 받을 준비태세'(Bereitschaft)(GA2, 296), 다시 말해 '불안에의 준비태세'로 드러난다.

빠져있음에서 해석된 앞서-달려가보는 결단성

앞서 우리는 죽음의 온전한 실존론적 개념을 빠져있음에서 '확실성', '무규정성'으로 제시했었다(GA2, 258). 이러한 죽음의 두 가지 성격은 본래적 전체성, 다시 말해 본래적 실존성인 앞서-달려가보는 결단성에서 다음과 같이 다시 해석된다.

첫째, 빠져있음에서 앞서-달려가보는 결단성은 죽음의 확실성을 통해 반복과 확실성을 보여준다. 우선 결단성은 실존의 근원적인 진리였기 때문에 '앞서-달려가보는 결단성'에게도 '확실성'이 요구된다. 그러나 하이데거에 따르면, "앞서달려가보는 결단성은 자기의 죽음을 부단히 확신하면서, 자신의 본래적이고 전체적인 확실성을 획득한다"(GA2, 308).[43] 이것은 무엇을 의미하는가?

결단성은 자유롭고, 개방된 채, 현사실적으로 필연적인 철회에 대해서 자신을 열어놓을 수 있다. 이것은 다시 말해 결단하는 본래적인 현존재는 항상 자신이 선택했던 존재가능에 대해 철회할 수 있는 개방된 태도를 지녔음을 의미한다. 다시 말해, 현존재가 자신의 본래적 결단을 수행할 때, 그는 앞서-달려가봄으로써 자신이 선택했던 것들을 단적으로 철회하고 무화하게 된다. 그렇지만, 이 현존재는 동시에 본질상 무적이기 때문에, 그는 다시금 지금까지의 상황성 안으로 되돌아 들어갈 수밖에 없다. 이것은 곧 자신의 결단에 대해 자유로워짐을 의미함과 동시에 다시금 그 결단을 짊어지고 반복해야 하는 진리의 활동을 의미한다(GA2, 308). 따라서 결단의 철회와 반복은 현존재가 자신의 살았던 삶에 대해 확실한 근거가 되는 현상이며, 또한 다시 자신을 일상적인

---

43 "Dessen ständig gewiß, das heißt *vorlaufend*, gewinnt die Entschlossenheit ihre eigentliche und ganze Gewißheit."

그들에게 상실하지 않고자 하는 갱신의 노력이다.

둘째, 빠져있음에서 앞서-달려가보는 결단성은 죽음의 무규정성을 통해 불안을 드러낸다. 빠져있음에서 드러났던 죽음은 또한 무규정적이었다. 따라서 "죽음의 무규정성은 근원적으로 불안에서 밝혀진다"(GA2, 308). 그런데 불안은 결단성을 강요하고 있으며, 현존재의 내던져져 있음(피투성)을 위장하고 있는 모든 은폐를 제거한다. 왜냐하면 불안 안에서 무가 현존재를 규정하고 있다는 사실, 즉 현존재의 무성이 드러나기 때문이다. 그럼으로써 현존재는 이러한 무성을 통해 일상적인 그들에서의 존재를 무화시키고, 불안에 대해 준비태세를 갖출 수 있다.

여기서 중요한 것은 '앞서-달려가보는 결단성'에서 앞서-달려가봄이 현존재를 부단히 확실하면서도, 언제 불가능성이 되어버릴지 모를 무규정적 죽음 앞에 불안으로 세우는 것(GA2, 308)과는 반대로 결단성은 단지 그때마다의 상황에서만 현존재를 규정하고 있다는 사실이다. 따라서 죽음 앞에서 현존재는 앞서-달려가봄을 통해 그의 상황의 한계 안에 무규정적으로 내던져져 있게 되지만, 동시에 그는 결단성을 통해 이 한계상황의 무규정성 안으로 결단하며 들어가 자신을 확신하게 된다. 그리고 이렇게 무규정적으로 내던져졌음에도 불구하고 그것을 자신의 것으로 결단하며 들어가 자신을 확신할 때, 현존재는 진리인 '본래적인 전체 존재가능'을 획득할 수 있게 된다. 다시 말해 그는 빠져있음에서 드러났던 무규정적인 죽음 안으로 앞서-달려가보면서, "무규정적인 한계상황 안으로 결단할 때야 만이 본래적인 전체 존재가능을 획득할 수 있는 것이다"(GA2, 308).

실존성에서의 앞서-달려가보는 결단성

결단성이, 현사실성과 빠져있음 안의 죽음의 실존론적 개념들과 상호연관됨으로써 본래적인 죽음을 향한 전체존재가 획득되었으며, 우리는 이것을 결단하는 앞서-달려가봄(entschlossendes Vorlaufen), 혹은 앞서-달려가보는 결단성이라고 부를 수 있다.[44] "결단성은 오직 앞서-달려가보는 결단성으로서만 본래적으로 그리고 전체적으로, 그것이 그것일 수 있는 바로 그것이다"(GA2, 309). 특별히 이 두 요소의 통일적인 본래적 전체성은 실존성 안에서 다음과 같이 해석될 수 있다. "그것은 침묵하면서, 불안의 태세를 갖추고, 가장 고유하고, 무관계적이며, 극단적/건너뛸 수 없으면서, 확실하고, 무규정적인 (불안에 내던져진) 현존재의 존재가능성인 죽음의 무성을 향한 자기 기획투사이다."[45] 그리고 이러한 정식화 안에서 그는 마침내 앞서-달려가보는 결단성을 근원적인 진리이며(GA2, 297),[46] 실존성 자체로서의 현존재의 본래적인 전체성이라 명명하게 된다. "죽음이 현존재의 유일한 전체성의 가능성인 것처럼 또한 결단한 앞서-달려가봄은 현존재의 유일하게 본래적 전체 존재가능이다. 고유한 죽음을 향한 존재 '밖에는' 그 어떤 현존재를 위한 다른 본래성이란 존재하지 않는다. 본래적인 죽음을 향한 존재와 현존재 일반의 본래성은 따라서 하나이며 같은 것이다. 그것은 곧 앞서-달려가-보는 결단성이다."[47]

물론 여기서 우리가 주의해야 하는 것은 이 본래적인 전체성이

---

44 Demske, *Sein, Mensch und Tod* (1984), 49.

45 Ibid. "[E]s ist das verschwiegene, angstbereite Sichentwerfen auf die Nichtigkeit des Todes als der eigensten, unbezüglichen, unüberholbaren und unbestimmt gewissen Seinsmöglichkeit des Daseins."

46 "결단성은 그러나 앞서 근원적인 진리로서 실존론적으로 해석되었다."

47 Demske, *Sein, Mensch und Tod* (1984), 50.

단순히 현존재의 실존개념에만 들어있는 순수 이론적인 것, 혹은 유아론적인 것이 아니라는 사실이다. 왜냐하면 "결단성의 본래적인 자기존재에서부터만 비로소 처음으로 본래적인 '서로 함께 함'(Miteinander)이 생겨나기(entsprint)"(GA2, 298) 때문이다. 예를 들어, 결단성 안의 현존재는 다시금 자신의 세계에로 나아가 존재자들과 관계 맺는다. 그리고 그는 이러한 관계를 통해 함께 존재하는 타인들을 그들의 가장 고유한 존재가능에서 존재하도록 해방시킬 수도 있다. 이것은 다시 말해 "본래적인 현존재가 가장 고유한 존재가능으로 앞서 뛰어들어-해방하는(in der vospringend-befreienden) 심려 안에서 그들과 함께 열어-밝혀 있을 수 있는(mitzuerschließen) 가능성에로 데려온다"는 것을 의미한다. 또한 그래서 "(앞서-달려가보며) 결단한 현존재는 타인의 '양심'이 될 수 있는 것이다"(GA2, 298).

이렇게 해서 존재론적-실존론적 해석을 통한 하이데거의 죽음 규정, 그리고 그것을 통해 그가 획득하려 했던 현존재의 본래적 전체성에 대한 논의가 결론지어졌다. 그 다음으로 그가 해나가는 작업은 자신이 목표로 삼고 있는 존재의 의미를 현존재의 시간성의 관점에서 계속 탐구하는 것이다. 그러나 우리는 이러한 그의 계속된 연구를 따라가지 않고, 우리가 목표로 삼고 있는 죽음의 의미를 위해 그와는 다른 걸음을 걸어야 할 지점에 이르렀다. 왜냐하면 앞서 서론에서 이야기한 것처럼, 하이데거는 명시적으로 밝히지는 않지만, 죽음을 통해 인간 현존재의 존재 안에, 즉 삶 안에 역설이라는 또 하나의 존재구조가 해명되지 않은 채 남아있기 때문이다.

우리는 이것을 철저히 그의 논의 안에서 찾게 된다. 그리고 이러한 우리의 목표가 그의 체계 안에서 정당성을 획득하기 위해, 앞으로 논의할 역설 역시 현존재의 염려의 구조 안에서 '존재론적-실존론적'으로 해명될 것이다.

3장

죽음 이해의 역설적 성격과 전회

앞 장에서는 하이데거의 죽음 이해의 내용, 즉 가능성으로서의 죽음 규정과 그것을 통한 목표, 즉 '현존재의 본래적 전체성'의 획득이 논의되었다. 그리고 그 안에서 우리는 하이데거가 죽음을 '불가능성의 가능성'이자 '본래적 전체 존재가능의 가능성', 즉 인간 현존재의 존재가능성이면서 본래성을 획득할 수 있는 매개적 가능성으로 규정하고, 그럼으로써 본래적 전체성을 '앞서-달려가보는 결단성'으로 정식화했다는 사실을 살펴보았다. 따라서 이번 장에서 우리가 살펴볼 것은 그의 죽음 이해의 역설적 성격과 더불어, 그의 죽음 이해가 전회 이후에 어떻게 변경되었는가 하는 점이다.

우선 죽음 이해의 역설적 성격이란 곧 존재론적-실존론적 해석을 통해, 현사실에서의 '죽음과 삶의 연합(공속)의 역설', 빠져있음에서의 '죽음의 실존론적 확실성의 역설' 그리고 실존성에서의 '무성과 세계형성의 역설'을 말하며, 이러한 삼중의 역설을 통해 마침내 죽음은 '유한성', '그들로부터의 해방' 그리고 '자유'를 인간 현존재의 본질로 드러낸다. 이것은 곧 인간 현존재는 죽음과 삶이 함께 연합하고, 공속하고 있는 한에서, 실존할 수 있으며, 또한 자유할 수 있음을 의미한다. 다시 말해, 자유는 언제나 죽음이 주는 무성이 부정성으로 끼어들어 있기에 가능하며, 이미 삶 자체는 죽음을 포함하고 있는 역설적인 장소이다. “이러한 무성은 우선 규정된 행위(Verhalten)의 부정성(Negativität)으로서 개념파악된다. [...] 행위는 그의 협동에서 만들어지는 행위의 계기뿐만 아니라, 통일적인 태도 그 자체도 이러한 부정성을 통해 성격규정된다. 그래서 인간은 ‘이런저런 그러나 다른, 바로 그 가능성 안에’ ‘존재가능적으로 서게 되며’, 이것은 실존적 가능성에 있어 현존재의 자유함(Freisein)에 속한다.”[1]

그 이후 우리는 하이데거의 죽음 이해가 ‘전회’를 통해 어떻게 변화되고 있는지 살펴본다. 여기서 말하는 전회란 전기의 방법론이 기초존재론의 현존재 분석이었던 반면, 후기 이후에 이러한 방법론들이 존재 그 자체를 직접 탐구하는 존재사유로 변형됨을 의미한다. 그리고 이러한 전회를 따라 그의 죽음 이해 역시 변경됨으로써 그것은 ‘가사자의 본질’, ‘무의 관’, ‘존재의 산맥’, ‘존재의 장소와 척도’로 명명된다.

1. 죽음 이해의 역설적 성격

하이데거의 죽음 이해의 역설적 성격과 관련하여 우선 우리가 주의해야 하는 것은 그가 자신의 저서 안에서 역설이라는 개념을 직접 언급하고 있지 않으며, 또한 자세히 다루고 있지도 않다는 사실이다. 도리어 그가 전기의 기초존재론에서 이야기하고 있는 죽음은 현존재

1 Figal, *Martin Heidegger. Phänomenologie der Freiheit* (1988), 245.

의 본래적 전체 존재의 획득을 위한 매개였고, 그것은 그가 목표로 삼은 존재의 의미를 밝히려는 범위 안에 한정되어 있다. 하지만, 우리가 간과하지 말아야 하는 것은 죽음 그 자체를 논의하면서 초점을 맞출 때, 명시적으로 언급되지는 않지만, 그의 체계 안에서 항상 드러나고 있는 어떤 현상을 발견하게 된다는 사실이다. 그것은 바로 죽음과 삶이 상호 연합되어 있고, 공속되어 있는 일종의 대립적 이중성, 즉 '역설'이다.

지금까지 우리가 살펴본 것처럼 하이데거는 '죽음', '양심', '탓이 있음', '결단성', '앞서-달려가보는 결단성'을 '존재론적-실존론적'으로, 즉 '근원적'으로 해명하면서, 그것이 현존재에게 '유한성'과 '자유'를 드러내 준다고 말한다. 하지만 그는 죽음을 '개별화', '상황'(Situation), '무성'(Nichtigkeit), '부숴버림'(Zerbrechen), '철회'(Zurücknahme) 등의 개념들과 연관시킴으로써만 그것들을 해명할 뿐 그것들과 죽음과의 분명한 관계근거를 밝히지 않고 있다. 그러나 분명히 앞서 언급한 유한성과 자유, 해방 등 전기 하이데거의 중심개념들은 죽음이 삶 안에 철두철미하게 침투되어 있다는 점이 분명해 질 때 비로소 드러난다. 즉, 그것들은 삶과 죽음이 공속, 혹은 연합되어 있는 역설 안에서 비로소 가능해진다. "하이데거는 죽음을 존재와 죽음(무)의 이중적이며, 모순(역설)적인 측면으로부터 탁월한 자유의 대상으로서 선택하고 파악했다."[2] 이러한 역설적인 죽음과 삶의 얽힘에 대해 그는 "존재가 이미 모순적인 혼잡(gegenwendigen Unruhe)의 총합이다"(GA40, 102)라는 말을 하고 있으며, 그래서 "하이데거의 존재론적-실존론적 죽음개념에는 항상 이중적-모순적 삶(존재)과 죽음(무) 사이의 긴장(Spannung)이 문제가 된다."[3]

2 Arifuku, *Deutsche Philosophie und Zen-Buddhismus* (1999), 165.

물론 우리는 이러한 죽음 이해의 역설적 성격을 하이데거가 자신의 체계 안에서 사용하고 있는 근원적 해석의 방법에 따라 논의해야 하며, 그것은 존재론적-실존론적 해석을 의미한다. 특별히 이러한 해석이 필수적인 이유는 그렇게 할 때에만, 그가 명시적으로 언급하지 않았던 것을 밝히려는 우리의 논의가 그의 체계 내에서도 타당성을 획득할 수 있을 것이기 때문이다.

이러한 역설적 성격을 통해 우리가 주목하는 것은 다음과 같은 사항이다. 인간 현존재는 '죽음 안으로 앞서-달려가봄'으로써 '무성과 세계 형성의 역설' 안에 놓이게 되며, 그럼으로써 '자유'를 획득할 수 있게 된다. 이것은 곧 죽음과 삶이 별개의 것으로 떨어져 있는 것이 아니라 언제나 서로 결합되어 있다는 사실과 더불어 사실상 우리의 삶이 정반대라고 여겨져 왔던 죽어감 속에서 진행되고 있음, 다시 말해 죽음이 삶의 현실 속에 항상 현존하고 있음을 의미한다.

1) 현사실성에서의 '죽음과 삶의 연합의 역설'과 '유한성'

'존재론적-실존론적'으로 죽음 이해의 역설적 성격을 살펴보기 위해 우리는 우선 현존재의 존재구성틀 중 현사실성 안에서의 역설의 현상들을 관찰하여야 하며, 그것은 곧 죽음이 삶과의 관계 안에서 일종의 역설을 현사실적으로 드러내고 있다는 사실을 말한다. 다시 말해, 살아감은 동시에 죽어감을 의미하며, 따라서 "삶과 죽음 - 그것들은 공속한다."[4] 이와 관련하여 우리는 다음과 같은 현사실적인 예증들을

---

3 Ibid., 163.

4 Höring & Leppin, hg., *Der Tod gehört zum Leben* (2005), 86.

하이데거의 체계 안에서 발견할 수 있다.

첫째, 하이데거에 따르면, 인간 현존재는 그의 생명을 마치지 않는 한, 죽고 있으며, 그것도 계속적으로 죽고 있는 자이다(GA2, 259). 이것은 인간이 살아가는 동안 현사실적으로 사망하고 있다(sterben)는 사실을 의미한다.[5] 사망이라는 단어 'sterben'이 독일어에서는 시간적인 의미를 지니고 있으며, 그럼으로써 단숨에 끝나는 하나의 사건이 아니라 진행적인 의미를 지니고 있다는 점은 이미 주지의 사실이다. 특별히 죽음이 삶 안에서 연속적인 계기라는 것을 하이데거는 다음과 같이 말한다.

> 나는 죽어가는(죽을 수밖에 없는, 가사적인) 자이며(sum moribundus), 중대한 병에 걸렸거나 상처를 입어서가 아니라, 존재하는 한에 있어서 나는 죽어가고 있는 자일뿐이다.[6]

이처럼 현존재는 현사실적으로 끊임없이 죽고 있으며, 그렇기 때문에 그는 "태어나자마자 이미 죽기에는 충분히 늙어있다"(GA2, 245). 산다는 것은 죽는다는 것을, 또한 죽는다는 것은 산다는 것을 의미하며, 죽음은 이렇게 현존재의 현사실성 안에서 삶과 분리되지 않은 것으로 드러난다.

둘째, 죽음과 삶의 역설은 인간 현존재가 종말을 향한(zum) 존재이자 죽음을 향한(zum) 존재라는 하이데거의 통찰에서 증명된다. 'Zu'(-에

---

5 Demske, *Sein, Mensch und Tod* (1984), 31.

6 Martin Heidegger, *Prolegomena zur Geschichte des Zeitbegriffs* (Frankfurt(M): Vittorio Klostermann, 1988), 437-438. (이하 GA20)

로, -을 위한)라고 하는 전치사를 사용함으로써 그는 삶 안에서 인간현존재가 어떠한 방향성을 향해 끊임없이 스스로를 수행하고 있으며, 그것은 다름 아닌 그가 가진 확고한 사실로서의 죽음과 종말임을 이야기하고 있다. '-에로' 끊임없이 살아가고 있는 인간현존재의 지향적인 삶의 모습은 그러나 그것이 종말과 죽음이라는 확고한 사실 때문에 그 목표를 정할 수 없고 언제나 불안(Angst) 안에서 끊임없는 외줄타기를 할 수 있을 뿐이다. 즉, 인간이 본래 종말을 향한 존재와 죽음을 향한 존재라는 사실은 바로 이렇게 현존재가 끊임없이 죽어가고 있음과 동시에 또한 종말과 죽음의 궁극점을 향해 끊임없이 살아가고 있음을 의미한다. 죽어가면서 살아가는 것, 다시 말해 살아가면서 죽어가는 이러한 역설의 모습을 하이데거가 현사실적으로 정식화한 것이 '죽음을/종말을 향한 존재'이다.

셋째, "그럼으로써 '죽음' 개념은 [...] 존재와 같은 구조이기"[7] 때문이다. 크뇌저(Guido Knörzer)에 따르면, 하이데거의 "죽음은 현존재의 전체구조를 포괄하는데, 그것은 전체구조가 가능적 앞에 닥침으로서의 죽음에게 기획투사되는 한에서 (그러하다)."[8] 따라서 죽음이란 곧 '종말을 향한 존재'를 포괄하고, '한계와의 관계를 가진 존재'(Sein im Verhältnis zur Grenze)를 포괄하며, 나아가 본래적 존재를 포괄한다.[9] 다시 말해, "죽음은 실존론적으로 이해하자면 그의 종말을 향하는 현존재의 존재이다."[10] 이러한 의견을 우리가 수용하게 된다면, 죽음은 일

---

7 Guido Knörzer, *Tod ist Sein?: Eine Studie zu Genese und Struktur des Begriffs "Tod" im Frühwerk Martin Heideggers* (Frankfurt(M): Verlag Peter Lang GmbH, 1990), 191.

8 Ibid., 190.

9 Ibid., 192. 표를 참조.

10 Demske, *Sein, Mensch und Tod* (1984), 190.

종의 존재구성틀로 규정될 수 있으며, 이러한 이유에서 그것은 이미 삶 혹은 존재 안에 깃들어 있는 어떤 것이 된다. 즉, 죽음과 삶은 상호 불-이성(Un-zweiheit)이다.[11]

넷째, 현존재에게 죽음은 하나의 '존재가능성'이기 때문이다. 하이데거에 따르면 죽음이란 '불가능성의 가능성', 다시 말해 하나의 가능성이며, 나아가 '본래적 실존의 가능성'으로 정의된다(GA2, 263). "죽음은 너무나도 역설적이게도 현존재에 대한 궁극적 가능성, 건너뛸 수 없는 가능성이다."[12] 죽음이 가능성이기 때문에 하이데거 체계 안에서 죽음은 존재, 혹은 삶과 같은 개념으로 인정되며, 이러한 이유에서 역설적이게도 죽음과 삶은 서로 다르지 않은 것, 다시 말해 서로 연합되어 있고, 공속되어 있는 것으로 드러나게 된다.[13] 특별히 우리는 정재현의 용어를 차용하여 이것을 '죽음과 삶의 연합(공속)의 역설'(das Paradox der Zusammengehörigkeit von Leben und Tod)이라고 명명하기로 한다.[14] 그

---

11 Arifuku, *Deutsche Philosophie und Zen-Buddhismus* (1999), 164.

12 Macquarrie, *Heidegger and Christianity* (1999), 35.

13 정재현, 『티끌만도 못한 주제에』 (1999), 358. 물론 편견을 가진 사람들에게 삶은 단지 삶이고 죽음은 죽음일 뿐이다. 그러나 죽음은 역설적이게도 삶의 존재방식이다. 왜냐하면 삶을 구성하는 모든 것은 죽음을 시작하고 또한 죽음을 향해 가기 때문이다. 따라서 죽음은 동시에 삶이며, 삶 역시 동시에 죽음이다(GA40, 100).

14 정재현, 『티끌만도 못한 주제에』 (1999), 359. 그는 이러한 사태를 '삶과 죽음의 역리적 연합'이라고 명명하면서, 그 타당성을 이정용의 다음과 같은 말에서 끌어오고 있다. "죽음과 삶의 본유적 연합과 일치는 곧 죽음은 삶 안에 있고 동시에 삶은 죽음 안에 있다는 언명을 가능케 한다. [...] 이 양자를 분리시키는 것은 그 모두를 잃어버리는 것이다. [...] 이 양자의 관계는 진정한 의미에서 모순이나 충돌일 수 없으며 오히려 전 실존의 총체성을 위해 상호보충적이며 서로 성취시켜 주는 관계여야 한다(Jung Yong Lee, *Death and Beyond in the Eastern Perspective. A Study bases on the Bardo Thödol and I Ching* [New York: Gordon and Breach, 1974], 12, 17. 정재현, 『티끌만도 못한 주제에』 (1999), 359에서 재인용)." 나아가 이러한 역설적 연합(공속)이란 선-불교가 말하는 삶과 죽음의 상호 불이성(Un-zweiheit)이다(Arifuku, *Deutsche Philosophie und Zen-Buddhismus* [1999], 164).

렇다면, 이미 죽음이 삶과 연합되어 있고, 공속하고 있다는 역설적인 상황은 무엇을 의미하는가?

'죽음과 삶의 연합(혹은 공속)의 역설'은 인간의 유한성을 드러낸다. "하이데거는 현존재의 유한성을 현사실성 안에서 파악한다."[15] "죽음분석은 현존재의 '유한성'에 대한 실존론적 이해를 매개하고 있다."[16] 다시 말해, 죽음은 한정된 관계와 상황 안에서 개별화를 요구함으로써 현존재는 죽음을 통해 유한한 자, 즉 자신의 가능성과 세계를 임시적이며, 잠정적으로 형성하는 자로 드러난다. "인간의 유한성은 종국적으로 죽음을 지칭한다. 죽음이야말로 시공적 차원에서 인간에게 구조적 한계를 가져다주는 궁극적 형식이기 때문이다."[17] 따라서 죽음은 삶 안에 공속하면서, 인간을 '유한한 죽음을 향한 존재'로 제한하기 때문에 현존재의 죽음 안에는 언제나 유한성이 스스로를 드러내고 있다. 이것을 뎀스케는 다음과 같이 이야기하고 있다.

> (하이데거의) 죽음은 그래서 현존재 안에서 이중적인 역할을 한다. 첫째로 죽음은 현존재의 유한성의 총괄개념(Inbegriff)이며, 둘째로 죽음은 이러한 유한성의 가장 심오한 근거이자 의미를 제공한다.[18]

이처럼 유한성을 주는 "죽음은 인간존재의 척도"[19]이며, 인간 현존

---

15 von Hermann, *Die Selbstinterpretation Martin Heideggers* (1964), 111.

16 Demske, *Sein, Mensch und Tod* (1984), 74.

17 정재현, 『티끌만도 못한 주제에』 (1999), 358.

18 Demske, *Sein, Mensch und Tod* (1984), 194.

19 Ibid., 14. 척도(Maß)라는 개념은 하이데거의 후기사상에서 상당히 중요한 의미로 쓰인다. 특별히 그에 따르면, 인간은 자신의 살아가는 삶의 방식과 관련하여 척도를 가지고 살아간다고 이야기한다. 그리고 그 척도는 하늘, 신, 시 등에서 얻어진다는

재의 유한성을 그 삶에서부터 규정하는 근거이다.[20] 또한, 그것은 인간 안의 유한성인 현존재의 특징을 드러내는 중요한 장치이다.[21]

현존재는 언제 떠나야 할지 모르는 자신의 유한한 세계에 내던져져 스스로 탓이 있음으로서 자신의 근거가 되어 존재해야 할 운명으로 살아가고 있는 자이다. 따라서 '죽음과 삶이 다르지 않다'[22]는 역설적인 사실은 인간 스스로가 유한성을 지닌 채, 다시 말해 유한성을 근거로 하여 침묵하며, 불안에 준비태세를 하는 현존재의 결단성을 수행하면서, 그 결단 안에서 자신의 가능성을 만들어내고, 관계로서의 세계를 형성할 수 있게 된다는 것을 의미한다. 즉, "한계란 하나의 사실이 끝나거나 중단되는 곳이 아니라, 오히려 거기로부터 본질적으로 어떤 것이 시작되고 비로소 이해되는 곳이다."[23]

이처럼 죽음이 이미 삶 안에서 만들어 내고 있는 '죽음과 삶의 연합(공속)의 역설'은 죽음으로 하여금 현존재를 그 근원에서부터 유한성으로 규정하고 있다. 우리는 유한한 자로서만 살고 있으며, 그러할 때만이 우리는 존재할 수 있을 뿐이다. 즉, 이러한 우리의 존재 안에는 이미 죽음이 하나가 되어 역설적으로 공속하고 있다. 하이데거의 다음과 같은 말은 이러한 우리의 유한한 본질의 필연성을 이야기해주고 있다.

> **유한성이란 우리에게 그냥 딸려 있기만 할 뿐인 그런 어떠한 속성이 아니라, 우리 존재의 근본양식이다. 만일 우리가 우리 자신인 바인(was**

것이다. 하이데거의 *Vorträge und Aufsätze* (1954) (GA7) 중 "Dichterich wohnet der Mensch," "Bauen, Wohnen, Denken"을 참조할 것.

20 Lohner, *Der Tod im Existentialismus* (1997), 147.

21 프랑수아즈 다수튀르/나길래 역, 『죽음. 유한성에 관하여』 (서울: 동문선, 2003), 99.

22 Arifuku, *Deutsche Philosophie und Zen-Buddhismus* (1999), 164.

23 Rentsch, *Gott* (2005), 59.

wir sind) 바로 그것이길 원한다면, 우리는 유한성을 떠나보내거나 또는 왜곡할 수 없으며, 오히려 그것을 보호해야 한다(GA29/30, 8).

2) 빠져있음에서의 '죽음의 실존론적 확실성의 역설'과 '그들로부터의 해방'

죽음 이해의 역설적 성격의 '존재론적-실존론적 해석'을 위한 둘째 단계로 우리는 빠져있음을 살펴보아야 한다. 우선 빠져있음 안에서도 죽음과 관련된 역설은 나타나고 있다. 왜냐하면 그것은 일상적인 그들의 의도와는 반대로 언제나 삶 안에서 자신을 드러내고 있기 때문이다. "우리는 우리가 죽어야만 한다는 것을 안다."[24] 우리는 이것을 뎀스케의 용어를 차용하여 '죽음의 실존론적 확실성의 역설'(das Paradox der existenzialen Gewißheit des Todes)[25]이라고 부르기로 한다.

하이데거에 따르면, 일상적인 그들이 죽음 앞에서 도피하고 있음에도 불구하고, 역설적으로 죽음은 언제나 확실함과 더불어 우리 앞에 드러나고 있다. "오히려 그 확실함은 도대체 눈앞의 것에 대한 명증의 등급서열에는 속하지 않는다. 도리어 죽음을 참인 것으로 여김은 세계내부적으로 만나게 되는 존재자나 형식적인 대상들과 연관된 그 모든 확실성과는 다른 양식을 보여주며 또한 그 확실성보다 더 근원적이다"(GA2, 265). "죽음은 실존론적으로 확실한 가능성이다."[26] 그러나 문제는 죽음에 대한 인식이 타인의 죽음으로부터는 결코 불가능하다

---

24 Figal, *Heidegger. Zur Einführung* (1996), 77.
25 Demske, *Sein, Mensch und Tod* (1984), 35.
26 Ibid.

는 점이다.

인간은 반드시 죽어야 하는 자임에도 불구하고 그 자신의 고유한 죽음은 다른 사람의 사망을 통해서는 결코 알 수 없으며, 따라서 누군가 죽음에 대해 안다는 것은 경험으로 안다는 것을 의미하지 않는다. 따라서 폰 헤르만은 다음과 같이 쓰고 있다.

> 죽음은 처음부터 발견될 필요는 없으며, 그가 열어-밝혀져 있는 자로서의 현존재이기 때문에, 현존재인 한(sofern), 현존재인 동안(während) 항상 이미 열어-밝혀져 있으며, 나아가 실존함의 종말로서 존재한다. 현존재의 종말인 죽음에 대한 지식은 후험적인 것(aposteriori)이 아니라, 오히려 열어-밝혀져 있음의 수행 안에 선험적(apriori)으로 주어져 있다.[27]

이처럼 죽음의 확실성에 대한 지식은 경험적으로 주어진 것이 아니라 이미 선험적으로 현존재의 구조인 존재구성틀 안에 실존론적으로 주어져 있다. 그렇다면, 이러한 죽음의 확실성은 왜 역설과 관련되는가? 왜냐하면 죽음은 빠져있음의 양태 안에 있는 일상적인 그들의 세 가지 태도, 즉 애매함, 공공성, 잡담에서 감춰지고 있지만 그와 동시에 불안을 통해 다시금 항상 드러나고 있기 때문이다. 다시 말해, 일상적 그들은 죽음을 숨기고, 외면하며, 철저히 배제하려 하지만, 그러면 그럴수록 더욱더 불안을 통해 죽음 앞에 직면하며, 바로 이러한 사태를 우리는 역설이라 말할 수 있다.

우선 빠져있음에서 확실성의 역설이 드러나는 첫째 현상은 '애매

27 von Hermann, *Die Selbstinterpretation Martin Heideggers* (1964), 112.

함'(Zweideutigkeit)이다. 일상적인 그들은 자신들의 애매함을 통해 "죽음을 향한 가장 고유한 존재를 은폐하고 그것을 정당화하려는 유혹을 상승시킨다(steigert)"(GA2, 253). 사람들에게 부단한 안정감을 주려 배려하고, 죽어가는 사람을 위로하기도 하고, 그럼으로써 자기 자신에게 죽지 않을 거라는 위로를 하기도 한다. 왜냐하면 일상성이 가지고 있는 공공성의 무걱정은 '위협받는 평온'(abdrängende Beruhigung)이 되어서는 안 되기 때문이다. 그러나 문제는 이러한 애매함의 은폐에도 불구하고, 그들은 언제나 자신들이 죽을 수밖에 없다는 사실을 부정적인 방식으로나마 확신하고 있다는 사실이다. 다시 말해, 빠져있음 안에서 감춰지고 있는 죽음은 역설적으로 일상적인 그들에게 더욱 확실시되며, 그럼으로써 "그들 자신은 각기 그때마다 이미 죽음을 향한 존재로서 규정되어 있음을"(GA2, 254) 드러낸다.

빠져있음의 둘째 현상은 '공공성'(Öffentlichkeit)이다. 그들은 공공적으로 죽음에 의해 동요되는 것을 막는다. 동요를 막으면서 그들이 취하는 전략은 죽음에 대한 생각을 비겁한 두려움, 현존재의 불확실성, 음울한 세계도피라고 몰아세우는 것이다(GA2, 254). 따라서 그들은 처해있음에서 개별화시키는 죽음의 불안(Todesangst)을 그저 다가오는 사건에 대한 공포(Furcht)로 바꿔놓거나, 현존재가 가져서는 안 되는 나약함이라 말하면서 비아냥거린다. 하지만 그들이 이렇게 공공성의 편안함을 유지하려 필사적으로 노력하는 것은 그가 이미 죽음으로부터 부단히 도피하고 있음을 입증할 뿐이다. 그들은 '편치 않음' 앞에서의 도피, 다시 말해서 내던져진, 그의 존재에서 그 자신에게 내맡겨진 세계-내-존재로서의 현존재에 놓여 있는 섬뜩함, 즉 불안 때문에 공공성의 편안함으로 필사적으로 도피하는 것에 불과하다(GA2, 254).

빠져있음의 셋째 현상은 '잡담'(Gerede)이다. 일상적인 그들은 잡담을 통해 죽음을 감춰버린다. 일상성의 잡담에서 죽음은 단순한 사망 사건이며, 주지의 사건으로 간주된다. 그들은 사람은 죽는다는 사실을 말하지만, 언제나 이것이 나 자신에게는 해당되지 않는다는 잡담을 나눈다. 그럼으로써 그들은 죽음을 평준화해버리고, 그것을 부단히 일어나지만 언제나 지금은 미뤄진 사건으로 만들어 버린다. 그러나 문제는 그들이 죽음을 계속적으로 나중으로 미루어놓고 있다는 사실 그 자체 때문에, 역설적으로 그것이 언제든지 그들에게 가능할 수 있음을 드러내고 있다는 사실이다(GA2, 258). 다시 말해, 잡담의 부정적 확신 안에는 죽음을 미루어놓을 수밖에 없을 정도로 그들에게 닥쳐오는 죽음의 무규정성은 엄연히 경악스럽게 존재하고 있으며, 따라서 죽음은 그들이 감추려 시도하는 잡담과는 다르게 역설적으로 무규정적이면서도 확실한 모습으로 드러난다. "죽음이란 삶의 종말에서나 갑자기 나타나는 부정이라기보다는 삶의 전 과정 안에 가능성의 형태로 단 일순간의 예외도 없이 드리워져 있다."[28]

이처럼 죽음은 빠져있음 안에서 실존론적 확실성의 역설을 만들어내고 있다. 죽음을 회피하려 하는 일상적인 그들의 노력에도 불구하고 죽음의 역설적 성격은 그들의 노력에서 반증되어 다시금 자신을 드러내고 있으며, 그럼으로써 현존재는 언제든지 불안에 직면하게 된다. 그렇다면, 특별히 우리가 이러한 빠져있음 안에서 드러나는 역설의 현상을 주목해야 하는 이유는 무엇인가? 그것은 바로 빠져있음 안에서 무규정적이며, 확실한 죽음이 드러내는 불안이 인간 현존재를 일상적인 그들로부터 해방시키기 때문이다.

28 정재현, 『티끌만도 못한 주제에』 (1999), 145.

불안이란 "존재이해를 하고 있는 인간 현존재에게 있어 고유한 것이면서 본질적인 것으로서 드러나는" 근원적인 처해있음으로써[29], 원래 아무렇지도 않다고 스스로를 위로하는 일상의 때에 현존재에게 덮쳐온다. 왜냐하면 앞서 살펴보았듯이 그것은 언제나 이미 세계-내-존재로서의 현존재를 그 근원에서부터 규정하고 있기 때문이다. 즉, 현존재는 본래 불안한 자이며, 언제나 죽음은 공공적인 그들의 왜곡에도 불구하고 바로 거기에서 불안을 통해 역설적으로 자신을 드러내고 있다. 그렇다면, 이러한 '죽음의 실존론적 확실성의 역설'에서 나타나는 불안의 역할은 무엇인가? 그것은 바로 현존재로 하여금 일상적 그들로부터 해방되어 본래적인 자기로 돌아감과 동시에, 타인을 해방시키도록 만드는 것이다. "자기 자신이란, '그들'의 환상에서부터 해방된 [...] 자신이다"(GA2, 266). "본래적인 현존재가 가장 고유한 존재가능으로 앞서 뛰어들어-해방하는(befreienden) 심려 안에서 그들과 함께 열어-밝혀 있을 수 있는(mitzuerschließen) 가능성에로 데려온다"(GA2, 298). 이것은 무엇을 의미하는가?

현존재는 죽음을 통해, 언제나 실존하면서 자신이 만들어 놓은 임시적이고, 잠정적인 관계와 그것들로 구성된 상황들을 부숴버리고, 철회하며, 새롭게 스스로를 갱신한다. "현존재는 그의 죽음 안에서 자신을 단적으로 '철회해야'(zurücknehmen) 하며"(GA2, 308)[30] "(죽음 안으로) 앞서-달려가봄은 [...] 각기 그때마다 도달한 실존에 경직되는 것을 부숴버린다(zerbricht)"(GA2, 264).[31] 다시 말해, 불안이 무로서의 죽음

29 Welte. *Denken in Begegnung mit dem Denken*, Bd. II/2 (2007), 112.

30 "In seinem Tod muß sich das Dasein schlechthin zurücknehmen."

31 "Das Vorlaufen erschließt [...] und zerbricht so jede Versteifung auf die je erreichte Existenz."

안으로 앞서-달려가봄을 불러옴으로써 이제 현존재가 가진 기존의 고착된 가능성들은 흩트려져버린다(zerstreut)(GA2, 310). 따라서 죽음은 모든 고착된 가능성들을 부숴버리는 근거이며, 이러한 과정을 통해 인간 현존재의 삶이 유지된다.[32]

이러한 과정을 통해, 이제 현존재는 일상 안에서 만나왔던 존재자 전체의 의미를 상실한 채, 다시금 존재자 전체를 그전과는 다른 전적 타자로, 그것의 근원적인 모습으로 경험하게 된다. "현존재의 무 안에서 비로소 존재자 전체가 가장 고유한 가능성에 따라, 즉 유한한 방식으로 자기 자신에 이른다"(GA2, 120). 그리고 죽음을 회피하려 하는 일상적인 그들의 노력에도 불구하고 죽음의 역설적 성격은 그들의 노력에서 반증되어 다시금 자신을 드러내어 불안을 불러오며, 그 앞에서 현존재는 기존의 일상성 안에 있는 모습을 부수고 본래적 실존으로 되돌아온다. 따라서 현존재가 일상적인 그들로부터 해방될 가능성은 어디까지나 빠져있음 안에 있는 역설적 성격, 즉 '죽음의 실존론적 확실성의 역설'에 놓여있다. 왜냐하면 죽음이 역설적으로 계속 자신을 드러내주지 않는 한, 그래서 불안을 불러오지 않는 한, 현존재는 자기를 고착시키던 것들을 부숴버려 무화시킬 수도 없고, 또한 일상적인 그들로부터 해방되어 본래적으로 실존할 수도 없기 때문이다. "나는 죽음의 불안을 가지고 있다. 따라서 나는 본래적인 실존이다."[33]

---

32 특별히 뎀스케에 따르면, 이러한 부숴버림과 철회의 수행은 존재가 역사 안으로 들어와 자신을 드러낼 수 있게 하기 위한 현존재의 사명과 관련된다. 그는 다음과 같이 말한다. "존재에 대해 부숴버림이란 자신의 죽음을 향한 현존재의 존재와, 존재가 역사 안으로 돌파해 들어가기 위해 돌파구가 되어야 하는 현존재의 사명 사이의 연관이 있음을 의미한다. 현존재는 그가 존재의 돌파구이기 때문에 죽음을 향한 존재이다"(Demske, *Sein, Mensch und Tod* [1984], 190).

33 Rentsch, *Negativität und praktische Vernunft* (2000), 40. *"Ich habe Todes- angst,*

그렇다면, 이처럼 불안을 통해 본래적인 실존에 이른 현존재의 죽음의 역설적 성격이란 무엇을 말하는가? 그것은 바로 '무성과 세계형성'이 역설적으로 함께 엮여있는 실존의 자유이다. "불안은 [...] 다시 말해 자기 자신을 선택하고 장악하는 자유에 대해서 자유로운 존재를 드러내준다. 불안은 현존재를 [...] '-에 대해서 자유로운 존재' 앞으로 데려온다."(GA2, 188) 이제 우리는 다음으로 그것을 실존성에서의 역설이라는 이름을 통해 살펴보기로 한다.

3) 실존성에서의 '무성과 세계형성의 역설', 즉 '자유'

(1) '죽음 안으로 앞서-달려가봄'의 근원성

실존성에서의 역설을 논하기 위해 우선 우리는 3장의 '본래적 전체성'의 논의로부터 다시 시작하도록 한다. 왜냐하면 실존성에서의 죽음의 역설적 성격을 밝히기 위해서는 먼저 죽음과 관련 맺는 본래적인 존재가능성인 '죽음 안으로 앞서-달려가봄'(Vorlaufen in den Tod)의 지위가 현존재의 다른 존재가능성들, 즉 '염려' 안에서 명확하게 드러나야 하기 때문이다.

앞서 이야기한 것처럼, '앞서-달려가봄'이란 이미 실존성 안에서의 죽음해석에서 '본래적 실존의 가능성'으로 밝혀졌다(GA2, 263). 그리고 이것은 앞서 3장에서 살펴본 것처럼 전체적 본래성, 혹은 본래적 전체성으로서의 결단성과 본질적으로 연관되어 있다. "따라서 결단성은 앞서달려가보고 있는 것으로서 근원적인 현존재의 가장 고유한 존

---

also bin ich eigentliche Existenz."

재가능을 향한 존재가 된다"(GA2, 305).

우선 앞서 우리가 살펴보았던 것처럼, '본래성으로서의 결단성'이란 하이데거에 따르면, "침묵하고 불안의 태세 안에서(vorbereitende) 가장 고유한 탓이 있음에로 자기 자신을 기획투사함(Sichentwerfen)"(GA2, 296-297)이었다. 나아가, 그에 따르면, '현존재의 본래적인 전체성', 즉 '본래적인 죽음을 향한 존재'는 바로 '앞서-달려가보는 결단성'이었다. 특별히 우리는 여기서 언급되고 있는 본래적 전체성으로서의 앞서-달려가보는 결단성을 뎀스케를 따라 다음과 같이 규정했었다. "그것(현존재의 본래적 전체존재)은 침묵하면서, 불안의 태세를 갖추고, 가장 고유하고, 무관계적이며, 극단적/건너뛸 수 없으면서, 확실하고, 무규정적인 (불안에 내던져진) 현존재의 존재가능성인 죽음의 무성을 향한 자기 기획투사이다."[34] 따라서 현존재의 본래적 전체존재 혹은 앞서-달려가보는 결단성은 존재론적-실존론적 구조 안에서 다음과 같이 도식화될 수 있다.

시간의 탈자성	세계-내-존재	열어밝혀져 있음	앞서-달려가보는 결단성(현존재의 본래적인 전체존재)	
			죽음 안으로 앞서-달려가 봄	결단성
도래	실존	이해	본래적 실존의 가능성	'탓이 있음'으로 자기 기획투사 무성을 향한 기획투사
있어왔음	현사실성	처해있음		불안의 준비태세
현-재화	빠져있음	말		침묵

34 Demske, *Sein, Mensch und Tod* (1984), 49.

앞의 표에서 보는 바와 같이 '앞서-달려가봄'은 실존, 이해, 도래의 시간적 계기에 함께 속한다. 그리고 이어지는 해명을 위해 우리는 먼저 다음과 같은 하이데거의 말에 주의를 기울여야 한다.

> 불안이 그 앞으로 데려오는 그 무가 현존재를 그의 근거에서 규정하고 있는 무성이며, 이 근거 자체가 죽음에 내던져져 있음이다(GA2, 308).

특별히 우리는 그가 이처럼 불안, 무 그리고 무성을 다시금 죽음과 연관시킴으로써 결단성의 실존의 차원인 '무성을 향한 기획투사'를 죽음과 연관시키고 있음을 발견하게 된다. 다시 말해, 불안이 내보였던 무성은 현존재에게 '죽음에 내던져져 있음'이며, 그래서 결단성의 실존의 측면인 '무성을 향한 기획투사'란 결국 죽음을 향한 기획투사, 즉 앞서-달려가봄이 된다. 왜냐하면 앞서-달려가봄이란 본래적 실존의 가능성, 즉 본래적인 죽음을 향한 존재인데(GA2, 263),[35] 바로 이 "본래적인 죽음을 향한 존재를 그것(결단성)이 자신의 고유한 본래성의 가능한 실존적 양태성으로서 간직하고 있"기 때문이다(GA2, 305).

그뿐만 아니라, 결단성의 실존의 또 다른 측면인 '탓이 있음으로 자기 기획투사' 역시도 죽음과 연관된다. 왜냐하면 "염려는 자신 안에 죽음과 탓을 똑같이 근원적으로 간직하고 있"(GA2, 306)[36]기 때문이다. 따라서 결단성의 실존의 계기에 있는 위의 두 요소, 즉 '탓이 있음으로의 자기 기획투사'와 '무성을 향한 기획투사'는 이미 모두 '죽음 안으로 앞서-달

35 "Das Vorlaufen erweist sich als Möglichkeit des Verstehens [...], das heißt als Möglichkeit eigentlicher Existenz."

36 "Die Sorge birgt Tod und Schuld gleichursprünglich in sich."

려가봄'에 속한다. 즉, 결단성이 가지고 있는 '고유한 탓이 있음으로 자기 기획투사', '죽음의 무성을 향한 기획투사' 그리고 '죽음 안으로 앞서-달려가봄'은 이미 동일한 기획투사의 실존범주에 속해 있다. 여기서 더욱 중요한 것은 그의 다음과 같은 말이다.

> 앞서-달려가봄은 [...] 그것과 같이 증거된 결단성의 본래성의 가능성으로 파악되어야(begreiffen) 한다(GA2, 309).

즉, 앞서-달려가봄은 결단성의 본래성의 가능성, 다시 말해 결단성이 본래적으로 되는 가능근거이다. 이것은 다음과 같은 언술에서 더 분명해진다.

> 현존재가 본래적으로 있어왔음(Gewesenheit)으로 존재할 수 있는 것은 오직 그가 도래적인(zuküftig) 한에서이다. 있어왔음은 어떤 면에서 도래에서 생겨난다(entspringt)(GA2, 326).

앞서의 도식에서 보는 것처럼 '앞서-달려가봄'과 결단성 안의 '무성을 향한 자기 기획투사'는 어디까지나 도래, 실존, 이해라고 하는 존재가능의 구조에 속하고 있다. 따라서 우리는 앞서 언급한 하이데거의 논의들을 통해 현존재의 본래적 전체성의 근거가 그의 본래적인 기획투사인 '죽음 안으로 앞서-달려가봄' 혹은 '죽음의 무성을 향한 기획투사'라는 점을 알게 된다. 다시 말해, 위의 두 가지는 사실상 같은 사태를 가리키고 있으며, 바로 이러한 이유에서 우리는 그가 앞서-달려가봄을 염려의 구조 중 가장 근원적인 기획투사 혹은 이해로 간주하고 있다는 점을 발견할 수 있다. "하이데거는 근원적인 열어-밝힘(Erschließen)을 앞서-달려가봄으로, 다시 말해 죽음의 폐쇄성(Verschlossen)과의 탈은폐하는(entbergende) 관계로 지정하고 있다."[37]

앞서-달려가봄은 실존성 안에서 가장 고유하고, 극단적인 존재가능성인 죽음과 관계 맺는 근원적인 가능성이며, 동시에 본래적 전체성으로서의 앞서-달려가보는 결단성의 가능근거이다. 이것은 다시 말해, '죽음 안으로 앞서-달려가봄'이 본래적 실존의 가능성이면서 동시에 본래적 전체성을 가능하게 하는 근원적인 존재구성틀임을 의미한다 (GA2, 263). "그래서 죽음은 [...] 모든 다른 가능성들을 구성하며 기준을 정하면서 그것들을 능가하는 현존재의 초월적 가능성이다."[38] 그럼으로써 이제 '앞서-달려가봄'은 근원적인 현존재의 가능성, 즉 그의 본래적 전체성으로서의 '앞서-달려가보는 결단성' 중 가장 근원적인 위치로 드러나게 된다. 앞서-달려가봄이 근원적이라면, 그것은 모든 인간 현존재의 존재양태들이 죽음 안으로 앞서-달려가봄 안에 근거 지어져 있음을 의미한다. 그리고 이것을 통해 우리는 이제 인간 현존재의 존재, 즉 그의 삶이 우선 죽음과 관련 맺는 앞서-달려가봄이라는 존재구성틀에서부터 가능하게 된다는 사실을 깨닫게 된다. 그렇다면, 이러한 죽음 안으로 앞서-달려가봄이 근원적인 존재구성틀이며, 동시에 그 안에 모든 존재양태들이 근거 지어져 있다는 것은 무엇을 의미하는가?

그것은 우선 죽음을 근거로 해서만 삶이 비로소 시작된다는 것을 의미한다. 앞서 살펴본 것처럼, 죽음은 하나의 가능성으로 이미 삶 안에

37 von Hermann, *Die Selbstinterpretation Martin Heideggers* (1964), 112-113.

38 Demske, *Sein, Mensch und Tod* (1984), 57. "So ist der Tod [...] die alle anderen Möglichkeiten konstitutiv und maßgebend überragende, die 'trans- zendentale' Möglichkeit des Dasein."

깊이 들어가서 삶이 수행될 수 있는 근거가 되고 있다. 따라서 죽음과의 관계로부터만 인간 현존재는 자신의 존재함을 시작할 수 있으며, 그렇기 때문에 현존재의 전체존재는 언제 죽음에 직면할지 알 수 없는 임시적이며, 잠정적인 것일 수밖에 없다. 다시 말해, 현존재가 자신의 삶 안에서 죽음 안으로 앞서-달려가본다는 것은 모든 가능성들 중 근원으로서 현존재가 죽음과 임시적, 잠정적으로 관계 맺고 있다는 사실을 보여주며, 이러한 임시적, 잠정적이라는 말의 의미는 곧 인간 현존재자체가 그리고 그의 존재양태들이 모두 임시적, 잠정적일 수밖에 없고, 그래서 허물어졌다가, 다시 지어지기를 반복할 수밖에 없음을 의미한다.

우리는 특별히 이것의 예를 앞서 살펴보았던 '죽음 안으로 앞서-달려가봄'의 'Vorlaufen'이라는 독일어 단어 자체에서 발견할 수 있다. '죽음 안으로 앞서-달려가봄'이란 근원적인 존재구성틀이었으며, 그것을 통해 다른 존재가능성들이 가능해지는 근거로서의 지위를 가지고 있었다. 그러나 우선 우리가 이 단어, 즉 근원적인 존재구성틀을 확실히 이해하기 위해 부딪치는 어려움은 하이데거가 '앞선'(Vor)이라는 접두어와 '달려간다'(laufen)는 동사를 통해 의미하는 것이 불분명하다는 사실이다. 왜냐하면 '선구함'이라는 의미[39]와 다르게, 하이데거 자신은 죽음이 무와 연관되어 아무런 대상적 성격을 가지고 있지 않으며, 바로 이러한 현상을 불안이 증명하고 있다고 말하고 있기 때문이다. 그렇다면, 죽음은 무이며, 따라서 대상이 없음에도 불구하고 우리는 무엇을 선구할 수 있으며, 또한 어디 앞으로 달려갈 수 있다는 말인가?

---

39 Ireton, *An Ontological Study of Death* (2007), 230, 280 참조. 이어톤은 이 단어의 모양 자체는 하이데거가 당시의 신학적(루터), 이데올로기적(1차 세계대전의 슬로건) 영향의 "이중적 의미 안에서 '횔덜린의 엠페도클레스'에 나오는 '선구자(Vorläufer)'에 살을 붙여 만든" 개념이라고 말한다.

따라서 우리는 이 개념을, 즉 앞서-달려가봄을 '임시적 혹은 잠정적'(vorläufig)이라는 의미에서 해석해야 한다(GA14, 38).[40] 왜냐하면 세계-내-존재가 세계 안에서 존재자와 관계 맺기 위해 수행하는 이해가 앞선-구조(Vor-Struktur)의 방식이라면, 아무런 대상도 없는 무로서의 죽음에 대한 이해는 앞선-구조적이지만, 그와 동시에 그것들의 방식과는 다를 것이기 때문이다. 게다가 대상이 없기 때문에 앞서-달려가봄이 죽음과 관계 맺는 방식은 언제나 임시적, 잠정적일 수밖에 없다. 여기서 임시적, 잠정적이란 항상 확정되지 않은 채, 다양하게 드러남과 사라짐의 반복, 즉 시간 안에 있는 유한함을 의미한다. 왜냐하면 죽음이 임시적, 잠정적이지 않고 확정되어 드러날 때, 현존재는 더 이상 존재할 수 없게 되기 때문이다.

죽음이 자체로 다 드러난다면, 그는 이미 죽은 것이며, 그 때에 현존재는 죽음과 어떠한 관계도 맺을 수 없다. 따라서 우선적으로 죽음 안으로 달려가 보는 현존재의 존재가능성은 언제나 임시적, 잠정적이어야만 함과 동시에 현존재는 자신이 가진 것을 허물고, 동시에 새롭게 지어 나아가야 한다는 과제를 부여받는다. 그리고 바로 이러한 과제가 현존재의 실존성 안에서 드러나는 '무성과 세계형성의 역설', 즉 자유'이다.

(2) '무성과 세계형성의 역설'로서의 '자유'

현사실성에서 '유한성'을, 빠져있음에서 '그들로부터의 해방'을 가능하게 했던 죽음은 마침내 본래적인 실존으로서의 '앞서-달려가봄'

---

40 이 책에서 하이데거는 사유의 뒷걸음질 침(der Schritt zurück)의 성격이 임시성, 혹은 잠정성(Vorläufigkeit, preliminary)이라고 밝힌다.

을 통해 '무성과 세계형성의 역설'(das Paradox von Nichtigkeit und Weltbilden)을 드러낸다. 이것은 무엇을 의미하는가?

앞서 살펴보았던 것처럼, 하이데거의 본래적 전체성, 즉 앞서-달려가보는 결단성은 "침묵하면서, 불안의 태세를 갖추고, 가장 고유하고, 무관계적이며, 극단적/건너뛸 수 없으면서, 확실하고, 무규정적인 (불안에 내던져진) 현존재의 존재가능성인 죽음의 무성을 향한 자기 기획투사이다."[41] 즉, 현존재의 본래적인 실존의 전체성이란 언제나 자신의 무성을 향해 자기를 기획투사함이다. 그러나 그는 이러한 무성과 더불어, 동시에 자기를 기획투사해야만 하는 자이다. "그가 존재하는 한, 현존재로서 그는 그때마다 이미 자기를 기획투사했으며, 기획투사하면서 존재한다. 현존재는 그가 존재하는 한 언제나 이미 가능성들과 관련하여 스스로를 이해한다"(GA2, 145). 이러한 기획투사와 더불어, 현존재는 무성 안에서 허물어져버린 그 곳을 향해 다시금 어떤 가능성들과 관련하여 자신의 세계를 건설하기 시작한다. "인간은 세계형성 안에(im Weltbilden) 존재한다"(GA29/30, 265). 다시 말해, 인간 현존재는 죽음을 통해 자신의 경직된 실존을 부숴버리는 성질, 곧 무성을 그 자신의 부정적 본질로 가지고 있으면서도, 역설적으로 이와 동시에 세계를 형성하며 살아갈 수밖에 없다. "결정적인 무성으로서, 종말을 향한 존재로서, 즉 가사성과 죽음으로서의 부정성"[42] "이 부정성이 인간적 세계를 구성한다."[43] 그리고 하이데거에 따르면, 이것이 바로 현존재의 실존성으로부터 획득하게 되는 자유이다. "무성은 그의 실존적 가능성

41 Demske, *Sein, Mensch und Tod* (1984), 49.

42 Rentsch, *Negativität und praktische Vernunft* (2000), 88.

43 Ibid., 92.

에서의 현존재의 자유함에 속한다"(GA2, 285).[44] "무성은 현존재의 자유함에 속하며"(GA2, 258), "자유는 세계를 기투하면서-던지면서(entwerfend-überwerfende) 세계를 전개되게 함이다(Weltlassen der Welt)"(GA9, 164).[45] 따라서 현존재가 자유로운 이유는 그의 무성 때문에 그가 "(죽음 안으로) 앞서-달려가봄으로써 자기포기를 밝히면서 도달한 실존에 경직되는 것을 부숴버리고"(GA2, 264) 그럼으로써 "본래적인 결단성의 자기존재에서부터 비로소 처음으로 본래적인 서로 함께 함이 발원 되어"(GA2, 298) 다른 존재자와 관계를 삶 안에서 시작할 수 있기 때문이다. 즉, 그는 무성을 본질로 가진 자이면서, 동시에 그것을 통해 모든 관계가 무화된 곳에서 새롭게 본래적인 관계를 시작할 수 있는 자이다. 따라서 하이데거는 다음과 같이 이야기한다.

> 자유란 다름 아닌 초월을 의미한다. [...] 이러한 근거로서 자유는 현존재의 무-근거이다. [...] 자유는 본질상 초월로서 존재가능으로서의 현존재를 그의 유한한 선택(Wahl) 앞에, 즉 그의 운명 속에 쫙 벌어져있는(aufklaffen) 가능성들 안으로 세운다(GA9, 174).

---

44 "Die gemeinte Nichtigkeit gehört zum Freisein des Daseins für seine existenziellen Möglichkeit."

45 이러한 죽음-삶의 이중성과 자유의 연관관계에 대하여 아리푸쿠(Kogaku Arifuku)는 다음과 같이 이야기한다. "사람들은 앞서-달려가보는 결단성 안에서 죽음을 위한 자유와 절대적인 현재 안에 있는 죽음과 삶의 전적인 활동 사이에서 일종의 상응하고 있는 공통점을 찾을 수 있다. 이러한 행위는 죽음에 대한 자유와 다르지 않을 뿐만 아니라, 삶을 위한 자유이기도 하다. 이러한 점에서 하이데거는 죽음을 존재와 죽음(무)의 이중적이며, 모순적인 측면으로부터 탁월한 자유의 대상으로서 선택하고 파악했다"(Arifuku, *Deutsche Philosophie und Zen-Buddhismus* [1999], 165).

현존재는 자신의 무성에 따라, 죽음 앞에서 자신이 가지고 있던 유한한 선택들, 즉 자신의 모든 가능성을 부숴버리고 철회함과 동시에, 다시 한 번 자신의 유한한 세계를 형성한다. "죽음은 유한한 초월, 즉 유한과 초월의 정합적 사건이다."[46] 그리고 바로 이것이 끝없이 수행되어야 하는 심-연으로서의 자유, 즉 무근거로서의 근거이다. "자유란 근거의 근거(Grund des Grundes)이다"(GA9, 174). "자유란 존재하게 함(letting-be)이며, 그것은 '의지(will)의 행위'가 아니라, 초월과 같은 질서부여(order)의 존재론적 과정이다."[47] "자유는 이제 존재자를 존재하게 함으로써 드러난다"(GA9, 188). 그리고 그가 이처럼 존재자를 존재하게끔 개방할 수 있는 이유는 자신의 세계를 형성하기 때문이다. "자유는 세계를 기투하면서-던지면서 세계를 전개되게끔 한다." "그는 자유를 통해 세계형성하는(weltbildend) 자이다"(GA29/30, 414). 그렇다면, 여기서 말하는 세계형성이란 무엇을 말하는가?

세계형성이란 근원적인 생기(Grundgeschehen)에 속하며, 따라서 세계 자체의 본질이 세계형성의 생기사건으로 규정된다. "여기서 세계란 불변하는 실체가 아니라 하나의 사건이며, 존재자가 자체로서 전체에서 개방되어 있음이다"(GA29/30, 507). 그곳은 사용사태라는 존재양식 안에서 현존재가 존재자를 만나는 장소, 즉 관계맺음 그 자체이며, 그가 속해 있는 그의 상황이고, 나아가 각기 그때마다 결단성에 의해 열어밝혀진 그의 '현'(Da)을 의미한다(GA2, 298). 그런 한에서 세계를 형성한다는 말은 현존재 자신이 세계-내-존재로서 살아가고 있는 그 상황, 즉 자신의 가능성의 총체들을 만들어가고 있음을 가리키게 된다.

---

46 정재현, 『티끌만도 못한 주제에』 (1999), 350.

47 Richardson, Heidegger (1974), 45.

"인간은 세계형성 속에 존재한다"(GA29/30, 265).[48] 그럼으로써 그는 "세계기투로서 실존의 가능성들을 앞서 내준다"(gibt als Weltentwurf der Entwurf vor)(GA9, 168). 그렇다면, 이러한 세계형성은 어떻게 일어나는가?

현존재는 관계로서의 전체세계를 향해 기획투사하고, 그 안의 가능성들을 선택함으로써 자신의 세계를 일어나게 한다. "그것(현존재)은 세계를 일어나게끔 하며(geschehen läßt), 이 세계를 가지고 스스로에게 근원적인 모습(형상, Bild)을 내준다"(GA9, 158). 현존재는 세계를 일으킴으로써 자신의 운명 속에 놓여있는 가능성들 안에 서며, 그 안에서 자신의 세계를 형성한다. 그러나 유한한 존재가능성들은 그것이 단지 임시적이고 잠정적이기 때문에 죽음 앞에서 부서지고 또한 철회될 수밖에 없다. 즉, 그것들은 유한한 현존재가 만들어놓은 유한한 것이기 때문에 그가 죽음 안으로 앞서-달려가봄으로써 획득하게 되는 무성을 통해 다시금 부서지게 된다. 그리고 이러한 부서져 텅 비어버린 장소에서 인간 현존재는 또 다시 세계를 형성하며, 또한 재형성된 세계 역시도 그 본질상 다시금 부서지고 철회되어 무화될 수 있는 개방성 안에 놓여 있을 뿐이다.

현존재는 부숴버려 무화시키면서 동시에 다시금 자신의 유한한 세계를 형성해 나아가는 '앞서-달려가보는 결단성'을 수행한다. 그럼으로써 현존재는 자신이 가지고 있던 기존의 임시적이고 잠정적인 관

---

48 물론 지금 말하고 있는 '형성', '만들어 감' 등의 단어는 아예 없었던 어떤 것을 신처럼 전적으로 창조하는 것을 뜻하지 않는다. 도리어 인간에게 일차적으로 주어지는 것은 언제나 세계-내에 머무르며 맺게 되는 관계뿐이다. 따라서 인간이 자신의 관계를 새롭게 형성하게 될 때, 그에게 개방되어 있는 세계는 새롭게 변하기 시작한다. 하이데거가 말하는 세계의 형성이란 바로 이러한 의미에서 이해되어야 한다.

계, 삶의 가능성으로부터 자유해진다. 이것과 관련하여 덴커(Alfred Denker)는 다음과 같이 이야기한다.

> 존재와 시간 안에서 하이데거는 자유함의 가능성으로서 현존재를 그의 가장 유일한 가능성으로 보여준다. 현존재의 존재방식은 존재가능이며, 그래서 그는 자신의 가능성을 실현해야만 하는 존재이다. 여기서 본질적인 자유란 실현된 가능성들을 포기하게 해주고 새로운 시작을 만들어 준다.[49]

현존재의 "'세계를 형성하는' 넘어섬, 즉 세계-내-존재로서의 초월은 비로소 존재자에게 세계의 출현(Welteingang)을 보장해주며, 그래서 존재자가 그 자체로서 개방될 수 있다. [...] 그것은 자유로서 개념파악되어야 한다. [...] 세계를 전개되도록 만듦으로서의 자유는 근거의 근원 자체이다."[50] 인간 현존재가 자신의 세계를 부수고 다시금 세계를 형성할 수 있는 것은 그가 죽음 때문에 무적이지만, 동시에 세계를 초월적으로 형성하는 역설적 본질을 가졌기 때문이다. 다시 말해, 죽음을 통해 삶은 무성으로 규정되지만, 그러함에도 불구하고 다시금 형성되고 있으며, 그것을 통해서 인간 현존재는 자신의 삶 안에서 고착되지 않고 항상 새로운 자신의 세계를 창조하는 창조자이다. "인간은 무의

---

49 Denker, *Historical Dictionary of Heidegger's Philosophy* (2000), 93.

50 Pöggeler, *Denkweg Martin Heideggers* (1983), 93. 푀겔러는 하이데거의 자유 논의 중 근거적 측면과 더불어 심-연적, 무근거적 측면에 역시 언급한다. "자유는 삼중적이면서도 단일적인 근거지음으로서 근거-존재, 근거의 근원, '근거의 근거'이다. 자유는 유한하며 내던져져있다. 즉 자유가 도대체 있으며, 초월로서 일어나고 있다는 이것이 그 자신의 자유에 놓여 있지 않다. 자유는 근거의 근거로서 자신의 고유한 근거-존재를 위해서는 근거가 없음, 즉 무-근거(심-연)이다."

무근거(Abgrund, 심연)와 모든 것 사이에서 그의 삶을 살아야만 한다."[51] 특별히 이러한 죽음이 가진 순기능과 관련하여 하이데거는 다음과 같이 이야기한다.

> 죽음 안으로 앞서-달려가보는 결단성은 결코 죽음을 극복하기 위하여 고안된 탈출구가 아니라, 죽음에게 현존재의 실존을 지배하게 해서 모든 도피적인 자기 은폐를 근본적으로 흩트려버릴(zerstreuen) 가능성을 자유롭게 내어주는, 양심의 부름을 따르는 이해이다(GA2, 310).

죽음이 현존재를 지배한다는 것은 언제나 자기 자신의 실존으로 살아가기 위한 가장 기본적인 장치이다. 따라서 죽을 수 없는 자는 동시에 살 수도 없다. 도리어 자기 자신의 죽음을 돌아보는 자만이 자신을 새롭게 갱신하며, 언제나 삶 안에서 스스로를 선택하여 살 수 있을 뿐이다. 죽음이 현존재의 실존을 지배할 때, 기존에 가지고 있던 일상적인 현존재의 삶의 양식은 파괴되고 그럼으로써 거기에서 '결단을 다시 결단함'이라는 현존재의 순환적 선택이 가능해진다. "결단을 내려서 철회에 대하여 자신을 열어놓음으로서의 이러한 참인 것으로 여김은 결단성 자체를 반복하기 위한 본래적 결단성이다"(GA2, 308). 이것은 곧 죽음을 통해 삶이 새로워지는 것을 말하며, 따라서 죽음은 세계를 말끔히 부숴버렸다가 다시금 그것을 건립하도록 하는 자유의 근거가 된다.

드디어 우리는 앞서-달려가봄이라는 본래적 실존 가능성의 개념

---

51 Georg Siegmund, *Buddhismus und Christentum. Vorbereitung eines Dialogs* (Frankfurt(M): Josef Knecht, 1968), 59.

을 통해 '실존성에서의 역설'을 분명히 이해하게 되었다. 그것은 현존재의 고착된 가능성들을 때려 부수고 철회하며, 다시금 세계를 형성시키는 '무성과 세계형성의 역설'을 가리킨다. 이것은 죽음 때문에 인간 현존재의 무성과 세계형성이 항상 삶 안에서 함께 벌어지고 있다는 사실을 의미하며, 이러한 역설적 사건이 곧 자유의 사건임을 보여주고 있다. 인간 현존재는 항상 죽음을 통해 자신의 고착된 가능성들을 부숴버리면서 살아가며, 따라서 그는 무성 안에서 다시금 가능성들을 선택해야 하는 역설 안에 서 있을 수밖에 없다. 그는 죽음 앞에 마주서서 유한할 수밖에 없지만, 동시에 자유롭고 해방적인 자기 자신으로 살아가는 자이다. 특별히 이러한 논의가 가능할 수 이유는 죽음이 주는 "무성이 우선 규정된 (행위)관계(Verhalten)의 부정성(Negativität)으로서 개념파악되"며, 동시에 "[...] 현존재의 자유함(Freisein)에 속하"[52]기 때문이다. "[...] 부정성은 [...] 자유를 주어 해방하는 힘을 가진다. [...] 부정성은 자율적이며 인간적인 프락시스를 자유롭게 하며, 마치 십계명처럼, 신 앞에서의 고유하고 무조건적인 책임과 관련된 의미 있는 행위들을 자유롭게 만든다."[53] 그래서 오히려 "부정성은 인간적 세계를 구성한다."[54]

지금까지 우리는 죽음이 삶에서 만들어내고 있는 역설을 존재론적-실존론적으로, 다시 말해 현존재 존재구성틀인 '현사실성', '빠져있음'(말), '실존성'에서 살펴보았으며, 그것을 통해 죽음이 '유한성', '그들로부터의 해방', 그리고 '자유'의 근거라는 사실을 정식화할 수 있었다. 그렇다면, 이러한 죽음은 그의 전회 이후 후기 사유에서는 어떠한 모습

52 Figal, *Martin Heidegger. Phänomenologie der Freiheit* (1988), 245.

53 Rentsch, *Gott* (2005), 120.

54 Rentsch, *Negativität und praktische Vernunft* (2000), 92.

으로 나타나고 있는가?

2. 죽음 이해의 전회

하이데거는 1927년 『존재와 시간』이 출판된 이후, 최고로 유명한 철학자 중 한 명이 되었고, 1933년엔 마침내 프라이부룩 대학의 총장에까지 취임하게 된다. 특별히 이 시기가 중요한 이유는 우리가 앞서 서론에서 잠시 언급했던 것처럼, 1930년대 전후가 그에게 있어 정치적인 오류를 범하는 시기임과 동시에 그의 사상이 그때를 기점으로 하나의 근본적 변화, 즉 전회(Kehre)를 겪게 되기 때문이다. 그렇다면, 그에게 있어 전회란 무엇을 의미하는가?

전회란 전기의 방법론이 존재를 탐구하기 위해 그 매개로서 현존재를 분석하고, 현존재의 기획투사를 통해 존재에 도달하려고 했던 기초존재론의 방법론이었던 반면, 후기 이후에 이러한 방법론들이 존재 그 자체를 직접 탐구하는 존재사유로 변형된 것을 의미한다. 전회 이후 하이데거의 사상에서 "세계는 인간의 실존방식에 따라서 달리 자신을 개현하는 것이 아니라, 오히려 인간에게 그때그때마다 다르게 자신을 여는 것으로서 경험된다. 이 경우 세계를 하이데거는 [...] 존재자체라고 말하게"[55]된다.

55 이수정·박찬국, 『하이데거. 그의 생애와 사상』 (1999), 231.

1) 후기 사유로의 전회

전회라는 개념은 아직까지도 상당한 논란을 불러일으키고 있으며, 일반적인 결론 역시 아직 나오지 않은 상태이다. 그런 한계에도 불구하고, 분명한 것은 이 개념이 하이데거의 『철학에의 기여』(GA65)에서 정식으로 등장한 이후에 일반적으로 그의 철학 사상의 변환을 일컫는 의미로 사용되고 있다는 사실이다. 그렇다면, 이러한 사상의 변환이란 무엇을 말하는가?

가장 일반적인 의견으로 이러한 사상적 변환은 기초존재론적인 현존재 분석에서 존재자체에게로 탐구 방향이 바뀐다는 것을 일컫는다. 다시 말해, 『존재와 시간』에서 수행되었던 현존재 분석이 포기되고, 새로운 방법론인 존재자체에서부터의 탐구가 시작되는 것이다.[56] 따라서 이러한 방법론의 변경은 존재 역사적으로 존재자체에 대한 해석을 의미하게 되며, 그럼으로써 그의 인간정의, 인간본질 등의 규정이 존재에서부터 역으로 재규정될 수밖에 없는 방법적 역전이 일어나게 된다. 우리는 먼저 이것과 관련된 하이데거의 말을 직접 들어볼 필요가 있다.

---

56 Pöggeler, *Denkweg Martin Heideggers* (1983), 88. 이러한 방법론의 변경과 관련하여 푀겔러는 다음과 같이 이야기한다. "『존재와 시간』의 제1부 3편이 완성되지 못한 관계로 존재의 의미의 시간함축성, 즉 존재시성의 연구 정리가 실패하자 하이데거는 우선 존재시성의 문제와 상관없이 존재의 의미 내지는 모든 존재이해의 초월론적 지평에 대한 물음에로 파고들려 시도한다. 그래서 그는 다음과 같이 물음을 던진다. 초월, 즉 존재자를 넘어서 감, 즉 형이상학의 메타는 무엇을 말하는가? 도대체 형이상학이란 무엇인가? 존재의 의미로서의 초월론적 지평을 어떻게 사유해야 하는가?"

『존재와 시간』을 발간할 당시 1부 3절인 『시간과 존재』가 보류되었기에, 여기에서 전체가 방향을 전회한다. 문제의 3절이 보류되었던 까닭은, 사유가 이러한 전회를 충분히 말하기에는 턱없이 소용이 없었고 그로써 형이상학의 언어의 도움을 가지고는 이 과제를 꾸려나가지 못했기 때문이다. 『진리의 본질에 관하여』라는 강연은 『존재와 시간』과 『시간과 존재』로 전회한 사유를 확실히 통찰한다. 이러한 전회는 『존재와 시간』의 입각점의 변화가 아니다. 오히려 전회에 이르러서야 비로소, 『존재와 시간』에서 시도됐던 사유는, 『존재와 시간』이 경험되었던, 즉 더 정확히 말하자면 『존재와 시간』이 존재망각이라는 근본경험 안에서 경험되었던 그러한 차원의 장소성에 도달한다(GA9, 327-328).[57]

"이러한 그의 자기비판에 따르면, 『존재와 시간』은 '형이상학적' 사유형태에서 완전히 해방되지는 못하고 있다. [...] 『존재와 시간』에서 형이상학적으로 사유된 것은 단지 그것의 이해근거로서 이해될 수 있는 존재자의 관점에서 존재로서 사유되었으며 [...] 이러한 주의는 존재 그 자체에로 향하지 못했다. 존재는 단지 존재자의 이해지평으로서만 사유되었을 뿐이다."[58]

앞서 이야기했던 것처럼, 하이데거가 전기에서 목표로 삼았던 탐

---

57 또한, 하이데거는 다음과 같이 이야기한다. "도대체 『존재와 시간』에서는 『근거의 본질』이라는 논문의 흐름까지 형이상학적으로 말해지고, 설명되며, 그러면서도 또 다르게 생각되어진다. 그러나 이러한 사유는 고유한 무-근거(Ab-grund, 심-연)의 자유 안으로 데려가지지 못했다"(Martin Heidegger, *Besinnung* [Frankfurt(M): Vittorio Klostermann, 1997], 322.) (이하 GA66)

58 Byung Chul-Han, *Martin Heidegger. Eine Einführung* (München: Wilhelm Fink Verlag, 1999), 82, 83.

구의 대상은 어디까지나 존재의 의미, 다시 말해 인간 현존재의 이해의 차원에 속해있는 것이었다. 그러나 전회이후 그는 존재에 대한 탐구가 더 이상 인간현존재의 이해의 차원에만 머무를 수 없다는 형이상학의 한계를 경험하게 된다. 다시 말해, 인간적 형이상학에서가 아니라, 우리에게 스스로를 보여주고 이해하도록 해주는 존재 그 자체로부터 시작하고 난 이후에야 우리가 생각하고, 의도하며, 전망하고 관찰하는 존재에 대한 학문이 해석가능하게 될 뿐이라는 사실을 깨닫게 된 것이다. 푀겔러는 이러한 주도권의 변화를 다음과 같이 이야기한다.

> 『존재와 시간』의 단계에서 충분히 전개되지 못한 문제로 남아 있던 바, 그것이 새로운 방식으로 되찾아지게 된다. 『존재와 시간』은 예를 들어, 현존재의 시간성과 역사성의 해설을 넘어서 존재에 대한 의미의 시간함축성 앞으로 밀고 들어가려 시도하는데, 이때 잘 알려진 존재자, 즉 현존재로서의 인간으로부터 사유되지 않은 것과 알려지지 않은 것으로 사유해 나가려고 시도한다. 그러나 이러한 시도는 실패하고 만다. 이제 존재의 의미 또는 진리가 그때그때마다 급작스레 일어나는 사건으로 경험된다면, 이 경험으로부터 현존재도 더 근원적으로 경험한 본질에로 들어서게 된다. 즉 현존재는 존재진리의 순간의 자리가 된다.[59]

따라서 이제 존재에 대한 물음은 현존재에 대한 것이 아니다. "[...] 존재자체는 존재사유 안에서 스스로를 전회시킨다. 오늘날의 역사적 순간 안에서 존재는 단지 스스로를 인간의 사유 안에서 변경시킬 수

59 Pöggeler, *Denkweg Martin Heideggers* (1983) 174.

있기를 기다린다."[60] 그럼으로써 이제 존재물음은 현존재라는 자리에서 드러나는 "존재자체의 역사적인 개현방식에 대한 추적이 된다. 그리고 현존재의 과제는 이러한 '존재의 소리에 청종하는 것'(hörendes Entnehmen)을 통해서 존재의 자기개현을 돕는 데 존재한다."[61]

하이데거는 리처드슨(W. J. Richardson)에게 보낸 편지에서, "전회의 본질은 내가 만들어낸 것도 아니며, 더욱이 나의 사유에만 해당되는 문제도 아니"라고 강조하고 있으며, 오히려 "그에게 있어서 전회는 존재와 현존재 사이의 상호 교호적-상호 공속적인 연관관계(das wechselweise-zusammengehörige Bezugsverhältnis)를 의미한다."[62] 이것은 곧 '존재자의 존재인 존재일반'이 아닌 '존재자체'를 해명하는 쪽으로 방향을 전환하게 됨을 의미하며, 또한 방향전환을 통해 존재망각은 존재역사의 운명으로 그것을 주는 존재역운의 한 측면이었다는 것이 드러나게 된다.

아넬리에 따르면, 이러한 하이데거의 전회는 다음과 같은 세 가지 의미를 가지고 있다. 첫째, 전회는 '존재자의 존재'(vom Sein des Seienden)에서 '존재자체의 스스로 드러냄'(zum sich Enthüllen des Seins selbst)으로 사유의 중심이 변경되었음을 의미한다. 이것은 존재가 무로서 고찰되기 시작하는 1929년 "형이상학이란 무엇인가?"에서 자세히 언급되기 시작하며, 무를 존재자 전체의 부정이며, 존재자로부터 이해되는 존재를 가리키는 것으로 정식화된다.[63] "존재는 이제 그 자신

---

60 Jäger, *Gott. Nochmals Martin Heidegger* (1978), 358. "Im Denken des Seins kehrt sich das Sein selbst, 'insofern das Wesen des Sein das Menschenwesen braucht.' Im geschichtlichen Augenblick des Heute wartet das Sein nur darauf, sich im Denken der Menschheit wenden zu können."

61 이수정·박찬국, 『하이데거. 그의 생애와 사상』 (1999), 232.

62 신상희, 『시간과 존재의 빛』 (2000), 305.

을 의욕하는 현존재에 의해서 기획투사되지 않으며, 존재를 그것이준다."[64]

둘째, 전회란 "기초존재론의 길을 개진하면서 근거의 문제가 떨어져나간 것이 아니라, 오히려 그것은 새롭게 이해되었고"[65], 끝내 일체의 존재자의 부정으로서의 근거인 무근거, 즉 무(Nichts)가 존재의 모습으로 등장하게 되었음을 의미한다. 왜냐하면 "오히려 존재자와의 관계에 있어 극단적으로 다른 영역에 대해 생각하게 만드는 근거됨의 존재, 그리고 그것의 성격이 문제가 되었기" 때문이다.[66]

셋째, 전회란 무근거를 통해 하이데거 사유의 절정인 '존재생기'에 이르게 되었음을 의미한다. "무근거란 하이데거에 있어 근거를 떠나 머무르는 것이며, 근거의 단계적인 부정이라는 의미에서가 아니라 오히려 새롭게 색다른 근거 자체의 경험이라는 의미를 가진다. [...] 따라서 존재생기(Ereignis)는 무-근거(Ab-grund)의 고유한 형태를 자신 안에 담고 있다."[67] "존재는 (존재)생-기(Er-eignis)이며 그래서 무-근거이고, 근거의 근거로 존재하는데, 그렇기 때문에 자유이다"(GA66, 101). 그러나 '존재생기'는 하이데거 후기철학의 최고 중요개념인 동시에 하이데거의 전체 사유가 도달한 궁극적 경지 내지 귀착점이기 때문에[68] 그 개념

63 Anelli, *Heidegger und die Theologie* (2008), 130.

64 Han, *Martin Heidegger* (1999), 86.

65 Anelli, *Heidegger und die Theologie* (2008), 137.

66 Ibid., 138.

67 Ibid., 143. 이 Ereignis라는 단어와 관련하여, 하이데거는 그것이 로고스나 도처럼 거의 번역이 불가능하다고 말하고 있으며, 그래서 영어번역과 한국 번역에 있어서도 학자마다 다른 용어들로 번역하고 있다.

68 이수정, "하이데거의 발현론. 『철학에의 기여』를 중심으로", 「하이데거연구」 Vol. 20 (2009, 한국하이데거학회 편), 10. 존재생기라는 이 표현 자체는 하이데거에게 단순한 사건의 의미를 지니는 것이 아니다. "존재생기란 '-을 그 고유한 상태'(das Eigene),

에 대해 충분한 설명을 한다는 것은 불가능하다. 단지 여기에 대해서는 이 책의 제2부 6장에서 무의 해명과 더불어 임시적으로 다루게 될 것이다.

어쨌거나 이러한 전회를 통해 하이데거의 진리관 역시 현존재의 '발견함'에서 존재자체의 자기를 '드러내줌'으로 변화된다. 이러한 변화는 곧 기초존재론에서 존재사유로의 방법론의 전회가 나타났음을 의미하며, 그럼으로써 마침내 세계 형성으로 기획투사하던 현존재의 창조적 존재수행이 이제 존재자체가 말 걸어오는 것에 대한 응답으로 전환되고 만다. "기획투사 안에서 던지는 자는 인간이 아니라 도리어 인간으로 하여금 본질로서의 현존재의 탈존 안으로 보내는 존재자체이다"(GA9, 337).[69] 그리고 끝내 인간 현존재의 사명은 시인의 시 지음과 사유자의 사유로서 드러나며, 이것을 우리는 실존에서 '탈존'으로의 전회라고 명명할 수 있다. 왜냐하면 존재자체의 측면에서 보자면, 전기의 사적 실존(private Existenz)은 더 이상 본질적인 의미에서의 자유로운 인간존재라 규정될 수 없기 때문이다. "그것(사적 실존)은 고고하게 대중적인 것을 부정하지만, 그 자신은 대중적인 것에 접목된 약한 가지로

그 자신 본유의 본래적 상태, 고유의 모습으로, 알 수 없는 근저로부터, 허용하고 가져오고, 부여하고, 보내주고, 건네주고, 그렇도록 하고, 맡겨주고, 규정하고, 밝히면서 간직하고, 부재를 거기에서 떠나게 하는 것, 그렇게 해서 바로 자기 자신에 대해 [卽自] 스스로를 내보이며, 그것이 인간에까지 이르러, 인간에게 관여해 오는 것으로 정리할 수 있다"(앞의 논문, 11).

69 이와 관련하여 폰 헤르만은 다음과 같이 이야기한다. "만약 전기 하이데거가 기획투사의 내던져져 있음을 이것이 존재의 본질적인 진리를 기획투사했다는 뜻으로 해석했다면, 후기 하이데거는 기획투사 안에서 본래적으로 던지고 있는 것이 인간이 아니라 인간을 비추고 있는 자기개방 안에 있는 존재라는 사실 안에서 던짐의 내던져져 있음을 본다"(von Hermann, *Die Selbstinterpretation Martin Heideggers* [1964], 81). 나아가 "하이데거는 고어적 표현인 Seyn을 가지고 이러한 존재생기적(던짐, 혹은 줌의) 성격을 강조한다. 그럼으로써 존재는 더 이상 현존재나 그의 자유와 관련하여 개념파악되지 않는다"(Han, *Martin Heidegger* [1999], 82).

남아 있고, 대중적인 것으로부터의 후퇴에 의해서만 살아남는다"(GA9, 317). 그리고 이러한 한계는 마침내 하이데거로 하여금 실존을 탈존으로 규정하게 만든다.[70] "이러한 변화의 근저에 놓여있는 기초적 통찰은 '현존재'에서 '현-존재'에로 그리고 '실존'에서 '탈-존'(Ek-sistenz)으로의 용어상 변화에서 해명될 수 있다."[71] 따라서 그는 다음과 같이 말한다.

> 존재의 열린빈터 안에 서 있음을 나는 인간의 탈-존이라 명명한다(GA9, 323-324).[72]
>
> 그래서 우리는 인간의 인간성에 대해 탈-존으로 규정하게 되는데, 그것은 인간이 본질적인 것이 아니라 탈존의 탈자적인 차원으로서의 존재라는 것이다(GA9, 333-334).[73]

특별히 인간본질에 대한 새로운 규정은 하이데거 죽음 이해의 전회에 있어 상당한 중요성을 가지고 있다. 왜냐하면 전회를 통해 "실존이 탈존으로 된다면, 존재와 사유의 동일성에서의 중심점은 실존에서부터 마음대로 처분할 수 없이 그때그때마다 일어나는(jeweilig geschehende) 진리에로 옮겨지게 되고"[74] "[...] 존재는 그(현존재)로부터 자신

---

70 Pöggeler, *Der Denkweg Martin Heideggers* (1983), 173.

71 Demske, *Sein, Mensch und Tod* (1984), 105.

72 "Das Stehen in der Lichtung des Seins nenne ich die Ek-sistenz des Menschen."

73 "So kommt es dann bei der Bestimmung der Menschlichkeit des Menschen als der Ek-sistenz darauf an, daß nicht der Mensch das Wesentliche ist, sondern das Sein als die Dimension des Ekstatischen der Ek-sistenz."

74 Pöggeler, *Der Denkweg Martin Heideggers* (1983), 173. 이와 관련하여 푀겔러는 다음과 같은 예를 들고 있다. "예컨대 현존재의 정조(Gestimmtheit)는 더 이상 인간의 변화하는 기분(Stimmung)에서 이해되는 것이 아니라, 존재의 말건넴(Anspruch)을 통해 그때그때마다 각기 사유를 존재자에 대한 자신의 진리의 전달에로 규정하

의 열린 빈터(Lichtung)를 위한 일종의 장소를 요구"하면서 "이러한 장소가 인간의 현(Da)"으로 드러나기 때문이다.[75]

바로 이 지점에서 인간론과 더불어 죽음 이해는 변경되기 시작한다. 전기에서 죽음이 실존의 가능성이면서 역설을 만들어내고, 그럼으로써 유한성, 무성, 그리고 자유를 드러내던 부정성이었다면, 후기의 죽음논의는 죽음개념 자체보다는 가사자(즉, 죽을 수밖에 없는 자)라는 인간의 규정을 통해 어렴풋이 드러나는 형태를 지니고 있다. 이것은 곧 후기 하이데거의 죽음개념이 인간본질규정의 전환을 통해,[76] 그의 철학의 정점인 존재자체와의 관계 안에서 새롭게 논의되었다는 것을 의미한다. 따라서 존재자체로부터 거꾸로 출발하게 되는 후기 하이데거의 탐구는 전기의 인간 현존재에 대한 규정 자체를 변경시킨다. 이와 관련하여 뎀스케는 다음과 같이 말한다.

> 전회를 통해 깊게 파악된 인간상의 변화가 나타났다. 이것은 죽음이라는 위치에서 다음과 같은 사실을 통해 발전되기 시작했다. 그것은 곧 죽음이 순전히 인간존재의 구조로서만이 아니라 명시적으로 인간이 존재와 맺게 되는 관계의 계기(Momente)로서 현상한다는 사실이며, 그것도 마치 본래적인 죽음을 향한 존재가 고유한 현존재구조를 떠맡음을 의미할 뿐만 아니라 가장 심오하게 존재에 대해 '예'라고 대답함을 의미한다.[77]

고 그래서 사유를 그의 세기적인 독특함에 있어 조율하는 '존재의 목소리(Stimme)'에서부터 이해된다."

75 von Hermann, *Die Selbstinterpretation Martin Heideggers* (1964), 83.

76 후기 하이데거의 죽음 혹은 가사자라는 표현이 사용되는 하이데거 후기의 작품들은 Knörzer, *Tod ist Sein?* (1990), 193에 자세히 언급되어 있다.

77 Demske, *Sein, Mensch und Tod* (1984), 120.

이것은 하이데거의 철학 전체가 재구성됨으로써 그의 후기의 죽음 이해가 더 이상 존재를 향한 유일한 방법적 매개가 아니라는 사실을 보여준다. 죽음은 더 이상 존재자체를 규정하기 위해 분석되어야 하는 매개 개념이 아니며, 도리어 죽음을 규정하고자 한다면, 그것은 전기와는 반대로 반드시 존재자체를 통해서만 규정될 수 있는 개념에 머물게 된다. "죽음은『존재와 시간』과는 정반대가 되어, 근저에서부터 (존재 이해와) 같이 흔들려 버린다(mitschwingt)."[78]

이러한 이유 때문에 우리는 그의 후기의 죽음 이해를 인간의 규정과 더불어 짧게 논의하도록 한다. 왜냐하면 뎀스케가 언급한 것처럼, 전회 이후 죽음 그 자체에 대한 분석이나 해석은 발견되지 않지만, "그럼에도 불구하고 그것은 후기 문헌에서 여전히 중요하기"[79] 때문이다. 그렇다면, 하이데거의 죽음 이해는 전회를 통해 어떠한 변화를 가지게 되는가?

2) '가사자의 본질': 후기 하이데거의 죽음 이해

전회 이후의 하이데거에서 죽음은 먼저 인간과 떨어질 수 없는 불가분의 관계로서 인간의 본질을 규정한다. 따라서 죽음이란 인간이 인간일 수 있는 본질이며, 그래서 가사자, 즉 죽을 수밖에 없는 자이다. 그렇다면, 가사자란 무엇을 의미하는가? 우선 "가사자(Sterblicher)란 죽음으로서 죽을 수 있는 자(Tod als Tod vermögen)"(GA7, 171)를 의미한다. 하이데거는 다음과 같이 말한다.

78 Ibid., 13.

79 Ibid.

> 가사자들은 인간들이다. 인간들은 죽을 수 있기 때문에 가사자들이라고 불린다. 죽는다는 것은 죽음을 죽음으로서 받아들일 수 있음을 말한다. 오직 인간만이 죽는다(stirbt). 동물은 끝날 뿐이다(verendet). 동물은 죽음을 죽음으로서 대면하지도 받아들이지도 못한다(GA7, 171).

다른 생명체들, 혹은 사물들과 다르게 오직 인간만이 '가사자'라 명명된다. 이것은 그의 본질이 항상 죽음으로부터 규정된다는 것을 의미하며, 그가 항상 죽음을 향해 나아가는 능력을 가지고 있다는 것을 의미한다. 따라서 우리는 우선 가사자라는 단어를 잘 이해하기 위해서는 '죽을 수 있다'(Tod vermögen)는 말의 의미를 주의 깊게 보아야 한다. 이를 위해 하이데거의 말을 계속 들어보기로 한다.

> 인간은 가사자로서 현성(現成)한다(west). 그렇게 의미되는 것은, 인간이 사망할 수 있기(sterben vermögen) 때문이다. 사망할 수 있다는 것은 죽음을 죽음으로서 죽을 능력이 있음을 의미한다. 단지 인간만이 죽는다. 그것도 인간이 이 땅 위에 체류하는 한, 즉 인간이 거주하고 있는 한, 더군다나 그것은 계속된다(fortwährend).[80]

인간이 '죽음을 죽을 수 있다는 것', 즉 '사망할 수 있다는 것'은 이미 우리가 전기 하이데거의 죽음 이해에서 발견했던 '죽음을 향한 존재'의 연장선상에 있다. 왜냐하면 앞서 살펴본 것처럼 '죽음 안으로 앞서-달려가봄' 안에서 현존재는 다음과 같은 모습으로 실존하기 때문이다.

---

80 Ibid., 190.

즉, 그는 자신의 고유한 삶을 떠맡으면서 일상적인 그들로부터 분리되어 개별 현존재이기를 요구받게 되며(GA2, 250), 그 안에서 자기 자신을 포기함과 동시에 모든 것에서 자유롭게 되고(GA2, 264), 죽음이 가진 확실성 때문에 그 자신의 가장 고유한 존재를 확신하면서, 현존재의 세계에서 벌어지는 끊임없는 위협에 자기를 열어놓는 모험적인 삶의 주인이 됨으로써(GA2, 265) 불안으로 내던져져 있는 자로 실존한다(GA2, 266).

전회 이후의 하이데거가 이야기하는 죽음을 떠맡음이란, 따라서 이러한 불안에 내던져진 채, 인간 현존재가 마주하고 있는 죽음을 무성(Nichtung)으로 경험하는 것이며[81], 결국 이러한 무성의 "무란 탈존으로서의 인간이 초월성을 부여받는 근거가 된다."[82] 또한 "죽음이라는 본질 현상 속에서 우리들 자신에게 말 걸어오는 것은 이렇게 비밀스럽게 현성하는 것으로서의 무인 것이며, 우리는 깊은 침묵이나 묵상 혹은 선정 속에서 이러한 무의 현성을 경험하게 된다."[83] 그렇다면, 이러한 죽음을 통해 인간은 어떠한 일을 하는가? 하이데거는 다음과 같이 말한다.

> 인간은 가사자이다. 가사자들은 곧 죽음을 죽음으로서 죽을 능력이 있다는 그의 고유한 본질로 하여금 이러한 능력을 사용하도록 이끄는 한에서, 그러므로 그 결과 훌륭한 죽음이 존재하도록 이끄는 한에서 거주한다(GA7, 145).

81 Knörzer, *Tod ist Sein?* (1990), 198.

82 정재현, 『티끌만도 못한 주제에』 (1999), 63.

83 마르틴 하이데거/이기상·신상희·박찬국 역, 『강연과 논문』 (서울: 이학사, 2008), 해제, 472.

가사자로서 인간이 죽음을 하나의 능력으로서 경험하게 된다면, 이러한 능력을 사용하며 거주한다는 것은 무엇을 의미하는가? 우리는 이와 관련하여 하이데거의 말을 좀 더 들어볼 필요가 있다.

> 가사자로서의 인간들만이 비로소 거주하면서 세계로서의 세계를 이룩할 수 있다(GA7, 175).

그렇다면, '거주하면서 세계를 이룩한다는 것'은 무엇을 의미하는가? 그것은 바로 땅의 구원을 위해 자신의 본질에 따라 하늘을 통해 신적인 것들을 기다리는 것이다.

> 가사자들은 땅을 구원하는 한에서 거주하며, 여기서 구원이란 위험으로부터 낚아챌 뿐만 아니라, 본래적으로는 어떤 것을 그것의 고유한 본질에로 자유롭게 놓아둠(freilassen)을 의미한다. 땅을 구원한다는 것은 땅을 착취하거나 혹은 실로 혹사하는 것 이상이다. 땅을 구원함은 땅을 지배하지 않고 또한 땅을 복종케 만들지도 않는다. 가사자들은 하늘을 하늘로서 받아들이는 한에서 거주하며, 신적인 것들을 신적인 것들로서 기다리는 한에서 거주한다(GA7, 144).

하이데거에 따르면, 우리의 "시대가 단지 궁핍하게(Dürftig) 머물러 있는 것은, (니체의 언급처럼 형이상학적) 신이 죽었기 때문만이 아니라, 죽을 자들이 자신에게 고유한 죽음을 거의 알지도 못하고, 죽음으로서 죽을 수도 없기 때문이다."[84] 따라서 구원은 죽을 자들로서의 가사자

---

84 Martin Heidegger, *Holzwege* (Frankfurt(M): Vittorio Klostermann, 1977), 253. (이

들이 그의 본질에 있어 자신의 죽음과 더불어 스스로를 비워 신을 기다리는 것을 의미하게 된다. 그리고 이러한 신을 기다리는 인간이란 가사자들 중에서도 가장 잘 죽을 자들(die Sterblichsten)로서, 가장 잘 자신을 비우는 자이며, 가장 잘 모험(Wagnis)을 겪으면서 동시에 구원의 신을 기다리는 자이다(GA7, 273).

여기서 특별히 우리가 주목해야 하는 것은 이처럼 죽음을 통해 자신을 비워나가는 모험, 즉 인간이 자신의 죽음을 가장 잘 죽는 것으로서 자신을 비우는 것이 단지 텅 비어놓음에서 머물지 않는다는 사실이다. 하이데거에 따르면, 오히려 그가 자신의 죽음을 모험하면서 비워놓은 그 죽음의 빈공간은 무의 관이며, 그러한 관 속에서 존재의 비밀이 현성한다. 그는 다음과 같이 말한다.

> 죽음은 무의 관(Schrein)이다. 즉, 어떤 관점에서도 결코 단순히 존재하는 것이 결코 아니나, 그럼에도 불구하고 본질적으로 존재하고 있는, 그것도 존재자체의 비밀로서 존재하고 있는 무의 관이다. 죽음은 무의 관으로서 존재의 본질적인 것을 자신 안에 감싸 간직하고 있다. 죽음은 무의 관으로서 존재의 산맥(Gebirg)이다. 가사자들을 우리가 이제 가사자들이라고 명명하는 이유는 그들의 지상에서의 삶이 끝나기 때문이 아니라, 오히려 그들이 죽음을 죽음으로서 죽을 수 있기 때문이다. 가사자들은 존재의 산맥 안에 현성하면서(wesend), 가사자들로서 그들인 그들이다. 가사자들은 존재로서의 존재를 향해 본질적으로 존재하는 관계이다(GA7, 171).

하 GA5)

따라서 죽음을 본질로 가지는 "가사자들은 가사자로서 현성하며, 존재의 산맥 안에 존재하게 된다. 가사자들이란 존재로서의 존재와의 현성하는 관계이다"(GA7, 171). 그리고 이러한 의미에서 이제 죽음은 존재자체의 비밀이 그 안에서 현성하고(west) 있는 장소이며, '존재의 산맥'이 된다. 그렇다면, 비밀이 현성하는 장소인 '존재의 산맥'이란 구체적으로 무엇을 의미하는가? 우리는 이것을 해명하기 위해 우선 산맥에 대한 다음과 같은 하이데거의 규정을 주목해야 한다.

> 우리는 산들이 모인 것을 산맥(Gebirge)이라고 부른다. 우리는 이중적인 담아 잡음이 부어줌 안으로 모이고 이 모임이 함께 비로소 선사함의 온전한 본질을 이루고 있는 그러한 모임을 선물(Geschenk)이라고 명명한다(GA7, 164).

> 죽음은 죽을 자들을 그들의 본질에 있어 건드리면서, 그들을 삶의 다른 측면으로 향하는 도상에 놓고, 그리하여 순수한 연관 전체 속으로 정립한다. 그래서 죽음은 이미 정립되어 있는 것 전체 속으로, 즉 전체적 연관의 정립 속으로 모아들인다. 마치 산맥이 굽이굽이 이어진 산들을 전체로 모아들인 것처럼, 죽음이란 이러한 정립을 모아들인 것으로서 법(Ge-setz)이다(GA5, 280).

우리는 우선 이러한 하이데거의 논의에서 'Ge-birg, Ge-schenk, Ge-setz' 등과 같은 단어에서 모두 접두어 'Ge'가 강조되고 있음을 알 수 있다. 그리고 이러한 'Ge'가 명시하고 있는 바는 과거형, 혹은 어떤 것이 모여서 전체를 이루고 있는 '모임/모음'(Sammelung, Versammelung)

을 주로 표현하고 있다. 따라서 죽음이 '존재의 산맥이다'라는 말은 우선 'Ge'와 'bergen'이 함께 의미를 나누면서 '감추어진 것', '숨겨진 것'의 '모임'을 의미하며, 그래서 하이데거는 죽음이 "자신의 대부분을 은폐하면서, 동시에 개방하는 저 '장소'(Ort)이며, 자신의 비밀충만한 이중적 성격을 은폐된 비은폐성(verborgene Unverborgenheit) 또는 비은폐된(unverborgene) 은폐성으로 현상시키는 장소"[85]라고 이야기할 수 있게 된다. 이것을 하이데거는 다음과 같이 해명한다.

> 가사자의 본질이 그들에게 죽음에 이를 것을 명하는 명령에 주목하도록 부름받고 있다는 사실에 대해서 우리가 성찰할 때, 이런 요구는 기이한 빛 안에서 나타난다. 죽음은 가사적 현존재의 극단적 가능성으로서 가능한 것의 종말이 아니라, 불러내는 탈은폐(Entbergung)의 비밀을 (모아 간직하는) 최고의 '모아-간직함/산-맥'(Ge-birg)이다(GA7, 248).

이러한 숨겨진 모임의 장소인 존재의 산맥이라는 표현은 죽음을 본질로 가지고 있는 인간 역시도 죽음을 통해 하나의 '장소'이자, 존재의 '척도'(Maß)로서 쓰임을 받고 있음을 의미한다. "왜냐하면 그것은 현존재 안에 있는 존재의 탁월한 개시장소(Offenbarungsstätte)이기 때문이다. 따라서 죽음은 현존재의 장소이며, 존재는 그 안에서 스스로를 인간에게 들어낼 수 있기 위해 스스로를 모으고 현존재로 하여금 특별히 그 자체에 대해 깨닫게 만든다."[86] 이것을 뎀스케는 다음과 같이 정식화한다.

---

85 Demske, *Sein, Mensch und Tod* (1984), 13.

86 Ibid., 190.

> 후기 하이데거에서 존재는 특별한 방식으로 조망된다(sich lichtet). 죽음은 존재와 현존재 사이의 벌어진 자리(Durchbruchstelle)이자 인간적 자기이해의 지점이다. 거기에서 존재는 큰 비중과 가장 깊게 물음을 제기할만한 가치와 해결될 수 없는 신비의 성격을 통해 밝혀진다. [...] 현존재 분석에서 죽음이 현존재의 전체성의 실존범주이면서, 거기로부터 스스로를 인간본질의 척도로 알려준 것처럼, 후기의 사유에서 그것은 가늠할 수 없는 것의 가늠척도 그리고 스스로를 인간에게 내보여주는 존재의 척도인 개방성의 장소(Stätte der Offenbarkeit, die 'Massgabe des Unermesslichen' und somit das Mass des sich dem Menschen zeigenden Seins)로서 드러난다.[87]

여기서 우리는 하이데거에게 있어 죽음이 정확하게 하나의 자리로서 정식화되고 있으며 척도, 그것도 인간의 척도이자 존재자체의 드러남의 척도로 사유되고 있음을 볼 수 있다. "가장 고귀한 것인 죽음은 '가늠할 수 없는 것, 즉 존재의 생각되지 않는(ungedachte) 척도, 다시 말해 인간이 일상적으로 속한 가장 고귀한 놀이의 척도이다."[88] 특별히 이러한 척도 개념은 '가늠'(Messen)하는 인간의 본질(GA7, 191)과 관련하여 여러 곳에서 언급되고 있으며, 그리고 이것을 통해 이제 죽음은 인간의 본질에서 마침내 존재의 본질로, 다시 말해 존재의 진리를 간직한 본령으로 드러난다.

> 죽음은 존재의 본질로부터 존재생기된 인간 현존재 안에 속한다. 그래

87 Ibid., 13.
88 Ibid.

서 죽음은 존재의 본질이다. 죽음은 존재자체의 진리의 가장 높은(고귀한) 산맥, 즉 그 안에 존재 본질의 은폐를 담고 있는 산맥이며, 존재의 본질간직을 모으고 있는 산맥이다. 따라서 존재 그 자체가 그의 본질의 진리로부터 인간의 본질을 존재의 진리에로 고유하게 할 때(vereignet), 인간은 죽음을 죽을 수 있다. 죽음은 세계의 시 안에 있는(im Gedicht der Welt) 존재의 산맥이다. 죽음을 그것의 본질 안에서 죽을 수 있다는 것은 사망할 수 있음을 의미한다. 사망할 수 있는 자들은 이러한 말을 견디어낸다는 의미에서 가사자들이다.[89]

이러한 존재의 산맥 안에서 존재와 인간의 관계가 이루어진다. "죽음의 경험에서는 은닉된 존재로서의 무가 우리에게 말 걸어오는데, 인간은 이러한 말걸어옴에 순수하게 응할 때, 자신의 본질 가까이에 이르게 될 뿐 아니라, 존재의 본질 가까이에 이르게 된다. 왜냐하면 인간의 본질은 존재로서의 존재와 본원적으로 관계하며 현성하는 그런 관계이기 때문이다."[90] "인간이 죽음과 관계 맺음은 존재와의 관계 맺음이다."[91] 그리고 이러한 관계 맺음 때문에 죽음은 존재의 고귀하고, 극단적인 증거이다. 이처럼 인간과 존재의 본질적인 관계 안에서 "죽음물음은 '존재의(Seyns) 진리'에 서있게"(GA65, 284) 된다. 왜냐하면 "죽음은 현존재의 극단적인 가능성으로서 존재의 열린 빈터(Licht- ung)와 그것의 진리에게 가장 고귀한 것"[92]이기 때문이다.

---

89 Martin Heidegger, *Bremer und Freiburger Vorträge* (Frankfurt(M): Vittorio Klostermann, 2005), 56. (이하 GA79)

90 하이데거, 『강연과 논문』 (2008), 해제, 474.

91 Knörzer, *Tod ist Sein?* (1990), 199.

92 Ibid.

결론적으로 지금까지의 정의들은 뎀스케의 말처럼 "(존재와 인간의) 개방성의 자리이며, 가늠할 수 없는 것(즉 존재와 신)의 척도이고, 스스로를 인간에게 드러내고 있는 존재의 척도"[93]로 종합될 수 있다. 그리고 이것은 어디까지나 존재자체와 관계 맺을 수 있는 장소로서, 무에 들어설 수 있는 하나의 자격으로서 죽음이 사유되고 있음을 의미한다.

물론 후기 하이데거에서의 죽음과 관련된 논의는 이것이 전부가 아니다. 그는 횔덜린의 시해석과 전통 철학자들에 대한 해석에서도 여러 가지 형태로 죽음에 대해 이야기하고 있다. 그러함에도 불구하고, 이 모든 것들은 하나로 통일되고 있다. 그것은 바로 죽음이 인간을 규정하며, 존재와 인간 사이의 본질적인 관계의 근거이자 척도, 즉 존재에 다가갈 수 있는 '가능성'이자, '개방성', 즉 하나의 장소라는 점이다.[94] 특별히 여기서 우리가 주목해야 하는 것은 이러한 그의 죽음논의가 전회를 거치면서 무의 논의로 확대되고 있다는 점이다. 다시 말해, 전회를 통해 하이데거는 형이상학의 새로운 정초와 존재물음이 현존재의 죽음과 전체성의 차원을 넘어서고 있음을 깨닫게 되었으며, 그럼으로써 자신의 연구영역을 존재자체와 무의 영역으로 확장하게 된다. 전기에서의 논의는 어디까지나 현존재의 본래적 전체성에 초점을 맞췄었기 때문에 현존재의 극단적인 가능성으로서 죽음이 규정될 수 있었지만, 이제 존재자체로 그 범위가 확대됨을 통해, 그의 존재론의 강조점은 더 이상 현존재의 본래적 전체성에 놓여있지 않게 된다. 그리고 이와 반대로 현존재를 그의 죽음으로부터 규정함으로써 도출되었던 본래

93 Demske, *Sein, Mensch und Tod* (1984), 13.
94 Ibid., 191-192.

적 전체성의 논의는 이제 인간 현존재가 존재자체의 가능성과 개방성으로 사용되고 있다는 사실로 귀결된다. 이와 관련하여 전동진은 다음과 같이 이야기한다.

> (부숴버림과) 철회에 대하여 지속적으로 자신을 열어놓아 어떤 것에건 집착하지 않음은(그래서 존재자체를 향한 가능성과 개방성이 되는 것은) 반드시 죽음을 향해 앞서달려가봄을 전제해야 하는 것은 아니다. [...] 이미 달성된 것에 대한 어떠한 집착이건 모조리 분쇄하는, 그리하여 근-원적인 존재의 생기를 가능하게 하는 무, 즉 '레테'는 항상 죽음이라는 방식으로서만 현성하는 것은 아니다. [...] 죽음은 사실 근원적인 무의 단지 하나의 현성방식에 불과하다. [...] 하이데거는 이러한 문제점을 이내 의식한 것으로 보인다. 따라서 그는 [...] "형이상학이란 무엇인가?"에서 이미 더 이상 죽음에 관하여 언급을 하지 않고 단지 존재자체와 공속하는 무의 무화에 관해서만 언급하게 된다.[95]

이처럼 전기에 존재와의 관계 안에서 중심주제로서 등장하였던 죽음 이해는 다시금 후기 하이데거로 하여금 새로운 차원의 존재논의로 넘어가게 만든다. 왜냐하면 사상의 전개를 위한 매개가 인간의 부정성으로서의 죽음[96]을 넘어서서, 마침내 존재의 부정성, 즉 무를 고찰해야하는 필연적인 상황에 직면하게 되었기 때문이다. 또한 이러한 상황은 기존의 존재론으로서의 형이상학을 새롭게 극복하고, 그것의 근거에서부터 다시 사유해야 한다는 필연성을 그로 하여금 깨닫게 만들었다.

---

95 전동진, 『창조적 존재와 초연한 인간』 (2002), 108-109.

96 Figal, *Martin Heidegger. Phänomenologie der Freiheit* (1988), 245.

하이데거에 의하면, 현존재의 근거를 현존재 이외에 다른 어떤 것에서도 찾지 못한다는, 현존재의 무능의 경험이 결국 형이상학적 소지 전체를 포기하게 만든다고 한다. [...] 그는 이러한 발걸음을 형이상학의 극복이라고 부른다. 그것은 무에 직면해서 영웅적으로 자기를 주장하는 것을 막는다. 여기서 하이데거의 사유의 전회가 일어난다. 무는 무로 나타나지 못하고 그 대신에 존재가 자기를 보여준다. [...] 무에 도달해 보니 존재자에게 그렇게 집착하던 것이 없어지고 존재가 드러난 것이다.[97]

97 김광식, 『토착화와 해석학』 (1997), 234.

제2부

하이데거의 무無 물음

무無 속으로 자기 자신을 풀어놓을 것.

다시 말해 누구나 갖고 있는 우상,

누구나 거기로 슬그머니 기어들어가 버리는

그런 우상들로부터 자유로워질 것, […]

(무의) 물음을 제기할 수 있도록 그 물음 속으로 깊이 파고들어감으로써

이렇게 동요하던 마음을 완전히 휘저어버릴 것 등이다.

_ 하이데거

4장

무無에 대해 물어야 하는 이유 : 형이상학의 극복

전회 이후 후기 하이데거 사상의 중심주제는 형이상학의 새로운 정초를 넘어 형이상학 자체의 극복으로 변경되며, 이를 위해 그는 형이상학 극복의 원인이자, 또한 극복의 단초인 허무주의에로 전착해 들어간다. 특별히 여기서 말하는 "허무주의(nihilism)란 [...] 일반적으로 전통, 권위 그리고 종교적 도덕적 원리의 거절을 나타내며,"[1] 형이상학의 종말이자, 존재 역사 안에서 일어난 존재망각의 사건을 의미한다. 그리고 하이데거는 이러한 허무주의를 극복하기 위해 '니체의 허무주의'로부터 출발하여, '전통형이상학', 나아가 허무주의와 전통형이상학의 극단적 형태로서의 '현대의 기술문명'과 대결하게 된다. "하이데거는 후기에 이르러서는 니체를 현대기술문명을 철학적으로 정초하는 최후의 형이상학자라고 보면서 자신의 철학에 대해서 가장 대척적인 입장에 서 있는 것으로 보고 있다."[2]

---

1 Inwood, *A Heidegger Dictionary (1999)*, 141.

2 박찬국, "니체와 하이데거 사상의 비교고찰", 「존재론연구」 Vol.25 (2011, 한국하이데거

이러한 대결을 통해 하이데거는 자신이 속해있던 서구적 전통, 즉 형이상학적 전통을 존재 역사 안에서 새롭게 해석함으로써 형이상학 자체를 극복하고자 하며, 그럼으로써 이제 그의 사유는 『존재와 시간』에서 시도했던 '현존재의 기초존재론'으로부터 존재 역사 안에서 존재 자체를 주목하는 '존재사유'(Seinsdenken)에로 이행된다. 그리고 여기서 새롭게 획득된 존재사유란 허무주의의 운명 안에서 우리에게 무로서 경험되는 존재를 그 자체로서 사유함과 동시에, 그것의 부름을 듣고자 준비해야 하는 인간의 본질이자 사명을 의미한다. 이제 우리는 그가 어떻게 허무주의와 기술 문명의 위험에 맞서 전통 형이상학을 극복하고 있는지 살펴보기로 한다.

1. 허무주의의 도래와 무無 물음의 필요성

앞서 살펴본 것처럼, 형이상학의 새로운 정초를 위해 죽음 물음에 전착해 들어갔던 하이데거는 1930년대를 전후로 하여 방법론적, 내용적 변화의 시기, 즉 전회를 맞는다. 그럼으로써 그는 이러한 전회를 통해 전기에서 주장하던 형이상학의 새로운 정초를 넘어, 그것의 극복을 언급하게 된다. 그렇다면, 그가 형이상학의 극복을 이야기하게 된 원인은 무엇이며, 또한 그 극복의 단초를 어디에서 찾고 있는가?

하이데거에 따르면, 그 원인과 더불어, 그것에 대한 해결의 단초는 현대의 세대가 겪을 수밖에 없는 시대적 운명으로서의 허무주의 안에서 발견된다. "순수 철학적 문제들은 항상 철학 밖에 있는 긴급한 문제

학회 편), 61.

들 속에 그 뿌리를 내"[3]리고 있으며, 따라서 "하이데거의 존재물음은 [...] 시대적인 문제인 허무주의와의 대결로부터 비롯된 것이다. 이러한 대결은 후기 하이데거의 존재사적 사유에서 하나의 정점에 달하게 된다."[4]

1) 니체의 허무주의와의 대결

"허무주의(nihilism)란 라틴어 단어 니힐(nihil), 즉 무로부터 왔으며, 그래서 문헌적으로는 무에 대한 주의(nothingism)라고 말할 수 있다. 이것은 무가 실존한다는 주장이라기보다는, 일반적으로 전통, 권위, 그리고 종교적 도덕적 원리의 거절을 나타낸다."[5] 특별히 하이데거에게 이러한 허무주의와의 대결은 자기 시대의 필연적 요구였다. 다시 말해, 전회 이후 그는 양차 세계대전의 학살에 대한 충격과 더불어, "융어(Ernst Jünger)가 그리고 있는 기술 문명의 본질에서 받은 충격" 때문에 자신이 경험하고 있는 허무주의와의 대결을 시도하게 된다.[6]

하이데거는 전회 이후, 전쟁의 살육, 정치적 혼란 그리고 모든 것들

---

3 칼 포퍼/박영태 역, 『더 나은 세상을 찾아서』 (서울: 문예출판사, 2008), 151.

4 이수정·박찬국, 『하이데거. 그의 생애와 사상』 (1999), 248-249.

5 Inwood, *A Heidegger Dictionary* (1999), 141. 이 용어는 철학적으로 야코비(Friedrich Heinrich Jacobi)가 피히테(Johann Gottlieb Fichte)에게 보낸 서신에서 발견되는데, 거기에서 야코비는 피히테의 관념론을 허무주의라고 불렀으며, 이것이 이 용어가 처음 사용된 실례이다. 그 외에도 장 폴(Jean Paul)이란 시인은 자신의 낭만주의 시를 시적인 허무주의(poetic nihilism)라고 불렀으며, 그 이후 투르게네프(Ivan Sergeevich Turgenev)는 이 용어를 『아버지와 아들』에서 대중화하게 된다. 특별히 투르게네프는 감각적인 인지만이 실제적인 것이며, 그렇기 때문에 실증주의라 불리는 실증(position), 즉 전통과 권위는 끝내 거절당해야 한다는 것을 이야기할 때, 허무주의란 말을 사용하였다(Martin Heidegger, *Nietzsche*, Vol. II (1939-1946) (Pfullingen: Neske, 1961), 31ff. (이하 GA6II)

6 박찬국, 『하이데거와 나치즘』 (2001), 139.

을 부품으로 만들어버린 기술문명의 경악스러움에 직면하게 되었고, 그럼으로써 자신이 전기 사상에서 주장했던 형이상학에 대한 정초가 무의미하다는 것을 깨닫게 된다. 즉, 엄청난 혼란을 통해 느껴야 했던 두려움 앞에서 전통적으로 형이상학 안에서 다루어졌던 근거들뿐만 아니라, 나아가 형이상학 자체가 무의미할 수밖에 없었던 것이다. 그리고 그는 이러한 허무주의의 상황 안에서 형이상학 그 자체가 자신이 느껴야 했던 경악을 만들어낸 근본원인이라는 사실 역시 통찰하게 된다. 다시 말해, 모든 것의 가치를 삼켜버리고, 모든 것을 무의미하게 만든 허무주의는 이미 그가 태어나고 자란 전통 서구 형이상학의 한복판에서 발생할 운명을 가지고 있었던 것이다. 이러한 이유에서 하이데거는 허무주의의 극복을 위해 다시금 형이상학의 역사를 해체해 들어가고자 하며, 그것의 첫째 상대는 반형이상학자이면서 동시에 마지막 형이상학자인 니체가 된다. "허무주의는 은폐된 서구역사의, 하지만 아직까지 거의 인식되지 않고 있는, 근본과정을 형성하는 역사적 운동"(GA48, 12-13)이며, "처음으로 니체가 '허무주의'를 사유하려고 하기 때문에 우리는 그의 사유를 숙고해야만 한다"(GA48, 18).

특별히 허무주의는 현대에서야 비로소 나타나게 된 현상이나, 반기독교적 현상, 혹은 무를 신봉하는 현상이 아닌(GA48, 13 참조) 뿌리 깊은 역사의 한 측면이며, 형이상학의 마지막 완성자인 니체에게서 마침내 명료하게 드러난 역사의 마지막 단계이다. 따라서 이러한 통찰을 통해 "하이데거는 허무주의를 니체 사유의 다음과 같은 여섯 가지 중요개념들 중 하나"이면서, 동시에 허무주의 자체를 제외한 나머지 다섯 가지 개념의 근거로서 규정한다.[7] 그의 다섯 가지 개념이란 즉,

---

7 Inwood, *A Heidegger Dictionary* (1999), 141.

'신의 죽음', '가치의 전도'(가치의 무가치화), '힘에의 의지', '위버멘쉬', 그리고 '동일한 것의 영원회귀'를 말한다.

(1) '신의 죽음'의 근거로서의 허무주의

니체에게 허무주의는 첫째로 '신의 죽음'의 근거이다. 신은 서구 역사에 가장 큰 영향을 미치는 가장 큰 가치이면서, 삶의 기준이었고, 동시에 그것을 근거로 해서 형이상학이 발전되어 왔던 중심개념이었다. 하지만 이제 그것은 허무주의를 통해 붕괴되었다. "신이라는 단어는 더 이상 빛나지 못하고, 더 이상 이야기되지 못하며, 단적으로 망각된다."[8] 그럼으로써 이제 형이상학 종말의 특징으로서의 '신의 죽음'이란 모든 기준들이 붕괴되는 허무주의의 활동 중 하나로 나타난다. "니체를 통한 신의 죽음의 선언은 서구 존재역운의 완성의 극단적인 결과이다."[9]

하이데거에 따르면, 니체가 언급한 '신의 죽음'에서의 '신'이란 초감성적인 것 일반을 지칭한다. 그것은 세상을 넘어서 있는 어떤 것이며, 세상에 간섭받지 않으면서도 차안의 세계에 대해 척도를 부여하는 참된 세계를 말한다. 이러한 피안의 세계가 인정되는 동안 인간의 삶은 자신의 모든 '목적'을 '외부로부터'(von außen her) 부과받아 왔다(GA48, 13 참조). 따라서 이와는 반대로 "그 자체로 존립하는 초감성적인 것의(des Übersinnlichen) 세계(신, 인륜법칙, 이성의 권위, '진보', '최대다수의 행복')가 자신의 지배력을 상실하는(einbüßt) 과정이 허무주의이다" (GA48, 15). 그 안에는 기독교의 하나님의 유효성이 끝났다는 일종의

8 Welte, *Denken in Begegnung mit dem Denken*, Bd. II/2 (2007), 204.
9 Ibid., 167.

해방의 기분 역시 함께 들어가 있으며, "그(신)는 환상으로만 계속적으로 빛을 뿜어내고 있는 죽은 지 오래된 별과 같다"(GA48, 16).

니체는 이처럼 기독교적인 역사 전통 안에서 신의 이름을 통해 명명된 최고의 가치들이 무가치해진 사건을 '우주론적 가치들'(cosmologische Werte)의 붕괴라 명명한다. 그에 따르면, 이러한 붕괴 안에서 우주는 이제 그 가치의 붕괴를 통해 더 이상 의미나 목적, 통일성이나 전일성(holism)을 소유하지 못하며, 존재자 전체 역시 존재하지 않는 것으로 격하된다. 이러한 붕괴를 통해, 허무주의는 존재자 전체의 중심으로부터 시작하여 인간의 자리로까지 간섭해 들어와 인간이 존재자와 관계하는 방법과 방식을 무가치하게 만들고, 완전히 뒤바꾸어 놓는다. 그럼으로써 그것은 생성의 세계를 넘어서는 그 어떠한 세계도 존재하지 않으며, 영원한 진리나 가치를 위한 장소도, 진리란 것 자체도, 세상의 모든 궁극적인 목적과 목표들도 사실상 존재하지 않음을 드러낸다. "니체적인 의미에서 허무주의란 모든 **목적들**이 사라져버리는 것을 의미한다"(GA65, 138).

신의 죽음이란 따라서 존재자 전체의 근본성격이 변화됨이다. 허무주의 안에서 신이라고 하는 절대적인 이념에 따라 평가되었던, 모든 것들의 의미와 가치들은 자신들의 평가기준을 상실하였으며, 이제 존재자를 위한 새로운 가치들이 다시금 정립되어야만 한다. "가치에 대한 말들은 새로운 지복(*neue Seligkeit*)이 발견된 곳에 꽂혀지는 깃발이 된다." 바로 여기에서 허무주의는 이제까지의 가치들의 전도를 이끌어내는 근거로 사용된다(GA48, 73).

(2) 가치전도의 근거로서의 허무주의

니체에게 허무주의란 둘째로 가치전도의 근거이다. 그에 따르면, 허무주의를 통해 나타나는 '가치의 전도'(Umwertung)란 단순히 어떤 실용적인 것의 가치변경을 뜻하지 않는다. 오히려 그것은 전체적인 우주가 모두 자기 자신의 의미를 잃어버렸다는 것 그리고 그렇기 때문에 이제 그것이 다시금 새롭게 획득되어야 한다는 일종의 요구, 즉 우주론적 가치의 전도이다. "우주가 존재자 전체를 의미하는 한, 우주론적 가치들은 전체를 '위에서'(oben) 지배하는 가치들이며, 이에 '최고의 가치들'이다. 그리고 그것들이 무가치하게 됨으로써 허무주의가 성립하게 된다"(GA48, 77). 그리고 이러한 허무주의가 우주를 허무하게 만들고, 자체로 무상하고 산산이 부서지고 허망한 것에로 전개되는 과정으로 나타남으로써 우주론적인 가치들은 모두 붕괴하게 된다.

특별히 여기서 니체가 강조하고자 하는 것은 이러한 가치의 붕괴가 최고의 가치들이 개별적 가치들의 실현을 배제해 왔던 이전의 형태 때문에 발생하게 되었다는 사실이다(GA48, 78). 최고의 것, 최고의 가치로 추앙받아왔던 것은 그것의 통일성과 전체성, 즉 존재자의 체계화와 조직화로서 정립되는 반면, 현실의 개별적 가치의 실현은 그것의 전도, 전복, 파괴, 불화, 분열 안에서 정립되었으며, 이런 이유 때문에 절대적 가치와 개별적 가치는 서로 간에 융화될 수 없었다. 하지만, 이제 "최상의 가치의 탈가치화(Entwertung)로서의 유럽적 허무주의"[10] 안에서 전통적인 입장에서 인정되었던 피안의 참된 세계는 붕괴되었으며, 지금

10 Martin Heidegger, *Metaphysik und Nihilismus* (Frankfurt(M): Vittorio Klostermann, 1999), 44. (이하 GA67)

우리가 살고 있는 차안만이 진정한 세계로 남게 되었다. 그리고 이처럼 우리의 세계가 유일한 현실로서 남게 된다면, 전통적으로 상정되었던 무조건적, 최고의 가치들은 이제 우리의 세계 안에서 타당성을 소유할 수 없게 된다(GA48, 80 참조).

지금까지 형이상학에서 자아와 타자 모두를 지배했던 최고의 가치들은 그 자체로 존재하고 영원한 타당성을 갖고 있으며, 불변하는 초감성적 '세계'로서 설정된 진선미(眞善美, das Wahre, Gute und Schöne)였다. 그리고 초감성적 세계는 차안의 세계 위에 존재하면서 이 차안에 대해 가치의 실현과 그것의 충족을 무조건적인 이상으로서 요구해왔다(GA48, 166). 그러나 이제 불변의 세계는 사실상 허상이었음이 드러났다. 따라서 우리는 새로운 '가치정립'(Wertsetzung)과 '의미부여'(Sinngebung)에로 스스로 나아가야 하는 필연성을 가지게 되며(GA48, 80), 바로 여기에서 니체는 허무주의를 극복하기 위한 도구로서 능동적 허무주의를 주장하게 된다.

> 극단적(*extreme*) 허무주의는 어떠한 영원한 진리 자체도 존재하지 않고 진리는 그때마다 거듭해서 새롭게 쟁취되고 정립되어야만 한다는 사실을 인식한다. 이를 통해 극단적인 허무주의는 이제까지의 허무주의를 단순히 서서히 붕괴시키면서 그것의 붕괴를 바라는 것이 아니다. 그것은 적극적으로 개입하여 전복시키는 능동적 허무주의로 전개된다. 능동적으로 공간을 창출하는(*raumschaffende*) 극단적 허무주의는 탈-자적인 것(*das ek-statische*)이다(GA48, 138).

능동적 허무주의를 통한 무가치화는 이제까지의 가치들을 붕괴시킬 수 있으며, 그 안에서 새로운 가치를 창조할 준비를 한다. "가치의 퇴락(Wert-Verfall)은 이미 새로운 가치들을 필연적으로 요구하고, 새로운 가치들의 정립을 향하여 돌진한다"(GA48, 167).

이처럼 최고의 가치의 무가치화로서의 허무주의는 근본적으로 새로운 가치의 정립이다. 그리고 이것은 이제까지의 가치의 영역을 제거하고 새로운 가치를 위한 영역마련을 제일의 과제로 삼는다. "허무주의는 가치를 무가치하게 하는 가치전환으로서 삶 일반(Leben überhaupt)을 새로운 영역으로 이전시킨다(versetzt)"(GA48, 167). 따라서 하이데거는 니체가 스스로를 허무주의자라고 지칭하는 이유를 단순히 퇴락, 파괴, 그리고 몰락에서가 아니라, 이러한 허무주의를 긍정적이고 미래적으로(positiv und zukünftig) 사유하고 있음에서 찾고 있다. 왜냐하면 허무주의란 가치의 전도와 새로운 가치의 창조와 정립이라는 총체적인 성격을 뜻하는 명칭이며, 다만 외견상으로만(nur scheinbar) 부정적인 모습을 지니고 있을 뿐이기 때문이다(GA48, 169). 그렇다면, 이러한 새로운 가치는 어떠한 기준으로 정립되고 있는가?

하이데거에 따르면, 니체에게 있어 새로운 가치정립이란 최고의 가치를 통해 가능해질 수 있는 것이 결코 아니다. 오히려 그것은 생성하는 세계의 본질에 따라 창조되어야 하는 것, 즉 모든 것들이 자신들의 내적 원동력으로 가지고 있는 힘에의 의지이다. 왜냐하면 니체에게는 오직 힘에의 의지만이 그 자체 존재하는 유일무이한 것이기 때문이다.

(3) 힘에의 의지의 근거로서의 허무주의

니체에게 허무주의란 세 번째, '힘에의 의지'(Wille zur Macht)의 근거이다. 니체에 따르면, 모든 사상은 존재자로서의 존재자 전체에 대해 인간이 갖는 관계에 대한 하나의 역사적 결단을 가지고 있으며, 이러한 이유에서 각각의 형이상학의 학설적인 표현이란 순수하게 객관적인 것이 아닌, 그것이 주장하고자 하는 어떤 것으로부터 파생된 일정의 전제를 지니고 있는 것이다. 따라서 각각의 사상과 형이상학은 각각에 맞는 인간의 본질에 대한 규정들을 전제하고 있다. 다시 말해, 인간은 존재자 전체에 대한 진리의 정립과 정초에 있어 언제든지 자신의 이해를 가지고 참여하기 때문에 모든 인간의 세계해석은 존재자에 대한 인간론 중 하나에 불과하게 된다(GA48, 208).

니체는 바로 이러한 인간론적 한계를 통해 '힘에의 의지'를 통찰하게 된다. 왜냐하면 모든 것들의 밑바탕엔 힘을 향한 의지들이 도사리고 있으며, 이러한 힘에게로의 지향을 통해 새로운 가치의 정립이 창조되고 있기 때문이다.[11] 여기서 니체가 말하는 힘이란 "그것이 더 본질적으로 그리고 더 무조건적인 힘이면 힘일수록, 자신 밖에 존재하는 그 어떤

---

11 하이데거에 따르면, 니체가 '힘에의 의지'에 대해서 말하는 구체적인 관점은 다음과 같은 다섯 가지이다. 1) 힘에의 의지는 니체에 의해서 1884년 이래 계획된 형이상학적 주저의 명칭이다. 2) 힘에의 의지는 존재자 전체가 존재자로서 무엇인지를 가리키는 명칭이다. 존재자의 근본성격에 대한 명칭이며, 존재자 자체의 본질구조이다. 모든 존재자는 존재하는 한 힘에의 의지로서만 존재자로서 존재한다. 인간 역시도 힘에의 의지의 한 형태일 따름이다. 3) 그러나 모든 존재자가 힘에의 의지인 한에 있어서, 존재자가 존재자로 되기 위해서 의거하는 조건들은 오직 힘에의 의지를 충족시키는 그러한 조건들, 즉 힘에의 고양으로서의 힘의 본질을 충족시키는 것들일 수 있을 뿐이다. 따라서 모든 존재자의 근본성격으로서의 힘에의 의지는 동시에 새로운 가치정립의 원리, 즉 모든 가치정립이 출발하고 되돌아가는 것이다. 4) 힘에의 의지가 존재자 전체의 근본성격으로서 새로운 가치정립의 원리가 될 경우, 힘에의 의지는 힘의 본질 자체로서 드러나며, 그것은 어떤 것에 대한 추구이다. 5) 이것은 곧 힘에의 의지는 힘 자체의 내적인 본질일 뿐만 아니라 힘 자신은 존재자의 본질 이외에 다른 것이 아니며, 이러한 존재자의 본질을 우리는 존재라고 부른다. 따라서 힘에의 의지는 존재자의 존재이다((GA48, 31-34 참조).

것도 허용하지 않으며, 그 자신의 목적은 오직 자기 자신일 수 있을 뿐"(GA48, 17)인 그러한 것이다. 세계는 모두 '힘에의 의지'이며, "인간뿐만 아니라 모든 존재자들의 특징으로서의 힘에의 의지"(GA7, 99)[12]이다. 따라서 힘에의 의지의 활동에 의한 생성의 매 순간의 계기들, 즉 다양하게 발생하는 전체 사건들의 연쇄가 곧 세계의 과정이고, 자연의 과정이며, 역사의 과정이고, 인간의 과정이다.

하이데거에 따르면, 니체가 말한 이러한 "힘이 가지고 있는 목적은 [...] 오히려 자신의 본질상, 부정해야만 하는 힘의 무조건적인 강화(Machten)이다. 왜냐하면 바로 힘 자체가 그리고 오직 힘 자체만이 정의가 무엇이고 무엇이 정당화를 필요로 하거나 정당화될 수 없는 것인지를 확정하기(festsetzt) 때문이다"(GA48, 17). 따라서 힘에의 의지가 지배하고 있는 "이러한 새로운 현실에서는 초감성적인 신은 '지배하지도 않고' 그것에 어떠한 도움도 되지 않으며, 성서적인 용어인 '신', '전능자'(der Allmächtige), '섭리'(Vorsehnung)는 이러한 용어들의 도움으로 이제까지의 사유방식에 아직 길들여져 있는 대중에게" 거짓된 위안만을 주고 있을 뿐이다(GA48, 17-18). "형이상학은 그 시작에 이미, 즉 플라톤의 사유에서 자신이 서 있는 그 근거—존재자체의 진리—를 망각하였으며, 그래서 치명적인 귀결로써 힘에의 의지의 형이상학에서 이 자신의 완성과 자신의 종말에로 떠내려가야만 한다."[13]

특별히 이러한 '힘에의 의지'가 허무주의를 근거로 해서 나타나게 된 원인은 힘이 가지고 있는 '새롭게 명령할 수 있는 능력' 때문이다. 그것은 자신을 통제할 수 있고, 자신의 주인이 되는 것을 의미한다.

---

12 "[...] der Wille zur Macht als der Grundzug alles Seienden, nicht nur des Menschen."

13 Pöggeler, *Denkweg Martin Heideggers* (1983), 135.

그리고 그것은 끊임없이 자신을 고양하는 것, 즉 자신을 보다 더 높은 단계로 올리고 자신에게 보다 더 큰 폭을 부여하는 것을 의미한다. "'자기극복'이 명령의 본질이고, 명령되는 것은 힘이다"(GA48, 29).[14] 그리고 "허무는 힘에의 의지의 기초로서 잠복해있다. 그것은 자체로 모든 새로운 가치들을 정립하기 위한 원리이"며, 이러한 허무를 가지고, 힘에의 의지는 새로운 가치를 정립함으로써 허무주의 자체까지도 극복할 수 있게 된다.[15]

'힘에의 의지'란 허무주의에 직면하여 모든 것이 전복된 세계 안에서 새롭게 명령하고, 새롭게 힘을 수행하는 것, 즉 힘 자신이 자신의 그때마다의 단계를 극복하기 위해 자신을 강화시킴을 의미한다. 다시 말해, 힘에의 의지는 힘을 향한 힘이며, 이러한 규정을 통해 우리는 힘의 본질은 자신의 초극을 위한 자기강화에 존재한다는 사실을 알 수 있다. 이러한 자기 강화와 극복 때문에 '힘에의 의지'란 니체 형이상학의 근본어이며 근본개념이 되며(GA48, 30), 허무주의는 이러한 '힘에의 의지'가 움틀 수 있는 중요한 근거가 된다.

여기서 특별히 우리가 주목해야 하는 것은 존재자의 근본성격인 힘의 본질이 자기강화라면, 이러한 자기강화란 끊임없이 자신을 넘어서는 것이며, 따라서 어떠한 중단도 없는 순수한 '생성'(Werden)이라는 사실이다(GA48, 33). "힘에의 의지는 [...] 존재자 자체의 본질, 즉 니체에게는 '생성'인 존재에 대한 명칭이다"(GA48, 36). 전통 형이상학은 생성 안에서 벌어지고 있는 대립들과 전복들을 아무것도 달성하지 못하는

---

14 "'Selbst-Überwindung' ist das Wesen des Befehlens, und *was* befohlen wird, ist die *Macht*."

15 Akihiro Takeichi, "On the Origin of Nihilism. In View of the Problem of Technology and Karma", in: Parkes, ed., *Heidegger and Asian Thought* (1990), 177.

허망한 것으로만 간주해왔으며, 그럼으로써 생성의 세계 전체를 일종의 가상으로만 평가해왔다. 생성과 과정은 전통 형이상학 안에서 언제나 불완전한 가상이었으며, 그것은 오히려 비현실적인 것이었다. 이에 비해 비생성적이며, 불변하는 세계는 모든 것들을 평가하는 무조건적 척도였다. 그것은 가장 중요한 것이고, 모든 것들이 그것으로부터 평가되어야 하는 절대적인 어떤 것이다(GA48, 79). 따라서 무조건적이며, 절대적인 가치는 저 너머에 있는 세계로서의 참된 세계이며, 이에 반대로 생성의 세계는 차안적인 세계이면서 거짓된 세계가 된다.

그러나 니체에 따르면, 거짓된 세계는 생성의 세계가 아니라, 오히려 불변의 세계이며, 그것을 확정하는 가치체계이다. '참된 세계'는 그것 자체로부터, 혹은 어떠한 현실적이며, 확실한 경험으로부터 상정될 수 없으며, 따라서 그것은 오직 인간을 위해서, 인간이 추구하는 안정성과 그의 전제에 의해, 그의 심리적 욕구에 의해 정립되어왔을 뿐이다. 그러나 이제 최고의 절대적인 것이 진정한 것이고, 생성과 과정의 세계가 거짓된 것이라고 평가할 그 어떤 기준도 허무주의 안에서 사라졌다. 이제 현실적, 차안적인 것만이 전부이며, 지금까지 상정되었던 참된 세계는 거짓된 가상일 뿐이다. "이제까지의 참된 세계, 즉 피안이 가상이 되었을 경우에 이제까지의 가상적인 세계, 즉 차안이 유일한 세계가 된다"(GA48, 79).

(4) 위버멘쉬와 동일한 것의 영원회귀의 근거로서의 허무주의

니체에 따르면, 바로 이러한 차안의 세계, 즉 생성하는 유일한 세계를 비하하고 그것과의 투쟁에서 승리하기 위해 복수심을 양산해온 역사가 바로 형이상학이다. “니체는 복수가 시간에 대한 의지의 혐오(Widerwille)라고 말한다”(GA7, 111). 형이상학은 생성을 물리치기 위해 외부적인 절대자를 상정하였고, 그것을 자신이 창작해냈다는 사실마저 잊어버렸다. 이러한 망각의 상태에서 생성의 괴로움은 이제 절대적 목적에 의해 그 자유로움마저 박탈당하고 말았으며, 저주스러운 삶은 항상 패배하는 비참함에 머물고 만다. 따라서 니체에게는 이러한 생성에 대한 회복, 즉 생성에 대한 복수심에서 풀려나오는 것이 구원의 진정한 의미가 된다. “복수로부터의 구원이란 니체에게 있어 의지 안에 있는 혐오로부터, 저항적인 것으로부터, 그리고 경멸하는 것으로부터의 구원이”다(GA7, 113).

복수심에서 풀려나오기 위해서는 생성을 거부하는 외부적인 절대자를 다시금 거부해야 만하고, 지금까지의 복수심을 사랑으로 바꾸어야만 한다. 그것이 바로 삶 그리고 그 안에 있는 고난에 대한 변호이다. 그리고 이러한 변경은 곧 위버멘쉬(Übermensch)의 본질로서 그의 도래를 요구하게 된다. 그러나 여기에도 문제는 여전히 존재할 수밖에 없다. 왜냐하면 이러한 위버멘쉬의 본질이 종래의 사고에서는 결코 이행될 수 없기 때문이다. 즉, 외부의 절대자를 상정하던 우주론, 생성에게 복수하려는 표상을 통해서는 결코 다다를 수 없다는 것이다. 그래서 차라리 삶과 고난은 그 본질상으로 하나의 원으로 바뀌어야만 한다. 그 원은 곧 끝없는 순환이며, 언제나 끊임없이 이어지는 현재의 반복을 의미한다. 동일한 것의 영원회귀가 요청된다. 위버멘쉬가 죽음을 넘어 똑같은 것, 다시 말해 힘의 의지의 영원한 돌아옴 안에서 자신의 본질을 획득해야 한다.

바로 이 그 무한한 돌아옴 안에서 ‘다시 한번’(Wiederholung)을 외치는 자가 사실상의 삶과 죽음의 주인, 즉 위버멘쉬이다.[16] "그는 동일자의 영원회귀(ewige Wiederkehre des Gleichen)를 가르치는 자이다. 그것은 즐겁고-고통스러운 삶의 무진장한(erschoepflche) 충만이다"(GA7, 105). 따라서 위버멘쉬와 동일자의 영원회귀는 서로가 서로를 요청하는 공속적인 것이다. 위버멘쉬는 영원회귀 없이는 이행될 수 없으며, 영원회귀는 위버멘쉬의 출현을 통해서만 자신을 드러낼 수 있을 뿐이다.

그러나 문제는 이 영원회귀가 하나의 이론이 아니며, 그래서 상식이나 학문 안에서 정당화될 수 없다는 점이다. 오히려 니체에게 어떤 것이 이론화되거나 정당화된다는 것은 이미 그가 바라던 디오니소스적인 것을 거부하고, 여전히 아폴론적인 복수심에 스스로를 복종하는 것에 불과하다. 따라서 영원회귀는 이론적인 절대기준이기를 거부하며, 오직 위버멘쉬를 이행하기 위한 임시적 다리로서의 역할을 다할 뿐이다. 모든 것들은 위버멘쉬를 위해 새롭게 정립되었다가 무너지기를 반복할 각오가 되어있다.

바로 여기에서 니체의 넷째와 다섯째 허무주의의 의미가 위버멘쉬와 영원회귀의 근거로서 등장한다. 그것은 바로 능동적으로 생성에 대한 복수를 극복하고 새로운 위버멘쉬로 향할 수 있는 근거로서의 허무주의를 말한다. 능동적인 허무주의는 긍정을 위한 부정으로서, 모든 것들을 때려 부수고, 그 위에 위버멘쉬와 영원회귀로서의 고유한 진리를 만들어간다. 다시 말해, 이것은 가치들의 재가치화에 의해 새로운 가치들을 만들어낸다. "이제까지의 최고의 가치의 무가치화로서의 허무주의는 근본적으로 새로운 가치의 새로운 정립이다"(GA48, 167).

물론 이러한 능동적 허무주의는 단순히 옛 장소에 새로운 가치를

16 Alexander, *Der Tod im Existentialismus* (1997), 36.

대치시키는 작업이 아니다. 즉, 전통적 인간 대신에 위버멘쉬를, 전통적 존재론 대신에 영원회귀를 집어넣는다면, 그것은 다시금 인간을 얽매고 생성을 미워하며, 오직 불변의 세계만을 절대적인 세계로 주장한 것을 이름만 바꾸어 되풀이하는 것에 불과하다. 오히려 대치시킬 수 있는 장소는 이미 사라졌으며, 가치를 위해 거주할 수 있는 진정한 세계란 존재하지 않는다. 새로운 가치란 하늘로부터도, 존재자로부터도 오지 않지만, 그러함에도 불구하고, 이제 도래해야 하는 새로운 가치를 위해 존재자는 새롭게 해석될 것이다.

하이데거에 따르면, 이러한 능동적 허무주의의 논의들에도 불구하고, 니체는 허무주의의 극복에 실패했다. 왜냐하면 니체 역시도 하나의 형이상학적 형태, 그것도 마지막의 형태로 형이상학에게 봉사하고 있을 뿐이기 때문이다. 하이데거는 다음과 같이 이야기한다.

> 니체가 최고의 가치들을 범주로서 사유한다는 것은 그가 형이상학의 근본입장에 머무르고 있다(verharrt)는 사실을 드러낸다. [...] 그가 자신을 반(Anti)-형이상학자로서 지칭한다는 사실 역시 그가 형이상학에 대해서 대립하기 위해서, 그리고 형이상학을 전도하고 언뜻 보아 그것에 대해 적대하는 자로서 존재하기 위해서 형이상학을 필요로 한다는 사실을 의미할 뿐이다(GA48, 85).

특별히 니체가 허무주의의 극복을 실패한 이유는 그것이 단순히 새로운 가치와 새로운 형이상학을 만드는 것에서 가능한 것이 아니기 때문이다. 그것은 오히려 허무주의의 본질 안에 도사리고 있는 형이상학의 완성 안에서 존재의 거절을 발견해야만 가능한 것이다. 허무주의의

의 본질은 존재자체에 대해 아무것도 존재하지 않는다는 역사이며, 그렇기 때문에 허무주의는 단지 존재자체를 깨달음으로써만 효과적으로 투쟁될 수 있을 뿐이다. 니체는 이러한 허무주의의 본성을 식별하지 못했기 때문에, 왜 허무주의에서 무가 문제가 되는지를 분명하게 드러내지 못했고, 마침내 허무주의 극복에 실패했다. "존재의 스스로를-내뺌이 형이상학의 역사로서 본래적인 허무주의의 본질이라는 사실을 전개하기 위해, 하이데거는 니체의 사유와 대결할 필요가 있었다."[17] 그러나 "[...] 니체는 이 사상을 여전히 형이상학적으로 그리고 단지 그렇게 사유해야만 했"다(GA7, 122).

허무주의 안에서 드러나는 무가 진정한 자신의 본성을 감추고 그 자신을 다양한 표면적 변장을 통해 드러냈다는 사실은 허무주의에 있어 본질적인 것이다. 따라서 하이데거가 언급한 것처럼 허무주의는 니체의 방식으로는 결코 극복될 수 없다. 오히려 니체와 같이 신의 죽음을 선포하고, 가치를 전도시키며, 힘에의 의지와 위버멘쉬를 선포하고 그 근거로서 동일한 것의 영원회귀를 설정하는 것은 기존의 형이상학이 했던 존재에 대한 망각을 다시 한 번 되풀이하는 것에 불과하다.

물론 니체가 결정적으로 실패한 책임은 니체 본인에게 있지 않다. 오히려 그 책임은 존재자체에게 있으며, 니체는 실패할 수밖에 없는 존재운명 안에 놓여있을 뿐이다. "존재의 떠남이 [...] 그렇기 때문에 동시에 처음으로 니체가 허무주의로서 인식했던 것의 근원적인 본질규정이다"(GA65, 119). 따라서 허무주의의 극복은, 다시 말해 다시 불러와야 하는 존재는 인간의 손짓과 부름에 의해서는 좌지우지되는 것

17 Stefan Winter, *Heideggers Bestimmung der Metaphysik* (Freiburg/München: Karl Alber Verlag, 1993), 227.

이 아니다. 따라서 우리는 그것의 도래를 준비할 수 있을 뿐이지 그것을 강제할 수는 없다. 우리는 그것을 위해 사용될 뿐이다. 이러한 입장을 가지고 하이데거는 니체가 행했던 허무주의와의 대결 자체와 재대결함으로써 형이상학의 극복이라는 자기 자신의 목표를 달성하고자 한다. 그는 니체가 통찰한 것처럼 허무주의가 이제까지의 모든 '가치들이 전환되는' 과정이라는 사실을 수용한다. 이러한 과정을 통해 존재 역사 안에서 드러났던 어떤 절대적인 이념들은 단지 오해되었던 고착된 관념일 뿐이었던 것으로 드러난다. 그것들은 가치들의 전환을 통해 깨어져야 할 것에 불과하다. 오히려 그것과 다른 존재자체를 발견하기 위해서는 존재 역사 안에 있는 "존재망각이 허무주의의 본질이"[18]라는 사실을 깨달아야 한다.

여기서 존재망각이란 곧 현대가 존재자체가 존재자에게서 떠나버린 시대이며, 존재를 망각하고 있다는 사실조차 망각해 버린 허무주의의 근본적인 원인이다. "존재망각을 경험한다는 것은 존재가 의미하는 바가 이 시대에서 한갓 '기술적으로 통제 가능하게 눈앞에 사물적이게 있음으로 간주됨으로써 존재자체가 빠져 나갔다는 사실의 경험을 의미한다."[19] 그럼으로써 그는 후기에서 존재망각 혹은 존재의 내뺌과 같은 근본적인 현대의 운명을 자각함으로써 그 위에서 다시금 근원적인 존재사유에로 향할 수 있는 새로운 가능성을 모색하게 된다.

---

18 이수정 · 박찬국, 『하이데거. 그의 생애와 사상』 (1999), 243.
19 앞의 책, 같은 곳.

2) 허무주의의 본질로서의 존재 역사

하이데거에 따르면, 허무주의로 내몰릴 수밖에 없었던 서구의 사상적 운명은 존재망각에 그 본질을 가지고 있다. 왜냐하면 플라톤에서 니체에 이르는 서양 형이상학의 전체 역사는 존재의 관점에서 사유되었지만, 그러함에도 불구하고 그 존재는 감춰져 있었기 때문이다. "형이상학은 또한 존재자를 그것의 존재 안에서 표상하며 그로써 또한 존재자의 존재를 사유한다. 그러나 형이상학은 존재 그 자체를(Sein als solches) 사유하지 않으며, 그 둘(존재자와 존재) 간의 차이를 사유하지 않는다"(GA9, 322). 따라서 서양 형이상학의 근저에 자리 잡고 있는 허무주의의 역사는 존재의 역사, 존재가 더욱 더 망각되고 은폐되어가는 역사이며, 그렇기 때문에 형이상학의 극단은 모든 존재자와 그러한 존재자의 존재가 전적으로 무의미해지는 허무주의로 드러날 수밖에 없었다.

카이사(Volker Caysa)에 따르면, 전통 형이상학에서 발생한 존재와 존재자 사이의 변경(Verwechslung)은 '존재망각'이면서 '유래망각'(Herkunfts-)이고, '탄생의 망각'(Geburtsvergessenheit)이다.[20] 이것은 곧

20 Caysa, *Das Seyn entwerfen* (1994), 43-49. 카이사는 존재망각을 다음과 같은 14가지로 분류한다. 1. 존재자와 존재는 동일하다. 존재는 단지 존재자의 문제이다. 2. 존재에 대한 물음은 존재자에 대한 물음이다. 3. 따라서 존재의 의미물음은 잘못 설정된 것이다. 4. 존재와 존재자의 존재론적 차이는 경시되었다(vernachlässigt). 5. 존재자의 가능성은 존재의 무의 지평에서(im Horizont des Nichts des Seins) 사고되지 않는다. 6. 존재와 존재자의 교체(Verwechslung)는 존재망각이면서 유래망각이고, 탄생의 망각(Geburts- vergessenheit)이다. 7. 개방가능한 것(Das Offenbare), 즉 존재는 존재자로 교체된다. 존재는 개방성 안에서는 은폐된다. 8. 지금까지의 존재론적 차이의 무에 대한 사유는 숙고되지 못한 채, 우리를 위한 존재의 본질에 속하고, 또한 우리를 위한 존재의 자기 은폐에 속한다. 9. 존재의 부재는 전적인 존재의 현존으

존재자의 가능성이 '존재의 무의 지평에서'(im Horizont des Nichts des Seins) 사고되지 않았으며, "존재론적 차이가 존재자와 존재 사이의 무"라는 점을 망각한 사건이다(GA9, 123).[21] 따라서 전통 형이상학은 무를 배제하고 현존만을 절대화함으로써 존재자체를 떠나보냈고, 이제 그 빈 자리에 허무주의가 나타난다. "존재의 떠나버림(Seinsverlassen- heit)은 존재망각과 진리의 탈취에 속하며", 그럼으로써 존재가 스스로 떠나버린 그 자리에 존재망각이 나타난다(GA65, 293).

그러나 여기서 중요한 것은 이러한 존재망각이 결코 형이상학의 단순한 실수나 오류에 의한 것이 아니라는 점이다. 오히려 하이데거에 따르면, 이것은 자기 자신을 드러내지 않고 숨기는 존재자체의 특성, 존재자체의 역사적 운명에 기인한다. "존재가 사유되지 않고 있다는 사실은 더 정확한 의미에서 사유에 놓여있지 않고, 오히려 그 자체로 떠난 존재에 놓여 있다"(GA6II, 353, 356). 다시 말해, 허무주의는 존재망각의 역사이지만, 그 근거에 있어서는 존재가 자기를 숨기는 존재은폐의 역사의 한 부분일 뿐이다. 이러한 이유에서 존재망각에 대한 이해는 이제 후기에서 새롭게 바뀌어 규정된다. 존재망각이란 표현 그대로 존재에 대한 잊어버림, 다시 말해 그것을 제대로 묻지 못해 오해함으로

로 대체된다. 존재의 결핍은 오히려 존재자에 대한 절대적 긍정을 통해 보상된다. 그리고 이것은 곧 존재의 부재로서 존재의 떠남(Seinsverlassen- heit)이다. 10. "존재의 떠남은 존재망각과 진리의 탈취가 속한다." 11. "존재의 떠남은 존재망각의 근거이다." 12. 존재의 떠남이 스스로를 위장하고 있는 존재망각의 긴급함(Not)은 존재의 진리와 그것의 현성의 울림이다. 존재의 떠남은 형이상학의 밤으로부터 자기 감춤으로써의 존재가 처음 일출하는 것이다(Dämmerung). 13. 존재론적 차이는 존재의 의미, 혹은 존재의 진리에 대한 물음 없이는 주제화되지 못한다. 차이는 하나의 통로이다. 14. 존재의 무 안에 있는 존재와 존재자의 관계물음은 하이데거적 기초해석학의 존재론적 근본물음이다. 이 물음은 무의 시간적 관점의 지평에서 제기된다.

21 "Die ontologische Differenz ist das Nichts zwischen Seiendem und Sein."

써 "존재가 떠나가버린(verlassen)" 사건[22]이지만, 그 근저에는 존재자체가 스스로 떠나가서, 자기 자신을 은폐하고 있는 존재역운이 놓여 있다.

존재역운, 즉 존재 역사의 마지막 단계로서 나타난 허무주의 안에서 이제 세계 전체의 의미는 모두 상실된다. 그리고 이러한 현대의 의미상실의 경악 안에서 실존 전체가 근저에서부터 뒤흔들려 버린다. "시대의 근본기분으로서의 경악(Erschrecken)과 불안(Angst)이라는 근본기분을 통해 일어난다."[23] 경악이라는 근본기분을 통하여 우리는 모든 충만한 의미와 존재가 존재자에게서 떠나 버렸으며, 이에 존재자는 공허한 무와 같이 되어 버렸다는 사태에 직면하게 된다.[24] 이것은 단순히 문명이 붕괴된 것, 혹은 한 문화권의 가치체계가 상실되어 퇴락해버린 것을 의미하지 않으며, 오히려 역사 자체의 근원적 본질 안에 어떠한 문제가 있다는 사실을 드러내는 사건이다. "허무주의의 본질은 [...] 존재자체가 그 안에서 그 어떤 것과도 함께 하지 못하는 역사이다"(GA6II, 338). 존재는 이제 존재자와 함께 하지 못한다. 왜냐하면 존재는 이제 창조의 신이나, 표상의 주체라는 존재자의 모습으로만 표상되어왔기 때문이다.

> 나타나는 것은(Was sich gibt), 단지 존재자이며, 존재는 존재하고 있음(Seind-sein)으로 환원되고, 때때로 구성되는(또는 파악되는) 존재자의 성격이거나 극단적인 경우 존재가 아닌 것(nicht)으로서의 무의 변증법적 부정 안에서 지양된다. 그럼으로써 그것은 반드시 망각되고

---

22 Inwood, *A Heidegger Dictionary* (1999), 72.
23 이수정·박찬국, 『하이데거. 그의 생애와 사상』 (1999), 241.
24 앞의 책, 같은 곳.

만다. [...] 허무주의는 우리 현존재의 동류적인 경향으로서 인식되어야만 하고, 그럼으로써 존재자체의 가장 고유한 탈은폐(Entbergung)로서의 은폐의 역사로 인식되어야만 한다.[25]

그러나 하이데거에 따르면, 허무주의가 존재 역사의 마지막 결론은 아니다. 왜냐하면 존재가 스스로를 드러내는 존재 역사 안에는 언제나 그것이 망각되고, 떠나있다는 하나의 긴급함 때문에 자체로 구원의 가능성 역시도 함께 존재하고 있기 때문이다. "떠났다는 사실, 그리고 망각되어 있다는 사실 때문에 다시금 긴급함은 새로운 가능성으로 나타나게 되었다."[26] 그렇다면, 이러한 가능성이란 무엇인가?

하이데거에 따르면, 그것은 바로 우리가 긴급함으로 느끼게 되었다는 그 사실에서, 즉 어떠한 것이 모두 떠나버렸고, 망각되어버린 그 상황에서 우리가 느끼는 경악의 근거를 말한다. 우리가 느끼는 경악 안에서 우리는 무엇인가 존재자와는 전적으로 다른 것을 느끼면서 경악한다. 그것은 어떠한 존재자도 아니기에 무이다. "이것(무)은 오히려 나의 존재를 근저에서부터 뒤흔들어 놓으면서 이 기술시대의 진상 앞에 나를 직면시키고 존재자 전체를 새로운 안목으로 보게 하는 강력한 무엇이다. 그것은 사실은 존재자 전체의 진리를 드러내는 것으로서의 존재이다."[27] 이제 "상실에 이르는 대신, 즉 우리 시대가 허무주의로 완성되는 대신, 존재의미의 상실로부터 존재 의미로의(존재 진리로의)

25 Constantino Esposito, "Die Gnade und das Nichts. Zu Heideggers Gottesfrage," in: *'Herkunft aber bleibt stets Zukunft'. Martin Heidegger und Die Gottesfrage*, hg. Paola-Ludovica Coriando (Frankfurt(M): Vittorio Klostermann, 1998), 199.

26 Caysa, *Das Seyn entwerfen* (1994), 49.

27 이수정·박찬국, 『하이데거. 그의 생애와 사상』 (1999), 242.

전회가 전통적인 이 시대 안에서 발생했으며, 우리가 '역사'라고 부르는 것에 대한 의미의 전회를 요구한다."[28] 이러한 전회란 바로 서구의 사상사를 지배해왔던 역사로서의 형이상학을 변경시키는 것, 다시 말해 존재 역사로서의 형이상학을 극복하는 것이다.

물론 우리가 잊지 말아야 하는 것은 하이데거가 여기서 '극복'이라 단어를 통해 수행하고 있는 것이 그것의 전적인 폐기, 혹은 무효를 주장하는 것이 아니라는 사실이다. 오히려 그는 형이상학의 극복이라는 기획 안에서 "순수한 '무화'(Vernichtung)로서가 아니라, 오히려 전적인 형이상학적 전통의 선입관에 의해 은닉되어 있고, 이러한 전통에 은폐되어 전승되어 있던 근원적인 현성을 해방"시키려 시도하게 된다.[29]

2. 형이상학의 극복

하이데거에 따르면, 존재의 역사 안에서 현대의 허무주의가 도래한 이유는 형이상학이 자체로 극단에 이르러 완성되었기 때문이다. 또한 이러한 완성은 현대의 과학기술문명이라는 형태로 드러나게 되었으며, 결국 그 안에서 존재자들은 익명화되고, 모든 것은 일종의 도구로서 계산되는 상황에 처한다. 물론 이것은 인간 역시 예외는 아니다. 인간 역시도 자신들의 멸절을 두려워하면서 주어져 있는 기술의 지배에 복종해야 하는 하나의 부품으로 전락해 있다.

특별히 하이데거는 이러한 허무주의와 기술문명이 단순히 형이상

28 Esposito, "Die Gnade und das Nichts. Zu Heideggers Gottesfrage" (1998), 200.
29 Ibid.

학을 새롭게 정초한다고 해결될 문제가 아니며, 그것들의 뿌리로서의 형이상학을 더 철저하게 극복할 때, 실마리를 찾을 수 있다고 이야기한다. "전통 형이상학이란 진정한 고향을 건립하는 데 실패했을 뿐만 아니라, 그것을 건립하는 것을 방해하고 있다. [...] 그(하이데거)에게는 전통 형이상학의 극복이 문제가 된다."[30]

1) 형이상학 극복의 의미

하이데거가 형이상학의 극복이라는 자신의 기획에서 사용하고 있는 '극복하다'(überwinden)라는 단어는 일상적인 언어사용에서 "그의 규정된 힘을 잃어버리도록 어떤 것에 반대하면서 관계하다"(gegen etwas so angehen, dass es seine bestimmende Macht verliert)[31]라는 의미를 가지고 있다. 따라서 우리는 일반적으로 형이상학, 허무주의 그리고 기술문명을 극복한다는 것이 우리 스스로가 어떻게 직접적으로 존재망각에 대항하여, 우리에게서 사라져버리고 떠나가 버린 어떤 것에 관계하면서, 그 상황을 철저하게 이겨내는 것이라고 정의할 수 있다.

그러나 하이데거에 따르면, 이것은 인간 스스로의 의지를 가지고 벌이게 되는 일종의 비본래적인 '빠져있음'(Verfallensein)에 속한다. 다시 말해, 이러한 시도는 인간이 존재를 자신의 힘과 지배력을 통해 마음

---

30 이수정, 박찬국, 『하이데거. 그의 생애와 사상』 (1999), 49. 우리는 전기 하이데거의 형이상학의 새로운 정초요구와 후기의 형이상학의 극복 간의 관계를 다음과 같이 이해할 수 있다. "물론 하이데거는 형이상학의 정초나 형이상학의 근거에로의 진입과 같은 표현을 후기의 존재사적 사유에서는 버리고 있다. 그럼에도 그는 전기든 후기든 항상 동일한 사태를 문제 삼고 있다고 생각된다. 전회란 전기의 사상을 폐기하는 것이 아니라, 전기의 사상을 보다 철저히 사태에 맞게 사유하는 것을 의미한다."

31 Winter, *Heideggers Bestimmung der Metaphysik* (1993), 230.

대로 할 수 있다는 신념을 가지고 오해하는 일상적인 태도들에 불과하다는 것이다.[32] "존재사적으로 존재의 역사로서의 극복, 인간의 계획된 사적인 일(Gemächte)이 아니다"(GA67, 11). 오히려 극복시도는 인간의 편에서가 아니라, 철저히 존재의 편에서 수행되어야 하며, 따라서 존재 자체가 다양하게 자신을 드러내 왔던 형이상학 그 자체의 기원으로 소급해 올라가야만 한다. "형이상학의 극복은 그것의 잃어버린 근거에로 소급해 들어가 그것의 본질적인 요소를 통찰하고, 그럼으로써 그 안에 은폐되어 있는 존재의 진리를 드러내고자 하는 의도를 담고 있다."[33] 즉, 형이상학의 극복이란 그것의 기원으로 돌아가 새롭게 존재 역운 안에서 존재의 드러남을 통찰하기 위한 준비이다. "존재의 드러남과 생기함을 위한 준비, [...] 이러한 준비는 사유의 새로운 길, 즉 사유의 그 기초로 되돌아가고 존재의 역운의 부분으로서 역사적 전통과 더불어 대화하는 데 기여하는 본질적이며, 숙고적인 사유를 통해 실제가 된다."[34]

물론 여기서 그가 형이상학의 기원을 통찰하려 하는 시도는 앞서 살펴보았던 형이상학의 새로운 정초요구를 위한 연구, 즉 아리스토텔레스 이후에 나타난 형이상학이라는 낱말의 최초정립에 대한 것이 아니다. 정반대로 이러한 시도는 형이상학이라는 말이 성립되기 이전에, 그 말로 지칭하려고 했던 경험들, 즉 형이상학이라는 이름으로 명명되기 이전의 시원적인 존재경험 그 자체와 관련된다.

---

32 Ibid., 231.

33 이유택, "하이데거와 형이상학의 문제" (2005), 7. 이러한 이유를 통해 하이데거는 형이상학과 관련하여 극복(Überwindung)이라는 말 대신 초극(Ver- windung)이라는 말을 사용하기도 한다.

34 George Kovacs, *The Question of God in Heidegger's Phenomenology* (Illinois: Northwestern Univ. Press, 1990), 5.

> 하이데거는 일종의 형이상학의 근거 안으로의 되돌아감(Rückgang)을 통해 존재자체의 진리를 사유하려는 시도를 할 때, 그 근거가 은폐된 채 남아있고, 감춰져(verborgen) 놓여있는 하나의 역사로서의 형이상학을 경험한다. 그래서 형이상학의 근거 안으로 되돌아감은 형이상학을 극복해야 할 필연성이 된다. [...] 형이상학적 단초를 극복할 수 있기 위해서는 사유가 형이상학적으로 사유된 것(Gedachten)의 사유되지 않은 것(Ungedachten)에로 [...] 향해야(zuwenden) 한다.[35]

"이러한 [...] 사유는 하지만 하이데거에 의한다면 [...] 서구 철학의 전통의 해체로서 기술되지 않으며"[36], 오히려 형이상학의 본질 자체를 통찰함으로써 "존재물음이 어디에서부터 제기될 수 있었는가라는 보다 더 근원적인 물음을 제기하는 것",[37] 즉 뒷걸음질(Schritt zrück)을 의미한다. 여기서 말하는 뒷걸음질이란 후기 하이데거 방법론으로서 존재가 자신을 드러내었던 장소를 형이상학으로 간주하고, 그것의 근원적 경험들을 제일시원으로서의 고대 그리스철학자들의 존재경험으로까지 뒤로 물러서면서, 소급해 올라가 자신을 드러내는 그것이 스스로 드러내도록 하는 것이다. "뒷걸음질은 이제 도래하려는 것으로부터 뒤로 물러선다. 그것으로부터 거리를 둔다. 거리 둠(Gewinnen des Abstandes)은 멀리함(Entfernung), 즉 사유해야 할 것이 자유롭게 가까이 다가오게 해줌이다"(GA14, 32). 이러한 방법론을 통해, 이제 하이데거

---

35 Pöggeler, *Der Denkweg Martin Heideggers* (1983), 143.

36 Kovacs, *The Question of God in Heidegger's Phenomenology* (1990), 5.

37 Pöggeler, *Der Denkweg Martin Heideggers* (1983), 177. "Heidegger [...] sondern fragte [...] nach ihrem Wesen. [...] Die Seinsfrage der Metaphysik wurde zürukgetrieben auf die ursprünglichere Frage, von woher die Seinsfrage überhaupt gestellt weden könne."

는 이전까지 전해 내려오는 철학적 의견들의 배후로 돌아가서 그것을 가능하게 했던 사태를 직시함과 동시에, 그것이 현대에 이르러 무의 경험 안에서 자신을 드러내고 있음을 통찰하게 된다. "뒷걸음질은 형이상학으로부터 나와서 형이상학의 본질 속으로 움직이는 것이다"(GA11, 47). 그렇다면, 이러한 사유된 것의 사유되지 않은 것, 즉 근거란 무엇을 의미하는가? 특별히 하이데거는 이것의 단초를 형이상학이라는 단어 자체에서 발견한다.

앞서 제1부 2장에서 살펴보았던 것처럼, 형이상학이라는 단어는 비교적 뒤늦게 만들어진 것이다. "그 그리스어의 어순의 유래는 [...] 메타 타 피지카(μετὰ τὰ φυσικὰ), 아주 온전하게 말해보면, 타 메타 타 피지카(τὰ μετὰ τὰ φυσικὰ)이다"(GA29/30, 38). 특별히 이 말과 관련하여 하이데거가 전회이전에 형이상학의 새로운 정초를 위해 앞선 접두어인 '메타'(μετὰ)에 주목했다면, 이와 다르게 그는 전회 이후 형이상학의 극복을 위해, 뒤에 붙은 명사인 피지카(φυσικὰ)에 주목하게 된다. 그럼으로써 그는 이 피지카라는 낱말을 단순한 물리학이나 자연학이라는 하나의 분과에서 살펴보려하지 않고, 그것이 가지고 있는 본질, 즉 그 낱말을 처음 사용한 소크라테스 이전 사상가들의 감춰져 있던 존재경험에 주목한다.

> 피지카라는 낱말에는 일반적으로 자연(Natur)이라는 낱말을 가지고 번역하는 피지스(φύσιζ)라는 낱말이 숨어 있다. 이 자연이라는 말 자체는 '태어나다', '생성하다', '자라나다'라는 뜻을 가진 라틴어 나투라-난시(natura-nasci)에서 온 것이다. 그것은 동시에 그리스어 피지스라는 낱말의 근본 뜻이기도 하다. 피지스라는 낱말은 '자라나고 있는

것(das Wachsende)', '자람(das Wachstum)', '그런 자람 가운데에서 자라난 것 자체(das in solchem Wachstun Gewach- sene selbst)'를 뜻한다"(GA29/30, 38).

하이데거에 따르면, 이러한 '자람'(das Wachstum)은 동물이나 인간의 차원에만 머무르지 않는다. 이것의 의미는 "오히려 사계절의 변화 한가운데에서 그리고 사계절의 변화에 의해서 두루 지배되는 한가운데에서, 낮과 밤이 교체되는 한가운데에서, 천체가 운행하는 한가운데에서, 폭풍과 폭우 그리고 거대한 자연력의 광란의 한가운데에서 일어나는 그런 사건으로서의 자람이라는 의미"(GA29/30, 38)이다. "피지스는 드러나면서 은폐성으로부터 비은폐성으로 현존하고 있는 것을 앞서-가져오는(vorbringt), 스스로를 자기 자신으로부터 빛을 내고 있는 드러남"(GA79, 64), 즉 '전체에서의 존재자가 제 스스로를 형성하면서 전개해나감'(sich selbst bildenen Walten des Seienden im Ganzen)이다 (GA29/30, 39).

고대철학자들은 이러한 피지스를 통해 "인간 자신을 지배하고 있는, 그리고 그것에 대해서 인간이 마음대로 힘을 발휘할 수 없는, 그러나 그것에 대해서 이미 언제나 자신을 표명해온 바로 그 인간을 두루 지배하며 휩싸고 있는 그런 전체적인 전개를 의미하고 있다."[38] 즉, 시원적 존재경험 안에서 인간은 이러한 피지스의 사건이 자신에게 다가와 그 자신을 지탱하고, 그 자신을 억누르고 있는 것으로 이해했다. 하나의 사건으로서, 그리고 전체에서의 존재자로서의 피지스는 "더 근원적으로는 자연과 역사 모두를 포괄하고, 때로는 신적인 존재자까지 그 자체

---

38 Ibid., 39.

안에 포함하고 있는 그런 근원적인 뜻을 가지고 있"[39]으며, 하이데거는 바로 이것이 존재자가 자체로 자신을 드러내는 존재라고 이야기한다.

하이데거에 따르면, 이러한 피지스는 하나의 세계로서 고대 그리스인들에게는 경-이(Er-staunen)라는 근본기분 안에서 열렸다.[40] 모든 것이 그 전과는 전혀 다르게 나타난다는 데, 그 안에는 경이라는 기분이 근본기분으로서 존재한다. 경이는 다른 놀람의 방식들처럼 범상한 것으로부터 눈을 돌려 특이한 사태에로 향하게 되는 것이 아니라, 오히려 가장 당연한 것에 자신을 향하게 만든다. 이를 통해 가장 당연한 것이 모든 것 중에서 가장 예사롭지 않은 것으로 드러나며, 모든 것이 낯설고 우리의 경이를 불러일으키는 것으로서 나타난다. "이렇게 해서 드러난 예사롭지 않은 세계가 그리스식으로 이해된 자연, 즉 피지스란 의미에서 가장 자연스러운 것이었다."[41] 그것은 자신 안에서 존재자가 비로소 관찰될 수 있고, 드러나도록 해주는 존재자체이며, "은폐된 것으로부터 스스로 밖으로 벗어나와서 그 은폐된 것을 비로소 서 있음으로 이끌어오는 성립(Herstellen)을 말한다"(GA40, 17). "밝힘과 은폐의 투쟁은 현존과 밝힘의 사이-나눔과 더불어 존재의 근본구조에 속하는 것이다."[42]

이와 다르게, 인간은 로고스로서, 이러한 피지스를 표현함으로써 존재한다. 하이데거에 따르면, 인간이 피지스를 가지고 표현하는 것은 다스리고 있는 존재자의 다스림, 다시 말해 스스로를 형성하고 있는 존재자의 질서와 규율, 존재자 자체의 법칙 등이다. 그리고 이러한 법칙

39 Ibid.
40 이수정·박찬국, 『하이데거. 그의 생애와 사상』(1999), 250.
41 앞의 책, 251.
42 전동진, 『창조적 존재와 초연한 인간』(2002), 97.

을 표현한다는 것은 곧 "이야기함에서 개방된 것이며, 이러한 이야기함은 그리스어로 레게인(λεγειν), 즉 로고스"이다(GA29/30, 40). 또한 "레게인의 반대개념, 즉 표현의 반대개념은 크리프테인(κρυπτειν), 즉 숨겨진 채로, 그리고 숨겨진 상태 속에 붙들어 둠이다"(GA29/30, 41).

특별히 레게인의 근본기능은, 전개되고 있는 것을 숨겨져 있음에서부터 가지고 옴이다. 이와 반대로 레게인의 대응개념은 은폐(Verbergen)이며, 이러한 은폐와 관련되어 있는 레게인의 근본적인 의미는 '은폐되어 있음으로부터 데려오기', 즉 탈은폐함(Entbergen)으로 드러나게 된다. "로고스에서는 존재자의 전개가 탈은폐되고 있다. 즉 개방되고 있다. 아니 오히려 개방되고 있는 바로 그것은 로고스 자체이다"(GA29/30, 41).

나아가 하이데거에 따르면, '피지스와 로고스', 즉 '존재와 인간' 사이의 연관은 그리스 후기에 아리스토텔레스가 가장 초기의 그리스 철학자들에 대해서 말하는 자리에서, 그리고 그들을 자신의 시조라고 이야기하고 있는 자리에서 그들을 '퓌지오로고이'(φυσιολογοι)라고 부르고 있음에서 드러난다.

> 생리학이라는 의미에서 이해되는 그런 '생리학자들'도 아니고, 자연철학자들도 아니다. 오히려 피지오로고이는, 전체에서의 존재자에 대한 물음을 지칭하기 위한 참다운 본원적인 명칭이며, 피지스에 대해서, 즉 전체에서의 존재자의 전개에 대해서, 자신을 표명하고 그 전개를 표명에로, 탈은폐(진리)에로 데려오는 이들을 지칭하기 위한 명칭이다(GA29/30, 43).

특별히 여기서 하이데거가 언급하고 있는 "탈은폐란 곧 진리의 그리스어인 알레테이아(ἀ-ληθεια), 즉 비-은폐성을" 일컫는다. 알레테이

아란 하이데거의 "앞서 사유하는 회상적 사유"(vordenkendes Andenken)가 집중적으로 조명하는 '첫 시원적'(erstanfänglich) 낱말들 가운데 하나이다.[43] 그리고 이 단어에는 독일어의 부정 접두어인 'un-'의 뜻과 기능을 가지고 있는 a가 일종의 결여태로서 사용되고 있으며, 그럼으로써 진리란 "스스로를 숨기려고 애쓰는 피지스와 대결을 벌이면서 숨겨진 상태에서부터 잡아채어져야 하는 것이다. 진리란 인간존재가 존재자 전체하고 벌이는 가장 내적인 대결 자체"이며, "탈은폐함으로서의 진리는 결국 인간의 온전한 투신을 요구한다."[44] 따라서 존재의 경험에 대한 진리, 피지스에 대한 로고스, 다시 말해 고대의 존재에 대한 본질경험은 하나의 대결로서의 알레테이아이다. 왜냐하면 알레테이아는 이미 레테(ληθη)에 그 낱말의 어원을 가지고 있으면서, 일종의 간직하고 보존하는 근원적인 사태를 드러내고 있기 때문이다. 레테는 알레테이아의 박동하는 '심장'(GA14, 78) 또는 '선행하는 근거'[45]이다. 진리는 자신의 현성을 위해서, 은폐를 본질적으로 필요로 하게(brauchen) 된다(GA7, 263-264). 알레테이아는 은폐된 것의 비은폐를 의미하며, 은폐되는 것을 근본성격으로 가지고 있는 피지스의 드러남이다. 이러한 시원적 피지스로서의 존재의 드러남 때문에 "사유자는 그가 알레테이아를 사유하는 한, 시원을 사유"(GA54, 242)[46]할 수 있는 것이다. 그렇다면,

---

43 Werner Marx, *Heidegger und die Tradition. Eine problemgeschichtliche Einführung in die Grundbestimmungen des Seins* (Hamburg: Felix Meiner, 1980), 131.

44 Ibid., 43-44.

45 Martin Heidegger, *Parmenides* (Frankfurt(M): Vittorio Klostermann, 1982), 192. (이하 GA54)

46 이러한 알레테이아와 관련하여 카푸토(John D. Caputo)는 다음과 같이 이야기한다. "알레테이아는 비은폐성으로서 존재의 출현하는 과정으로서, 존재의 열린 빈터(Lichtung)에서 존재가 출현하는 그러한 개방성의 공간을 여는 과정을 의미한다(존

이러한 시원적 존재로서의 피지스와 그것의 탈은폐로서의 알레테이아의 경험은 어떻게 망각에 이르게 되었는가?

하이데거에 따르면, 그것은 철저히 피지스로서의 존재가 가지고 있는 이중적 성격에 기인한다. 자신을 열고 피어나는 피지스는 감싸주고 은폐하는 것에서 발원하는 것으로 존재한다. 은폐는 비은폐에서 비롯되고 다시 되돌아가는 근원적인 것이며, 그렇기 때문에 피지스에는 언제나 은폐와 비은폐가 함께 경험될 수밖에 없었다. "피지스는 내뺌 안에서 '존재자'를 현존함을 향해 내보내고, 그럼으로써 고유한 힘으로 내보낸다"(GA67, 10).[47] 특별히 여기서 말하는 은폐란 죽음, 밤, 그리고 대지로 형상화되어 배후에서 존재자 전체를 철저히 주재하는 어떤 것을 의미한다. 그러나 이러한 피지스의 은폐는 결코 부정적인 것으로 경험되지 않는다. 오히려 그것은 감추기만 하는 것이 아니라, 그것을 본령에서 보호하는 것이다. "은폐를 통해서, 은폐된 존재자는 없어져 버리는 것이 아니라 그것의 진정한 본질에 있어서 구원받는다."[48]

은폐를 통해 피지스는 자신을 열고 피어남과 동시에 자신을 닫으면서 자기 자신 안으로 되돌아간다.[49] 따라서 하이데거는 그리스인들이 피지스의 개현이란 사건을 묻지 않았던 것이 그들의 불찰에 의한 것이 아니라, 그것이 그리스인들에게 과해졌던 고유한 과제에 반하는 것이었기 때문이라는 점을 분명히 한다.[50] 그리스인들에게는 피지스

D. 카푸토/정은해 역, 마르틴 하이데거와 토마스 아퀴나스 (서울: 시간과 공간사, 1993) 110-111)."

47 "φύσις entläßt im Entzug das 'Seiende zum Anwesenden und so zur *Eigenmacht*."

48 이수정·박찬국, 『하이데거. 그의 생애와 사상』 (1999), 253.

49 Martin Heidegger, *Heraklit* (Frankfurt(M): Vittorio Klostermann, 1994), 298. (이하 GA55)

50 Martin Heidegger, *Grundfragen der Philosophie. Ausgewählte 'Probleme' der*

의 개현이라는 비은폐성의 사건에 의해서 요구되고 그것에 의해서 규정되는 것으로 충분했다는 것이다. 하지만 이러한 피지스의 은폐와 드러남의 이중적 사건은 그것을 자체로 묻지 않게 된 이후 망각된다. 왜냐하면 소크라테스 이후로는 피지스의 은폐와 비은폐, 즉 그것의 드러남과 보호의 두 가지 방식이 함께 사유되지 못했으며, 그럼으로써 오직 드러남 자체, 즉 탈은폐만이 진리로서, 즉 참된 것으로서 간주되기 시작했기 때문이다. 그리고 바로 여기에서부터 형이상학은 존재망각의 모습을 나타내기 시작한다.

물론 하이데거에 따르면, 전통 형이상학의 역사가 우선 존재망각의 역사이지만, 그것은 동시에 단순한 망각이 아닌 존재역운 안에 있는 역사이다. 다시 말해, 형이상학의 역사란 피지스로서의 세계의 경험에서부터 시작된 뿌리를 공유함과 동시에 존재가 자신을 드러내는바 그대로 그것을 존재로서 사유해온 역사이다. 그리고 이러한 이유에서 하이데거는 형이상학을 극복한다는 것의 의미를 시원적 존재경험들의 변형인 존재 역사를 해체하고, 그것의 극단인 현대 기술문명을 극복하는 것으로 정식화할 수 있게 된다.

2) 형이상학적 존재 역사와 현대 기술문명의 극복

'시원적 존재경험', 즉 '피지스의 드러남'과 그것의 탈은폐로서의 '알레테이아'가 가진 '은폐-비은폐'의 이중적 성격 때문에 이제 형이상학은 그 본질을 망각한 존재 역사 안에 속하게 된다. 그리고 존재망각을 통해 인간들은 자신의 삶을 각각의 시대가 주는 존재의 변형된 형태

'Logik' (Frankfurt(M): Vittorio Klostermann, 1992), 122 참조. (이하 GA45)

안에서 영위하게 된다. "각 시대의 형이상학을 통해서 그때마다의 세계가 건립되고 인간은 이 안에서 살게 되었다."[51] 물론 이러한 형이상학의 망각은 결코 인간의 잘못이 아니다. 오히려 그것은 존재가 역사 안에서 자신을 드러내는 그의 역운에 해당된다.

> 비은폐성의 드러남 안에서는 어디서든, 그 안에서 현성하고 있는 것이, 다시 말해 은폐성이 머물러 있으며, 더군다나 그것은 존재자로서 현상할 수 있는 비은폐된 것을 위해서 그러한 것이기 때문에, 형이상학이 그 고유한 근거로부터 내빼고 있다는 사실은 형이상학의 본질적 역운에 귀속하는 것이 아니겠는가? [...] 형이상학의 발언은 그 시작으로부터 그 완성에 이르기까지 기이하게도 철저히 존재자와 존재를 혼동하고 있다. 물론 우리는 이러한 혼동을 [...] 어떤 실수로 여겨서는 안 된다(GA9, 370).

그리고 이러한 형이상학 안에서 존재는 다양한 방식으로 드러나게 된다. "그것은 존재를 각각의 이러저러한 역운적인 형태로 주게 된다: 퓌시스, 로고스, 일자, 이데아, 에네르게이아, 실체성, 객체성, 주체성, 의지, 힘에의 의지, 의지에의 의지"(GA11, 73).[52]

---

51 이수정·박찬국, 『하이데거. 그의 생애와 사상』(1999), 289. 물론 우리는 결코 이러한 형이상학에 대해 진위를 따질 수는 없다. 왜냐하면 우리에게는 어떤 시대가 더 존재에 가깝다고 이야기할 그 어떤 기준도 가지고 있지 않기 때문이다. 하이데거는 다음과 같이 이야기한다. "우리에게는 형이상학의 한 시대의 완전성을 다른 것에 대해서 평가할 수 있는 어떠한 척도도 존재하지 않"기 때문이다. "이러한 방식으로 평가할 수 있는 어떠한 권리도 존재하지 않는다. 헤겔의 철학은 파르메니데스의 철학보다 완전하지 않다. 모든 시대의 철학은 각각의 고유한 필연성을 갖는다"(GA14, 62).

52 "Es gibt Sein nur je und je in dieser und jener geschicklichen Prägung: **Φύσις** (Physis), **Λόγος**(Logos), Ἕν(Hen), Ἰδέα(Idea), Ἐνέργεια(Energeia), Substanz- isli-

(1) 존재 역사 안의 전통형이상학

앞서 살펴본 것처럼, 피지스로서의 존재자 전체의 전개는 "스스로를 숨기려는 성향을 자체 안에 지니고 있다. 그에 상응하여 이 전개에는 전개와의 독특한 대결이 따라오게 되는데, 이러한 대결 속에서 피지스가 탈은폐된다"(GA29/30, 51). 이것은 곧 진리라는 것이 은폐와 비은폐가 상호 연관되는 자연스러운 사건임을 의미한다. 그러나 이러한 이중적 사건은 그것이 가진 운명에 따라 오직 비은폐에 집중되어 변형되고, 그럼으로써 피지스로서의 존재이해는 현존의 어떤 고정됨으로 넘어가, 마침내 '지속적 현존성'의 형태를 지니는 것으로 축소된다.[53] 따라서 존재는 우시아라는 의미의 존재자성, 즉 '현존성'과 '지속성'으로 이해된다.

우시아는 존재의 의미로 사용됨으로써 "'현실존재 양태(modus existendi)의 의미에서의 존재'와 동시에 '본질양태(modus essendi)의 의미에서의 존재'를 뜻한다."[54] 현실존재로서의 우시아는 "어느 순간에라도 존재하지 않을 수 없는 그러한 것이 본래 현실적으로 있다"는 의미에서 부단히 현존하는 존재자의 사실-존재(Daß-sein)를 뜻하고, 본질로서의 우시아는 각각의 존재자를 원래 존재자로서 규정하는 그러한 것으로서 부단히 단순하게 지속한다는 의미에서 무엇-존재(Was-sein)의 지속적인 현존성을 뜻한다.[55] 그렇다면, 이러한 이중적 성격으로서의 존

---

tät, Objektivität, Subjektivität, Wille, Wille zur Macht, Wille zum Willen."

53 카푸토, 『마르틴 하이데거와 토마스 아퀴나스』(1993), 111.

54 Martin Heidegger, *Metaphysische Anfangsgründe der Logik im Ausgang von Leibniz* (Frankfurt(M): Vittorio Klostermann, 1990), 182. (이하 GA26)

55 권순홍, 『존재와 탈근거. 하이데거의 빛의 형이상학』(울산: 울산대학교출판부, 2000), 53.

재는 전통 형이상학 안에서 어떻게 변형되고 있는가?

플라톤의 이데아는 우시아에서 받아들인 지속성과 현존성을 가진 최고의 존재자의 개념이다. 이것 때문에 존재자는 그때마다 자신의 형태 내지 모습을 가질 수 있으며, 존립의 근거로서 이데아는 곧 존재자의 존재자성으로서 그리고 그것의 근거로서 지속성과 현존성을 의미하게 된다. 아리스토텔레스는 제일실체와 제이실체를 구분함으로써 이미 우시아의 이중적인 성격을 함께 따른다. 그에게 사실존재는 현존성을 지닌 제일실체에서 그리고 본질존재는 형상의 의미를 지니고 있는 제이실체의 무엇-존재에서 찾아지며, 이러한 것들 모두 지속성과 현존성이라는 이중적인 의미에서 파악된다. 그리고 에네르게이아는 여전히 현존성과 지속성을 떠받치는 근거로서 드러난다. 중세의 형이상학에서는 이러한 에네르게이아가 현실성(Aktualität)으로 번역된다. 즉, 이것은 인과적인 제작의 견지에서 이해되며, 어떠한 작용을 통해 영향을 받는 현실성을 뜻하게 된다.[56] 또한, 존재자란 현실적인 것으로서 자기의 원인 밖으로 이끌려 나왔음이고, 모든 존재자는 만드는 존재자와 만들어진 것, 다시 말해, 창조자와 창조된 것으로 구분된다. 여기서 최고의 원인으로서의 창조자 신은 자립적이며 순수한 현존성 그 자체로서 모든 것들의 제작자이다. 그래서 중세의 형이상학은 제작 형이상학이다.

근대에서는 이러한 신과 피조물 간의 대립관계가 주체와 대상의 대립관계로 변경된다. 칸트로 대변되는 근대의 형이상학은 그래서 경험대상의 가능성의 조건, 즉 범주가 인간에게 아프리오리하게 속해있

56 Martin Heidegger, *Grundprobleme der Phänomenologie* (Frankfurt(M): Vittorio Klostermann, 1975). 123. (이하 GA24)

으며, 그것을 존재하는 것으로서 확증하는 자는 인간이다. 그래서 인간은 주체로서 대상을 표상하는 절대 권력을 가지게 되며, 이러한 방식이 근대를 전체적으로 지배하게 된다. 따라서 존재자는 이제 대상으로서, 즉 표상된 것의 작용법칙의 파악을 통해 존재자를 확실하게 자신의 시선 아래에 두려는 표상행위를 위한 대상으로서 나타난다. 주체는 자신의 안전을 확보하기 위해 대상을 의심할 수 없을 정도로 확실하게 확보하는 것을 목표로 한다.[57] 왜냐하면 근대를 조율하고 있는 기분은 존재자 전체에 대한 공포이기 때문이다. 공포를 극복하고, 안전을 확보하기 위해 주체는 자신의 지배영역을 끊임없이 확장하고자 하며, 이것이 근대를 규정하는 하나의 이념이 된다.

주체를 위한 이념은 따라서 모든 것을 사유에 의해서 완전히 파악될 경우에만 존재하는 것으로 간주한다. 왜냐하면 존재자는 외부세계에 사실적으로 존재하고, 그 이후에 주체에 의해서 표상되는 것이 아니라, 사유 안에서 사유로서 비로소 산출되는 것으로 규정되기 때문이다.[58] 또한, 참된 판단들은 외부 사물들에 대한 적합한 기술에 의해서가 아니라 오직 '나의 사유' 안에서만 획득되고, 이러한 의미에서 진리란 인식의 자기확증이며, 현실이란 사유의 자기 전개일 뿐이다. "근대적 표상은 세계를 인간의 사유가 철두철미하게 이해할 수 있는 체계로 형성하는 것을 통해서 자신의 안전을 확보하려는 것이다. 이러한 주체는 구체적 상황으로부터 독립해있으며 무한하고 '무세계적인' 단적으로 말해 추상적인 존재자이며, 이와 더불어 주체의 사유 내에서 규정된 세계조차도 추상적인 세계인 것이다. 이러한 세계는 인간이 그 안에서

57 이수정·박찬국, 『하이데거. 그의 생애와 사상』 (1999), 267.

58 Heinrich Rombach, *Gegenwart der Philosophie* (Freiburg/München: Alber Verlag, 1988), 77.

활력과 편안함을 느낄 수 있는 창조적이고 살아있는 세계가 아니다. 그것은 체계적으로 계산가능하고 이를 통해 조작 가능한 기능적 원인들의 세계이며, 따라서 하나의 관념적인 배후세계인 것이다."[59]

특별히 헤겔의 철학은 이러한 근대 형이상학의 주관화 경향의 완성을 시도함으로써 절대지의 형이상학을 수립한다. 그리고 니체는 헤겔이 사유하는 주체의 근저에서 작용하면서 존재자를 자신의 수하에 두려는 절대적이고 주체적인 생의 의지를 보지 못했던 점을 극복하고, 힘에의 의지를 통해 형이상학을 완성시킨다. 따라서 니체에서 진리는 힘에의 의지의 자기유지와 고양의 수단으로 간주된다. 그의 형이상학과 더불어 주체성은 무제약적인 근거로서 나타나게 된다. 힘에의 의지는 자신의 유지와 고양을 위한 조건으로서 제 가치를 정립한다. 모든 형이상학적인 가치들도 힘에의 의지가 자신의 유지와 고양을 위해서 만들어 낸 가치이다. 존재자의 가능근거로서의 존재의 제 규정은 힘에의 의지의 유지와 고양을 위한 가치이다. 존재는 힘에의 의지에 철저히 종속된다.[60]

이처럼 지금까지의 형이상학은 이데아, 에네르게이아, 제일원인자로서의 신, 주체, 절대정신 그리고 힘의 의지 등을 주장하였으며, 그 각각은 각각의 시대가 자신들의 세계상을 드러내는 대표적 표상들이었다. 그리고 그렇게 사유되었던 존재자체는 마침내 떠나게 되고 우리 시대의 허무주의는 그것을 무로서 경험하게 된다. "그것(Sein)은 그 자체이다. [...] '존재', 그것은 신도 아니고 세계의 근거도 아니다"(GA9, 331). 존재는 존재자와는 다르며, 심지어 최고의 존재자, 존재자들의

---

59 이수정·박찬국, 『하이데거. 그의 생애와 사상』 (1999), 270.
60 앞의 책, 272

최종 원인도 아니고, 존재하는 어떤 것, 다시 말해 대상적인 어떤 것으로 간주될 수도 없다.[61] 오히려 "존재는 또한 형이상학 안에서 존재로서는 망각된 채 머물러 있다."[62] 그리고 마침내 존재의 열림의 사건의 기분, 즉 경이라는 근본기분은 인간으로부터 떠나고 오히려 경악이 근본기분으로서 장악해 들어온다.

특별히 이러한 경악이란 존재가 내빼버린 그 빈자리에 세워진 현대의 기술문명에서 정점에 달한다. 이러한 기술문명은 "도발적 요청이라는 의미의 '몰아세워놓음'(Stellen)의 성격"을 가지고 있다. 그것은 모든 존재자를 닦달(Gestell) 안으로 몰아세우며, 그럼으로써 모든 것들은 부품으로 간주되어 자신들의 존재를 멸절당할 위기에 직면한다. "닦달이 지배하고 있는 곳에서는 최고의 의미로 위험(*Gefahr*)이 도사리고 있다"(GA7, 32).

(2) 현대 기술문명의 극복

하이데거에 따르면, 전통 형이상학의 궁극적 완성은 이제 존재가 사라져버리고, 오직 인간의 자기주장만이 극에 달하는 현대의 기술문명에서 극명하게 일어나면서, 세계의 근거는 '의지에로의 의지'가 된다(GA6II, 77). 의지는 근대기술의 본질이며, 기술을 통해 자신을 끊임없이 확장하는 것에 목적을 두고 있다. 따라서 그것은 인간의 영역으로 침투해 들어오고, 인간을 의지가 작용하는 하나의 영역으로 뒤바꾸어 놓는다. 그 안에서 인간은 모든 존재자를 지배하고, 그럼으로써 자신의 안전

---

61 Winter, *Heideggers Bestimmung der Metaphysik* (1993), 236.

62 Ibid., 237.

을 확보한 것으로 생각하지만(GA6II, 24), 현대에 들어서면서 인간의 안전 확보의 의지는 허무주의로 변경된다. "이 시대가 인간의 기본적인 욕구를 충족시키는 것을 넘어서 새로운 욕구를 자극하는 사물을 끊임없이 만들어내는 것은, 존재가 존재로부터 떠나버림으로써 야기된 공허함을 메우기 위한 시도"[63]이다. 이러한 시도 안에서 존재자들은 계산 가능한 것에 불과하며, 인간 자신의 목적에 따라서 계산하여 이용할 수 있는 것으로 나타난다. "모든 존재자는 인간의 지배의지의 관점에서 고찰되며, 그것들이 갖는 고유한 본질은 무시되고 만다. 현대에는 허무주의, 즉 공허가 지배하고 있다."[64]

현대의 기술문명이 들어서면서 시원의 존재경험인 피지스로서의 세계는 망각된다. 그 안에서 시원적 존재경험을 드러내던 피지스는 이제 물리학에서 계산되는 자연으로, 그리고 산업을 위해 주문생산되고 소비되는 부품의 원료로 드러난다. 하이데거는 말한다.

> 자연에 대한 근대물리학적 이론은 단순히 기술의 선구자일 뿐만 아니라, 현대 기술의 본질의 선구자이기도 하다. 왜냐하면 주문 요청하는 탈은폐에로의 도발적 집약이 이미 물리학 안에서 전개되고 있기 때문이다(GA7, 25).

피지스로서의 존재의 시원적 경험이 사라진 부품과 원료로서의 자연 안에는 "거대한 기술적 생산물에 대한 추구, 내적인 공허가 고개를 쳐드는 것을 막기 위한 향락과 오락수단의 발달, 비합리적인 체험에

---

63 이수정·박찬국, 『하이데거. 그의 생애와 사상』(1999), 297.
64 앞의 책, 52.

대한 찬양이 들어"[65]선다. 그 안에서 존재라는 말은 가장 자명한 말이 됨으로써 존재자로부터 달아났으며, "현대인은 세계와 사물에 대한 경외의 기분으로 전개될 수 있는 경악의 기분을 통해서 새로운 사유의 가능성이 이미 고지되고 있음에도 이러한 존재의 새로운 진리에 응하려 하지 않고 있"[66]다. 그리고 마침내 인간 역시도 현대의 과학기술문명의 도래와 더불어 안전 확보를 위한 도구에 귀속되어버린다.[67] 즉, 그는 자연의 에너지를 최대한 발굴해 내도록 사회적인 기능연관 체계의 의해서 도발당하는 에너지의 집합체로 간주된다. "그래서 이제 현대의 기술은 단순한 인간의 행위가 아니다. 그렇기 때문에 우리는 인간으로 하여금 현실적인 것을 부품으로서 주문 요청하도록 인간을 세우는 그 도발적 요청 역시 드러나는 그대로 받아들여야 한다"(GA7, 22-23). 현대 기술의 본질은, 인간을 현실적인 것을 위한 부품으로 만들어버린다. 이것은 현대의 운명이 되었다(GA7, 28). 이성적 동물인 인간은 표상함과 제공(Zustellen)을 위해 사용되며, 자신의 형상을 노동으로 규정하고, 그 노동을 위해 사용된다.[68] 그래서 "기술의 본질, 그것은 닦달-거림(Ge-Stell)이며, 자신의 고유한 위장을 개진한다"(GA79, 61). 그렇다면, 이러한 기술문명의 위험은 어떻게 극복될 수 있는가?

하이데거에 따르면, 현대 위기의 극복은 과학기술문명의 근저에 도사리고 있는, 하지만 위장되어 있는 전제들, 즉 전통 형이상학에 대해 철저하게 의문을 던지는 사유를 통해서만 가능하다.[69] 다시 말해, 현대

---

65 앞의 책, 277.

66 앞의 책, 297.

67 "만약 그것을 위해 인간이 도발되고, 주문된다면, 인간 자신 역시도, 자연보다도 더 근원적으로, 부품(Bestand)에 속하는 것이 아니겠는가?"(GA7, 21).

68 Pöggeler, Der Denkweg Martin Heideggers (1983), 147, 참조.

69 이수정 · 박찬국, 『하이데거. 그의 생애와 사상』 (1999), 53.

의 기술문명을, 즉 모든 것을 부품으로 보는 위험을 극복하기 위해서는 전통 형이상학 전체의 근거와의 대결이 요청된다. 왜냐하면 현대는 전통의 배경 없이 홀로 솟아나온 것이 아니며, 현대의 기술문명은 전통적인 서구의 존재이해를 극단적으로 밀고 나간 것이기 때문이다.[70] 그렇다면, 이러한 형이상학에 대해 철저하게 의문을 던지는 사유란 무엇을 의미하는가? 그것은 바로 형이상학의 역사 안에 망각되어 있으면서도 근거로서 자신을 드러내고 있는 존재를 그 자체로부터 새롭게 사유하는 것이다. 즉, 존재 역사를 해체하고, 지금 우리에게 자신을 드러내고 있는 존재에 대한 경험으로 나아가, 거기로부터 그것을 통찰하는 것이다.

특별히 하이데거는 이것이 가능한 이유를 존재가 자신을 감추는 그의 본성에서 찾는다. "존재의 떠남이란 근본적으로 존재의 현성함이다." 따라서 존재망각은 순수하게 사유자들의 잘못이 아닌 존재자체의 역운의 보냄(Schickung)에 근거되어 있으며[71] 이러한 이유에서 존재망각이란 오히려 형이상학에서 존재가 남겨 놓은 흔적이 된다. "플라톤이 존재를 이데아와 이데아의 집합체(koinoia)로, 아리스토텔레스가 에네르게이아로, 칸트가 정립(Position)으로, 헤겔이 절대적인 개념으로, 니체가 권력에의 의지로 표상했을 때, 이것들은 우연히 제기된 학설들이 아니라, 자신을 은폐하는 보내줌 안에서, 즉 '그것이 존재를 주는'(Es gibt Sein) 사건 안에서 말하고 있는 말 건넴(Zuspruch)에 대한 응답들로서의 존재의 말씀이다"(GA14, 9).

---

70 앞의 책, 55 참조.

71 Welte, *Denken in Begegnung mit dem Denken,* Bd. II/2 (2007), 165.

3) 형이상학의 극복을 위한 무無 물음의 역할

앞서 언급했던 시원적 존재경험의 회복을 위해 그리고 전통 형이상학적 존재망각과 현대 기술문명의 극복을 위해 하이데거는 전통 형이상학을 해체하고 재구성함으로써, 우리에게 자신을 알려오는 존재경험 안으로 들어가려 한다. 따라서 그는 그 완성에 도달한 형이상학의 특징과 더불어 현대의 허무주의의 특징인 무를 문제 삼는다. 다시 말해, 존재망각과 현대 기술문명을 직시한 하이데거가 다시금 시원의 경험을 되살리고 형이상학을 극복하기 위해서 채택할 수 있는 유일한 길은 현대의 근본경험인 무와의 대결일 뿐이다. "존재의 의미에 대한 탐구는 [...] 동시에 무에 대한 물음이면서, 허무주의의 무와의 대결 안에 있는 무의 의미에 대한 탐구이다. 그래서 이러한 탐구의 두 가지 측면에서 허무주의의 진정한 극복의 과제는 전면에 배치된다."[72]

물론 전통적으로 무는 철저히 부정적이며, 모든 것들의 가치를 전도시키고, 삶을 황폐하게 만들어 놓은 어떤 것으로서 간주되어 왔다. 그리고 허무주의가 보여준 무의 모습 역시도 허무한 무의 무화일 뿐이다. 그것은 경악을 주며, 삶을 송두리째 전복시키는 어떤 것처럼 보인다. 하지만, 여기서 하이데거는 전적으로 새로운 길로 뛰어든다. 그것은 곧 무에 대한 새로운 이해와 해명이며, 그는 바로 이것들을 출발점으로 삼아 형이상학의 극복이라는 자신의 기획을 펼쳐나가려 한다. "그가 새롭게 무를 제시하는 목적은 오히려 니힐리즘의 극복이다."[73] 하이데거는 다음과 같이 말한다.

---

72 May, *Heidegger's hidden source* (1996), 22.

73 Ibid., 24.

> 오히려 허무주의의 가장 내적인 본질과 그것의 지배력은, 사람들이 무를 단지 공허한 것으로 간주하고 허무주의를 한갓 공허를 신격화하는 것으로 보며, 강력한 긍정을 통해 곧 극복될 수 있는 부정으로 간주하고 있다는 바로 그 사실에 있다. [...]. 허무주의의 본질은 사람들이 무에 대한 물음을 진지하게 생각하지 않는다는 데에 있다(GA48, 43).[74]

그렇다면, 그가 무의 해명을 형이상학 극복의 단초로 볼 수 있었던 이유는 무엇인가? 그것은 바로 존재망각이라 명명했던 존재 역사 안에서 존재뿐만 아니라, 무 역시도 함께 배제되고, 망각되어 있었다는 통찰 때문이다.

형이상학적 존재물음이 취했던 관점은 존재자이다. 존재자 쪽에서 존재를 바라보고, 존재자의 근거로서의 존재를 물음으로써, 궁극적으로는 존재자체를 존재자로 잘못 간주했다. 형이상학에게 존재는 단지 존재자의 본질 물음에 대한, 즉 존재자가 무엇인가에 대한 답으로서만 의미 있을 뿐이며, 그것은 존재자체의 의미를 탐구하지 않았다. 그러나 존재와 존재자가 전적으로 다르다는 사실 그리고 존재가 현대인에게 무로서 경험되고 있다는 사실은, 무에 대한 전면적인 새로운 이해의 필요성을 제기해준다.

특별히 이러한 새로운 이해란 무를 모든 것들의 뿌리가 머무르고 있는 토양(Boden)으로서 인정하는 것이다(GA9, 365).[75] 이것은 곧 어떤

---

74 "[...] hält [...], für eine Verneinung, die durch kräftige Bejahung sogleich wettgemacht werden kann. Vieleich liegt das Wesen des Nihilismus darin, daß man *nicht* ernst macht mit der Frage nach dem Nichts."

75 특별히 무에 대한 새로운 이해란 바로 철학 전체의 근거를 인정하는 것을 의미한다. 하이데거는 다음과 같이 이야기한다. "철학 전체는 하나의 나무와 같은 것인데, 그 뿌리는 형이상학이요, 그 줄기는 자연학이며, 이 줄기로부터 자라나온 가지들은 여

근본요소가 땅속 밑바닥에 숨겨 있기에 그 나무를 지탱하고 기르는 뿌리들을 자라나게 하는가를 묻는 것, 다시 말해 형이상학의 근거문제를 의미한다. 그러나 형이상학은 존재자로서의 존재자를 탐구하는 학문으로서 아리스토텔레스로부터 이어져 내려온 보편적 존재자와 더불어 존재자 전체를 가능하게 하는 근거적 존재자, 즉 신만을 자신의 탐구대상으로 삼았을 뿐이다. "형이상학은 [...] 존재자로서의 존재자 그 전체를 존재자의 가장 보편적인 특징에서 표상하며, 다른 하나는 존재자로서의 존재자 그 전체를 최고의 존재자인 신적인 존재자의 의미에서 표상한다"(GA9, 378). 보편적 존재자와 신적인 존재자로서의 이중적인 존재자만을 연구해 온 형이상학은 결코 무에 대해 올바르게 물을 수 없었으며, 따라서 이것은 그저 "용기 있는 의연한 태도를 부인하는 불안의 철학", 혹은 논리학적 요소가 거부되고 있는 감정의 철학으로 치부되어왔을 뿐이다.

그러나 아이러니하게도 '존재자가 아닌 존재'와 '존재자 전체의 부정으로서의 무'는 그것의 존재론적 위치에서뿐만 아니라, 현대인으로서의 우리의 경험 안에서 같은 것으로, 다시 말해 공속하고 있는 것으로 언표되고 있다. "하이데거에서 존재는 존재자를 존재자로서 개시되는 것을 가능케 하는 근거이되, 무의 성격을 갖는 무-근거(Ab-grund, 심-연)이다. [...] 하이데거에서 존재와 무는 서로 대립되는 개념이 아니라 존재자가 그 자체로서 자신을 개시하는 것을 가능케 하는 근본적인 힘을 갖는 두 가지 성격을 의미한다."[76] 그리고 이러한 하이데거의 통찰을 통해 이제 존재망각과 기술문명에서 느껴야만 했던 무의 위험은

타의 다른 학문들이다"(『데카르트 전집』, 제9권, IV, 14).

76 이수정·박찬국, 『하이데거. 그의 생애와 사상』(1999), 61.

우리의 시대가 경험해야 하는 괴로운 운명이면서, 동시에 구원과 회복의 징표로 변경된다(GA7, 40). 그렇다면, 이러한 변경이란 무엇을 의미하는가?

우리는 위험에서 경악을 느낀다. 경악이란 존재가 존재자에게서 빠져 달아나 버리고 우리는 철저하게 공허 앞에 직면하고 있다는 그 사실에 대한 위험의 기분이다. 그것은 한편으로는 우리를 공허에 직면하게 하지만, 다른 한편으로는 공허의 이면에 자신을 은폐하고 있는 존재를 지시하고 있다. 즉, 경악이란 기분 역시 하나의 존재의 경험이며, 바로 이 경악이 보여주는 위험 안에서 구원이 함께 이야기되고 있다.[77] "이렇게 경악이 일종의 존재경험이 될 경우, 그것은 경외라는 기분으로 전이된다."[78]

하이데거는 존재자가 자신의 소박하면서도 충만한 존재를 상실했다는 사실 앞에서의 경악이 존재자 안에서 자신을 고지하는 존재에 대한 경외라는 근본기분으로 이행하면서, 어떻게 다시 존재자가 존재한다는 기적의 체험으로 반전하는지를 이미 그의 강연 "형이상학이란 무엇인가?"에서 생생하게 기술하고 있다.[79]

---

77 하이데거는 다음과 같은 휠덜린의 시를 인용하여 이러한 역설적인 상황을 표현하고 있다. "위험이 있는 곳에는 그러나 구원의 힘도 함께 자라네"(GA7, 39).

78 이수정·박찬국, 『하이데거. 그의 생애와 사상』 (1999), 279.

79 앞의 책, 244-245. 특별히 하이데거에게 형이상학이란 철학 자체이며, 플라톤의 사유가 유지된다는 점에서 플라톤주의이다. 그리고 이러한 이유에서 플라톤주의의 전도로서의 마르크스와 니체의 사상은 철학의 종말을 의미할 수 있었다. 그러나 하이데거에 따르면, 이와 반대로 마르크스와 니체는 철학의 종말이긴 하지만, 진정한 완성이나, 멸절, 혹은 변경은 아니다. 왜냐하면 그 안에는 뒤집혀진 형태의 플라톤주의가 지속되고 있기 때문이다. 오히려 하이데거는 오직 자신에게서 철학의 종말이 이르렀다고 생각한다. "철학의 종말에 대한 언급은 형이상학의 완성을 의미한

하이데거에 따르면, 그리스인들은 경외라는 기분에서 존재가 갖는 개현의 차원, 즉 존재자를 존재자로서 개시하는 차원을 우리보다 더 투철하게 경험했으나, 이와 반대로 존재가 갖는 자기 은폐의 차원은 우리만큼 투철하게 경험하지 못했다. "존재의 존재자에게로의 귀속성이 떠올라 드러나고, 그럼으로써 존재자를 순수하게 영위하는 것이 의문스러워질 때에야 비로소 존재자가 가지고 있는 존재의 떠나버림이 위기로서(als Not) 경험된다"(GA45, 207). 따라서 시원적인 경험과 다르게 존재의 은폐의 차원은 경악이라는 기분을 통과한 경외라는 기분에서 우리에게 철저하게 개시된다. "경악이란 기분이 일단은 존재가 존재자에게서 빠져 달아나버린 결과 비롯되는 의미상실과 공허함의 경험이라면, 경외라는 기분은 인간의 모든 기술적 공격을 거부하는 존재자체에 대한 경험이다."[80]

존재가 그 어떠한 이론적, 실천적 대상화나 통제를 거부하면서 자신을 은폐하고 있음을 깨닫기 위해서 인간들은 서구 형이상학의 역사를 통하여 더 철저하게 존재를 망각하고 결국에는 공허 앞에 직면해야만 한다. 경악이라는 의미상실과 공허의 경험을 통해 경외라는 근본기분에서 존재의 은폐를 경험함으로써 우리는 존재자에 대한 형이상학적인 표상의지로부터 존재자체로 거슬러 갈 수 있다.[81] 따라서 경악이라는 사건을 통해 현대를 지배하는 허무주의는 존재자체에 우리 자신을 열도록, 다시 말해 존재를 존재로서 묻도록 촉구한다. "그래서 [...] 경탄은 존재하도록 해주는 존재의 무근거로서의 무의 더 근원적인 개시에로 뒤돌아 지시한다."[82]

다"(GA14, 62).

80 이수정·박찬국, 『하이데거. 그의 생애와 사상』 (1999), 279.

81 앞의 책, 280.

근원적으로 합일해가면서, 또한 공속적으로 이러한 가장 가까운 것과 가장 강제적인 것 앞에 있는 경악은 존재자가 존재한다는 사실을, 그리고 동시에 가장 먼 것에 대한 경외는 존재자 안에 그리고 모든 존재자 앞에 존재(Seyn)가 현성한다(west)는 사실을 말하고 있다(GA45, 2).

"하이데거의 존재물음은 [...] 시대적인 문제인 허무주의와의 대결로부터 비롯된 것이다. 이러한 대결은 후기 하이데거의 존재사적 사유에서 하나의 정점에 달하게 된다."[83] 그리고 이러한 존재사적 사유 안에서 그는 이제 허무주의의 극복이 우리 자신이 이미 철저하게 편입되어 있는 역사의 필연성으로부터만 일어날 수 있다는 통찰에 도달한다. 이러한 필연성이란 바로 존재가 각 시대의 근본기분을 통하여 역사적으로 자신을 그때마다 달리 고지하고 있는 것을 현시대에 귀기울여 듣고자 하는 것을 말한다. 그리고 이것이 현시대에 울리고 있는 것은 마지막 형이상학의 종말로서의 허무주의, 즉 무에 대한 통찰이 된다. "형이상학적 사유 단초(Denkansatz)의 초극함(Verwinden)을 통해, 하이데거는 그 위에 형이상학이 서 있지만, 그러나 형이상학이 망각해버린 그 근거를 되찾아오려고 시도한다."[84]

허무주의는 단지 공허한 무를 드러내고 우리를 삼키려들지만, 그러함에도 불구하고, 그것의 왜곡된 형태에서 새롭게 어떤 사유가 요청되고 있다. 하이데거는 바로 이것이 허무한 무가 아니며, 자기 스스로를 존재 역사 안에서 그리고 허무주의의 이면에서 드러내고 있는 그 어떤

---

82 Welte, *Denken in Begegnung mit dem Denken*, Bd. II/2 (2007), 123.

83 이수정·박찬국, 『하이데거. 그의 생애와 사상』 (1999), 248-249.

84 Pöggeler, *Der Denkweg Martin Heideggers* (1983), 189.

것, 즉 존재자체로서의 무라고 말하고 있다. "위험의 현성하고 있는 것은 존재자체이다"(GA79, 62). 오히려 무의 본질에 대한 물음이 아직 전개되지 않았다는 것이 서구의 형이상학이 허무주의에 떨어져야만 하는 근거이기에(GA48, 44) 그는 근원적인 무의 현상을 언급하려 한다. 그리고 이것이 바로 니힐리즘과 형이상학의 극복을 위해 그 본질에서부터 끄집어내어진 새로운 단초이다.

이제 "이러한 무에 대한 해석은 하이데거에게 있어 [...] 니힐리즘과 함께 할 그 어떤 것도 가지지 않는다."[85] 앞서 우리가 살펴본 것처럼 그가 새롭게 무를 제시하는 "목적은 오히려 니힐리즘의 극복이다. 하이데거가 1935년보다 이른 시기에 니힐리즘이 그에게 의미했던 바를 언급한 이후로 이것은 오해될 소지가 없다."[86] 오히려 하이데거는 허무주의를 가치의 전복과 관련된 하나의 과정으로 생각한 니체의 논의를 넘어(GA48, 44-45 참조) 극단적인 허무주의의 본질, 즉 형이상학의 존재망각, 은폐망각을 일으킨 채, 가장 깊은 '무근거로서의 근거'에서 자신을 알려오는 무를 깨닫게 된다. 따라서 이러한 무근거로서의 무는 단순한 허무주의의 허무가 아니지만, 동시에 바로 그 허무주의의 본질에서부터만 경험할 수 있는 어떤 것이다.

허무주의에서 모든 존재물음이 그리고 존재의 의미물음이 허무로서 붕괴될 수밖에 없었기 때문에, 다시금 그 무가 이야기하고자 하는 방향으로 존재물음은 출발할 수 있게 된다. "허무주의의 극복(Überwindung), 혹은 그가 나중에 말한 것처럼 초극(Verwindung)은 따라서 다음과 같이 성격 규정된다. 존재에 대한 탐구를 명시적으로 무의

---

85 May, *Heidegger's hidden sources* (1996), 24.

86 Ibid.

경계로 밀어 넣는 것이며, 그것(무)을 존재의 물음으로 통합시키는 것이다."[87] 그리고 이렇게 밝혀진 무란 파악하려는 인간의 공격에서 내빼면서 자신을 은폐하고 있는 존재자체의 다른 측면, 즉 그것의 다른 이름이다.

87 Ibid., 25.

5장

무無에 대한 논의와 그것의 역설적 성격

하이데거에 따르면, 허무주의의 도래와 형이상학의 종말은 존재 역사 안에 도사리고 있던 존재망각으로부터 기인한 것이며, 그래서 그 안에서 존재는 오직 무로 경험될 뿐이다. 그러나 이러한 경악스러운 존재망각과 무의 문제를 통해 오히려 그는 허무주의와 형이상학 극복의 실마리를 발견하게 된다. 즉, 하이데거는 허무주의 안에서 나타난 무의 경험이 존재가 떠나있는 어떤 결핍의 이면을 의미하고 있다는 점을 통찰함으로써, 형이상학을 극복하고 새로운 존재사유의 차원을 향해 나아가려 한다. "형이상학의 극복은 우리가 역사적으로 또 다른 시원의 준비로서 짊어져야 하는 것이다"(GA67, 97). 특별히 이러한 논의에서 우리가 주목해야 하는 것은 존재 역사로서의 형이상학을 통해 왜곡되었던 무가 사실은 존재자체와 공속하고 있는 것, 즉 존재자체 이외에 다른 것이 아니라는 점이다. 왜냐하면 존재자체가 현대의 우리에게는 자기 자신을 무화하면서 스스로를 내빼면서 은폐하고 있는 무로 드러나고 있기 때문이다. "하이데거가 사유하는 존재자체란, [...] 이렇게 현존자에게 현존을 수여해주면서도 정작 스스로는 자신의 고유한 본령(Eigentum) 속으로 스스로 물러나 은닉하는 그런 것이다."[1]

1. 무無 물음의 해명

앞서 살펴본 것처럼, 하이데거는 전회 이후 허무주의와 대결하면서 형이상학의 새로운 정초를 넘어, 형이상학의 극복을 이야기하게 된다. 그럼으로써 그는 자신의 주제인 존재물음을 기초존재론으로부터, 현대가 직면하게 된 허무주의, 즉 무의 문제에로 변경시킨다. "존재의 의미에 대한 탐구는 이제 그에게, 망각되었지만 여전히 대답할 가치가 남아있는 것이며, 동시에 무에 대한 물음이면서, 허무주의의 무와의 대결 안에 있는 무의 의미에 대한 탐구이다. 그래서 이러한 탐구의 두 가지 측면에서 허무주의의 진정한 극복의 과제는 전면에 배치된다."[2]

잘 알려져 있듯이 하이데거가 무에 대한 이야기를 처음 주도적으로 꺼낸 것은 1929년 프라이부룩 대학 교수 취임 강연인 "형이상학이란 무엇인가?"에서였다. 여기에서 그는 불안과 더불어 그것이 드러내는 무, 즉 세계의 무를 언급하면서 그것을 존재자 전체의 아님으로 정식화한다. "무란 [...] 단적으로 존재자가 아닌 것이다"(GA9, 119). 특별히 이러한 그의 무에 대한 논의가 중요한 이유는 이 강연이 전기 하이데거와 후기 하이데거의 연결고리 두 가지를, 즉 '형이상학'과 '부정성(죽음과 무)'이라는 두 가지 사항을 밝히고 있기 때문이다. 맥쿼리는 다음과 같

1 신상희, "동굴의 비유 속에 결박된 철학자, 플라톤 - 하이데거가 바라보는 플라톤의 좋음의 이데아 성격과 진리경험의 변화에 관하여", 「철학연구」 Vol. 84, (2009, 철학연구회), 193.

2 May, *Heidegger's hidden sources* (1996), 22.

이 이야기한다.

> (이 강연 안에서) [...] 우리는 그의 후기의 사유적 성격과 이것을 그의 초기의 실존론적 탐구와 연결하는 연결고리 그 두 가지 모두를 발견한다. 이 강의는 '형이상학이란 무엇인가?'라는 질문을 다뤘고, 구체적으로 하나의 특수한 형이상학적 물음을 채택함으로써 그것을 수행했다. 왜냐하면 하이데거는 모든 형이상학적 물음이 형이상학 전체를 포함하고 있다는 사실을 수용했기 때문이다. 그러나 그가 채택한 특수한 물음은 진정으로 낯설게 보이는데, 왜냐하면 그것이 바로 무에 대한 물음이기 때문이다![3]

여기서 언급되고 있는 전후기를 연결하는 두 가지 주제들은 여전히 그의 관심이 형이상학과 인간의 부정성의 계기인 죽음에 근거하고 있으며, 오히려 그것이 발전되어 후기부터는 무가 주도적인 주제가 되고 있다는 사실을 보여준다. "죽음은 사실 근원적인 무의 단지 하나의 현성방식에 불과하다. [...] 하이데거는 이러한 문제점을 이내 의식한 것으로 보인다. 따라서 그는 [...] "형이상학이란 무엇인가?"에서 이미 더 이상 죽음에 관하여 언급을 하지 않고 단지 존재자체와 공속하는 무의 무화에 관해서만 언급하"기 시작한다.[4] 그렇다면, 형이상학의 극

3 Macquarrie, *Martin Heidegger* (1968), 42. 슐츠 역시 전회를 통해 연결되면서도 분리되는 하이데거의 두 가지 요소를 지적하고 있다. "슐츠에 의하면, "형이상학이란 무엇인가?"라는 하이데거의 강연은 [...] 전회를 준비하였다고 한다. 하이데거가 초월이라고 부른 것은 현존재가 존재자 전체를 넘어서 무 안으로 들어가 걸려 있는 것을 말한다. 하이데거의 초월은 전통적인 기독교적 초월처럼 하느님을 향한 것이 아니라, 무 안으로의 초월이다." 그리고 이러한 무 안으로의 초월이 현존재의 본질이며, 이 무는 전통 형이상학의 종말이자, 그것의 극복을 말한다(김광식, 『토착화와 해석학』 [1997], 236).

4 전동진, 『창조적 존재와 초연한 인간』 (2002), 108-109.

복을 위한 단초이며, 죽음의 발전된 형태인 이러한 무란 과연 무엇을 말하는가?

1) 전통 형이상학의 무無

하이데거에 따르면, '무' 혹은 '없음'은 고대 그리스어에서 존재에 대한 부정, 즉 '우크 온'(οὐκ ον)과 '메 온'(μή ον)으로, 그 이후 라틴어에서는 '니힐'(nihil)로 표기되었다. 특별히 이 개념 자체는 비존재에 있어서의 존재자의 문제, 즉 존재자의 부정, 혹은 부정된 것을 의미하기도 하고, 때론 단순한 개별존재자의 특수한 부정을 넘어 모든 존재자, 즉 존재자 전체의 무조건적이고 완전한 부정을 의미하기도 한다(GA48, 41). "무란 존재자 전체의 부정, 즉 단적으로 존재자가 아닌 것이다" (GA9, 119).[5] 그리고 이러한 의미에서 서구의 전통형이상학은 그것을 허무한 것, 부정적인 것으로만 인식하게 된다. "전통 사상 안에서 무란 '어떤 것이 아님'을 말해왔다. 이것은 곧 '단순한 것이 없다'의 의미로서 다시 말해 '단순한 어떤 것도 존재하지 않는다'는 말이다. '아니다' (nicht)라고 하는 것은 16세기 이래로 무(das Nichts)로서 명사화되었다."[6]

일반적으로 무는 모든 '대상적인 것'의 부정이 되며, 그렇기 때문에 자체로 결코 하나의 표상, 혹은 대상이 될 수 없다. 그러함에도 불구하고, 이러한 무대상적인 무는 한편에서 이것 혹은 저것'이다'('ist' das und das)라고 말해질 수 있으며, 일반적으로 사람들은 그렇게 말하고 있다.

---

5 "[D]as *Nichts ist die Verneinung der Allheit des Seienden, das schlechtin Nicht-seiende.*"

6 Inwood, *A Heidegger Dictionary* (1999), 144.

우리가 지금 단지 무는 무'이다'(ist)라고 말할 경우에서조차 우리는 그것에 '대해'(von) 외견상 일종의 '이다'(ist)를 말하고 있으며, 이를 통해 그것을 하나의 존재자로 만들고 있다(GA48, 41). 이것은 '이다'(ist)와 존재(Sein)에 구속되어 머물러(verhaftet bleibt) 있는 것으로 보인다(GA48, 42). 따라서 여기서 문제가 나타난다. "무에 대해서 말할 수 있으며, 거기에 대한 하나의 개념을 가질 수 있는데도 불구하고, 그것은 사실상 말할 수 없고, 그것의 개념 역시 가질 수 없다는 역설이 나타나고 있다."[7]

파르메니데스가 무를 그 자체로 부정한 것은 바로 이러한 역설적 상황 때문이었다. 그에 따르면, 존재하는 것은 존재하지 않는 법이 없다. 존재하지 않는 것, 즉 무는 존재와는 절대적으로 다른 것이며, 인식될 수 없고 언급될 수도 없다.[8] "사람들이 알고 있는 것은 존재하고 있는 그러한 것이다."[9] "사람들은 존재자가 존재한다고 말하고, 인식해야만 한다. 왜냐하면 존재자는 존재하지만, 무는 그렇지 않기 때문이다."[10] "부정, 거절하기, 말하지 않기, 부인은 단지 긍정에 대한 반대경우일 뿐이다"(GA48, 42). 그러나 사람들은 비존재를 이야기할 때, 그와 동시에 그들은 일종의 존재를 언급하고 있는 모순을 범하고 있으며, 이러한 모순은 마침내 파르메니데스로 하여금 존재와 비존재자 사이의 생성조차 부정하게 만들었다.[11] 그리고 파르메니데스 이후의 "고대의 형이

---

7 Jens Dietmar Colditz, *Kosmos als Schöpfung. Die Bedeutung der Creatio ex nihilo vor dem Anspruch moderner Kosmologie* (Regensburg: S. Roderer Verlag, 1994), 26.

8 Ibid.

9 Parmenides, Fragment 7, in: *Die Vorsokratiker I. Molesier, Pythagoreer, Xenophanes, Heraklit, Parmenides*, Über. und Eräut. Jaap Mansfeld (Stuttgart: Phillipp Reclam, 1999), 317.

10 Parmenides, Fragment 9, in: Ibid.

상학은 무를 존재하지 않는 것, 다시 말해 형태가 없는 재료라는 의미에서 파악하게 된다"(GA9, 119). 파르메니데스 이후, 무는 플라톤에게서 메 온(nihil privativum)과 우크 온(nihil negativum)으로 구분되기 시작한다. 전자는 결핍의 무, 즉 상대무(相對無)이며, 변증법적 개념으로서 존재의 가능태를 의미하고, 후자는 전체부정의 무, 즉 절대무(絶對無)를 의미한다. 그리고 플라톤의 무 이해는 마침내 기독교 신학자들에게 수용되어 서구의 무 이해의 중심으로 나타나게 된다.

물론 기독교 신학은 그 출발점에서부터 '메 온'을 거부하고 '우크 온'만을 수용한다. 왜냐하면 신이 거기로부터 창조를 행했던 무(nihil)란 오직 '우크 온', 즉 절대무일 뿐이며, 결핍적 부정이면서, 가능태로서의 질료인 상대무, 즉 메 온은 신에게 불필요한 것이었기 때문이다. "신 곁에 있는 두 번째 원리, 형태 없는 질료라는 의미에서, 그것은 그리스도교에서는 존재할 수 없었다."[12] 따라서 기독교 신학은 무를 추방함과 동시에 기껏해야 그것을 논리적인 부정으로만 해석해왔다.

특별히 성서적 사유는 세계를 신의 창조로 이해하고 있으며, "무로부터의 창조(creatio ex nihilo)에 대한 창조고백과 표상은 구약적 신이해의 결과이다."[13] 창세기의 P문서 안에서 하나님은 구체적으로 행하는 것 없이 단지 말씀을 가지고 무로부터 만물을 창조해낸다.[14] "이러한

---

11 Colditz, *Kosmos als Schöpfung* (1994), 27. 그래서 오이겐 핑크(Eugen Fink)는 다음과 같이 지적한다. "파르메니데스는 존재와 무의 근원적 이원론의 창시자(Stifter)이며, 존재론의 창시자이자, 동시에 허무주의의 창시자이다" (Walter Strolz, "Das Nichts im Schöpfungswunder. Ein philosophischer Vermittlungen-versuch in biblischer Absicht", in: *Neue Zeitschrift für Systematische Theologie und Religionsphilosophie*, Band 38, Heft 1 [1996], 283).

12 Colditz, *Kosmos als Schöpfung* (1994), 59.

13 Ibid.

14 창세기 1장 1-3절. "태초에 하나님이 천지를 창조하시니라. 땅이 혼돈하고 공허하며

말씀을 통한 창조는 널리 퍼져있는 이해에 대항한 하나의 보호를 의미하며, 무로부터의 창조에 대한 사상을 빛내는 것이다."[15] 여기서 무란 혼돈(Chaos)으로서, 질서 잡혀있지 않고, 어떠한 형태를 지니고 있지 않은 거대한 힘이다. 태초부터 있었던 혼돈, 공허, 흑암, 즉 카오스는 자체로 깊으며, 동시에 그것은 창조주인 하나님과는 다른 것이다. 오히려 하나님은 이것과는 다르게 빛을 가장 먼저 창조하고 있으며, 이러한 이유에서 전통적으로 혼돈은 바로 무에 대한 일반적인 이해이며, 동시에 존재에 대립되는 어떤 것을 의미하게 되었다.[16]

부룬너(Emil Brunner)에 따르면, 기독교의 카오스로부터의 창조는 영지주의적인 것으로 오해되어서는 안 된다. 왜냐하면 영지주의에서 말하는 무란 일종의 어떤 것, 즉 '메 온'(상대적 무), '세계의 미완성의 근거' 그리고 '질료'(Hyle) 등으로 이해되기 때문이다. 따라서 만약 기독교적 창조에서 무가 이러한 질료이자, 상대적 무, 혹은 미완성의 근거로 이해된다면, 창조주는 아무런 전제 없이는 그 어떤 것도 창조할 수는 없는 자가 되며, 끝내 순수한 데미우르고스로 환원될 뿐이다. 그에게 무란 절대무를 이야기하는 것이며, '무로부터'(ex nihilo)란 "세계의 탄생 안에 있는 하나님의 홀로 존재함"을 강조하여 표현하기 위해 선택된

흑암이 깊음 위에 있고 하나님의 신은 수면에 운행하시니라. 하나님이 가라사대 빛이 있으라 하시매 빛이 있었고."

15 Colditz, *Kosmos als Schöpfung* (1994), 65,

16 Ibid. 그러나 콜디츠(Jens Dietmar Colditz)는 무를 부정적으로 보는 이러한 유대교적 전통이 사실은 지나친 해석이라고 말한다. 왜냐하면 구약성서 안에 있는 창조의 이야기가 결코 우주론적인 근본원리가 아니기 때문이다. 그에 따르면, 창세기에 나온 무의 논의는 단지 야웨의 창조 의지가 창조의 근거가 된다는 것을 강조하는 것에 불과하다. "창세기가 이야기하고 있는 무와 존재의 탄생의 이야기는 하나의 절대적인 원리로서 언표되고 있는 것이 아니라, 하나님의 창조의 의지에 대한 비유에 가깝다"(Ibid., 67).

단어이다. 창조의 유래로서의 무는 어떤 형태를 지닌 질료가 아닌 절대적인 무이며, 자신이 아무것도 아니라는 그 사실로서만 하나님의 창조에 참여할 수 있을 뿐이다.[17]

이와 반대로 요하네스 롯츠(Johannes Lotz)에 따르면, 절대무란 단지 허무한 것을 의미하며, 오히려 기독교의 창조에서의 카오스란 실제성의 가능성으로서의 상대무이다. 왜냐하면 그것은 지금 실제성(Wirklichkeit)인 것은 아니지만, 여전히 어떠한 가능성을 가진 것으로 이야기되기 때문이다. 오히려 '무로부터는 아무것도 나오지 않는다'(ex nihilo nihil fit)라는 문장은 절대적인 가치를 가지며, 따라서 절대무에서는 아무것도 생성될 수 없다. 왜냐하면 절대적인 것에서는 아무것도 나올 수 없으며, 오직 실제적인 것은 우연적인 것일 뿐이기 때문이다.[18] 이것은 곧 존재자의 가능태가 상대적인 비존재, 즉 상대무와 같다는 것을 의미한다. "존재자의 가능태는 아직 놓여있지 않은 존재자의 실제성(Wirklichkeit)이며, 그럼으로써 거부의 성격을 가진다. 이것은 자존성(Selbstständigkeit)으로 표현될 수 있는 것이 아니다. 따라서 신 곁에 있는 어떠한 원리도 다양화되지 않으며, 도리어 창조 안에서 현실화되는 가능성이 표현된다."[19]

틸리히(Paul Tillich)에 따르면, 창조의 카오스는 앞서 각각 강조되었던 절대무와 상대무가 일종의 변증법적 관계를 가지고 연결되어있는 것이다. 그에 따르면, 무에 대한 물음이란 곧 비존재자체를 그 안에 감싸 안고 있는 존재자체로서의 신에 대한 물음이다. "틸리히는 신 안

17 Emil Brunner, *Dogmatik*, Bd. 2. *Die christliche Lehre von Schöpfung und Erlösung* (Zürich: Theologischer Verlag, 1960), 20.

18 Colditz, *Kosmos als Schöpfung* (1994), 29.

19 Ibid., 28.

에 있는 비존재의 형상을 받아들인다." 그에게 있어 무한한 존재의 힘이란 무로서 스스로를 드러내는 자이다. 그리고 "신 안에 있는 비존재 극복의 과정이 바로 비존재에 맞서는 유한한 존재의 힘의 모든 자기주장의 원상이자 근원이다."[20] 특별히 그는 '무로부터'(ex nihilo)라는 표현이 신의 창조 행위가 그 어떤 것도 전제하고 있지 않으며, 그 행위와 대응되는 그 어떤 것도 있을 수 없음을 주장하는 것이라고 말한다. 왜냐하면 혼돈이 상대적인 무, 즉 메 온으로 이해된다는 것은 질료와 형상에 대한 그리스적인 가르침이며, 따라서 무로부터의 창조(creatio ex nihilo)로서의 기독교적 창조 이해에 반대되는 것이기 때문이다. 또한, 틸리히는 절대적인 존재자의 부정, 즉 '우크 온' 역시도 피조물의 근원으로 인정하지 않는다. 왜냐하면 이것은 절대적인 거부로서 어떠한 근거의 역할도 맡을 수 없을 것이기 때문이다.[21]

이러한 모순 앞에서 틸리히는 '무로부터의 창조'(creatio ex nihilo)를 통해 변증법적으로 상호 대응되는 두 가지 절대무와 상대무를 함께 취한다. "첫째, 실존의 비극적 성격은 존재의 창조적 근거 안에 뿌리내리고 있지 않으며, 그것은 또한 사물들의 본질적인 본성에 속하지도 않는다." 하지만 "둘째, 피조성 안에는 비존재의 요소가 존재한다. 무를 사람들은 피조됨 자체로 인식한다." 따라서 "비존재의 신비란 변증법적인 행위를 요구하"[22]며, 마침내 그것은 모두 극복되어야 할 것으로 지양된다.

이와는 정반대의 입장에서 바르트는 무가 하나님과 연관되는 것 자체를 거부한다. 왜냐하면 무란 '무적인 것'(das Nichtige)이며, 하나님

20 Ibid.

21 Ibid.

22 Ibid.

에 대립되는 부정적인 것이기 때문이다. 그는 다음과 같이 말한다.

> 무적인 것(das Nichtige)에 대한 첫째의 그리고 가장 인상적인 숙고는 창 1:2절에서 즉시 발견된다. 그곳에서는 카오스가 언급되는데, [...] 그것은 창조자가 원하지 않은, 창조하지 않은 현실성이며, 그 자체로 창조 그리고 피조물의 지평을 형성한다. 카오스(Chaos)는 —순수한 신화의 개념들과 표상들이 헛되이 서술하는 것이 아니듯이— 하나님에 그리고 하나님께서 선택하시고, 원하시고, 창조하신 하늘 그리고 땅의 세계와의 대립 안에서 그 세계의 순수한 희화(戲畵, Karrikatur)이며, 하나님을 대적하는 괴물, 도착된 것, 모순이며, 하나님의 피조물에 대한 유혹과 위험이다.[23]

그에게 '무적인 것'이란 악이며, 죄이고, 또한 창조자가 원하지도 않았고, 또한 창조물들과 어울리지도 않는 반창조적인 것이다. 그것은 단지 어둠이며, 빛에 의하여 극복되어야 하는, 항상 어둠 자체일 뿐이다. 따라서 무가 하나님의 다른 모습으로 간주하는 철학적 논의들은 오히려 악을 하나님의 속성으로 보는 잘못을 범하게 된다.

이러한 기독교적 이해와 같은 선상에서 현대의 사상을 주도하고 있는 논리실증주의는 무를 형이상학적 대상으로 다루는 것 자체에 대

---

23 Barth, *Kirchliche Dogmatik. Die Lehre von der Schöpfung*, III/3 (1950), 406. 바르트는 그의 글에서 무적인 것(das Nichtige)과 무(das Nichts)를 의미의 차이에서 거의 구분하지 않는다. 다만, 그는 전자를 신학적 무로서 규정하는 것처럼 보이며, 사탄, 마귀, 악마 등의 근원적 힘, 즉 원래 그림자이지만 인간의 죄(악의 허용)에 의하여 창조 세계 안에서 현실적인 파괴의 힘을 갖게 된 세력으로 사용한다. 이에 비해 후자는 자신의 신학적 논의보다는 다른 학자들의 무 논의를 언급할 때, 그들의 용어를 직접 차용하면서 사용한다. 대체적으로 이것은 철학적 무를 언급할 때, 많이 사용된다.

해 거절한다. "현대의 언어분석 비판은 무(nihil)의 실체적 개념으로서의 사용을 금지한다. 왜냐하면 모든 언어적 의미는 일종의 언어적 그림을 가지고 어떤 것을 목표로 하거나 의도하는 것에 놓여있기 때문에, 사람들은 무라는 것에 의도적인 존재를 대입할 수 없기 때문이다."[24] 따라서 논리학에서 무란 전혀 언급될 필요가 없는 것, 그리고 금지되어야 하는 것으로 규정된다.

서구 형이상학의 전통 안에서 실체적인 무의 개념은 허락될 수 없는 것이었으며, 그것은 단지 존재자가 존재할 수 없다는 일종의 위험만을 의미할 뿐이었다. 그것은 철저하게 존재와 절연되어 있으며, 존재와의 양자택일로만 나타난다. 그러나 이처럼 전통적으로 부정되었던 무는 마침내 하이데거에 이르러 새로운 모습으로 전환된다. 그에 따르면, 무는 존재와 대립되지 않으며, 오히려 일종의 공속의 모습을 가지고 있다. 오히려 그에게는 "보다 깊은 차원이 문제가 된다. 존재는 존재자가 아니라고 언술됨으로써 여기서 무에 대해 존재자와 관련해서 이야기된다. 이 단순하고 확실한 부정적인 언술로부터 하이데거는 '존재와 무'에 대해 강하게 이야기한다."[25] 이러한 논의 안에서 무가 대립하고 있는 것은 존재자로서 드러나며, 존재 역시도 존재론적 차이를 가진 채, 존재자와 대립하고 있는 그래서 무와 같은 위치를 가지고 있는 것으로 드러난다. 따라서 무와 존재의 상호관계는 모순적 관계가 아니며, 무와 존재가 각각 존재자의 아님으로 규정되는 한에서 그 둘은 어떤 친밀한 관계 안에 놓여있다는 사실이 중요해진다.

---

24 Colditz, *Kosmos als Schöpfung* (1994), 29.

25 Lorenze Puntel, *Sein und Gott. Ein systematischer Ansatz in Auseinander- setzung mit M. Heidegger, E. Levinas und J.-L. Marion* (Tübingen: Mohr Siebeck, 2010), 69.

2) 하이데거의 무無

"하이데거는 철학의 근본물음을 다음과 같은 두 가지로 규정했다. 그것은 존재의 의미에 대한 물음, 즉 존재물음과, 왜 어떤 것이 있으며, 오히려 무는 아닌가라는 존재의 근거물음(Grundfrage)이다."[26] 이러한 물음을 통해 그는 존재를 존재자가 아닌 '무'(Nichts)로 규정함과 동시에 무 역시도 "존재자 전체의 부정, 즉 단적으로 존재하지 않는 것"(GA9, 119)이라는 점을 함께 언급한다.

물론 무는 전통 서구사상, 즉 서구 형이상학에서는 허무주의나 부정적 사고형태로 간주되어 왔으며, 결코 입에 올려서는 안 되는 것으로, 억압되고 배제되어왔다. 그러나 하이데거는 바로 이 무가 오히려 형이상학을 근거 짓는 가장 중요한 물음의 대상이라는 점을 분명히 한다. 왜냐하면 존재자의 존재는 그 자체에 있어서는 존재자가 아닌 무로 드러나기 때문이라는 것이다. "존재 : 무 : 동일한 것. 무는 존재의 특성이다."[27] 따라서 하이데거에게 무란 현상학적으로 단순하게 없는 어떤 것이 아니며, 오히려 부정화되는 그때마다의 존재의미에 맞게 다양화된다.[28] 그리고 이러한 다양화를 통해 무는 하이데거의 전기의 작품 『존재와 시간』 안에서는 현존재의 무성으로, 그리고 불안을 통해 나타나는 세계의 무로서 정식화된다.

---

26 Rentsch, *Negativität und praktische Vernunft* (2000), 33.

27 Martin Heidegger, *Seminare* (Frankfurt(M): Vitto Klostermann, 1986), 363. (이하 GA15)

28 Wirtz, *Geschichte des Nichts* (2006), 324.

(1) 현존재의 무無

앞서 살펴본 것처럼 죽음에 의해 나타나는 근본기분은 불안이며, 이러한 불안이 현존재를 세계의 무 앞에 세운다. "무는 그것이면서 아무것도 아니다. 그러나 불안의 무가 존재자를 무의미성에로 함께 침잠시킬(zusammensinken lässt) 때, 이것은 무가 존재자를 지워버릴지도 모른다(auslöschte)는 사실을 의미하지 않는다. 반대로 전체존재는 더 이상 그 어떠한 의미 안에서도 유지될 수 없는 기괴하고 섬뜩한 것으로서"[29] 불안과 더불어 나타난다. 특별히 불안에서 드러나는 무는 양심의 부름을 부르고 있는 자, 즉 자기성(Selbstheit)이며, 동시에 아무것도 아니다. "무엇이 양심을 불러내어진 것에로 부르는가? 확실히 하자면, 아무것도 아니다(nichts)"(GA2, 273). 오히려 현존재는 이것이 아무것도 아니기 때문에 그 앞에서 침묵하면서 자신의 탓(Schuld)을 느끼게 되는데, 이러한 탓이란 일종의 부정과 무의 현상의 총체이다. 그것은 "이미 현사실적 삶의 무적(nichtige) 성격을 적중시킨다."[30] 현존재는 이미 "일종의 아님에 의해 규정된 존재, 이것은 무성의 근거존재를 의미"(GA2, 283)하며, 그럼으로써 "자유는 항상 이미 무화인 부정[31]"으로 드러난다.

그러나 전회 이후 무는 존재와 같은 차원으로 확장된다. 무가 이렇게 존재와 같은 차원으로 확장될 가능성은 이미 죽음이 가진 파괴적 본질, 즉 그것의 '부숴버림'(Zerbrechen)과 '철회'(Zurücknahme)의 성격에서 나타났다. 왜냐하면 죽음에 대하여 지속적으로 자신을 열어놓아

29 Welte, *Denken in Begegnung mit dem Denken*, Bd. II/2 (2007), 160.

30 Wirtz, *Geschichte des Nichts* (2006), 325.

31 Ibid., 327.

어떤 것에건 집착하지 않아야 한다는 하이데거의 중심주제는 반드시 '죽음을 향해 앞서-달려가봄'(Vorlaufen in den Tod)을 전제해서만 가능한 것은 아니기 때문이다. "이미 달성된 것에 대한 어떠한 집착이건 모조리 분쇄하는, 그리하여 근-원적인 존재의 생기를 가능하게 하는 무, 즉 '레테'는 항상 죽음이라는 방식으로서만 현성하는 것은 아니다. [...] 죽음은 근원적인 무의 단지 하나의 현성방식에 불과하다."[32] 이것은 곧 전기 하이데거가 죽음을 통해 이야기할 수 있었던 사항들이 사실은 무가 그 근거에 있기 때문에 가능했다는 것을 의미한다. 다시 말해, 우리가 1부에서 살펴보았던 '유한성', '그들로부터의 해방', 그리고 '자유'는 사실 죽음 이전에 무가 그 근거였기에 가능할 수 있었다는 것이다.

이러한 통찰을 통해 하이데거는 무에 대한 논의를 현존재의 죽음을 넘어 존재자체로 확장시킨다. "하이데거의 존재사적인 사유가 말하는 무는 따라서 존재로서 파악되며, 그것은 모든 지금까지의 철학들이 결코 생각하지 못했던 것이다."[33] 무란 단적으로 무상한 것을 의미하는 것이 아니라, 오히려 모든 존재하는 것들과 단적으로 다른 어떤 것을 말한다. "존재자가 아니면서도 존재하는 무는 무적인 것이 아니다. 그것은 현존에 속한다"(GA9, 421).

(2) 존재의 무無

하이데거에 따르면, 존재자 전체의 부정으로서 무를 논의한다는 것은 특정한 형이상학적인 물음을 논의하는 것이며, 그는 이러한 형이

---

32 전동진, 『창조적 존재와 초연한 인간』 (2002), 108-109.

33 Wirtz, *Geschichte des Nichts* (2006), 351.

상학적 물음을 통해 형이상학 자체 안으로 들어가려 한다. 물론 그의 무(無) 물음은 허무주의에 대한 대항으로서의 물음이지 단순히 그것이 주는 허무를 직접 수용하는 것은 아니다. "이러한 무에 대한 해석은 하이데거에게 있어 [...] 니힐리즘과 함께 할 그 어떤 것도 가지지 않는다. 그것의 목적은 오히려 니힐리즘의 극복이다. 하이데거가 1935년보다 이른 시기에 니힐리즘이 그에게 의미했던 바를 언급한 이후로 이것은 오해될 소지가 없다."[34] 그렇다면, 그는 무에 대해 무엇이라 말하고 있는가?

비엇츠(Markus Wirtz)에 따르면, 하이데거의 무에 대한 논의는 다음과 같은 네 가지 정의를 가지고 있다.

> 1) 일종의 경멸적으로 이해되는 비어있음, 무적인 무. 2) 서구 형이상학과 학문들이 고유하게 사고하고 있지는 않지만, 그것들에 의해 '존재'가 암시적으로 파악되고 있는 것으로서의 무. 3) 무화(Nichten)로서 존재의 탈은폐(Entbergen)에 속하는 무. 4) 존재의 열린빈터(Lichtung) 안에 사실적으로 이러한 존재와 동일시되는 무.[35]

여기서 비엇츠는 하이데거가 무와 관련하여 특별히 주목하고 있는 것이 3)과 4)의 항목이라고 이야기한다. 그에 따르면, 1)은 전통사상들 안에서 이미 논의되었던 무의 규정이며, 2)는 서구형이상학이 존재망각의 극단으로서의 니힐리즘에 이르렀을 때, 우리가 현사실적으로 겪는 부정적인 존재경험을 말한다. "형이상학적-논리적-학문적인 무

34 May, *Heidegger's hidden sources* (1996), 24.

35 Wirtz, *Geschichte des Nichts* (2006), 351-352.

에 대한 사유의 거절(Versäumnis)은 이제 서구 허무주의에 대한 원초적인 원인과 본질규정을 시도한다. [...] 사람들은 무를 무적인 어떤 것으로 단지 간주하거나, 허무주의를 순수한 비어있음의 신격화, 혹은 힘 있는 긍정을 통해 없애버릴 수 있는 부정으로 간주한다. [...] 따라서 허무주의는 더 근원적이고 본질적으로 경험되고 파악된다."[36]

이와 다르게 3)과 4) 항목들의 관점은 서구 철학 안에서 한 번도 드러나지 않았었지만, 이제 현존재의 무성이 전체 형이상학의 극단으로서의 허무주의에서 니힐(nihil)이라는 형태로, 즉 무로 나타나 존재경험을 철저하게 지배하고 난 이후에야 비로소 하이데거에 의해 등장하게 된다. 다시 말해, 허무주의적 존재경험을 통해 결국 세계를 지배하던 허무한 무가, 존재자체가 자신을 드러내는 무로 변형된다.

> 존재사적으로 사유된 무는 [...] 이러한 논리적인 양자택일의 강요로부터 내빼며, 또 다른 사유를 요구한다. 그러나 무를 단지 무적으로, 혹은 비어있는 없는 것으로 파악하는 몇몇의 사유는 그것을 통해 존재망각의 허무주의로서 인식된다. [...] 서구 형이상학의 숙명은 앞 글자를 크게 혹은 작게 쓰느냐, 즉 n/N에 달려 있다. 사실 허-무(ni-hilum)는 지배하지 않는다.[37]

그렇다면, 하이데거는 어떠한 방식을 통해 이러한 허무한 무(nichts Nihilistisches, 앞 글자가 소문자인 무)로부터 존재자체와 연관된 무(Nichts, 앞 글자가 대문자인 무)로 나아가고 있는가?

---

36 Ibid., 353.

37 Ibid.

하이데거는 무에 대한 물음을 다음과 같이 세 번에 걸쳐 변경함으로써 그것을 수행한다. 즉, 물음은 먼저 실증학문의 입장에서 "무란 어떻게 된 것인가?"로 물어지고, 그것이 "아님(Nicht)과 부정(Verneinung)이 있기 때문에 무가 있는 것인가? 또는 그것은 반대인가?"로 변경되어 물어진 이후, 다시금 불안이라는 근본기분 안에서의 "무란 어떻게 된 것인가?"의 물음으로 되돌아 물어진다. 그럼으로써 무는 '부정적 허무'에서 '부정과 아님의 근거'로, 그리고 '부정과 아님의 근거'에서 다시금 '무의 무화'로 변경되고, 마침내 이러한 무화하는 특성을 통해 스스로를 내주면서 자신을 은폐하는 '무로서의 존재자체'로 드러나게 된다. 이제 이것을 살펴보자.

하이데거는 무에 대해 묻기 위해 우선 존재자의 차원에서부터 시작한다. 그에 따르면, 일반적으로 우리가 경험하고 이야기할 수 있는 것은 오직 존재자 그 자체일 뿐이다. "단지 존재자만이 탐구되어야 할 뿐, 그 이외에는 아니다"(GA9, 105). 따라서 실증학문들에게 일반적으로 무란 모든 것을 붕괴시키는 허무이며, 결국 그 안에서 무 자체에 대한 모든 파악은 포기되고 만다. 하지만, 여기에서 또 다른 문제가 나타난다. 왜냐하면 이러한 포기가 곧 무에 대한 물음에 대한 최종적인 답이 아니며, 오히려 더욱 더 무에 대해 주목하는 것이기 때문이다. "우리가 그런 식으로 무를 포기하는 경우, 그럼으로써 우리는 오히려 바로 그것을 인정하고 있는 것이 아닌가?" 그리고 바로 여기에서 하이데거는 다음과 같이 첫 번째 물음을 제기한다. "무란 어떻게 된 것인가?"(GA9, 105-106).[38]

무에 대해 물음을 묻기 시작할 때 부딪치게 되는 문제는 우리가

38 "Wie steht es um da Nichts?"

그것에 대해 관심을 두지 않으려 하고, 철저하게 잊으려 노력할 수밖에 없을 만큼 무가 전적으로 우리와는 다르고, 그래서 섬뜩하게 낯설다는 사실이다. 오히려 무라는 단어 그 자체는 앞서 언급한 '그것은 어떠한 것인가?'라는 질문에 해당될 수 없다. "무는 결코 아무것도 아닌 것이 아니고, 대상의 의미에서 어떤 것(etwas)도 아니다"(GA5, 104).[39] 무는 존재자가 아니기 때문에 결코 무엇이라는 존재자적인 물음으로 논의될 수 없다. "무는 이런 것과는 단적으로 다른 것이다(unterschieden). 무에 대한 물음, 즉 무란 무엇이며 어떻게 존재하는가 하는 물음은 물어지고 있는 것을 그와는 정반대되는 것으로 바꾸어버린다. 이 물음은 그 자신의 고유한 대상을 자기 자신으로부터 빼앗아버린다(beraubt)" (GA9, 107). 따라서 앞서의 물음은 다시금 새로운 형태로 바뀌어야만 하며, 그래서 하이데거는 다음과 같은 두 번째 물음을 제시한다. "아님(Nicht)과 부정(Verneinung)이 있기 때문에 단지 무가 있는 것인가? 또는 반대인가? 무가 있기 때문에 단지 아님과 부정이 있는 것인가?"(GA9, 108).

하이데거에 따르면, 바로 이 둘째 질문 안에서 비로소 허무주의로서의 무, 즉 부정적 허무가 아닌 무의 새로운 차원이 나타나게 된다. 왜냐하면 이제까지 무를 허무주의적인 어떤 것, 즉 부정적인 허무로 규정했던 근거가 무가 가진 '아님'과 '부정'의 현상에 있었기 때문이다. 따라서 그것들이 무로부터 유래되고 있다는 사실이 언급되면서, 무는 이제 새롭게 이해될 가능성을 획득하게 된다. "아님(das Nicht)은 오직 그것의 근원인 무의 무화함 자체가, 따라서 무 자체가 그 은폐성으로부

---

39 "Das Nichts ist niemals nichts, es ist ebensowenig ein Etwas im Sinne eines Gegenstandes."

터 벗어날 때에만, 드러날 수 있을 뿐이다. 무가 부정을 통해 생기는 것이 아니라, 도리어 부정이 무의 무화함에서 비롯하는 그 아님에 근거하는 것이다"(GA9, 116-117). 무는 부정의 근원이며, 그 반대가 아니다. 즉, 무가 아님과 부정으로부터 나오는 것이 아니라, 그 반대로 아님과 부정이 무로부터 나오며, 따라서 무가 아님이나 부정보다 더욱 근원적이다. 그리고 이것의 증거를 우리는 불안의 현상에서 발견하게 된다. 불안은 아님과 부정을 주게 되는 상황 이전에 우리가 맞서게 되는 어떤 기분, 즉 우리가 아님과 부정을 이야기하고, 행동에 옮기도록 종용하는 근본기분이다.

앞서 하이데거의 죽음 이해 안에서 살펴보았던 것처럼 불안은 공포(Furcht)와는 근본적으로 다르다. 왜냐하면 우리는 언제나 이러저러한 관점에서 우리를 위협하고 있는, 이러저러한 특정한 존재자에 대하여 공포를 느끼지만, 이와는 다르게 불안에서는 그 어떤 대상도 존재하지 않기 때문이다. "불안해하는 그것이 규정되어 있지 않다는 것은 결코 단지 규정성이 결여되어 있다는 것이 아니라, 본질적으로 규정이 불가능하다는 것을 말한다"(GA9, 111).

특별히 불안에서 아무런 대상이 없음은 공포에서 어떤 대상이 있음의 방식으로 나와 관계 맺는 것과 달리, 아무런 관계도 맺지 않는 상태를 의미한다. 왜냐하면 불안 안에서 일체의 사물들은 뒤로 물러감으로써, 오직 나와 관계를 단절한다는 방식을 통해서만, 즉 무관계의 방식, 혹은 관계의 무화의 방식을 통해서만, 나와 관계를 맺고 있기 때문이다. 즉, 불안 안에서 모든 것은 쑥 빠져나가며, 불안해하는 자는 단지 허공에 떠다니면서 끝없는 무화를 경험할 뿐이다. 불안은 단적으로 존재하는 것들과의 모든 관계가 무화되어버린다는 관계의 무성에서 기인된다. 존재자 전체가 쑥 빠져나가고, 그 이후 곧바로 무가 밀어닥치기 때문에, 그 무에 직면하여 우리는 침묵 속에 잠긴다. "그것 앞에서, 그것 때문에 불안해한 바로 그것은 '본래' 아무것도 아니었다. 사실, 무 자체가 그 자체로서 거기에 있었다"(GA9, 112).[40]

하이데거에 따르면, 바로 "이 불안(Angst)이 무를 드러낸다"(GA9, 112). 불안에서 인간은 무에 직면하며, 그럼으로써 그 안에서 무의 해방적 힘을 통해 인간은 자신의 본래적 가능성을 되찾는 생기사건에 도달한다. 따라서 이제 무에 대한 하이데거의 셋째이자 최종적인 물음이 나타난다. "불안이라는 근본기분과 더불어 우리는 현존재의 생기사건(Geschehen)에 도달했다. [...] 여기서의 무란 어떻게 된 것인가?"(GA9, 112).[41] 그것은 바로 자체로 무화하고 있는 무이다.

무가 불안을 통해 드러나면서 존재자 전체는 무관계성으로 드러나며, 모든 것들은 쑥 꺼져버린다(hinfällig wird). 이러한 현상은 "불안 안에서의 '-로부터 물러난다'(ein Zurückweichen vor-)는 현상에서 일어나며, 도피가 아니라, 일종의 사로잡힌 정막함(gebannte Ruhe)이다. 이러한 '-로부터 뒤로'는 무로부터 출발한다. 하지만, 이것(무)은 어떤 것을 자기에게로 끌어들이지 않고, 오히려 모든 것들에 대해 본질적으로 거부적(wesenhaft abweisend)이다"(GA9, 114). 그리고 이러한 거부를 하이데거는 '무의 무화'라고 이야기한다. "이렇게 [...] 존재자 전체에 대해, 전체로 거부하는 지시함이 무의 본질, 즉 무화(Nichtung)이다"(GA9, 114). 이러한 논의를 통해 이제 무는 무엇이라고 질문될 수 없는 '부정적

---

40 "worvor und worum wir uns ängsteten, war 'eigentich' - nichts. In der Tat: das Nichts selbst - als solches - war da."

41 "Mit der Grundstimmung der Angst haben wir das Geschen des Daseins erreicht, in dem das Nichts offenbar ist und aus dem heraus es befragt werden muß."

허무'에서 시작하여, '아님과 부정의 근거로서의 무'를 지나, 마침내 '무의 무화'로서 드러난다. 무화란 존재자를 없애거나 부정하는 것이 아니라, 존재자를 거부하는 것, 즉 끝없이 자신을 스스로 내빼는 무의 본질적인 성격이다. "무 스스로가 무화한다"(GA9, 114). 그리고 근원적으로 무가 무화하기 때문에, 그것은 현존재를 존재자 그 자체 앞으로 데려와서 비로소 그것들과 관계 맺을 수 있게 해준다. 다시 말해, 무가 무화하면서 근원적으로 자신을 드러내고 있는 그 텅 빈 근본바탕 위에서만 인간의 현존재는 비로소 존재자에게 접근 가능하게 되며, 그 존재자와 관계할 수 있다. 이와 관련하여 하이데거는 다음과 같이 이야기한다.

> 현존재가 그 자신의 본질에 따라 존재자와 관계하는 한, 즉 그가 아닌 존재자와 관계하면서도 바로 자기 자신이기도 한 그런 존재자와 관계하고 있는 한, 그는 이러한 현존재로서 그때마다 이미 드러나 있는 무로부터 유래하는 것이다. 현존재란 곧 무 안으로 들어가 머물러 있음을 의미한다(Hineinge- haltenheit)(GA9, 115).

현존재는 무 안으로 들어가 스스로 머물러 있으면서 언제나 이미 존재자 전체를 넘어서 있으며, 그래서 그는 초월적 존재자일 수 있다. 또한, 그는 이미 앞서 무 안으로 들어가 스스로 머물러 있는 한에서만, 비로소 존재자와 더불어 자기 자신과도 관계할 수 있을 뿐이다. 그래서 "무의 근원적인 드러남이 없이는 '자기 자신으로 있음'(Selbstsein)도 없고, 자유도 없다."

무란 인간적인 현존재를 위해 존재자 자체의 개방성을 가능케 함

(Ermöglichung)이다. 무는 이제 존재자에 대한 대립 개념을 주는 것이 아니라, 근원적으로 본질 자체에 속한다. 존재자의 존재에서 무의 무화함이 일어난다(GA9, 115).

이제 무는 단순히 존재자에 대한 모순이나, 그 부정으로서만 규정되지 않는다. 무는 "존재자에 대한 무규정적인 대립자로 남아있는 것이 아니다. [...] (오히려) 무는 모든 존재자들이 거기로부터 존재하고 있는 그러한 것으로서 스스로를 드러"[42]내며, 그럼으로써 그 자체가 존재자의 존재에 속한다. "그것(무)은 인간이 그것의 진리에로 고유해져 들어오는 존재자체이다"(GA5, 104).[43] 그것은 무화하면서 거부함으로써 오히려 모든 존재자를 그 자체로서 존재하게 하는 궁극적인 근원이다. "'순수한 존재와 순수한 무는 따라서 동일한 것이다.' [...] 존재와 무는 공속한다"(GA9, 120).[44]

물론 이러한 존재와 무의 공속이란 유일하게 존재를 드러내는 인간 현존재가 이미 무에 머물고 있으며, 그것의 자리 지기로서 실존하고 있기 때문에 드러나는 사태관계이다. "존재는 오직 무 안으로 들어가-머물러-있는(hineinhaltende) 현존재의 초월 속에서만 스스로를 드러내 보인다"(GA9, 120). 그리고 이러한 무 안에서 존재자는 지금까지와는 다른 낯선 모습으로 현존재에게 다가오며, 그는 경이로움을 가지고, 다시금 그 존재자와 관계하게 된다. 따라서 현존재가 들어가-머물러-있는 무 안에서 비로소 존재자 전체가 각각 자신의 가장 고유한 가능성

42 Welte, *Denken in Begegnung mit dem Denken*, Bd. II/2 (2007), 122.

43 "Das Nichts [...] es ist das Sein Selbst, dessen Wahrheit der Mensch dann übereignet wird."

44 "Sein und Nichts gehören zusammen."

에 따라, 다시 말해 유한한 방식으로 그 자신에 도달한다. 하이데거에 따르면, 이것이 바로 무로부터 존재자로서의 존재자 전체가 생긴다(ex nihilo omne ens qua ens fit)는 말의 의미이다.

이제 이러한 무의 이해를 통해 인간은 무 안으로 들어가 스스로 머물러 있을 때에만 다른 존재자와 관계할 수 있으며, 나아가 존재자체를 통찰할 수 있음이 고지된다. 따라서 허무주의란 단순한 절망적인 소식에 머물지 않는다. 왜냐하면 허무주의가 드러내고 있던 무란 허무한 차원에서 단순히 해소되고 마는 것이 아니라, 오히려 존재자체의 다른 모습을 드러내는 어떤 새로운 차원에 대한 지시체이기 때문이다.

> 허무주의는 근원적인 경험을 향한 과정으로서 이해되며, 무로서의 본질 안에 있는 존재를 사유하기 위해 더 강하게 되고, 존재자로부터 구분되는 것일 뿐만 아니라 스스로 빼내옴(Sich-Entziehens)의 순수한 운동으로서, 일종의 거부함(Verweigerung)의 넘어설 수 없는 존재생기(Eieignis)로서 그리고 이러한 의미에서 존재자체의 진정한 구원으로서 이해된다. [...] 그것은 쇄락과 위협 앞에서의(궁극적으로, 원죄라는 것과 같은 유한성 앞에서의 구원이 아니다) 구원이 아니라, 오히려 상처받지 않은 은폐성 안에 있는 일종의 은폐하는 뿌리의 보존으로서의 구원이다.[45]

앞서 살펴보았던 것처럼, 형이상학은 그 시작으로부터 그 완성에 이르기까지 철저히 존재망각 안에 있었지만, 그것은 단순한 실수가 아니라 존재 역사의 운명이었다. "거절(존재의 은폐성으로서의 은폐)이

45 Esposito, "Die Gnade und das Nichts. Zu Heideggers Gottesfrage" (1998), 200.

한계가, 결핍이, 최후의 것이 아니라, 처음의 것, 주어짐, 시원이라는 그 사실로부터 역사는 도래한다"(GA67, 20).[46] 따라서 우리가 현대의 허무주의 안에서 경험하게 되는 무란 단순한 허망한 무가 아니라, 바로 존재가 자신을 내빼면서 우리에게 자신을 알려오는 존재의 또 다른 운명을 의미한다. "우리는 모든 존재자에게 존재하도록 보장하여 (허락해) 주는 그것의 광대함을 무에서 경험하려는 채비를 꼭 갖추어야 한다. 그것은 곧 존재자체다"(GA9, 306).[47] 그리고 이러한 무에 대한 통찰 안에서 하이데거의 핵심주제인 "존재는 가장 고귀하고 가장 의미 있는 존재생기로 명명될 수 있게 된다"(GA14, 22).[48] 다시 말해, "무는 존재로서 존재자를 각각의 본령적인 방식 안에서 인간에게 내어보내고 있다(zuschicken). 이러한 보냄(Schickung)은 존재생기(Ereignis)라 명명된다."[49]

---

46 "Daß Verweigerung(Verbergung der Verborgenheit des Seyns) nicht eine Grenze und ein Fehlen und ein Letztes, sondern das Erste und die Senkung und der Anfang ist, aus dem die Geschichte kommt."

47 "[...] müssen wir uns auf die einzige Bereitschaft rüsten, im Nichts die Weiträumigkeit dessen zu erfahren, was jedem Seienden die Gewähr gibt, zu sein. Das ist Sein selbst." 이러한 무와 존재와의 관계에 대한 하이데거의 언급을 벨테는 다음과 같이 부연하고 있다. "왜 무는 존재자체로서 자신을 드러내는가? 왜냐하면 그것은 존재자에게 존재하도록 보장하여 (허락해) 주기 때문이며, 동시에 존재자와 스스로를 구별하면서, 존재자에게 존재를 보장하면서 선사하기(gewährt und verschenkt) 때문이다. 따라서 존재하게-해주는(sein-lassende) 무는, 존재자의 존재를 벗겨내고(entscheiert), 시원적으로 드러냄(enthüllt)을 통해, 존재자체로서 자신을 벗겨내고 드러낸다. 그 안에서 현상적 성격은 무로부터 존재를 향하게 된다"(Welte, *Denken in Begegnung mit dem Denken*, Bd. II/2 [2007], 161).

48 "Demgemäß kann das Sein für das höchste, für das allerbedeutsaste Ereignis ausgegeben werden."

49 Welte, *Denken in Begegnung mit dem Denken*, Bd. II/2 (2007), 164.

2. 무無 물음의 역설적 성격

앞서 살펴보았던 것처럼, 하이데거의 사상에 '무'가 존재물음을 위한 중요개념으로 등장하게 되면서 곧바로 전회가 시작된다. 특별히 그는 전회를 통해 '존재자의 존재'(vom Sein des Seienden)에서 '존재자체의 스스로 드러냄'(zum sich Enthüllen des Seins selbst)으로 사유의 중심을 변경함으로써[50] 일체의 존재자의 부정이자 무근거(Abgrund)로서의 무(Nichts)를 존재의 다른 모습으로 등장시킨다.[51]

특별히 하이데거는 이러한 무와 존재의 공속이라는 역설적인 현상을 '존재자체로서의 존재생기(Ereignis)', 혹은 '존재생기로서의 존재'(Sein als Ereignis)라 명명한다. "존재생기는 존재이다"(GA67, 62).[52] "존재생기는 무-근거의 고유한 형태를 자신 안에 담고 있다."[53] "존재는 (존재)생-기이며, 그래서 무-근거이고, 근거의 근거로 존재하는데, 그렇기 때문에 자유이다"(GA66, 101). 그렇다면, 이러한 존재생기란 하이데거에게 무엇을 의미하는가?

이것을 해명하기 전에 우리는 우선 다음과 같은 점을 분명히 해야 한다. 그것은 바로 '존재생기'를 통해 하이데거는 자신의 사상이 도달한 궁극적 경지 내지 귀착점에 이르게 되며[54], 이러한 이유 때문에 이 개념

---

50 Anelli, *Heidegger und die Theologie* (2008), 130.

51 Ibid., 138.

52 "Ereignis ist das Sein."

53 Anelli, *Heidegger und die Theologie* (2008), 143, 특별히 이 Ereignis라는 단어와 관련하여, 하이데거는 그것이 로고스나 도처럼 거의 번역이 불가능하다고 말하고 있으며, 그래서 영어번역과 한국 번역에 있어서도 학자마다 다른 용어들로 번역하고 있다.

54 이수정, "하이데거의 발현론. 『철학에의 기여』를 중심으로". 「하이데거연구」 Vol. 20 (2009, 한국하이데거학회 편), 10.

은 상당한 분량의 논의를 필요로 한다는 점이다. 게다가 하이데거가 명확하게 정의하지 않은 채 타계했기 때문에 그것을 무엇이라고 단정짓는 것 역시 불가능하다. 따라서 이제부터 다룰 존재생기에 대한 논의는 어디까지나 본 연구의 무의 해명을 위한 임시적 규정에 불과할 수밖에 없다.

1) '존재생기'에 대한 임시적 규정

'존재생기' 개념은 1930년의 『진리의 본질에 관하여』에서 그 싹을 보이며, 1936-38년의 『철학에의 기여』에서 이미 완성되어있었고, 1962년의 『시간과 존재』에서 명시적인 주제화에 이르게 된다. "존재는 존재생기 안에서 사라진다"(GA14, 22, 46).[55] 특별히 이 용어의 사전적 의미는 일어난 일, 사건, 현상 등을 말하며, 통상적으로는 발생한 사건(Vorkommnis)과 일어난 사건(Geschenhis) 등으로 사용되고 있다. 그러나 그는 "이 단어가 명명하는 것이 그것들과는 완전히 다른 것을 말할 따름"이라고 주장한다. 그에 따르면, 오히려 이 단어는 '존재생기로서의 존재자체'(Sein selbst als Ereignis)의 의미로 새겨져야만 한다(GA14, 22).

> 존재생기는 [...] 유일무이하게 스스로 생기하고 있을 뿐이다. [...] 존재생-기는 그 자체 진동하며, 용솟음치는 영역이며, 이 영역에 의해서 인간과 존재는 서로 자신의 본질에 도달하게 된다. 이것은 곧, 형이상학이 이 양자에게 증여하였던 그런 규정들을 상실함으로써 인간과 존재

55 "Das Sein verschwindet im Ereignis."

는 각자의 본질적으로 현성하는 것을 획득하게 되는 것이다(GA11, 45-46).[56]

존재생기라는 이 표현 자체는 단순한 사건의 의미를 넘어서, 어떤 것이 일어남, 발생함 그리고 드러남을 지시하는데, 특별히 하이데거는 '그것이 준다'(Es gibt)는 의미로서의 존재이해를 존재생기로서 명명한다. 따라서 이것은 '그것이 현존하게 만든다'(Es lässt anwesen)와 '그것이 탈은폐하게 만든다'(Es entbirgt)의 사건으로 나타나기도 한다.[57] 하이데거에 따르면, 그 낱말은 어원적으로 '눈으로 바라보는'이라는 뜻의 'er-äugen', '자기 자신'의 뜻인 'eigen', '자기의 것으로 본래화한다'는 'eignen' 등이 모두 복합적으로 함의된 다의적인 의미를 품고 있다. "존재생-기함(Er-eignen)이란 근원적으로 다음을 뜻한다. 열린 눈으로 바라본다(er-äugen), 다시 말해 통찰하며(erblicken), 이런 통찰 속에서 자기에게 불러들이고(im Blicken zu sich rufen), 고유해진다(aneignen)" (GA11, 45).[58]

---

56 "Das Ereignis [...] Was es nannt, ereignet sich nur in der Einzahl, nein, nicht einmal mehr in einer Zahl, sondern einzig [...] Das Er-eignis ist der schwingende Bereich, durch den Mensch(en) und Sein einander in ihrem Wesen erreichen, ihr Wesendes gewinnen, indem sie jene Bestimmungen verlieren, die ihnen die Metaphysik geliehen hat."

57 김형효, 『하이데거와 화엄의 사유』 (2002), 20.

58 이러한 의미 중에서도 이 단어는 특별히 고유화(eignen)의 의미에서 많이 해석된다. "존재생기란 '~을 그 고유한 상태'(das Eigene), 그 자신 본유의 본래적 상태, 고유의 모습으로, 알 수 없는 근저로부터, 허용하고 가져오고, 부여하고, 보내주고, 건네주고, 그렇도록 하고, 맡겨주고, 규정하고, 밝히면서 간직하고, 부재를 거기에서 떠나게 하는 것, 그렇게 해서 그 자신에 즉해 스스로를 내보이며, 그것이 인간에까지 이르러, 인간에게 관여해 오는 것"(이수정, "하이데거의 발현론. 『철학에의 기여』를 중심으로" [2009], 11)이다.

특별히 여기서 우리가 잊지 말아야 하는 것은 이 단어의 해석이 상당한 어려움을 줄 수밖에 없는 이유이다. 그것은 바로 '존재생기'가 하이데거 철학의 최종적 정수라는 점과 더불어 그의 후기 사유가 신비화된다는 점이다. "후기 하이데거에게 [...] 존재란 신비신학적, 유사신비적(quasi-mystische), 권력적 그리고 수수께끼적인 심급으로서 나타난다. 자기-은폐와 자기-탈은폐의 속성과 활동은 이러한 생기의 운명과 더불어 이 심급에 속한다. 그러한 운명에 인간은 들어가 있으며, 그가 원하든 아니든지 간에, 그는 규정되며, 철저히 지배된다."[59] 그리고 이러한 신비적 성격은 바로 존재자체가 가지고 있는 '자기 은폐'와 '탈은폐'라는 이중성으로부터 기인한다. 그렇다면, 이러한 이중성은 무엇을 의미하는가?

그것은 곧 존재가 우리에게 자신을 열어보이는 '줌', 즉 '존재생기'의 측면을 지니면서도, 자신을 '은폐하고 내빼면서 삼가고 스스로를 감추려는' 그런 반대 계기, 즉 '존재탈생기'(Enteignis)의 측면을 내포함을 말한다. "존재는 '명/암'(明/暗)이 공존하고 '유/무'(有/無)가 동거하고 있는 그런 이중성의 구조와 분리되지 않는다."[60] 그래서 하이데거는 존재의 드러남을 '열린 빈터'(Lichtung)라는 용어로 표현하며, 이러한 용어는 짙은 숲속에 햇볕이 들어오도록 숲 중간을 베는 것을 뜻한다. 즉, 빛이 들어와 장소를 밝히기 위해서는 이미 그곳에 숲으로 뒤덮인 어둠(Dunkel)이나 감추어짐(Verbergung)이 있어야 하며, 그 반대로 그러한 어둠을 베어냄으로써 그곳은 어두움에 비해 밝게 드러날 수 있게 된다는 것이다.

---

59 Rentsch, *Gott* (2005), 181.

60 김형효, 『하이데거와 화엄의 사유』 (2002), 25.

하이데거에 따르면, 이러한 숲속의 열린 빈터처럼 존재는 어둠 안에서 감춰지며, 그렇게 감춰지고 사라져 무에 거하기 때문에, 또한 밝음을 가능하게 한다. "존재는 존재하지 않는다. 존재를 그것이 현존의 탈은폐로서 준다"(GA14, 14).[61] 따라서 존재는 한편으로는 자신을 보내주면서도, 동시에 다른 편으로는 자신을 후퇴시키는 그런 이중적 존재생기사건에 다름 아니다.

2) '존재자체의 이중성'과 '존재와 무의 공속의 역설'

(1) '존재생기'와 '존재탈생기'의 이중성

하이데거에 따르면, 존재란 바로 "존재생기가 존재생기한다"(Das Ereignis ereignet)(GA14, 24)는 것 이외에 그 어떤 것도 아니다. 거기에는 어떠한 주체도 또한 그 주체를 통해 벌어지는 목적도 끼어들 수가 없다. 오히려 근원적인 존재사건의 차원에 이르면, 존재는 자체로 생기함으로써, 생기하는 존재 생기 그 자체 이외에는 그 어떤 것도 언급될 수 없다. 이 사태에서는 도대체 무엇이, 누가 그러한 사태를 가능하게 해주는 것인가 하는 것은 원천적으로 알려지지 않는다. "우리는 결코 존재생기를 우리 앞에 세워놓을 수 없으며, '마주하는 어떤 것'(ein Gegenüber)으로도 그리고 모든 것을 포괄하는 것(das alles Umfassende)으로도 그렇게 할 수 없다"(GA14, 24). 따라서 '존재생기'의 "'그것'은 근거를 주는 무-근거의 또 다른 이름으로 규정될 수 있으며, 이러한 무-근거는 그때마다의 기분에서 스스로를 내뺀다. 그리고 사람들은

61 "Sein ist nicht. Sein gibt Es als das Entbergen von Anwesen."

단 한 번도 그것이 존재한다(Es gibt 'Es', 그것이 그것을 준다)고 말할 수 없게 된다."[62] 그러나 오히려 그 무엇으로서의 '그것'이 알려지고 있지 않다는 사실 자체가 '존재생기'의 중요한 하나의 특성으로서, 그것의 유한성의 근거로 설명되고 있으며, 하이데거에 따르면, 이러한 존재의 성격은 '존재탈생기'(Enteignis)라 명명될 수 있다.

> 존재생기로부터 생각되는 것은 이것이다. 그것은 그 자체의 명명된 의미에서 스스로를 탈생기한다. 존재생기 그 자체에는 존재탈생기가 속한다. 이것을 통해 존재생기는 스스로를 포기하는 것이 아니라, 자신의 고유함의 본령(Eigentum)을 지킨다(bewahren) (GA14, 23).

그리고 이처럼 존재자체가 어떠한 내빼의 차원을 통해 스스로를 버리거나 단순히 숨기는 것에서 멈추지 않고, 오히려 그것을 통해 철저히 존재 "자신의 고유함의 본령을 간직한다는 점에서 그것은 존재사유의 원천이"[63]라 말할 수 있게 된다. 따라서 거기에는 "생기의 생기하는 탈은폐함에 속해 있는 자기은폐(Selbstverbergung)의 차원, 즉 내뺌(Entzug)과 탈생기(Enteignis)의 시원적인 차원이 함께 귀속되어 있다."[64] 즉, 첫 번째 시원의 존재경험으로서의 피지스가 내뺌의 이중성 안에 있었던 것(GA67, 10)과 마찬가지로 존재의 생기 사건 안에도 이러한

---

62 Han, *Martin Heidegger* (1999), 86. 하이데거에 따르면, 바로 이러한 존재자체의 이중적인 역설적 성격 때문에 존재망각이 나타났다. 여기서 망각이란 심리적인 망각증이 아니라, 어떤 역사적 운명과 밀접한 관련성을 맺고 있는 것으로 해석되어야 한다. 즉, 망각은 서양 역사라는 문명의 지배적인 운명과 불가분의 관계가 있는 것으로 해석되어야 한다.

63 신상희, 『시간과 존재의 빛』 (2000), 302.

64 앞의 책, 295.

이중성이 놓여있다. "거절은 생기에 귀속하는 것으로서, 또 다른 시원의 사유에서 빛이 나는 존재의 보다 근원적인 본질로부터만 경험된다"(GA65, 411).

하이데거에 따르면, 존재생기의 사건을 통해 각각의 존재 역사 안에서 존재가 그때마다 자신을 드러낸 장소들(Stätte)은 하나의 '줌'(Geben)에 대한 '선물'(Gabe)로서 지시되지만, 그것을 주었던 '줌 자체'(Geben selbst)는 뚜렷하게 현상하지 않은 채, 스스로를 내뺀다. "주어진 것이 어떤 방식으로 쇄도하고 밀어닥치고, 그것을 통해 줌 그 자체를 감춘다. [...] 줌은 주어진 것 안에서 부재한다."[65] 존재생기의 이중성은 무의 거부로서, 즉 존재의 진리에서의 무근거로서 사유되고 있으며, 이것은 소크라테스 이전에서 우리가 찾아볼 수 있는 최초의 시원에서부터 존재망각이 극단에 이른 현대의 허무주의에서까지 모두 찾아볼 수 있는 사실이다. 그렇다면, 왜 존재자체에는 이러한 이중적 성격이 나타나고 있는가?

하이데거에 따르면, 그것은 고대로부터 지금까지도 여전히 고유하게 사유되지 못했던 것으로, 하지만 이미 존재의 본래적 성격인 '자체로-삼감' 때문이다. "보내줌으로서의 줌에 '자체로-삼감'이 속해 있다"(GA14, 23).[66] 이것은 곧 존재의 줌에는 일종의 거부(Verweigerung)와 유보(Vorenthalten)가 행해지고 있음을 의미한다.[67]

---

65 Han, *Martin Heidegger* (1999), 85-86.

66 "[Z]um Geben als Schicken das Ansichhalten gehört."

67 하이데거에 따르면, 이러한 내빼은 세 가지 방식을 가지고 있다. 그것은 첫째, 자체로-삼감(Ansichhalten)으로서 "존재가 자신의 고유함으로 귀속해 들어가는 그곳에서 스스로를 나타내보이고 있다." 둘째와 셋째 방식은 있어-옴의 내줌에서 행해지는 현재의 '거부'와 도래함의 내줌에서 행해지는 현재의 '유보'이다(신상희, 『시간과 존재의 빛』 [2000], 295).

> 지금 언급되는 것, 즉 자체로-삼감, 거부 그리고 유보는 일종의 스스로 내뺌다(ein Sichentziehen)와 같은 것, 짧게 말한다면, 내뺌(Entzug)을 드러낸다. [...] 내뺌은 존재생기의 고유한 특성에 속해있음에 틀림없다. [...]. 존재의 역운에서 보내줌(Schicken)은 하나의 줌으로서 특징지어지는데, 이때 보내주고 있는 것 자체(das Schickende selbst)는 자신을 삼가며, 바로 이 자체로-삼감 안에서 자기 자신을 탈은폐로부터(der Entbergung) 내빼고 있다(GA14, 23).

이처럼 "거절은 보냄의 최고의 품격(Adel)이며, 자기은닉의 근본 특징이다. 자기은폐의 개방성은, 존재의 진리의 근원적인 본질을 이룬다"(GA65, 406). 그렇다면, 이러한 존재생기와 존재탈생기의 이중적 성격은 우리에게 무엇을 말해주고 있는가?

(2) 존재와 무의 공속의 역설

앞서 살펴본 존재생기와 존재탈생기의 이중성은 이제 존재와 무가 공속하고 있다는 사실, 즉 존재와 무가 한 묶음이기 때문에 존재를 떠난 무, 무를 떠난 존재가 불가능하다는 사실을 알려준다. 하이데거는 다음과 같이 이야기한다.

> 무는 존재자를 필요로 하지 않는다. 오히려 반대로 무는 존재를 필요로 한다. 무가 바로 존재를 필요로 하고 존재 없이는 무가 본질을 상실한 채 남아 있게 된다. [...] 무는 존재와 공속한다. [...] 무가 존재와 공속하고 있다는 것, 무가 존재와 본질적으로 동일하지는 않지만, 무는 존

재와 본질적으로 친척의 관계로서 머물고 있다는 것은 우리가 이미 존재에 관하여 그것은 가장 공허한 것이라고 말한 것에서부터 짐작될 수 있다. 무도 가장 공허한 비어있는 것(das leerste Leere)이 아닌가? 이러한 관점에서 보면, 무도 역시 존재와 함께 유일성(Einzigkeit)을 공유하고 있다.[68]

이러한 하이데거의 말을 통해 우리는 그의 사유가 무와 존재를 상호 간의 공속 안에서 관계지우고 있으며, 그것을 통해 가장 공허하면서도 가장 풍요로운 현상, 즉 역설의 현상을 말하고자 한다는 점을 발견하게 된다.[69] 그리고 이제 우리는 앞서 하이데거 죽음 이해의 역설적 성격인 삼중적 역설과 더불어, 무(無) 물음 안에서 발견되는 역설적 성격을 "존재와 무는 공속한다"(zusammengehört)(GA9, 120)는 하이데거의 말을 그대로 수용하여 '무와 존재의 공속의 역설'(das Paradox der Zusammen- gehörigkeit von Sein und Nichts)이라 명명하기로 한다. "그러나 완전 하나가 아닌 그것은 존재자의 존재의 본성하고 있는 것(다시 말해, 근원적으로 그 자체를 개방하고 있는 것 등등) 안에 속한다는 의미에서 동일한 것이다"(GA9, 123).[70]

특별히 여기서 우리가 주목해야 하는 것은 이러한 역설적인 관계의 정립이 규정될 수도 없고, 그렇다고 규정이 완전히 불가능한 것도 아니라는 사실이다. 즉, 이것은 규정성과 무규정성을 넘어서는 초규정

---

68 Martin Heidegger, *Grundbegriffe* (Frankfurt(M): Vittorio Klostermann, 1991), 54. (이하 GA51)

69 김형효, 『하이데거와 화엄의 사유』 (2002), 58.

70 "[D]as Selbe im Sinne dessen, was im Wesenden (d.h. sich als solchem ursprünglich Eröffnenden, B. W.) des Seins des Seienden zusammengehört."

성(Überbestimmtheit)의 차원의 논의이며, 오직 그 안에서만 무와 존재가 상호 공속함을 이야기할 수 있다. 그렇다면, 이러한 '무와 존재의 공속의 역설'이란 무엇을 의미하는가?

그것은 바로 무와 존재가 공속하며, 동시에 동일하다는 것을 의미한다. "무는 존재의 특성이다. 존재 : 무 : 동일함"(GA 15, 363). 따라서 무와 존재는 자체로 같으면서도, 동시에 다른 불일불이(不一不二)의 이중성, 즉 '다르지만 동일하고', '동일하지만 다른 채, 함께 모이는' 역설적인 관계를 가진다.

> 존재는 우리에게 다양한 대립성에서 자신을 드러내며, 이러한 다양한 대립성은 우연한 것일 수 없다. [...] 존재는 가장 공허한 것이면서 가장 풍요로운 것이고 가장 일반적인 것이면서 유일무이의 것이며, 가장 이해하기 쉬운 것이면서 모든 개념파악에 저항하는 것이며, 가장 자주 사용되는 것이면서 이제 비로소 발원하는 것이며, 가장 믿을 수 있는 것이면서 가장 무-근거적인 것이며, 가장 망각된 것이면서 가장 상기시키는 것이며, 가장 자주 말해지는 것이면서 가장 침묵하는 것이다(GA48, 329).[71]

물론 이러한 존재와 무의 이중성은 우리들이 가지고 있는 단순한 인식의 오류에서 비롯되는 것이 아니다. 그것은 오히려 존재자체의

---

71 "Das Sein enthüllt sich uns in einer vielartigen Gegensätzlichkeit, die ihrerseits wieder nicht zufällig sein kann [...] Das Sein ist zumal das Leerste und das Reichste, zumal das Allgemeinste und das Einzige, zumal das Verständlichste und allem Begriff sich Widersetzende, zumal das Gebrauchteste und doch das Entspringende, zumal das Verläßlichste und das Ab-gründigste, zumal das Vergessenste und das Erinnerndste, zumal das Gesagteste und Verschwiegenste."

모습이 그러한 것이다. "확실히 존재자체의 탓이다. 그리고 존재가 가장 비어있는 것, 가장 일반적인 것, 가장 이해될 만한 것, 가장 필요로 하는 것, 가장 떠나버린 것, 가장 망각된 것 그리고 가장 이미 말해진 것이라는 사실은 이제 그(존재)의 가장 고유한 본질로 머문다"(GA48, 330).

특별히 이러한 존재의 이중적 성격, 즉 '무와 존재의 공속성'이란 각각이 "다르지만 그 차이를 기초로 해서 상호 귀속이 형성된다는 것"[72]을 의미한다. "이러한 무는 존재로서 현성한다. [...] 우리는 모든 존재자에게 존재하도록 보장하여 (허락해) 주는 그것의 광대함을 무에서 경험하려는 채비를 꼭 갖추어야 한다. 그것은 존재자체이다"(GA9, 306).[73] 이러한 존재와 무의 "동일함(Selbigkeit)을 우리는 공속성이라고 해석"(GA11, 36)하며, 따라서 "존재와 무는 자체로 공속한다(zusammengehören)"(GA9, 120).

하이데거에 따르면, 앞서 언급한 공속성 안에서 "존재는 무가 '존재하는'(ist) 것보다 더 '존재하지'(ist) 않는다. 그러나 둘 모두는 존재한다(Es gibt beide, 혹은 그것이 그 둘을 준다)."[74] 바로 이러한 공속의 역설 안에서 "존재, [...] 그것은 그 자체"이며, "수수께끼는 [...] '존재'"[75]로 드러난다. 그리고 바로 이 존재의 신비적 차원이자 존재의 본령이란 스스로를 은폐하는 존재의 다른 모습으로서의 무이며, 그래서 존재는 가로질러 지워내는 '~~존재~~'(~~Sein~~)로서 표기할 수밖에 없다. 물론 "이 무는

---

72 김형효, 『하이데거와 화엄의 사유』 (2002), 301.

73 "Aber dieses Nichts west als das Sein [...] müssen wir uns auf die einzige Bereitschaft rüsten, im Nichts die Weiträumigkeit dessen zu erfahren, was jedem Seienden die Gwähr gibt, zu sein. Das ist das Sein selbst."

74 May, *Heidegger's hidden sources* (1996), 22.

75 Ibid., 23.

허무한 무가 아니다. 이것은 존재에 속한다. 무와 존재는 서로 간에 나란히 있는 것이 아니다. 그것의 본질적인 충만함을 우리가 거의 사유하기 시작하지 못했던 하나의 관계 안에서 각각은 자기 자신을 다른 것에 대하여 사용한다"(GA9, 247).

오히려 무는 부재(Abwesen)로서 본질의 은둔에 해당한다는 점에서 그것은 유의 바탕이라는 의미를 품고 있으며,[76] 그럼으로써 무와 존재는 동근원적인 것이다. 즉, 우리는 "동근원적으로 존재와 동일한 것인 그 무를 생각할 수 있다"(GA9, 421). "[...] 그것(무)은 어떠한 방식에서는 존재에 속한다"(GA40, 85).[77] 존재와 무의 개념쌍은 '현존과 부재'(Anwesen und Abwesen), '비은폐성과 은폐성'(Unverborgenheit und Verborgenheit), '존재생기와 존재탈생기'(Ereignis und Enteignis) 등의 방식을 통해 함께 거하고 있음을 드러내며, 이러한 드러남의 이면인 감춤에는 존재자체의 귀중한 본령이 숨겨져 있다. 왜냐하면 은폐성은 형이상학의 결핍이 아니며, 형이상학 자체가 모르고 있지만, 형이상학에 제시되고 있는 형이상학의 고유한 본령의 보물이기 때문이다. "이것(존재탈생기)을 통해 존재생기는 스스로를 포기하는 것이 아니라, 자신의 고유함의 본령(Eigentum)을 지킨다(bewahren)"(GA14, 23). 그렇다면, 이러한 '무와 존재의 공속의 역설'을 통해 우리는 존재에 관해 무엇을 알게 되는가? 그것은 곧 존재자체의 '우상파괴의 힘'과 '자체로-삼감'이다.

첫째, '존재와 무의 공속의 역설'은 '우상파괴의 힘'을 드러낸다. 왜냐하면 존재는 자신의 다른 모습인 무를 통해, 인간 현존재로 하여금 집착하는 사유를 부정하고 그것을 파괴할 수 있도록 만들어주기 때문

76 김형효, 『하이데거와 화엄의 사유』 (2002), 76.

77 "[...] daß es auf seine Weise zum Sein gehört."

이다. 하이데거는 다음과 같이 말한다.

> 현존재 전체의 근본 가능성 안으로 진입하기 위해서 [...] 다음과 같은 것이 결정적으로 중요하다. 무 안으로 자기 자신을 풀어놓을 것(Sichloslassen), 다시 말해 누구나 갖고 있는 우상, 누구나 거기로 슬그머니 기어들어가 버리는 그런 우상들(Götzen)로부터 자유로워질 것, 그리고 마지막으로 불안 속에서 떠다니며 동요하던 마음으로 인해 [...] (무의) 물음을 제기할 수 있도록 그 물음 속으로 깊이 파고들어감으로써 이렇게 동요하던 마음을 완전히 휘저어버릴 것(erzwingt) 등이다(GA9, 122).

인간 현존재는 존재에 귀속하는 한에서 무에 귀속하며, 또한 무 안에 머물러 있는 자이다. "현-존재란 무 안으로 들어서 머물러 있는 것을 말한다"(GA9, 115).[78] 따라서 무 안에서 그는 모든 우상들을 무화시킬 수 있으며, 그가 집착하던 모든 존재자들에 고착하지 않고 그것들을 부수고 철회할 수 있다. 즉, 무는 무화(das Nichts nichtet)하면서, 모든 것들을 허물기 때문에, 인간은 그 안에 머물러 우상을 부수고 자기를 비워 무의 자리지기가 되며, 그럼으로써 그는 스스로 존재의 열린 빈터가 된다.

둘째, '무와 존재의 공속의 역설'은 자기를 내빼면서 다른 것들을 충만하게 만드는 '존재의 자체로-삼감'을 드러낸다. 하이데거에 따르면, 존재의 "보내줌으로서의 줌에 '자체로-삼감'(Ansichhalten)이 속해 있"(GA14, 23)으며, 이것을 통해 존재생기의 생기함은 무제한적인 탈은

---

78 "Da-sein heißt: Hineingehaltenheit in das Nichts."

폐로부터 자기 자신의 가장 고유한 점을 내빼면서 자신의 본령을 보호함으로써 존재자의 개방성을 가능하게 만든다. 다시 말해, 존재자체는 근거로서 존재탈생기의 측면을 가지고 있으며, 이것은 단적으로 존재자체가 스스로를 비우고, 그럼으로써 존재생기를 위해 자신을 은폐하여 무로 되돌아가 자체로-삼가는 것이다. "내빼의(Entzugs) 방식 안에 있는 존재자체는 탈은폐의 은폐 안에 현성한다(west)."[79] "존재는 이렇게 현존자에게 현존을 수여해주면서도 정작 스스로는 자신의 고유한 본령(Eigentum) 속으로 스스로 물러나 은닉하는 그런 것이다."[80] 그러나 하이데거에 따르면, 이러한 탈생기를 통해 존재는 단순히 스스로를 포기하는 것이 아니다. 오히려 그것은 자신의 고유함의 본령을 간직하며, 비로소 존재생기하는 "존재의 개현성이 존재자의 개방성을 가능하게 한다"(GA9, 131). 다시 말해, 자신을 줌(Geben)과 동시에 철저히 자기 자신을 내빼고, 떠나며, 숨기고, 은폐함으로써 "모든 존재자에게 존재하도록 보장하여 (허락해) 준다(jedem Seienden die Gewähr gibt, zu sein)"(GA9, 306). 특별히 우리는 이것이 적극적으로 존재자를 존재하게끔 하고 개방하면서, 스스로는 감추어지는 존재자체의 적극적인 자기 비움, 자기희생이라는 점을 알 수 있다. 왜냐하면 존재가 '자체로-삼가면서' 은폐하지 않으면, 존재생기도 일어날 수 없으며, 그럼으로써 존재자 전체 역시 존재할 수 없기 때문이다.

물론 이러한 무와 존재 사이의 공속의 역설은 인간의 차원에서도 그대로 반영되고 있었으며, 우리는 이미 그것을 '하이데거 죽음 이해의 역설적 성격'으로 정식화하여 살펴보았다. "현존이 삶이라면, 은폐는

79 Winter, *Heideggers Bestimmung der Metaphysik* (1993), 226.
80 신상희, "동굴의 비유 속에 결박된 철학자, 플라톤" (2009), 193.

죽음의 의미를 상징한다."[81] 그렇다면, 각자의 역설 안에 각각 놓여 있는 존재와 인간은 서로 어떠한 방식으로 연관되는가?

(3) '존재의 목자'이자 '무無의 자리지기'로서의 인간

하이데거에 따르면, "존재생기는 인간과 존재를 본질적인 '함께'(Zusammen) 안에서 고유하게 하(vereignet)"(GA11, 47)며, 그럼으로써 존재자체는 말건넴(Ansprechen)으로 인간과 관계를 맺고, 인간은 그것에 응대(Entsprechen)하고, 대답함(Antworten)으로써 존재와 관계를 맺는다. 오히려 인간과 존재의 관계란 각자가 존재한 이후 맺게 되는 관계가 아니라, 이러한 관계에 의해 그 양자가 존립하게 되는 어떤 것이다(GA51, 328).[82] 그렇다면, 이러한 관계 안에서 인간은 어떻게 규정될 수 있는가? 그것은 바로 이러한 존재와 관계 맺고 있는 자로서, 존재에게 응답하는 "인간은 존재의 목자"(GA9, 342)[83]이며, 동시에 "인간은 무의 자리지기이다"(GA9, 419).[84] 특별히 우리는 이러한 존재와 인간 사이의 관계 안에서 인간의 본질이 상당히 색다른 방식으로 규정되고 있음을 확인할 수 있다. 그것은 바로 인간이 존재의 이중성, 즉 존재의 측면과 무의 측면으로 나뉘어 규정되고 있다는 사실이다.[85]

---

81 김형효, 『하이데거와 화엄의 사유』 (2002), 69, 75.

82 이와 관련하여 하이데거는 다음과 같이 이야기한다. "인간은 존재의 로고스와 마찬가지로 그 자체에 있어서 이미 관계(Beziehung)를 통해 존재하기 때문에, 인간의 로고스가 존재의 로고스에 대해서 관계를 맺는다는 표현은 정확한 표현이라 할 수 없다. [...] 인간의 로고스와 존재의 관계는 사물들이 [...] 관계들 사이의 관계(der Bezug zwischen Beziehungen), 즉 자신 이외의 어디에도 근원을 갖지 않는 순수한 관계이며, 오직 이것뿐인 것이다."

83 "Der Mensch ist der Hirt des Seins."

84 "Der Mensch ist der Platzhalter des Nichts."

우선 인간은 존재의 측면에서 목자로서 존재와 관계를 맺는다. "존재의 진리는 [...] 자신의 염려 속으로 받아들이지만, 그것을 마음대로 처분하지 않는 그러한 목자로서 인간을 '필요로 한다'(braucht)."[86] 왜냐하면 "존재의 본질이 인간적 본질을 필요로 하는 한에서, 존재자체는 존재사유 안에서 스스로를 전회시키"[87]기 때문이다. 그리고 이러한 전회 안에서 목자로서의 인간은 존재를 그 자체로 응대하면서 그를 드러내며, 존재 역시 목자와 신뢰의 관계를 가지게 된다(GA5, 321 참조). 그러나, 이와 다르게 무의 측면에서 인간은 '무의 자리지기'로서 존재와 관계를 맺는다. "실존은 '무의 자리지기'가 된다. 실존은 전적으로 다른 것을 위해서, 존재자에 대한 무를 위해서, 존재자처럼 갖다 세워놓을 수 없는 마음대로 처분할 수 없는 존재자체를 위해서 자리를 빈 채로 놔둔다. [...] 존재를 그 완전한 진리에 있어 경험하게 될 때, 무는 거부로서 존재의 진리에서의 무근거로서 사유되어야 한다."[88]

이처럼 인간은 결코 존재나 무의 한편에만 일방적으로 연관되지 않는다. 왜냐하면 "하이데거에서 존재와 무는 [...] 존재자가 그 자체로서 자신을 개시하는 것을 가능케 하는 근본적인 힘을 갖는 두 가지 성격을 의미"[89]하기 때문이다. 따라서 인간은 오직 존재와 무, 즉 존재생기와 존재탈생기, 둘 모두가 상호연관되는 그 사건 안에서만 비로소 존재의 말건넴에 응답할 수 있을 뿐이다. 그리고 이러한 응답은 존재의 측면에서는 무엇을 마음대로 처리하지 않고 드러내는 것, 즉 비은폐성을

---

85 김형효, 『하이데거와 화엄의 사유』 (2002), 69, 참조.

86 Pöggeler, *Der Denkweg Martin Heideggers* (1983), 173.

87 Jäger, *Gott. Nochmals Martin Heidegger* (1978), 358. "Im Denken des Seins kehrt sich das Sein selbst, 'insofern das Wesen des Sein das Menschenwesen braucht.'"

88 Pöggeler, *Der Denkweg Martin Heideggers* (1983), 173.

89 이수정·박찬국, 『하이데거. 그의 생애와 사상』 (1999), 61.

담당한다는 점에서 '존재의 목자'이며, 무의 측면에서는 존재자체를 위해 자리를 비워놓는 은폐라는 점에서 '무의 자리지기'로서 사용된다. 그렇다면, 이러한 인간의 이중적인 사명이 언급되는 이유는 무엇인가? 그것은 바로 존재가 '무와 존재(혹은 존재생기와 존재탈생기)의 공속의 역설'에 속해있는 것처럼, 인간 역시도 '죽음과 삶의 공속의 역설'에 속해 있기 때문이다. 다시 말해, 인간의 죽음과 삶의 역설적 관계와 무와 존재라는 역설적 관계가 서로 대응되면서 이제 인간과 존재와의 관계 역시 이중적으로 드러나게 된다.

물론 이러한 상호 간의 이중적인 관계는 결코 인간이 가진 인식의 오류가능성에서 나타나는 것이 아니다. 앞서 살펴보았던 것처럼, 이것은 어디까지나 "명확히 존재자체에 원인이 있다." 존재가 이처럼 이중적인 모습으로 "우리들과 관계를 맺는다는 것은 존재의 가장 고유한(eigensten) 본질의 결과일 뿐이"(GA48, 330)며, 단지 인간은 존재의 탈은닉과 은닉의 탈자적인 영역 안에서 하나의 사이로서 쓰임을 받고 있는 것이다(GA5, 104).[90] 따라서 '존재의 목자'는 존재에게는 '존재, 즉 존재생기', 그리고 인간에게는 '삶, 즉 세계형성'의 차원에서의 상호 관계를 지시하며, '무의 자리지기'는 존재에게는 '무, 즉 존재탈생기' 그리고 인간에게는 '죽음, 즉 무성'에서의 상호 관계를 지시한다. 그럼으로써 존재의 목자는 인간이 존재의 비은폐, 즉 개방을 위해 수행해야 하는 사명으로, 무의 자리지기는 존재의 은폐, 즉 존재의 '자체로-삼감'을 위해 수행해야 하는 사명으로 규정된다. 이러한 존재와 인간 사이 관계 규정의 이중성을 도식화하면 다음과 같다.

---

90 "Dieses offene Zwischen ist das Da-sein, das Wort verstanden im Sinne des ekstatischen Bereiches der Entbergung und Verbergung des Seins."

	존재의 목자	역설적 공속 ⇔	무(無)의 자리지기
존재자체	존재, 존재생기		무, 존재탈생기(자체로-삼감)
인간	삶, 세계형성		죽음, 무성

그렇다면, 존재의 목자이자 무의 자리지기인 인간이 수행해야 하는 사명이란 무엇인가? 그것은 바로 '존재의 사유'(Denken des Seins)이자 '초연함'(Gelassenheit)이다.

존재의 목자와 존재의 사유

인간은 존재의 측면에서 존재의 사유를 자신의 사명으로 가진다. 왜냐하면 인간은 존재의 목자이며, 인간을 규정하는 사유란 곧 존재의 사유이기 때문이다. 즉, 사유란 이성적이며, 계산적인 근대 이후의 사고를 말하는 것이 아니라, 언제나 존재와 연관되고 있으며, 그래서 그것은 언제나 존재의 사유이다. 그리고 이것은 존재의 사유라는 말이 함유하고 있는 '-의'라는 소유격(Dativ)을 통해 해명된다.

하이데거에 따르면, '존재의 사유'에서 '-의'란 소유격은 사유가 존재의 것이면서 동시에 존재에 대한 사유라는 의미를 지시한다. 우선 사유란 언제나 존재로부터 생기될 때만 가능한 것이며, 그런 한에서 존재에 귀속하기에 사유란 존재'의(des)' 것이면서 존재의 소유이다. 이와 더불어 이러한 존재의 사유는 언제나 존재를 사유하고 있다는 점에서 존재'에 대한' 사유이다. 즉, 사유가 언제나 존재에 귀속되어 존재의 것으로 쓰임을 받는 한에서 그것은 존재에 귀속된 존재의 사유이면서 동시에 존재에 귀를 기울이고 있는 존재에 대한 사유이다. "여기에서 '[...]의'(*de l'[...]*)라는 소유격의 형식은 주어적 소유격인 동시에 목적어적 소유격이어야 한다"(GA9, 314). "사유가 있다는 것은 존재가 그때마다 (역사)운명적으로(geschicklich) 사유의 본질을 떠맡아왔다는 것을 의미한다"(GA9, 316). 그렇다면, 이러한 사유는 어떻게 가능할 수(möglich) 있는가? 그것은 바로 존재가 인간을 사랑하고, '좋아하기'(mögen) 때문이다.

하이데거에 따르면, "하나의 사물 또는 하나의 인간을 그것의 본질 안에서 떠맡는다는 것", 다시 말해 어떤 것을 그것으로 존재할 수 있게 하는 것은, "그것을 사랑한다는 것: 그것을 '좋아한다'(mögen)는 것을 의미한다. (그리고) 이 좋아함이란, 더 근원적으로 사유해보면, 본질을 선사(膳賜)한다(senken)는 것을 의미한다. 이러한 좋아함이 능력(Vermögen)의 본래적인 본질이다. 능력은 이런 것 또는 저런 것을 성취할 수 있을뿐더러 어떤 것을 그것의 유-래(Her-kunft) 안에서 현성하게끔, 즉 존재하게끔 할 수 있다(sein lassen kann)"(GA9, 316). 따라서 존재의 사유가 오직 존재의 소유이며, 동시에 존재에 대한 사유로서 존재에 의해 가능해졌다는 것은 존재가 사유를 가능하게 할 능력이 있으면서-좋아하는 것으로서, 가능하게 만들었음을 의미한다. 하이데거는 다음과 같이 이야기한다.

> 계기(Moment)로서의 존재는 좋아하고 있는 능력의(mögenden Vermögens) 고요한 힘, 즉 가능적인 것의 고요한 힘이다. [...] 존재자체, 그것은 좋아하면서 사유를, 인간의 본질을, 즉 인간과 존재의 관계를 가능하게 할 능력이 있다(vermag). 어떤 것을 가능하게 할 능력이 있다는 것은 그것을 그것의 본질 안에서 보존한다(wahren)는 것, 그것의 계기

(Element) 안에 보존한다는 것이다(GA9, 316-317).

여기서 언급하고 있는 "계기란 사유가 거기로부터 사유를 존재하도록 할 수 있는 능력을 가지는 것이다. 이러한 계기란 본래적으로 능력을 가진 것(das eigenlich Vermögende), 즉 능력(Vermögen)이다"(GA9, 316). 그리고 바로 이러한 이유 때문에 이제 우리는 사유에 대한 일반적인 규정들을 변경해야 할 단계에 이르게 된다. 왜냐하면 이제 "사유는 존재자를 대상화하여 그것의 작용법칙을 냉철하게 파악하는 것이 아니라, 현존하는 존재자의 진리에 응대하는 것(Ent-sprechen)"으로 드러나기 때문이다. 그리고 이러한 응대를 위한 "인간의 최고의 과제는 이렇게 현존하는 것을 그것이 현존하는 대로 보는 것, 그것을 그대로 말하는 것이며, 이를 통해 피지스에 순응하는 것(Sich-einfügen)이다"(GA29/30, 44). 그렇다면, 이것은 어떻게 가능한가? 하이데거에 따르면, 그것은 오직 인간이 존재로부터 요청을 받고, 거기에 응대함으로써 가능해진다. 왜냐하면 이미 "사유란 존재의 진리를 말하도록 존재에 의해 요구되는(in den Anspruch) 것이"(GA9, 313)기 때문이다.

하지만, 이러한 응대에는 인간이 자기 자신을 희생해야만 한다는 사실 역시 함께 들어가 있다. 왜냐하면 인간이 "다시 한 번 존재의 가까움에 순응해야 한다면, 인간은 이름 없이(im Namenlosen) 실존하는 것을 우선 배워야" 하기 때문이다(GA9, 319). 다시 말해, 인간은 스스로 말하기 전에, 먼저 존재가 자신에게 다시 말을 걸게끔 해야 하며, 거기에서 인간은 먼저 자신의 입장이나 자신의 욕망을 따라 존재에 대해 이런 저런 요구를 할 수 있는 권한을 갖지 못한다. 오히려 "[...] 존재가 말을 거는 상황에서는 인간은 할 말을 거의 갖지 않거나 드물게만 갖게 되"

며, 바로 이러한 존재의 말 걸어옴 안에서, 그리고 그것에 응답하도록 인간이 준비하는 그 시도 안에서 비로소 "인간(homo)은 인간답게(humanus) 된다"(GA9, 319).[91]

하이데거에 따르면, 존재의 말 건넴과 요구를 받아들이고, 거기에 응대하는 자, 즉 인간다운 인간은 언어로서 집을 삼아 거주하며, 이러한 집이란 바로 탈자적인 것(das Ekstatische)을 보존해주는 가옥이기 때문에 인간은 탈존으로 불린다(GA9, 323-324). 여기서 말하는 탈-존이란 오직 인간에게만 고유한 것이고, 서구 형이상학을 지배해왔던 이성의 근거였으며, 이제 인간을 존재에 응대하여 관계 맺을 수 있게 만드는 어떤 것이다. 그리고 여기에서 인간의 규정은 완전히 새롭게 변경된다. 다시 말해, "인간이란 무엇인가 하는 것, 즉 형이상학의 전승된 용어에서의 인간의 '본질'은 (사실) 그의 탈존에 기인하(beruht)"(GA9, 325)는 것으로 드러난다.

> **인간은 존재 자신에 의해 존재의 진리 안에 '내던져져'(geworfen) 있다. 인간은 그와 같은 형태로 탈-존하면서 존재의 진리를 수호하는데, 이로써 존재의 빛 안에서 존재자는 본연의 존재자로서 나타나는 것이**

91 하이데거에 따르면, 이러한 존재의 말 건네옴에 응답함이란 인간에게는 물음을 제기함이다. 왜냐하면 존재를 향하는 인간의 길은 언제나 도상에 있을 뿐이며, 오직 머물지 않고 떠나는 자, 즉 다음을 준비하며 나아가는 자만이 자기가 처한 상황과 자신의 미래에 대해 물음을 던질 수 있기 때문이다. 그래서 "숙고하는(sinnende) 신은 때가 차지 않은 성숙을(Unzeitiges Wachtum) 미워하"며(GA40, 157), 인간은 함부로 결론을 내거나, 어떤 것에 고착되지 않고 언제나 물음을 제기함으로써 자신을 비워야만 한다. 그래서 "물음은 사유의 경건함(Frömmigkeit)이다"(GA7, 40). 물음은 나로 하여금 머물지 않고, 새롭게 떠나게 하며, 그럼으로써 모든 고착된 것을 무화시키고, 나를 해방시켜낼 단초가 되어준다. "바로 이러한 시원적인 물음 행위의 태도 자체가 이미 미래적 사유 혹은 다른-시원적 사유의 본질을 꿰뚫고 있다"(마르틴 하이데거/신상희 역, 『동일성과 차이』 [서울: 민음사, 2000], 해제, 255).

> 다. 존재자의 나타남의 여부 및 그 방식 그리고 신과 신들, 역사와 자연이 존재의 밝음 안으로 들어와서 (우리에게) 가까이 다가와 있다가 사라져 버림의 여부 및 그 방식은, 인간의 결정 사항이 아니다. 존재자의 도래는 존재의 역사적 운명에 기인한다. [...] 인간은 존재의 목자다 (GA9, 330-331).

따라서 존재의 목자로서의 인간의 사명은 결코 인간 스스로가 무엇인가 하는 능력과 관련되지 않는다. 오히려 인간의 사명은 스스로를 비우고 단념하면서 존재가 말 건네면서 요구하는 것을 들을 준비태세 외에 다른 것이 아니다. 왜냐하면 "기투 안에서 던지고 있는 것(Das Werfende)은 인간이 아니라, 오히려 존재자체이"(GA9, 337)기 때문이다. 이러한 이유에서 하이데거는 다음과 같이 말할 수 있었다.

> 인간은 존재자의 주인이 아니다. 인간은 존재의 목자다. [...] 인간은 목자의 본질적인 가난을 얻는데, 목자의 존엄(Würde)은 존재자체에 의해 존재의 진리를 지키도록 불러진다는 점에 기인한다. 이러한 부름(Ruf, 소명)은 존재가 인간을 자신의 진리에게로 던짐으로 다가오며, 이러한 던짐으로부터 인간의 내던져져 있음(Geworfen- heit)이 발원한다. [...] 인간은 [...] 존재와의 가까움(Nähe) 안에 거주하기에 그것의 존재가 탈-존으로서 성립하는 그러한 존재자다. 인간은 존재의 이웃이다(GA9, 342).

이러한 하이데거의 말은 인간이 세상의 중심으로 서게 되어 모든 것들을 평가하고 만들어내는 이성에 머물러서는 안 되며, 오히려 세상이 자신의 본질에 따라 존재하게끔 하는 존재의 열린 빈터로서 자기 자신을 열어놓아야 함을 의미한다. 그럼으로써 현존재의 현(Da)은 존재의 열린 빈터가 되며, 그 안에서 인간은 탈-존으로서 존재의 말 걸음을 듣고 거기에 응대할 수 있게 된다. 따라서 이제 인간이 존재에 응대하면서 거하는 "세계란 존재자나 존재자의 영역을 의미하지 않고, 오히려 존재의 개방성(Offenheit)을 의미한다. 인간은 존재의 열려 있음 안으로 나아가 서 있으며, 존재의 열려 있음으로서의 존재자체는 던짐으로서, 인간의 본질을 염려 안으로 기투했다"(GA9, 350). 그러나 여기서 우리가 주의해야 하는 것은 하이데거가 결코 이러한 개방성이 단지 개방성 자체로서만 머물지 않는다는 사실을 분명히 하고 있다는 점이다. 왜냐하면 존재가 인간에게 자신을 던지면서 말 건네며, 존재의 목자로서 요청할 수 있었던 이유는 그러한 존재의 개방성 이면에 자신을 내빼는 은폐가 함께 하기 때문이다.

앞서 우리가 살펴본 것처럼, 존재에게는 언제나 무와 공속하면서 오히려 자신이 가지고 있는 본령을 숨기고 내빼는 '자체로-삼감'(Ansichhalten)이 속해 있다. 이러한 성격 때문에 존재의 무적, 은폐적 측면은 결코 간과될 수 없는 가치를 지니고 있으며, 따라서 무는 그 자체로 인간과의 관계 안에서 드러나게 된다. 그렇다면, 그 관계 안에서 드러나는 것은 무엇인가?

그것은 바로 인간이 무의 자리지기로서 초연함을 수행해야 하는 본질을 가지고 있다는 사실이며, 이러한 이유에서 이제 우리는 둘째 인간의 사명, 즉 무의 자리지기의 사명을 살펴보기로 한다.

무의 자리지기와 초연함

인간은 무의 측면에서 초연함(Gelassenheit)을 자신의 사명으로 가지고 있다. 왜냐하면 인간은 존재의 목자로서 존재의 사유에 참여함과 동시에, 그것을 준비하기 위해 '무의 자리지기'로서 초연해야 하기 때문이다. 다시 말해, 인간은 언제나 무의 자리지기로서 스스로를 비워 존재가 다시금 새롭게 자신을 드러낼 자리를 사유로서 준비해야만 하며, 하이데거에 따르면, 그것은 바로 초연함을 통해서 가능하다. "[...] 사유의 본질이 어쩌면 초연함 속으로 들어와 관계하고 있다(in die Gelassenheit eingelassen)."[92] 그렇다면, 이러한 초연함이란 무엇을 의미하는가? 그것은 바로 존재의 은폐성에 따라 자신을 비우는 것이다.

하이데거에 따르면, 인간은 존재의 비은폐성뿐만 아니라, 은폐성 역시 사유해야만 한다. 왜냐하면 존재의 은폐성은 고유한 자체의 본령을 지키는, 비은폐성의 근거이기 때문이다(GA9, 415). 즉, 인간은 무, 다시 말해 존재자체가 스스로를 은폐하고, 내뺀 것을 사유해야만 하며, 이것은 곧 존재망각 안에서 고착되어 절대화되었던 것을 부수고, 새롭게 자리를 비워놓음을 의미한다. 따라서 인간의 초연함이란 곧 '의욕하지-않기를 바람'(das Nicht-Wollen)이 된다(GA13, 38). 특별히 여기에서 하이데거는 자기를 비우고, 어떤 것도 의욕하지 않기를 바람이라는 초연함이, 아님의 성격, 즉 부정성을 가지고 있다는 점에 주목한다. 그는 다음과 같이 이야기한다.

> 의욕하지-않음은 처음은 의욕을 의미하지만, 그 안(초연함)에는 어떤 아님이, 즉 의욕 자체를 지향하면서도 그런 의욕을 거절한다는 의미에서의 어떤 아님이 편재하고 있다. 따라서 이 경우에 '의욕하지-않음'은

92 Martin Heidegger, *Aus der Erfahrung des Denkens* (Frankfurt(M): Vittorio Klostermann, 1983), 42. (이하 GA13)

의욕하기를 의도적으로 단념한다는 말이다. 그런 다음 '의욕하지-않음'이라는 표현은, 온갖 종류의 의지에서 완전히 벗어난 채 그대로 머물러 있는 그런 상태를 의미한다(GA13, 39).[93]

특별히 여기서 의지를 벗어나서 그대로 머무른다는 것은 우리에게 주어진 어떤 것을, 우리의 죽음으로서의 부정성으로 거부하면서도, 그 빈자리를 다른 것으로부터 바로 채우지 않고, 우선은 그대로 머물러 있다는 것을 의미한다. 그리고 이러한 머물러 있음이란 존재자체가 무로서의 부정성, 즉 은폐성을 통해 인간에게 요구하고 있는 것이다. 하이데거에 따르면, 이처럼 존재자체가 자신을 삼가면서 내빼버린 그 은폐성은 어두움, 즉 깊어가는 밤과 같다. "밤은 서서히 깊어가, 우리에게 숙고할(nachsinnen) 시간을 베풀어준다. [...] (그러나 인간은) 초연함을 위해 늘 깨어 있어야(beim Wachbleiben für die Gelassenheit) 한다" (GA13, 40).

물론 여기서 우리가 주목해야 하는 것은 초연함 자체가 의지에 대한 거부이기 때문에 '초연함을 위해 깨어있어야 하는' 사명 역시 "우리가 우리로부터 우리 자신의 입장을 그대로 견지한 상태에서 초연함을 일깨우는(erwecken) 것이 아니"라는 점이다. 하이데거는 다음과 같이 이야기한다.

---

93 "Nicht-Wollen bedeutet einmal noch ein Wollen, so zwar, daß darin ein Nein waltet, und sei es sogar im Sinne eines Nein, das sich auf das Wollen selbst richtet und ihm absagt. Nicht-Wollen heißt demdach, willentlich dem Wollen absagen. Der Ausdruck Nicht-Wollen bedeutet sodann noch jenes, was schlechthin außerhalb jeder Art von Willen bleibt."

그것은 작용되는(bewirkt) 것이 아니라, 허용되는(zugelassen) 것이다. [...] 끊임없이 모종의 '~하게 함'(Lassen)에 관해 말하기 때문에, 그것은 일종의 수동적인 어떤 것이라는 인상이 들게 된다. [...] 여기서 문제시되는 것은 결코 사물을 무기력하게 움직이게 하여 몰아대는 그런 종류의 어떤 '함'이 아니며 [...] 초연함은 능동적인 것과 수동적인 것의 구분 바깥에 놓여 있다(GA13, 41).

이처럼 능동과 수동을 넘어서는 근원적인 차원 안에 초연함은 놓여있으며, 따라서 그것은 무엇을 하는 것도, 혹은 하지 않는 것도 아니다. 오히려 초연함 속에서 "우리는 아무것도 해서는 안 되며, 오히려 기다려야(warten) 한다." 즉, 기다림을 통해 우리는 우리 자신이 하나의 장소가 되기 위해 준비해야 하며, 어떤 것이 그것으로 드러나는 바로 그 시야, 즉 장소로서의 존재를 사유해야 한다(GA13, 45).[94]

물론 이러한 장소란 자신은 은폐되어 있으면서도 다른 존재하는 것들을 환히 밝혀주고, 그럼으로써 모든 것이 자신에게로 되돌아가게 만드는 '하나의' 영역, 즉 존재자체에 다름 아니다. "모든 것을 위한 하나의 영역이란, 엄밀하게 말해서 다른 여러 가지 영역들 가운데 하나의 영역이 아니라 모든 영역들 중의 그 영역(die Gegend aller Gegenden)이다"(GA13, 46). 특별히 하이데거는 이러한 영역을 전체가 회집해 들어가는 장소, 즉 (넓은 영역의) 터로 정식화한다. 그는 다음과 같이 이야기한다.

---

94 여기서 하이데거가 말하고 있는 "시야(Gesichtskreis)란 어떤 열린 장(ein Offenes)이다. [...] 그곳은 오히려 대상들의 모습이 거기로부터 우리에게 마주해 오는(entgegen-kommen) 것이다." 그것은 하나의 영역(eine Gegend)이며, 그 영역의 진지한 마력에 의해 그 영역에 속하는 모든 것들이 그 안에서 저마다 고요히 쉬게 되는(ruht) 그런 장소로 되돌아가는 것이다(zurück- gekehrt)"(GA13, 45).

> 이러한 영역 안으로 모든 것들이 회집해(versammelt) 들어가며, 도처에 편재하면서 자기 안에 일체만물을 조화롭게 어울리게 하면서 개방적으로 개시한다. '회집한다'(會集한다, Sammelung)는 것은 한적히 머무르는 동안에 널리 안주하도록 모아들이면서 되감싼다는 것이다. 따라서 영역 자체는 넓은 터인 동시에 때이다. 그 영역은 안주하는 넓은 터(Weite)에 체류하고 있다(GA13, 47).[95]

하이데거에 따르면, "회역이란 모든 것을 모아들이면서 스스로를 열어놓는, 체류하는 넓은 터(die verweilende Weite)이며, (이렇게 스스로를 열어놓음으로써) 이러한 곳에서 저마다 각각의 것을 자신의 안주함 속에 피어나게 하는(aufgehen-lassen) 그런 열린 장이 간직되고 지속되는 것이다." 그 안에서 사물들은 더 이상 우리와 마주하여 서 있는 것이 아니며, 더 이상 대상으로서 파악되지 않는다. 오히려 그것들은 '안주함'(Beruhen)이라는 말 속에서 말해지는 '고요히 머무름'(Ruhen) 안에 있다. "사물들은 그것들이 속해 있는 넓은 터에 (한적히) 머물러 있고자 귀환하는 가운데 고요히 머무른다"(GA13, 48). 따라서 이제 초연함은 바로 거기에 머무르면서 어떤 것을 기다리는 자로 살아가게 됨을 의미한다(GA13, 49).[96] 그저 "기다림 안에서 우리는, 우리가 기다리는 그것

---

95 "Die Gegend versammelt, gleich als ob sich nichts ereigne, jegliches zu jeglichem und alles zueinander in das Verweilen beim Beruhen in sich selbst. Gegen ist das versammelnde Zurückbergen zum weiten Beruhen in der Weile. Demnach ist die Gegend selbst zumal die Weite und die Weile. Sie verweilt in die Weite des Beruhens."

96 물론 하이데거에 따르면, "기다린다(warten)는 것은 좋지만, 그렇다고 결코 기대해서는(erwarten) 안 된다. 왜냐하면 기대한다는 것은 표상하는 행위와 이런 행위에 의해 표상된 것에 곧잘 얽매이기 때문이다"(GA13, 49).

을 열어놓고(offen-lassen)" 있을 뿐이며, 따라서 "기다림이란 열린 장 자체 안으로 들어가는(in das Offene selbst sich einlassen) 것이다. [...] 그것은 전혀 겉으로는 거들먹대지 않으면서도, 오히려 언제나 삼가고 자제하면서 초연함의 상태로 한결같이 머물러 있는 그런 자제함(Verhaltenheit) 속으로 자신의 마음을 모아들이는 태도이다." 그리고 오직 그 안에서만 "인간은 진리의 본질 속으로 필요하게 된 자(der in das Wesen der Wahrheit Gebrauchte)"(GA13, 68)로서 살아갈 수 있을 뿐이다.

이처럼 무의 자리지기는 이제 기다림 안에서 존재를 위해 자신을 비우는 자로 드러난다. 다시 말해, 현존재의 개방성 안에서 존재자체는 스스로를 알려옴과 자신의 부정성을 통해 은폐하고 있으며, 인간은 이러한 알려오면서 은폐하는 존재자체가 새롭게 드러날 그 열린 장소를 자신의 부정성을 통해 비우면서 존재를 기다린다.[97] 그리고 바로 이러한 존재와 인간이 가진 각각의 부정성 때문에 인간은 존재의 은폐 안에서 자신을 비우는 무의 자리지로서의 사명을 가진다.

> **인간은 무의 자리지기이다. 이 명제는 다음을 말한다. 이러한 장소의 개방성 안에서 현-존과 같은 것(존재)이 주어질 수 있도록, 인간은 존재자의 절대타자(즉, 무)에게 이 장소를 비워준다(GA9, 419).**[98]

지금까지 우리는 하이데거를 따라 인간이 존재를 사유로서 드러내는 '존재의 목자'이자, 무로서 은폐된 존재의 도래를 초연함 안에서

97 Pöggeler, *Der Denkweg Martin Heideggers* (1983), 173.

98 "'Der Mensch ist der Platzhalter des Nichts.' Der Satz sagt: der Mensch hält dem ganz Anderen zum Seienden den Ort frei, so daß es in dessen Offenheit dergleichen wie An-wesen(Sein) geben kann."

준비하며, 기다리는 '무의 자리지기'라는 사실을 살펴보았다. 또한, 이러한 인간의 두 가지 사명을 통해 존재와 인간은 상호 공속한다는 사실, 다시 말해 사유와 존재가 동일한 것에 함께 속해 있으며, 이 동일한 것으로부터 그 둘이 함께 속해 있다는 사실을 이야기하였다(GA11, 37 참조).[99] 이러한 공속함이란 인간과 존재가 서로가 서로에게 내맡겨져 있으면서도(einander übereignet sein), 동시에 서로가 서로에게 속해 있음(einander gehören)이며, 나아가 더 이상 가까이 사색하지 못했던 이러한 서로에게 속해 있음(Zueinandergehören)으로부터 인간과 존재는 비로소 자신의 본질의 충만함에 상호 이를 수 있음을 의미한다. "존재자체는 우리에게 속해 있다. 왜냐하면 존재는 오직 우리에게서만 존재로서 본원적으로-존재할 수 있기 때문이며, 다시 말해 현-존할 수 있기 때문이다"(GA11, 41).[100] 이것은 곧 "인간이 존재에 귀속함으로써만 고유해지고, 또한 존재는 인간 본질에게 다가와 고유해지는"(GA11, 45)[101] 역설적 사태를 말한다. "존재는 존재자 없이는 결코 본원적으로 있지 않으며, 존재자는 존재 없이는 결코 있을 수 없다"(GA9, 306). 이러한 관계 안에서 인간은 자신의 죽음을 통해 무 앞에 서면서 자신이 가진 모든 것들을 '부숴버리고 철회'하면서 자신의 무성으로서 스스로를 개방한다. 그리고 이러한 비어있는 개방성 안에서 그는 또 다른 세계, 또 다른 가능성, 즉 현존재의 현(Da), 다시 말해 존재의 열린 빈터를 준비하며 존재의 드러남을 기다릴 수 있을 뿐이다. "준비와 준비함(존

99 "Sein gehört - mit dem Denken - in das Selbe."

100 "Das Sein selbst aber gehört zu uns; denn nur bei uns kann es als Sein wesen, d.h. an-wesen."

101 "[D]er Mensch dem Sein vereignen, das Sein aber dem Menschenwesen zueignet ist."

재의 드러남과 생기함을 위한 준비)은 존재가 자신의 드러냄과 보호함을 위해 인간을 필요로 한다는 사실을 가리킨다."[102] "이러한 열려진 사이는 존재의 탈은폐와 은폐의 탈자적 영역이라는 의미의 단어, 즉 현-존재로 이해된다"(GA5, 104).[103]

물론 우리가 여기서 잊어서는 안 되는 것은 인간이 이러한 준비를 할 수 있는 이유가 인간이 가진 어떤 능력 때문이 아니라는 점이다. 오히려 그의 준비는 그 자신이 존재에 속해 있다는 그 사실, 즉 존재자체와 관계 맺고 있다는 그 사실 때문에 가능해지는 것이다. 그럼으로써 그는 이미 자기 자신을 비워놓고 열어 존재자체의 드러남을 기다릴 자로 탈-존하고 있을 수 있는 것이며, 이것은 곧 우리가 우리 자신의 죽음을 통해 스스로의 무성을 경험하는 순간, 존재가 스스로를 드러내는 바로 그 장소로서 우리가 쓰임을 받게 됨을 의미한다.

바로 여기서 우리는 또 하나의 놀라운 사실을 발견하게 된다. 그것은 바로 무화와 비움을 통한 준비란 단순히 인간의 죽음만을 의미하는 것이 아니라, 나아가 존재자체가 가지고 있는 무로서의 은폐에서도 함께 일어나고 있다는 점이다. "무화는 존재자체 안에서 본성하며 [...] 현존재가 인간이 탈-존하는 그 본질로서 스스로를 존재의 본질에 귀속시키는 한에서 있어서 현존재는 무화한다"(GA5, 360). 존재자체가 은폐로서, 탈생기로서, 혹은 무로서 머물지 않았다면, 인간은 결코 비우고 준비할 수 없었을 것이다. 따라서 인간은 언제나 무와 존재의 역설을 통해 자신의 탈존을 유지할 수 있을 뿐이다. 그리고 이제 인간의 열린

102 Kovacs, *The Question of God in Heidegger's Phenomenology* (1990), 5.

103 "Dieses offene Zwischen ist das Da-sein, das Wort verstanden im Sinne des exstatischen Bereiches der Entbergung und Verbergung des Seins."

빈터에서 존재자체가 자신을 비은폐하며, "모든 존재자에게 존재하도록 보장하여 (허락해) 준다"(GA5, 306).

이와 반대로, 존재는 그렇게 인간과의 관계 안에서 비워 준비하게 만들지만, 동시에 그가 가지고 있는 본질은 언제나 은폐일 수밖에 없다. 따라서 그가 드러나기 위해서는 인간이 비우고 준비하고 있는 열린 개방성이 요청된다. "이러한 의미에서 인간의 사유 없이는 존재의 어떠한 개현도 없다."[104] 이제 인간은 존재의 보장 안에서 존재자체의 '자체로-삼감'을 따라 자신을 비우게 되며, 그가 비운 바로 그 장소 안에서 존재자체는 자신을 충만히 드러냄과 동시에 자체로-삼가고 내빼으로써, 다시금 인간으로 하여금 스스로를 비워 새로운 시원을 준비하도록 한다. 이러한 과정을 통해 존재는 자신의 본령을 숨기면서 인간으로 하여금 새로운 존재 역사 안에서 세계를 건설하도록 해주고 있으며, 바로 이것이 하이데거가 이야기하고 있는 존재생기(Ereignis)의 사건이다. "존재생기는 인간과 존재를 이 둘의 본질적인 '함께' 안에서 고유하게 만든다"(GA11, 47).[105] "존재는 사유와 함께 동일성에 속해 있으며, 이 동일성의 본질은 우리가 생기라고 부르는 그것으로서의 저 공속하게 함으로부터 유래하고 있다. 동일성의 본질은 존재생-기의 고유한 자산(Eigentum)이다"(GA11, 48).[106]

지금까지 살펴본 것처럼, 존재와 인간은 자신들이 가진 부정성의 역설들을 가지고 서로가 서로에게 속해서 공속으로서 동일성 안에 거하고 있으며, 따라서 양자의 관계는 전적으로 존재와 인간 양자가 가지

104 이수정·박찬국, 『하이데거. 그의 생애와 사상』 (1999), 257.

105 "Das Ereignis vereignet Mensch und Sein in ihr wesenhaftes Zusammen."

106 "Sein gehört mit dem Denken in eine Identität, deren Wesen aus jenem Zusammengehöenlassen stammt, das wir das Ereignis nennen."

고 있는 부정성, 즉 무와 죽음에 의해서만 가능해질 수 있을 뿐이다. 다시 말해, 존재와 인간 사이 관계의 근거는 각각이 가지고 있는 무와 죽음이며, 하이데거는 바로 이것을 현대의 허무주의의 경험 안에서 발견하고 있는 것이다. 그렇다면, 이제 우리가 새롭게 제기해야 할 질문은 다음과 같다. '이러한 자유와 해방의 힘이자 관계의 근거로서의 부정성, 즉 죽음과 무는 과연 신학적으로 어떠한 의미를 가지고 있는가?' 우리는 이것을 제3부에서 살펴보기로 한다.

제3부

하이데거 사유의 신학적 의미와 부정성의 신학

가사자들은 신적인 것들이 도래하는 눈짓에 대해 기다리면서

신적인 것들의 부재의 징표를 오인하지 않는다.

가사자들은 그들의 신들을 만들어내지 않으며,

우상을 숭배하지 않는다.

_ 하이데거

6장

하이데거에서 부정성의 신학적 의미

이번 장에서는 하이데거의 죽음 이해와 무(無) 물음의 신학적 의미가 논의된다. 이것을 우리는 죽음 이해와 무 물음으로 각각 나누어 살펴보고, 그 이후에 그 두 가지의 역설적 성격이 종합된 신학적 의미를 이야기하기로 한다.

1. 신학적 인간학 정초를 위한 의미: '죽음을 통한 피조성의 자각'

우선 하이데거의 죽음 이해가 우리에게 보여주고 있는 신학적 의미는 죽음을 통한 '피조성의 자각'(Einblick in die Geschöpftheit)이다. 왜냐하면 우리는 우리 자신이 죽을 수밖에 없다는 사실을 분명하게 알게 되었을 때, 우리의 실존이 처한 유한성을 자각하게 되며, 바로 이러한 유한성이란 신학적으로 피조성을 의미하기 때문이다. "유한성이란 실존론적으로 종말을 향한 존재로서 드러난다."[1] "인간의 유한성은 종국적으로 죽음을 지칭한다. 죽음이야말로 시공적 차원에서 인간에게 구조적 한계를 가져다주는 궁극적 형식이기 때문이다."[2] 그리고 유한성을 통해 죽을 수밖에 없는 인간이란 신학적 인간학의 의미에서 하나님 앞에 서 있는 피조물 외에 다른 것이 아니다.

1) '유한성'과 죽음의 관계

하이데거에 따르면, "유한성이란 우리에게 그냥 딸려 있기만 할 뿐인 그런 속성이 아니라, 우리 존재의 근본양식"이다. 그리고 "우리가 우리 자신인 바인(was wir sind) 바로 그것이길 원한다면, 유한성은 우리가 떠나보내거나 또는 왜곡할 수 없고, 오히려 보호해야 한다"(GA29/30, 8). 그렇다면, 이러한 유한성과 죽음은 하이데거의 사상 안에서 어떠한 관계를 가지고 있는가?

앞서 4장에서 살펴본 것처럼, 하이데거의 죽음 이해는 삼중의 역설적 성격을 가지고 있었으며, 그 세 가지 중 현사실 안에서 드러나는 죽음 이해의 역설적 성격은 '죽음과 삶의 연합(공속)의 역설'이었다. "사람은 태어나자마자 동시에, 죽기에 충분히 늙어있다"(GA2, 245)."죽음은 실존론적으로 이해하자면 그의 종말을 향하는 현존재의 존재이다."[3] 그리고 이러한 역설의 현상은 인간 현존재가 죽음을 통해 주어지는 임시적, 잠정적인 유한성에 의해 규정되어 있음을 드러내고 있었다. "불안은 유한성을 드러내며, 가장 분명한 인간 유한성의 표징이란 바로

---

1 Demske, *Sein, Mensch und Tod* (1984), 189.
2 정재현, 『티끌만도 못한 주제에』, (1999), 358.
3 Demske, *Sein, Mensch und Tod* (1984), 189.

죽음이다."[4]

물론 "하이데거의 사유는 이러한 한계에서 단순히 아무것도 행하지 않고, 머물러 있지 않는다."[5] 오히려 그에 따르면, 현존재는 죽음이 불러오는 불안의 순간에 스스로를 자각하여 개별화하며(GA2, 265-266), 그 개별화 안에서 철저히 유한한 자로서 자기 자신을 이해하고 자신의 가능성을 새롭게 형성해 간다. 그래서 "죽음은 현존재의 유한성의 총괄개념(Inbegriff)이며, 그 다음으로 죽음은 이러한 유한성의 가장 심오한 근거이자 의미를 제공한다."[6] 이러한 이유 때문에 현존재는 자신이 가지고 있는 유한한 가능성을 받아들일 수밖에 없으며, 유한한 존재자로서 오직 유한성 안에서만 존재할 수 있을 뿐이다.

『존재와 시간』에서 분명하게 언급되었던 죽음과 유한성의 관계는 하이데거의 사상적 전회 이후에도 계속 유지된다. 전회 이후 나타난 이 관계에 대해 뎀스케는 다음과 같이 이야기한다.

> 전회를 통해 유한성은 새로운 깊이를 얻는다. 인간은 유한한 것으로 남지만 그것은 죽음을 향한 존재 혹은 가사자이기 때문이라면, 다시 존재로부터 본다면 그는 그 자신을 탈은폐하며-은폐하는 존재에 대한 봉사 안에(im Dienst) 서 있기 위해 가사자인 것으로 명명된다. 인간의 실존론적 유한성, 다시 말해 실존론적인 죽음을 향한 존재는 존재의 현상적 유한성의 의미를 획득한다.[7]

---

4 Macquarrie, *Martin Heidegger* (1968), 30.

5 Welte, *Denken in Begegnung mit dem Denken*, Bd. II/2 (2007), 168.

6 Demske, *Sein, Mensch und Tod* (1984), 194.

7 Ibid., 192.

전기 하이데거에서 "죽음이 인간 유한성의 존재론적-실존론적 기초"[8]이며, "그(현존재)는 종말을 향한 존재"[9]였다면, 후기에서도 "죽음은 존재의 현성(Wesen)으로부터 존재생기하는(ereignete) 인간 현존재에 속하는 유한성의 근거"(GA79, 56)[10]로 규정된다. 따라서 죽음이란 하이데거에 있어 인간 현존재가 스스로를 유한한 존재로 깨닫고 본래성을 획득할 수 있는 매개이며, 이것을 통해 그는 삶뿐만 아니라, 죽음에 대한 사유와 태도 역시 변경시킨다.[11] "죽음은 삶을 존재론적으로 숙고케 해주는 삶의 이면이다."[12] "만약 우리가 (그와 함께) 죽음의 현상을 사유적으로(denkerisch) 고찰한다면, 전적으로 변경된 죽음과의 관계의 가능성이 펼쳐질 것이"[13]다. 특별히 이러한 죽음 이해의 긍정적인 역할에 대해 윌리암(Rodman William)은 다음과 같이 말한다.

> 죽음에 직면하면서 나는 내 자신이 그것과 홀로 마주쳐야만 한다는 사실을 안다. 나, 이 홀로된 개별자(I, this sole individual). 따라서 모든

---

8 Ibid., 14. 뎀스케는 죽음을 통해 드러나는 이러한 현존재의 유한성과 더불어 그 안에서 드러나는 존재 역시도 유한할 수밖에 없다는 점을 말하고 있다. 이것은 그 어떤 종교적 현상이라고 해도 여전히 우상화의 위험을 가지고 있다는 우리의 나중 논의를 위해서 기억해두어야 하는 부분이다. "현존재는 종말을 향한 존재 혹은 죽음을 향한 존재로서 그가 실존하기 때문에 그리고 그렇게 실존하는 한 유한하다. 현존재는 유한하다. 왜냐하면 그가 죽음을 향한 존재로서 실존하기 때문이다. 존재는 유한하다. 왜냐하면 그것은 가장 탁월한 방식으로 죽음 안에서 현상하기 때문이다."

9 Ibid., 192.

10 여기에서 하이데거가 사용하고 있는 현성(Wesen)의 개념은 본질, 혹은 존재자를 의미하지 않으며, 오히려 동사적인 의미에서 읽혀져야만 한다.

11 Denker, *Historical Dictionary of Heidegger's Philosophy* (2000), 93.

12 김형효, 『하이데거와 화엄의 사유』 (2002), 76.

13 Christian Müller, *Der Tod als Wandlungsmitte. Zur Frage nach Entscheidung, Tod und letztem Gott in Heideggers 'Beiträge zur Philosophie'* (Berlin: Duncker & Humlot GmbH, 1999), 16.

삶은 새로운 성격을 취하게 된다. [...] 나의 고유한 죽음을 앞서달려가 보면서 나는 내 자신이 유한하다는 것을 안다. 결과적으로 나는 마치 각각의 선택이 나의 마지막인 듯이 선택하게 된다.[14]

인간은 자신의 마지막을 앞서 끌어당겨 "죽음이 야기하는 두려움에 자신을 남김없이 내맡기면서 인내하며 항상 그것의 영향력 아래 머물 것"[15]을 자각하게 되며, 바로 그때 삶의 태도변화가 일어난다. 이러한 이유 때문에 "하이데거는 죽음의 현상을 종말론적 암시를 건네주는 방식으로 해석하고 [...] 그럼으로써 그는 '죽음 안에 있는 참된 삶'에 대한 존재론적 해석의 가능성, 즉 본래적으로 종말론적 실존을 위한 신학적 패러다임을 제시하게 된다."[16] 그렇다면, 죽음을 근거로 드러나는 이러한 유한성에 대한 하이데거의 논의는 신학적으로 어떤 의미를 가지고 있는가? 그것은 곧 하나님 앞에서 받아들일 수밖에 없는 '피조성에 대한 자각'을 말한다. "(하이데거의) 유한성 혹은 '죽음을 향한 존재'는 (인간의) 피조성이라는 신학적 개념에게 존재론적-실존론적 기초를 제공하고 있다."[17]

---

14 Rodman William, *Contemporary Existentialism and Christian Faith* (Englewood Cliff. N.J.: Prentice-Hall, Inc., 1965), 81.

15 다스튀르, 『죽음. 유한성에 관하여』 (2003), 9.

16 Jae Hyun Chung, "Martin Heidegger's Existential Analysis of Human Death and Its Theological Significance," *Korea Journal of Systematic Theology* Vol. 5 (2005, Systematic Theology Society in Korea Seoul), 238.

17 Jae Hyun Chung, "Martin Heidegger's Existential Analysis of Human Death and Its Theological Significance" (2005), 241.

2) 하나님 앞에서의 '피조성의 자각'

성서 안에 있는 다양한 죽음 이해의 한 부분은 하이데거와 마찬가지로 죽음이 인간의 본질이며, 언제나 삶 안에서 일어나고 있는 사건이라고 이야기하기도 한다. "성서에서 죽음은 삶의 마지막에 일어나는 생물학적 사건이 아니라, 삶 속에 있는 현실로 파악된다."[18] 시편 90편은 다음과 같이 이야기한다.

> 주께서 사람을 티끌로 돌아가게 하시고 말씀하시기를 너희 인생들은 돌아가라 하셨사오니 주의 목전에는 천 년이 지나간 어제 같으며 밤의 한 순간 같을 뿐임이니이다. 주께서 그들을 홍수처럼 쓸어가시나이다 그들은 잠깐 자는 것 같으며 아침에 돋는 풀 같으니이다. 풀은 아침에 꽃이 피어 자라다가 저녁에는 시들어 마르나이다. [...] 우리의 평생이 순식간에 다하였나이다. 우리의 연수가 칠십이요 강건하면 팔십이라도 그 연수의 자랑은 수고와 슬픔뿐이요 신속히 가니 우리가 날아가나이다.[19]

성서는 죽음을 삶의 마지막으로 보지 않는다. 오히려 성서는 인간이 죽음을 자신의 삶 안에서 날마다 경험할 수 있으며, 이것을 통해 그는 죽음의 위협 앞에서 자신의 피조성을 깨닫고 하나님께 나아가게 된다고 고백한다. 왜냐하면 하나님은 영원하신 반면, 인간은 죽음으로 돌아갈 수밖에 없는 피조물이기 때문이다. "죽음은 신 앞에서의 겸허함

18 김균진, 『죽음의 신학』 (2002), 99.
19 시편 90편 3-11절.

을 만들어낸다."[20] 그래서 언젠가 죽을 수밖에 없으며, 죽음이 언제나 자기의 삶 속에 현존하고 있으며, 그럼으로써 자신이 유한하다는 것을 깨닫는 사람은 자기의 피조성을 보게 되며, 이를 통하여 하나님과 이웃 앞에서 겸손한 사람이 될 수밖에 없다. "죽음을 통해 한계 지어지는 유한성을 자각한 자는 겸손함의 태도로 자신을 변경시킨다."[21] 왜냐하면 인간은 자신의 삶이 항상 죽음에 직면해있다는 사실을 의식할 때, 자기가 소유한 모든 것이 허무한 것임을 깨닫게 되기 때문이다. 그래서 "죽음의 순간, 소유는 죽는 사람 자신에게는 아무 의미가 없으며, 죽는 사람은 자기가 소유한 모든 것을 두고 홀로 이 세상을 떠난다."[22]

하지만 문제는 인간이 이렇게 본질적으로 유한한 피조물이며, 그것을 통해 자신의 삶을 새롭게 변화시켜야 함에도 불구하고, 오히려 그것을 망각함으로써 인생의 큰 비극을 만들고 있다는 사실이다. 예를 들어, 인간은 "삶을 파괴하는 죄의 근원"[23]을 가지고 있다. 그는 "죽음에 대한 의식과 불안을 알기 때문에, 죽음을 가지고 다른 사람을 위협하며"[24], 다른 사람들과 다른 생명들에 대해 필요이상의 폭력을 가하고 있다. 그러나 성서에 따르면, 이러한 비극의 문제의 해결은 우리가 스스로를 알고, 나아가 자신의 죽음을 알았을 때만 가능하다. 왜냐하면 죽음을 자각하고 자신의 유한성을 아는 자는 교만을 버리고 겸손함을 터득

---

20 Lohner, *Der Tod im Existentialismus* (1997), 264.

21 Anelli, *Heidegger und die Theologie* (2008), 66-71.

22 김균진, 『죽음의 신학』 (2002), 109-110. "죽음에 대한 의식은 우리의 맹목적인 삶을 의미 있는 삶으로 바꿀 수 있"으며, 그래서 "죽음은 인간으로 하여금 진지한 태도로 삶의 순간들에 참여하기를 요구하면서 유한성의 개연적 구도 안에 삶을 던져 넣기 때문에 지금까지의 무가치하고 고루한 삶을 구제한다"(정재현, 『티끌만도 못한 주제에』 [1999], 359).

23 Moltmann, *Das Kommen Gottes* (1995), 112.

24 Ibid., 113.

할 수 있으며, 이러한 겸손함이란 자기가 소유한 모든 것이 덧없음을 알고 자기의 이기심을 버림이기 때문이다. "완전한 겸손은 자신의 자아를 없애는 것으로 나아가는 것이다."[25]

특별히 여기서 우리가 주목해야 하는 것은 삶의 태도변화가 동시에 신학적으로 생명존중의 태도로의 전환을 의미한다는 점이다. 왜냐하면 하나님 앞에서 자신의 유한성으로서의 피조성을 자각한 자는 자신의 생명이 소중하고 연약하다는 것을 아는 만큼, 그와 관계 맺고 있는 다른 것들의 생명의 소중함 역시 깨달을 수밖에 없기 때문이다. "유한한 인생이 자신의 가치를 그의 유한성 안에 소유하고 있다는 사실은 (다른 것들과의) 관계에서도 역시 이해되고 증명된다."[26]

3) '생명존중'의 깨달음과 죽음 이해의 변경

우리가 피조물로서 존재한다는 사실은 다른 생명들과 사귐을 유지하면서 그들과 다를 바 없는 하나의 연약한 생명으로 살아감을 의미한다. 따라서 우리는 우리 자신의 죽음을 의식할 때, 이웃 사람, 인류, 그리고 자연의 피조물들이 당하는 고통에 눈을 뜰 수 있으며, 그들이 당하는 죽음의 위협을 함께 느낄 수 있게 된다. 다시 말해, 만약 우리가 죽음에 대하여 민감해지고, 그럼으로써 의미 있는 삶이 무엇인가를 질문한다면, 우리는 타인의 고난과 죽음에 대해서는 물론 자연의 생물들의 고난과 죽음에 대하여 민감해지고 그것에 대하여 관심을 갖게

25 마이스터 에크하르트/요셉 퀸트 편역/이부현 한역, 『마이스터 에크하르트 독일어 논고』 (서울: 누멘, 2009), 228.

26 Jüngel, *Tod* (1984), 171.

되며, 생명 존중을 깨달을 수 있게 된다. 그렇다면, 우리는 이러한 타인과 타자들의 고난과 죽음을 어디에서 발견하게 되는가?

몰트만에 따르면, 타인과 타자의 고난과 죽음은 가장 가까이는 3세계 민족들, 그 중에서도 가장 연약한 사람들 사이에서 벌어진다. 그곳에서는 조기 사망이 확산되며, 어린아이들이 대량사망하고, 구조적 폭력을 통하여 더 많은 인원들이 학살당하고 있다. 이렇게 죽어간 사람들의 죽음은 그들의 죄의 결과가 아니다. 오히려 부유한 나라들이 자신들의 소유를 위해 행사하는 직간접적인 폭력으로 말미암아 이러한 죽음들은 더 많은 희생자를 요구하고 있을 뿐이다.[27] 여기서 특별히 중요한 것은 피조성의 자각과 더불어 우리가 새롭게 주목하게 되는 세계의 죽음들 안에서 기존의 죽음 이해는 변형될 수밖에 없다는 점이다. 이것은 곧 죄가 존재하기 때문에 죽음이 존재한다는 저주받은 죽음의 교리와는 정반대로, 오히려 죄가 '죽음의 결과'[28]라는 것을 말한다. 다시 말해, 죽음이란 "자기 자신이길 원치 않고 다른 어떤 것이 되어야만 한다고 주장하는 삶을 파괴하는 죄의 근원이며,"[29] 이것은 곧 우리가 우리의 가사성을 견디지 못함으로써 타자들을 죽이고 있음을 의미한다.

우리에게 이러한 통찰은 중요한 점을 시사해준다. 왜냐하면 지금까지의 기독교 신앙은 죽음을 '죄의 삯'으로 이해했었지만, 그와 다르게 죄, 죄의 상황 그리고 폭력의 상황들은 유한성에 대한 인간의 몰이해로부터 생겨나고 있는 것이기 때문이다. 따라서 우리는 이러한 죽음 이해에서 폭력적인 죽음이 등장하게 되는 원인을 발견할 수 있으며, 그것은

27 Moltmann, *Das Kommen Gottes* (1995), 115.

28 Ibid., 113.

29 Ibid., 112.

곧 '죽음'(Tod)과 '죽임'(Toten)의 두 가지의 유사한 단어가 지칭하는 전적으로 다른 사건들을 올바르게 구분하지 못하는 우리의 무지에 놓여 있다.

'죽음'이란 우리에게 주어진 확고한 사실이다. 다시 말해, 생육하고 번성하라고 명한 신의 계명 안에는 이미 죽음이라고 하는 사건이 자연스러운 것으로 주어져 있다. "죽음은 더 이상 하나님의 창조적 목적에서 제외된 것으로 이해되지 않는다. 그것은 하나님의 선한 창조의 정식적이고, 자연적인 한 부분이다."[30] 예를 들어, 다음 세대를 위해 이전 세대는 자신의 삶을 다하고 나면 사라진다. 만약 그 전에 있던 것이 죽지 않고 영원히 산다면, 이 유한한 세계 안은 비좁고 살기 힘든 곳이 되고 말 것이다. 따라서 선대가 죽음으로써 다음 세대를 위한 거름과 자원이 되며, 자신들이 사용하던 모든 것들을 그대로 양보한다. 즉, 죽음이란 자신을 번성시키고 자기 이후의 세대를 만드는 창조의 법칙일 뿐이며, 그래서 대표적인 개신교 신학자인 바르트와 그의 제자 융엘 등은 이러한 죽음을 '자연적 죽음'이라고 명명하고 있다.[31]

반대로 '죽임'이라는 행위는 위에서 언급한 창조의 법칙이 아니다. 특별히 우리가 만약 이 죽임이라는 사건을 인간의 경우에 대입하게 되면, 그것은 죄악과 연관된다. 왜냐하면 동식물들의 사냥과 다르게

---

30 Richard Doss, *The Last Enemy: A Christian Understanding of Death* (New York: Harper & Row, Publischers, 1974), 70.

31 이관표, "융엘의 신학적 죽음 이해", 「한국조직신학논총」 Vol. 24 (2009, 한국조직신학회 편), 128. 융엘은 죽음의 본질이 자연적 죽음이라 생각하며, 이것은 현대 개신교신학의 출발점인 바르트로부터 수용되었다. 특별히 바르트와 융엘 모두는 이러한 견지에서 기독교의 탈플라톤화의 필요성을 이야기하고 있다(Hermann Wohlgschaft, *Hoffnung angesichts des Todes. Das Todesproblem bei Karl Barth und in der zeitgenössischen Theologie des deutschen Sprachraum* [Paderbon: Ferdinand Schöningh, 1977], 134, 각주 15번).

인간의 죽임은 자기가 먹고 살만큼의 사냥을 넘어 이기주의적이면서 생명경시적인 방법으로 행해지고 있기 때문이다. 인간은 오히려 "죽음에 대한 의식과 불안을 알기 때문에, 죽음을 가지고 다른 사람을 위협한다."[32] 우리는 자기의 죽음을 미루기 위해 다른 사람들과 생태계 안의 구성물들에 대해 필요 이상의 폭력을 가하고 있으며, 이것이 바로 성서가 말하는 저주받은 죽음이다.[33] 따라서 '죽음과 죽임', 즉 '자연적 죽음과 저주받은 죽음' 사이는 분명히 구분되어야 하며, 그럼으로써 기존의 죽음 이해는 새롭게 생태학의 문제로까지 확장되어 타자를 위한 죽음 이해로의 변경을 요구받는다.

예를 들어, 류터(Rosemary R. Ruether)는 앞서 언급한 타자를 위한 죽음 이해의 변경의 필요성을 생태학적으로 설명하고 있다. 그녀에 따르면, 생태계의 문제해결은 전지구적 생명의 관계망으로의 의식과 죽음 이해의 전환에서 찾아질 수 있다.[34] 이러한 전환이란 우리가 이미 모든 피조물들과 상호 의존되어 있다는 태도의 변경을 의미하며, 그 안에서 우리는 존재의 거대한 사건 안에 속한 모든 것들이 나의 이웃이고, 내가 거하는 이 세계 전체라는 사실을 깨닫는다. 그럼으로써 신학적으로 우리의 죽음 역시 창조 안에서 벌어지고 있는 존재의 거대한 사건 안에 속해 있다는 통찰로 발전되면서 우리는 죽음을 자연적 죽음으로

32 Moltmann, *Das Kommen Gottes* (1995), 113.

33 김균진, 『생명의 신학. 인간의 생명에 대한 기독교 신학의 이해』 (서울: 연세대학교 출판부, 2007), 48. 김균진에 따르면, 이러한 이 저주받은 죽음은 강한 자들에 의한 약한 자들의 억압과 착취의 도구로 쓰인다. 그리고 인류 역사상 억압과 착취는 어디에나 있어왔으며, 노예제도도 근대까지 계속되었지만, 현대 세계처럼 범세계적 차원에서 강한 자에 의한 약한 자의 억압과 착취, 그리고 죽임이 일어난 적은 없었다.

34 Rosemary R. Ruether, *Gaia and God: An Ecofeminist Theology of Earth Healing* (San Francisco: HarperCollins, 1992), 268-269.

받아들이고, 그럼으로써 죽음 이후의 영혼의 개별적 실존까지 과감히 거절할 수 있게 된다.[35]

류터에 따르면, 자연적 죽음이란 죽임이 아닌 죽음, 즉 하나님이 주신 것으로서 "인간 영혼의 정당한 순환을 완성하는 친구"[36]이다. 따라서 우리는 자연적 죽음으로 세상을 떠남으로써 "태어나면서 우리가 나왔던 자궁으로부터 죽을 때에 그 자궁으로 돌아가게"[37] 된다. 그리고 이러한 죽음 이해는 전체적인 관계망 안에 있는 유한한 자기 자신을 발견할 때, 그 정당성을 확보하게 된다.

> 종교적 추구의 많은 부분이 의식은 유한한 유기체에 종속되지 않는다고 상상하면서, 이것을 부정함으로써 이런 모순을 해결하고자 했다. [...] 그러나 우리의 일시적인 유기체로부터 분리되어 생존할 수 있는 불멸의 자아 개념(the immortal self)은 유지될 수 없는 개념이며, 지구와 다른 인간에 대한 많은 파괴적 행동의 근원이라는 사실을 인정해야 한다.[38]

이것은 곧 생명파괴로서의 죽임이라는 죄가 사실상 인간에게 주

---

35 Steven Bouma-Prediger, *The Greening of Theology. The Ecological Models of Rosemary Radford Ruether, Joseph Sittler, and Jürgen Moltmann* (US: The American Academy of Religion, 1995), 143.

36 Rosemary Ruether, *Liberation Theology. Human Hope Confronts Christian History and American Power* (New York: Paulist, 1972), 125.

37 Rosemary Ruether, *New Woman/New Earth. Sexist Idealogies and Human Liberation* (New York: Seabury, 1975), 211.

38 Ruether, *Gaia and God* (1992), 251; 로즈마리 류터/전현식 역, 『가이아와 하나님. 지구 치유를 위한 생태 여성학적 신학』 (서울: 이화여자대학교출판부, 2000), 295에서 번역인용.

어진 자연적 죽음의 부정으로부터 기인되었음을 의미한다. 따라서 죽음의 문제를 해결하기 위해 이제 우리에게 필요한 것은 죽은 이후의 자기까지 포기할 수 있는 적극적인 생명존중의 정신이다. "우리 몸의 물질적 실체는 식물과 동물을 먹고 산다. 우리의 몸은 [...] 생명으로까지 거슬러 올라간다. 모든 지구의 피조물과 인간의 지구적인 혈족 관계는 우리를 오늘날 살아 있는 가이아와 연결시킨다."[39] 전체 지구적인 생명의 관계망 안에서 본다면, 자연적 죽음 안에서 우리의 몸은 또 다른 개체들로서 분해와 재생의 순환에 들어간다. 그리고 각각의 존재의 인격적 중심은 단지 하나님의 마음 안에 기억되는 것으로 충분하다.[40] 왜냐하면 그럴 때만이 모든 피조물은 하나님 안에서 참다운 평안과 자유를 얻게 되며, 이러한 삶이 인간의 본질적인 삶이기 때문이다. "우주만물이 하나로 어우러져 펼쳐지는 만물제동(萬物濟同)의 터전 안에 우리 자신이 늘 깨어 있는 삶의 방식으로 서 있게 될 때, [...] 결박에서 풀려나 진정한 자유를 누리게 될 것이다."[41]

자신의 죽음을 전체의 관계를 위해 우주적인 에너지로 내어줄 수 있는 생명존중이란 우리가 이 세계의 일부분에 불과하다는 피조성의 자각에서 출발한다. 그럼으로써 우리는 이러한 자각을 통해 스스로의 절대화와 자기중심성을 부정하며, 겸손함으로 하나님, 타자, 그리고 피조물들에게 나아갈 수 있게 된다. 그리고 바로 이러한 절대화와 자기중심성의 부정을 획득하기 위해, 이제 우리는 하이데거의 무 물음의 신학적 의미, 즉 '우상파괴'를 살펴볼 차례에 이르렀다.

---

39 Ibid., 252; 번역본 296.

40 Bouma-Prediger, *The Greening of Theology* (1995), 146.

41 신상희, "동굴의 비유 속에 결박된 철학자, 플라톤" (2009), 194.

2. 새로운 신론정초를 위한 의미 : '무無를 통한 우상파괴'

앞서 살펴보았던 것처럼 우리가 죽음을 통해 획득하게 되는 '피조성의 자각'은 우리로 하여금 '생명존중의 깨달음'과 '죽음 이해의 (타자중심적) 변화'를 가능하게 한다. 그러나 여기에는 특별히 우리가 간과할 수 없는 전제가 존재한다. 그것은 바로 피조성 혹은 유한성을 자각하기 위해서는 우리가 가지고 있는 이기적인 자기절대성, 자기우상화가 깨져야만 한다는 사실이다. 그렇다면, 우리는 어떻게 자기절대성과 자기우상화를 깰 수 있을까? 특별히 우리는 이러한 가능성을 하이데거의 무 물음 안에서 발견할 수 있는 '우상파괴'의 힘에서 발견하게 된다.

1) '우상파괴'와 무無의 관계

하이데거의 무 물음이 가지고 있는 신학적 의미는 '우상파괴'(Nichtung der Götzen)이다. 특별히 우리는 이러한 의미를 참다운 하나님을 섬기기 위해, 하나님 앞에 다른 신을 섬기거나 어떤 형상 혹은 사물을 대치시키지 못하게 하는 유대교-기독교적 신론의 의미 안에서 새겨야 한다. "유대적 전통은 오래 전부터 '형상금지'(Bilderverbot)를 알아 왔다. 그것은 성서의 출애굽기 20장 4절[42]에 바탕을 둔 것이다. 이러한 금기는 일찍이 신의 이름을 입 밖에 내어 말하는 것을 금기시했던 것과 연결되어 있다."[43] 따라서 우상파괴란 궁극적으로는 인간이 자신의 유

42 출애굽기 20장 3-4절. "너는 나 외에는 다른 신들을 네게 있게 말지니라. 너를 위하여 새긴 우상을 만들지 말고 또 위로 하늘에 있는 것이나 아래로 땅에 있는 것이나 땅 아래 물 속에 있는 것의 아무 형상이든지 만들지 말며."

한성과 피조성의 한계를 인정하는 것을 의미한다. 다시 말해, 그것은 인간의 인식적 한계를 초월하는 하나님의 절대성을, 있음에서만이 아니라, 없음을 포함하는 초월적 절대성으로 확장시키려는[44] 성서적, 철학적 신론정립의 기초이다. "한계에 대한 인식은 오히려 성서적, 그리스적 유일신론의 기초이다. 예언자적인 우상비판과 같은 성서적인 형상금지는 스스로 만들어낸 이념적 기획의 망상적인 지배(우상화, Idolatrie)에 대항하여 자주 논쟁이 되었다."[45] 그렇다면, 우상파괴는 하이데거의 사상과 어떠한 관계를 가지고 있는가?

카스퍼(Bernhard Casper)에 따르면, 하이데거가 분명하게 비판하고 있는 "우상(Götzen)에 대한 문제는 이미 『존재와 시간』에서 '빠져있음', 즉 일상적인 그들의 논의에서 설명되고 있다."[46] 앞서 우리가 살펴본 것처럼 『존재와 시간』를 위시한 그의 전기 철학에서 하이데거는 비본래성, 일상성, 그리고 그 안의 요소로서의 빠져있음과 더불어 그것으로부터의 해방의 필요성을 이야기하고 있다. 빠져있음에서 "현존재는 우선 대개 '그들' 속에 몰입하고 '그들'에 의해서 지배되고 있다" (GA2, 167). 그리고 이러한 지배는 하나의 권위가 되어 현존재의 본래성을 막아버린다. "시간화하는 현존재가 그 자신을 통해 주어진 시도에 빠져버린다면(Verfällt) [...] 세계-내-존재의 직접성에 대해 절대화에 이르게 된다. [...] (그리고) 현존재자체의 자기를 시간화함을 통해 빠져있음의

43 Welte, *Leiblichkeit, Endlichkeit und Unendlichkeit*, Bd. III/3 (2006), 157.

44 정재현, 『티끌만도 못한 주제에』 (1999), 139.

45 Rentsch, *Gott* (2005), 120.

46 Bernhard Casper, "Das Versuchtsein des Daseins und das Freiwerden von den Götzen," in: *Herkunft aber bleibt stets Zukunft. Martin Heidegger und Die Gottesfrage*, hg. Paola-Ludovica Corando (Frankfurt(M): Vittorio Klostermann, 1998), 75.

존재망각 안의 궁극적이지 못한 것이 궁극적인 것이 된다."[47] 이것은 곧 잡담, 호기심, 애매함 등이 인간 현존재를 지배하고, 그럼으로써 존재망각으로 치닫게 만드는 빠져있음 안에서 절대화가 벌어지고 있음을 의미한다. 그리고 이러한 절대화된 어떤 것 때문에 인간 현존재는 '그들' 속에 몰입되어, 자신의 본래성과 상관없이 살아가게 되며, 여기서 말하는 절대화란 우리를 옭아매고 있는 우상을 의미한다.

그러나 앞서 살펴보았듯이 빠져있음에서 드러나는 죽음 이해의 역설적 성격은 '죽음의 실존론적 확실성'이다. 그 안에서 불안이 드러나며, 불안 안에서 현존재는 무 앞에 직면하여 자신의 고착된 존재를 파괴한다. 다시 말해, 죽음은 회피하려 애쓰는 일상 안에서도 이미 그 안에 도사리고 있으며, 언제나 삶 안에 나타나 "불안이 드러낸 무"(GA9, 112) 앞에 인간 현존재를 세워 현존재로 하여금 기존에 가지고 있던 가능성의 고착과 절대화를 부숴버리고 철회시키도록 만든다.

물론 여기서 우리가 분명히 해야 하는 것은 부숴버림과 철회에 대하여 지속적으로 자신을 열어놓아 어떤 것에건 집착하지 않음은 우선 '죽음 안으로 앞서-달려가봄'에서 시작되고 있음에도 불구하고, 그것이 단순히 죽음에서만 가능하거나, 거기에만 제한되지는 않는다는 사실이다. "이미 달성된 것에 대한 어떠한 집착이건 모조리 분쇄하는, 그리하여 근-원적인 존재의 생기를 가능하게 하는 무는 항상 죽음이라는 방식으로서만 현성하는 것은 아니다. [...] 죽음은 사실 근원적인 무의 단지 하나의 현성방식에 불과하다."[48] 이러한 이유에서, 앞서 죽음 이해의 전회에서 살펴보았던 것처럼, 『존재와 시간』 이후 하이데거의

47 Ibid., 75.
48 전동진, 『창조적 존재와 초연한 인간』 (2002), 108-109.

'죽음의 무성'은 '무의 무화', 즉 '무의 우상파괴적 힘'으로 변경된다. 그는 다음과 같이 말한다.

> 현존재 전체의 근본 가능성 안으로 진입하기 위해서 [...] 다음과 같은 것이 결정적으로 중요하다. 무 안으로 자기 자신을 풀어놓을 것(Sichloslassen), 다시 말해 누구나 갖고 있는 우상, 누구나 거기로 슬그머니 기어들어가 버리는 그런 우상들(Götzen)로부터 자유로워질 것(Freiwerden) 그리고 마지막으로 불안 속에서 떠다니며 동요하던 마음으로 인해 [...] (무의) 물음을 제기할 수 있도록 그 물음 속으로 깊이 파고들어감으로써 이렇게 동요하던 마음을 완전히 휘저어버릴 것(erzwingt) 등이다(GA9, 122).[49]

카스퍼에 따르면, "이 말은 처음들을 때, 은유처럼 보인다. 그러나 사실 이 말은 상당히 정확하고 특징적인 하이데거 사유의 가장 내밀한 의도일 뿐만 아니라 가장 근원적인 경험이기도 하다."[50] 왜냐하면 하이데거에 따르면, 인간 현존재가 자신의 죽음의 불안을 통해 무 안에 풀어놓아져 있다는 바로 그 사실이 그의 유일한 본질이기 때문이다.[51] "불안

49 하이데거의 '무 안으로 자기를 들여놓음'은 원문에서 'Sichloslassen in das Nichts'으로 표기되는데, 여기에는 특별히 'Sichlos lassen'과 'Sich loslassen'이라는 두 가지의 뜻이 함께 들어가 있다. 전자는 자기를 무 안에서 없앰, 다시 말해 자기를 비움을 이야기하고, 후자는 자기를 무 안에 자유롭게 풀어놓음을 이야기한다. 그러나 이 둘 다 인간이 무 안에 들어가 스스로를 비움으로써 자유를 획득하고 새로움을 희망할 수 있다는 점에서 같은 의미로 해석될 수 있다.

50 Casper, "Das Versuchtsein des Daseins und das Freiwerden von den Götzen" (1998), 75.

51 이러한 불안의 역할 때문에 "하이데거는 후기에 불안과 더 높은 감정(higher emotion)으로 불리어질 수 있는 것과 연상시키고자 노력한 흔적이 보인다. 즉, 불안에 대한 준비는 [...] 인간의 깊은 내면까지 접근하는 최고의 존재자의 요구를 충족시

이 그 앞으로 데려오는 그 무가 현존재를 그의 근거에서 규정하고 있는 무성을 드러내 보이"(GA2, 308)고, "무 안으로 자신을 풀어놓음으로써" 현존재는 자신 안에 있던 절대화된 것들, 즉 우상들을 파괴하는 자가 된다(GA9, 122). 이와 반대로 자신의 본질에 진실하게 머물지 못하는 자는 자신 앞에 놓인 빈곤과 무를 견디지 못한다. 그럼으로써 그는 회피하면서, 다시금 우상에게로 향하여 거기에 머무는 자가 되고 만다. "이것은 신을 가지고 장사하는 것이며"[52], "거짓종교성과 열광주의의 상태에 속할 뿐이다."[53] 그렇다면, 이러한 우상파괴가 수행되어야 하는 곳은 어디인가?

하이데거에 따르면, 우상을 만든 가장 중심적인 장소는 수천 년의 서구 사상을 지배해온 전통 형이상학이다. 왜냐하면 전통 형이상학은 존재를 절대자, 최고원인으로서의 신 등으로 오해함으로써 존재자체와 더불어 신적인 신을 떠나보낸 존재망각의 역사이자 동시에 '존재-신-론'(Onto-Theo-Logik)의 역사였기 때문이다. 따라서 형이상학의 정초를 넘어 형이상학의 극복을 이야기하는 그의 무 물음은 결국 형이상학 안의 우상들과 대결하는 '우상파괴'로 확장된다.

키기 위한 긍정을 말하고 있는 것이다(Macquarrie, *Heidegger and Christianity* (1999), 52)." 특별히 여기에 대한 증거를 우리는 하이데거의 다음과 같은 언급들에서 찾아볼 수 있다. "불안은 [...] 창조적인 갈망으로 인해 생기는 쾌활함이나 느긋함과 비밀스럽게 결속되어있으며"(GA9, 117), "개별화된 존재가능 앞에서 데려오는 냉정한 불안과 더불어 이 가능성에 마련되어 있는 즐거움이 따라오게 된다"(GA2, 310).

52 Martin Heidegger, *Phänomenologie des religiösen Lebens* (Frankfurt(M): Vittorio Klostermann, 1995), 265. (이하 GA60)

53 Martin Heidegger, *Phänomenologische Interpretationen zu Aristoteles. Einführung in die phänomenologische Forschung* (Frankfurt(M): Vittorio Klostermann, 1994), 46, 36도 참조. (이하 GA61)

2) 전통형이상학으로서의 '존재-신-론'에 대한 '우상파괴'

하이데거에 따르면, "형이상학은 존재자의 존재를 근거 짓는 표상의 방식 안에서만 사유할 뿐이다"(GA14, 62). 따라서 표상을 통해, 존재는 형이상학 안에서 '존재-신-론'으로 규정됨으로써 "서구 형이상학의 역사는 존재망각의 역사가 되고, 이러한 존재망각은 이미 그리스인들에서 시작되어 [...] 하이데거 사유의 출발점이 된다."[54] 그렇다면, 하이데거가 비판하고 있는 형이상학의 '존재-신-론'이란 무엇을 의미하는가? 이와 관련하여 프루드홈므(Jeff Owen Prudhomme)는 다음과 같이 이야기한다.

> 하이데거는 이 표현(존재-신-론)을 형이상학적 사유의 과제와 기본적인 움직임, 그리고 그것의 본질적인 한계를 납득할 수 있게 만들기 위해 사용한다. 형이상학의 과제란 존재자의 존재를 표현하는 것이며, 그것의 기본적인 움직임이란 유적(generic) 규정의 기준과정이다. 또한 그것의 본질적인 한계란 그것이 존재자와 존재의 존재론적 차이를 사유하지 않고 남겨두었음에 놓여있다.[55]

이처럼 형이상학의 '존재-신-론'적 성격이란 존재를 최종 원인으로서의 최고의 존재자, 즉 신으로 오해함으로써, 존재와 존재자의 차이

---

54 Claude Ozankom, *Gott und Gegenstand. Martin Heideggers Objektivier- ungsverdik und seine theologische Rezeption bei Rudolf Bultmann und Heinrich Ott* (Schöningh: Paderborn, München, Wien, Zürich, 1994), 117.

55 Jeff Owen Prudhomme, *God and Being. Heidegger's Relation to Theology* (New Jersey: Humanity Books, 1997), 103.

를 망각한 존재망각의 역사이자 존재를 신으로 삼았던 우상숭배의 역사를 의미한다. 망각의 역사 안에서 형이상학은 개별 존재자를 넘어 초감각적인 학문에 대한 학문과 인식을 지칭하고 있지만, 이와 반대로 서구 "형이상학은 존재자의 존재자성으로서의 존재를 사유하였을 뿐 존재자체를 그것의 고유한 진리 속에서 사유하지는 못하였다."[56] 따라서 하이데거는 형이상학의 한계를 다음과 같이 지적한다.

> 오늘날 사람들이 통상적으로 사용하는 형이상학이라는 낱말은 심오한 것, 비밀로 가득 찬 것, 함부로 접근될 수 없는 것, 즉 일상의 사물들 배후에 놓여있거나 궁극적인 현실의 고유한 영역 속에 놓여 있는 바로 그런 것이라는 인상을 자아낸다. 이러한 경향들이 오늘날 특별히 강하게 드러나면서 소위 말하는 형이상학의 부활이 이야기되곤 한다. 그러나 그 모든 경향들은 기독교 및 기독교 교의학에 의해서 서양에서 우선 관철되어 왔듯이, 초감각적인 것에 대한 기본적 자세와 그것의 제시를 대신하고 있는 약간은 진지한 대체물에 불과하다(GA29/30, 63).

이러한 신학적인 연관관계 때문에 이미 형이상학은 태생적으로 모든 성스러운 것에 대한 허무주의와 신의 죽음이라는 현대적 결과를 잉태하고 있다. 왜냐하면 형이상학의 근본물음은 '존재자로서의 존재자'에 대한 물음에서 출발했으며, 그럼으로써 최고의 존재자로서의 존재자, 모든 존재자의 근거로서 하나의 존재자를 도출해내는 제일원인에 대한 물음이었기 때문이다.[57] "형이상학의 역사 전체에서 존재자의

---

56 신상희, 『시간과 존재의 빛』 (2000), 421.
57 Prudhomme, *God and Being* (1997), 104.

존재는 근거 짓는 근거로 사유되었으며, 이 근거는 보편근거로서 혹은 더 이상 근거 지을 수 없는 최고근거로서 사유되었고, [...] (그래서) 서양의 형이상학은, 비록 그것이 그리스인에 의해서 시작된 이래로 이러한 명칭에 결속되지는 않는다고 하더라도, 존재론인 동시에 신학이다. [...] 그것은 곧 '형이상학은 존재-신-론이다'로 읽혀질 수 있다"(GA11, 63). "(형이상학은) 근거로서의 보편존재에 입각하여 존재자로서의 존재자를 탐구하여 그것의 근거를 캐어 들어가는 '존재론'(Onto-Logik)일 뿐만 아니라, 이러한 최고근거로서 파악된 자기 원인으로서의 [...] '신론'(Theo-Logik)이다."[58]

하이데거에 따르면, 이러한 형이상학의 존재-신-론은 전통적 기독교 신앙에 그대로 흡수된다. 왜냐하면 기독교 신앙의 내용을 체계화하기 위해서 교의학은 고대철학, 특별히 제일철학이면서, 전체에서의 존재자에 대한 물음으로서의 플라톤과 아리스토텔레스의 철학을 수용했기 때문이다. "(제일철학은) 신에게로 나아가는, 즉 창조신이나 인격신이라는 의미에서의 거기에로(Hinzu)가 아닌 단순한 신에게로 향하는 로고스이다. 이것은 믿음의 신학이 아니고 오히려 이성의 신학, 즉 합리적 신학인 그런 신학적 인식이다"(GA29/30, 65). 그리고 마침내 존재-신-론으로서의 형이상학이 기독교 신학의 주류적인 형태로 나타난다. "하이데거에 따르면, 기독교 신학은 이미 일찍부터 형이상학의 역사 안에, 다시 말해, 표상하는 사유 안에 빠져있다."[59]

예를 들어, 아리스토텔레스를 수용하여 자신의 신학을 집대성한 아퀴나스(Thomas Aquinas)는 어떠한 의심도 없이 제일철학, 즉 형이상

58 신상희, 『시간과 존재의 빛』 (2000), 421-422.

59 Welte, *Denken in Begegnung mit dem Denken*, Bd. II/2 (2007), 203.

학을 신학 또는 신성한 학문 또는, 신적인 것에 관한 인식과 동일시한다. "토마스에게 형이상학이란 곧 존재론이며"(GA29/30, 73), "제일철학이란 다른 모든 인식들을 규제해주는 규제적 학문(scientia regulatrix)" (GA29/30, 70)으로서 형이상학은 존재자일반에 대해서, 제일철학은 제일원인에 대해서, 그리고 이것들의 종합으로서의 신학은 신에 대해서 다룬다(GA29/30, 74). 따라서 존재자를 근거 짓는 존재자의 형이상학의 최고의 정점은 신에 대한 논의, 그것도 이성에 명증적인 신존재증명이 되며, 그에 따라 인간은 형이상학적 존재자로서 그것을 논증할 수 있는 유일한 자로 간주된다. 아퀴나스는 다음과 같이 말한다.

> 어떠한 결과에서도 원인이 있다는 것이 명백하게 우리에게 논증될 수 있다. [...] 이렇게 우리는 신의 결과들에서 신이 존재한다는 것을 논증할 수 있다. 우리가 그런 결과들을 통하여 신을 그 본질을 따라 완전하게 인식하지 못한다 할지라도 신이 존재한다는 것을 그 결과들에서 논증할 수 있는 것이다.[60]

---

60 토마스 아퀴나스/정의채 역, 『신학대전 1』 (서울: 바오로딸, 2002), 147. 아퀴나스는 다섯 가지의 신존재증명을 이야기한다. 첫째, 우주론적 증명이다. "움직이는 모든 것은 다른 것한테서 움직여져야 한다. 그러므로 어떤 것이 그것에 의해 움직이게 되는 그것이 또한 움직여야 하며 그렇게 움직여주는 것 또한 다른 것한테서 움직여져야 한다. [...] 우리는 다른 어떤 것한테서도 움직여지지 않는 어떤 제일동자에 필연적으로 도달하게 된다. 그리고 모든 사람은 이런 존재를 하나님으로 이해한다"(앞의 책, 153-155). 둘째, 인과론적 증명이다. "세계에서 그 어떤 것도 자기 자신의 능동인으로 발견되지 않으며 또 그것 것은 가능하지도 않다. [...] 단지 우리는 어떤 제일능동인을 인정해야 하며 이런 존재를 모든 사람은 하나님이라 부른다"(앞의 책, 157-159). 셋째, 우연성 논증이다. "모든 유가 가능한 것뿐일 수는 없고 사물계에 어떤 필연적인 것이 있어야 한다. [...] 우리는 자기 필연성의 원인을 다른 데에 갖지 않고 다른 것들에게 필연성의 원인이 되는 어떤 것, 즉 그 자체로 필연적인 어떤 것을 인정할 필요가 있다. 이런 존재를 모든 사람은 하나님이라 부른다"(앞의 책, 163-165). 넷째는 단계적 증명이다. "서로 다른 여러 사물들에 대해 더하고 덜하다고 하는 것은 최고도로 있는 어떤 것에 여러 가지 모양으로 다르다. [...] 가장 진실하고 가장 선하고 가장 귀한

우리는 아퀴나스의 신 존재증명의 확언의 예에서 형이상학이 간과하고 있는 문제를 발견하게 된다. 그것은 바로 우리는 유한하며, 그렇기 때문에 우리가 행할 수 있는 논증이란 단지 이성적 대상을 사변을 통해 절대화하고 그것을 대상화하는 것에 불과하다는 점이다. 그러나 "신은 대상화될 수 없으며, 되어서도 안 된다. 절대자는 표상하거나 도구적인 인간의 지배 안에 존재하지 않는다."[61] 형이상학의 사변을 통해 규정되는 절대자란 우리의 유한성 안에서 표상된 어떤 것에 불과하며, 결코 실재 그 자체를 확인할 수도 없다. 따라서 형이상학이 상정한 신은 결코 신앙의 살아있는 신이 아니며, 형이상학적 신학은 결코 사유의 물음에 대한 최종적인 대답이 아니다. 오히려 신의 문제와 관련하여 "하이데거는 기초존재론과 존재 역사의 측면 모두에서부터 지금까지의 모든 형이상학과 존재신론이 구조적으로 무능력하다고 설명한다."[62] "그래서 칸트와 같은 방식으로 하이데거는 형이상학을 유래해온 형식 자체 안에서 전적으로 물음에 부치면서"[63] 다음과 같이 이야기하게 된다.

> **이것이 자기원인으로서의 원인이다. 그래서 이러한 사태에 맞는 이름이 철학 안에서 신에게 불려진다. 그러나 이러한 신에게 인간은 기도**

것, 따라서 최고도의 유인 어떤 것이 있다. [...] 어떤 영역에 있어서 최고도의 것으로 불리는 것은 그 영역에 속하는 모든 것의 원인이다. [...] 그러므로 어떤 사물의 경우이든 그 존재와 선성과 모든 완전성의 원인인 어떤 것이 있는 것이다. 이런 존재를 우리는 하나님이라 부른다"(앞의 책, 165-167). 다섯째 목적론적 증명이다. "[...] 모든 자연적 사물을 목적에로 질서지어 주는 어떤 지성적 존재가 있다. 이런 존재를 우리는 하나님이라 부른다"(앞의 책, 169-171).

61 Rentsch, *Gott* (2005), 120.

62 Ibid., 181.

63 Ozankom, *Gott und Gegenstand* (1994), 117.

> 할 수도 없고 제물을 드릴 수도 없다. 자기 원인 앞에서 인간은 경외하는 마음으로 무릎을 꿇을 수도 없고, 이러한 신 앞에서 그는 음악을 연주하거나 춤을 출 수도 없다(GA11, 77).[64]

이것은 곧 신 자체는 인간의 사변 안에서 증명될 수 있는 것도, 그렇다고 인간의 임의대로 선택될 수 있는 것도 아님을 의미한다. "철학의 신은 결코 신앙의 살아있는 신이 아니며, 형이상학적 신학은 결코 사유의 물음에 대한 최종적인 대답이 아니다."[65] 오히려 형이상학의 사변 안에서 증명되는 철학의 신은 부동의 동자이자, 원인들의 원인이며, 고통 받지도 않고 그 어떠한 것에도 영향받지 않는 홀로 독립적이고 자족적인 존재자에 불과하다. 즉, 그는 우리의 경험과는 상관이 없으며, 우리는 그 앞에서 그 어떠한 신앙도 가질 수 없다.

> 기독교적-유대교적 신은 영향을 주는 특정한 원인을 신격화(Ver- götterung)한 것이 아니라, 근거됨 자체의 신격화, 즉 설명하는 표상 일반의 근거를 신격화했다. 원인성(Kausalität)으로서의 원인성을 가장 순수하게 신격화함 안에 기독교적 신의 숙고된 정신성의 겉모습의 근거가 놓여있다. 진실로 이러한 신격화야말로 가장 중대한 설명의 숭배화(Verklären)이다(GA66, 240).

---

64 "Dies ist die Ursache als die Causa sui. So lautet der sachgerechte Name für des Gott in der Philosophie. Zu diesem Gott kann der Mensch weder beten, noch kann er ihm opfern. Vor der Causa sui kann der Mensch weder aus Scheu ins Knie fallen, noch kann er vor diesem Gott musizieren und tanzen."

65 Pöggeler, *Denkweg Martin Heideggers* (1983), 46.

따라서 철학의 신, 자기 원인으로서의 신을 포기해야만 하는 신-없는 사유가 아마도 신적인 신에게 더 가까울 것이다. 이것은 여기서 단지 다음을 의미한다. 그것(신-없는 사유)이 존재-신론을 보증하고 싶어 하는 것보다는 그(신적인 신)에게는 보다 더 자유로울 것이다(GA11, 77).[66]

하이데거가 보기에 형이상학의 신은 철학적 사변 안에서 만들어진 절대화의 우상이며, 자신의 욕망 때문에, 자신의 심리적 보장을 위해 신을 가둬놓는 불경의 행위에 속한다. "중세에 있어서 신의 불멸성이 요구되었던 이유는 형이상학적 존재론의 구도 하에서 그들의 자기소망을 투영한 것이었다. 그와 반대로 근대적 형이상학에서 신의 불멸성의 요구는 나의 확실성을 보장하기 위한 것이었다."[67] 따라서 "하이데거는 기독교 신학의 신이 형이상학적 신으로서 원인 자체이고, 우주를 창조하고 유지하는 원인적 에너지로 이해되기에 그러한 신관을 해체하고자 하며", 그것을 위해 그의 신 물음은 "그의 후기 작품에서는 종교적 모티브들, 다시 말하면 성스러운 것, 태도로서의 경건성, 부정신학의 착상으로서의 침묵이 되살려지는"[68] 모습으로 나타나게 된다.

이것과 관련하여 덴커는 젊은 하이데거의 신이 기독교적 계시의 인격신이었지만, 그 이후 『존재와 시간』 안에서는 하이데거 사유의 배후로 사라져버리며, 거의 나타나지 않게 된다는 점을 지적한다. 즉,

---

66 "Demgemäß ist das gott-lose Denken, das den Gott der Philosophie, den als Causa sui preisgeben muß, dem göttlichen Gott vieleicht näher. Dies sagt hier nun: Es ist freier für ihn, als es die Onto-Theo-Logik wahrhaben möchte."

67 이상은, 『계시를 통해 열어밝혀지는 비밀』 (서울: 한들출판사, 2005), 189.

68 맥쿼리, 『하이데거와 기독교』 (2006), 해제, 38.

하이데거는 신에 대한 경건과 경외라는 이름을 통해 사유의 주도적인 위치 안에서 신에 대한 침묵을 주장하고 있다는 것이다.[69] 이것은 "철학은 살아있는 신의 신성(godliness)을 개방할 수 없"[70]기 때문이며, 이러한 이유에서 하이데거는 기존의 형이상학적 신론의 자리에 놓여 있던 우상화된 신상을 파괴하고 자리를 비워놓는 작업, 즉 우상파괴를 선택한다. "[...] 진리 안에 머물기 원한다면, 그것은 퇴락해버린 것, 다시 말해 우상에게 스스로 슬며시 기어들어가 버림을 거절하는(durch- kreuzenden) 사유의 '교정'(Korrektiv)에 달려 있다."[71]

앞서 살펴본 것처럼, 이러한 우상파괴는 인간이 현대에서 경험하게 되는 신의 죽음의 사건, 즉 모든 것들의 무화에서 비로소 시작될 수 있다. 왜냐하면 무는 존재 혹은 개념이 지배하는 형이상학에 충격을 줌으로써 근본적인 변화를 일으키기 때문이다.[72] 이것을 통해 하이데거는 존재의 진리 안에 신을 위한 장소를 남겨두려 하며, 이러한 장소란 곧 비밀이면서, 성스러움이며, 동시에 현존재가 존재, 혹은 궁극적(마지막) 신을 향하고 있는 개방성(Offenheit)이 된다.[73] 그리고 마침내 그는 신과 존재 등의 개념들을 "어떠한 방식으로도 파악될 수 없는 것으로서 스스로를 드러내는 '신비', 혹은 '존재론적 차이'라고 사유의 중심에서 주제화하고 명시화했다."[74]

---

69 Rentsch, *Gott* (2005), 181. 렌취는 하이데거 사유의 이러한 침묵적, 신비적 성격과 관련하여 다음과 같이 이야기한다. "후기 하이데거의 사유에서 존재란 신비신학적(kryptotheologische), 유사(quasi)-신비적, 권력적 그리고 수수께끼적인 심급(Instanz)으로서 나타난다."

70 Denker, *Historical Dictionary of Heidegger's Philosophy* (2000), 100.

71 Casper, "Das Versuchtsein des Daseins und das Freiwerden von den Götzen" (1998), 80.

72 심광섭, 『탈형이상학의 하느님』 (1998), 326.

73 Demske, *Sein, Mensch und Tod* (1983), 189.

물론 하이데거의 이 말은 결코 존재와 신이 연관된다거나, 혹은 신에게 존재라는 술어가 속해 있다는 것을 노골적으로 주장하는 것이 아니다. "이러한 지나치게 빠른 (신과 존재 사이의) 동일화를 우리는 여기서 허락받을 수 없다."[75] 왜냐하면 "신과 존재는 동일하지 않"(GA15, 436)기 때문이다. "존재는 신도, 세계의 근거(Weltgrund)도 아니다"(GA9, 331). "존재와 신은 동일하지 않으며, 나(하이데거)는 결코 신의 본질을 존재를 통해 사유하기를 시도해본 적도 없다"(GA15, 436). 오히려 존재와 신 사이의 관계는 "새로운 차이들과 제한들이 등장"(GA 15, 437)[76]함으로써 우리가 이 연구에서 논의할 수 없는 다른 주제로 향하게 된다. 이러한 이유에서 우리는 존재와 신의 관계를 살펴보지 않고, 단지 우상화와 관련된 논의로 계속 나아가도록 한다.

이제 다음으로 우리가 주목해야 하는 부분은 형이상학의 존재자에 대한 절대화, 우상화의 문제가 비단 서구사상에만 국한되어 나타난 것이 아니라, 서구사상의 근저에 놓여있는 기독교 신앙과 신학 안에도 그대로 차용되어 우리의 현재 신앙에까지 영향을 미치고 있다는 점이

---

74 Rentsch, *Gott* (2005), 58.

75 Welte, *Denken in Begegnung mit dem Denken*, Bd. II/2 (2007), 162.

76 특별히 하이데거는 신과 존재의 관계에 대해 다음과 같이 이야기한다. "만약 내가, 가끔 나를 (그렇게 하게끔) 유혹하는, 하나의 신학을 쓴다면, '존재'라는 말은 그 안에서 등장하지 않아야 할 듯하다. [...] 나는 존재가 신의 근거와 본질로서 생각될 수 없다고 믿는다. 하지만 신의 경험과 (그것이 인간을 만나는 한에서) 그것의 개방가능성(Offenbarkeit, 계시)은 존재의 차원 안에서 생기할 것이라고 믿는다"(GA 15, 437). 이러한 하이데거의 언술은 비록 신과 존재의 직접적인 연결이 될 수는 없지만, 그러함에도 불구하고 신이 존재자체와 어떠한 연관 안에서 드러날 수밖에 없다는 사실을 보여주는 것이다. 다시 말해, "신의 경험과 그의 계시가 인간에게 도달되거나 인간과 만날 수 있기 위해서는 그 안에서 신과 그의 계시의 경험이 '스스로를 생기하는' 존재의 차원이 전제되어야만 할 것이다"(Puntel, *Sein und Gott* (2010), 125).

다. 왜냐하면 기독교 신학 중 주류를 구성하고 있는 신학들의 역사는 기독교화 되어버린 형이상학의 역사로 볼 수 있기 때문이다. "(하이데거의) '존재-신-론'이라는 용어는 형이상학적 사유 안에서 존재론과 신학이 불가분의 관계로 서로 본질적인 연합(unity) 안에 참여되어 있다는 사실을 가리키고 있다."[77] 그리고 이러한 이유에서 '우상파괴'는 서구의 형이상학과 기독교를 넘어 마침내 한국적 기독교 신앙 안에서도 자신의 유의미함을 주장할 수 있게 된다.

현대 한국의 기독교는 많은 비판 앞에 직면해 있다. 근본주의 기독교인들의 타종교 몰이해에 대한 사회적 비판, 자연과학자들의 무신론적 비판 그리고 특정의 권력에 아부하고 있다는 정치적 비판까지 한국 기독교에 대한 부정적 의견은 사회 전반에 걸쳐 나타나고 있다. "세상과 전혀 소통하지 못하는 기독교회는 한국 사회에 피상적이고 값싼 구원을 떠드는 '자기들만의 천국'으로 비춰질 뿐이다."[78] 이와 더불어 기독교 내적으로도 지금까지 비판되어 왔던 종교적, 신학적 문제들이 아직 해결되지 않은 채 지속되고 있다. 재물은 신이 된 반면, 하나님은 도깨비 방망이 정도로 치부되고 있는 기복신앙, 잘 먹고 잘 사는 사람들이 많아지는 것, 헌금의 액수가 많아지는 것 그리고 건물이 커지는 것이 참 축복이라고 믿는 교회 성장 제일주의는 바로 이러한 기독교 내적인 비판의 대상이다. 즉, 하나님 대신 돈과 교회를 우상으로 섬기면서 살아가는 전형적인 우상숭배가 이 시대 한국기독교의 대표적인 모습이다. 그리고 여기서 우리가 주목해야 하는 사항은 이러한 우상화의 뿌리에 '자기 자신'에 대한 절대화와 우상화가 놓여있다는 점이다. 리쾨르는

---

77 Demske, *Sein, Mensch und Tod* (1983), 103.

78 교회갱신협의회, 『소리 Vol.9』 (2008.4), 50.

이것을 다음과 같이 이야기한다.

> 경제학적 모델에서 보는 종교의 역할은 '환상'(illusion)의 역할이다. [...] 환상의 핵심은 삶에 지속에 있다. 사람은 이해하고 느낄 뿐만 아니라 타고난 나르시시즘 때문에 늘 위안이 필요하며, 그런 점에서 삶은 견디기 어려운 면이 있다. 그런 가운데서 삶을 지탱하는 것이 환상이다. [...] 프로이트가 거듭 말하는 것은, '환상'의 기본 특징이 사람의 욕망에서 비롯한다는 점이다. 사실, 실체 없는 교리가 효과를 보는 것은 욕망의 힘 때문이 아니라면 무엇 때문이겠는가? 인간의 끈질긴 욕망, 현실하고는 잘 맞지 않는 그런 욕망이다.[79]

죽음의 문제와 절대자의 문제를 함께 다루고 있는 종교[80] 안에서의 '자기절대화'와 '자기의 우상화'는 결코 우연적인 일이 아니다. 오히려 자기를 보존하고자 하는 욕망 때문에 인간들은 신을 상정하고, 그로부터 받고자 원하는 모든 것을 자기 욕망에 맞게 규정하여 절대화하고 우상화한다. 그럼으로써 그는 이것을 통해 자신이 신앙과 관련하여 직면해야 하는 상황을 회피하고, "그 대신에 현존재는 가시적이면서 시간을 지워버리는 직접성을 절대화하며, 스스로를 시간의 빈곤함(Bedürfen)으로부터 그리고 무와 관계 맺어 스스로를 발견함으로부터 슬며시 기어 도망치게 된다."[81]

---

79 Ricoeur, *The Conflict of Interpretations* (1974), 131; 양명수 역, 『해석의 갈등』 (서울: 아카넷, 2001), 142-143의 번역 인용.

80 Jüngel, *Tod* (1983), 41.

81 Casper, "Das Versuchtsein des Daseins und das Freiwerden von den Götzen" (1998), 75.

하지만, 문제는 우리가 죽을 수밖에 없는, 유한한 인간인 한에서 이러한 무를 근원적으로 벗어날 수 있는 궁극적인 안정성이란 존재하지 않는다는 사실이다. "이러한 환상은 바로 인간들이 거기에서 자신의 안전성에 대한 갈망 안에 굴복하게 되었던 요인이다. 이러한 갈망이란 어디에 그 원인이 있는가? 그것은 인간이 다른 이들의 도움 없이 자기 자신에 대한 안전을 스스로 획득해야 한다고 생각하는 바로 그 순간에 인간 영혼의 깊은 심연에서 발생하는 염려, 즉 숨겨져 있는 불안 때문이다."[82] 그리고 이 자기 안정화만을 위해 기독교 신앙과 신학은 계속적인 절대화, 우상화의 위협에 시달릴 수밖에 없었다.

본래 인간이란 시간적으로 유한할 수밖에 없는 존재자이며, 동시에 자신이 가진 세계를 벗어날 수 없는 존재자에 불과하다. "모든 실제성, 그리고 그것의 신적인 근거의 파악불가능성(Unfassbarkeit)과 내뺌(Entzogenheit)은 모든 인간에게 해당되는 것이다. 모든 인간은 이러한 절대적인 파악불가능성의 근거 위에서만 단지(nur) 실존할 뿐이다."[83] 이미 유한성과 피조성이라는 한계를 가지고 있으며, 그럴 때에만 존재할 수 있는 것이 인간이기 때문에, 유한한 인간이 무한한 하나님의 뜻을 가감 없이 듣고 자신의 욕망을 제어하여 순수하게 그것을 전할 수 있다는 생각은 자기를 절대화하고 하나님의 절대성을 거부하는 것이 된다. 따라서 "하이데거는 [...] (말해질 수 없고, 인식될 수 없는) 절대자를 제시하면서 동시에 그것의 언급불가능성(Unsagbarkeit)과 인식불가능성(Unerkennbarkeit)의 근거를 이야기한다."[84]

---

82 Bultmann, *Glauben und Verstehen 4* (1993), 159.

83 Rentsch, *Gott* (2005), 120.

84 Ibid., 181.

만약 그렇지 않고 직접적인 인식을 주장한다면, 그것은 우상이 되어, "자신이 절대화에 이르게 되고 [...] 궁극적이지 못한 것이 궁극적인 것이 된다."[85] 왜냐하면 우리가 보고, 듣고, 만지고, 경험할 수 있는 모든 것들은 시간 안에 존재하는 것들이고, 그런 한에서, 그것들은 단지 죽을 수밖에 없는 유한한 인간이 각자가 가진 역사와 세계 안에서 끊임없이 허물고 다시 만들어가는 임시적이고 잠정적인 것에 불과하기 때문이다. 그뿐만 아니라, 혹시 절대적인 것이 존재할 수 있다하더라도 유한한 인간은 그것을 결코 그 자체로 경험할 수 없다. "어떻게 너는 너의 연약하고 젖어있는 눈으로 하나님을 직접적으로 볼 것이라 말하는가?"[86]

우리는 오히려 하나님의 얼굴을 직접 볼 수 있는 자는 없으며, 그의 얼굴을 보고 살 자가 없다고 이야기한 성서의 말에 주의를 기울여야만 한다.[87] 또한, 극단적인 예로 만약 절대자인 하나님이 직접성을 통해 이 세상 안에 자신을 드러낸다 할지라도, 그 경험의 형식 혹은 그것을 이해하는 개념과 진술은 인간이 하는 것이기에 어디까지나 유한한 것에 불과하다. "다양한 종류의 근거 혹은 근거지음들이 존재한다. 근거의 성격을 따라 존재자는 다르게 경험된다."[88] 따라서 만약 우리가 절대적인 타자이며, 완전으로 고백되는 하나님을 경험하고 그것을 표현하고자 한다면, 역설적으로 우리는 언제나 그 경험의 내용을 유한하게 받아들일 수밖에 없다는 한계와 더불어, 그 경험에 대한 표현 역시 단지 임시적, 잠정적일 수밖에 없음을 인정해야만 하고, 그 자리를 단지 깨끗

---

85 Casper, "Das Versuchtsein des Daseins und das Freiwerden von den Götzen" (1998), 75.

86 Hermann-Josef Röhrig, *Kenosis. Die Versuchungen Jesu Christi im Denken von Michail M. Tareev* (Leipzig: Benno Verlag, 2000), 1.

87 출애굽기 33장 20절.

88 Han, *Martin Heidegger* (1999), 82.

이 비워두어야 할 뿐이다.[89] 그리고 이러한 개방성 안에서만 우상들은 파괴될 수 있을 뿐이다. 이것은 모세율법의 가장 앞선 두 계명, 즉 '나 외에 다른 신을 섬기지 말라'와 '내 앞에 우상을 만들지 말라'를 준행하여, 하나님과 그 분의 이름을 참답게 회복하는 신론의 구성 작업이다. 왜냐하면 우상들을 극복하는 그 때에 비로소 진정한 하나님의 이름이 찾아질 수 있기 때문이다.

지금까지 살펴본 것처럼, 하이데거의 무 물음을 통해 우리가 기독교 신앙과 신학 안에서 깨달을 수 있는 것은 자기절대화와 우상화를 넘어, 하나님을 하나님으로 말할 수 있게 하는 우상파괴이다. 즉, 그것은 우리의 실존적 신앙경험 안에서 진정한 하나님을 찾고자 하는 시도이며, 또한 우리의 이러한 경험까지도 결코 절대화, 우상화되어서는 안 됨을 의미한다. 하이데거의 다음과 같은 말은 인간이 가지고 있는 우상파괴적 본질과 사명을 보여준다.

> 가사자들은 신적인 것들을(die Göttlichen) 신적인 것들로서 기다리는 한에서 거주한다. [...] 가사자들은 신적인 것들이 도래하는 눈짓(Winke ihrer Ankunft)에 대해 기다리면서 신적인 것들의 부재의 징표(Zeichen)를 오인하지(verkennen) 않는다. 가사자들은 그들의 신들을 만들어내지 않으며, 우상을 숭배하지 않는다(GA7, 145).

하이데거는 인간이 언제나 스스로를 개방하여 신적인 것들을 기다리면서도 그것과 더불어 그들을 위협하는 우상에 대해 대적할 수

89 "무는 무화하면서 우리의 개방된 마음의 자리에 들어와 헛된 생각과 허망한 욕망 그리고 부질없는 이기심 등을 깨끗이 비워버리고 청정하게 한다." 하이데거, 『강연과 논문』 (2008), 해제, 472.

있음을 분명히 보여주고 있으며, 이것은 곧 기독교의 필수적 사항이기도 하다. "기독교 신학은 하나님의 사랑을 '많은 사랑을 받았던 아들' 안에서 증거함으로써 '우상으로부터 자유롭게 됨'을 말하고 있다."[90] 그렇다면, 이러한 하이데거가 가르쳐주고 있는 '우상파괴'를 위해 '무 안에 자기를 풀어놓음'으로써 우리가 수행해야 하는 것은 무엇인가? 그것은 바로 죽음과 무에 직면하여 유한성과 피조성을 자각한 자로서, 그래서 자기 안의 우상에 빠지지 않는 자로서 수행하게 되는 '자기 비움'이며, "또한 더 공격적으로 형식화한다면, 자기-부정(Selbst-Negation)"[91] 이다.

3. 자기 비움의 기독론: 죽음 이해와 무無 물음의 역설적 성격 그리고 예수의 케노시스

우리가 하이데거의 죽음 이해와 무 물음 안에서 발견할 수 있는 마지막 신학적 의미는 '인간의 죽음'과 '존재의 무' 안에 각각 존립하고

---

90 Casper, "Das Versuchtsein des Daseins und das Freiwerden von den Götzen" (1998), 80. "하지만 사실상 하이데거는 기독교 신학을 제시하길 원치 않았을 것이다. 그러나 이러한 신학이 말로서 말하고 인간들이 세계-내-존재를 물음으로 삼아 위안될 수 있다면, 그것은 부정만 될 것이 아니라 긍정될 수도 있을 것이다. 성스러운 것을 성스럽게 하는 그리스도교 신학의 언어의 어떻게(Wie)가 확실히 그리고 새롭게 다시금 발견될 수 있다. 젊은 하이데거의 다음과 같은 통찰은 거기에서 가장 중요한 단초가 될 것이다. '기독교 종교성은 시간성 자체를 산다'"(Ibid., 80-81).

91 Yu-hui Chen/ Vorwort Heinrichbeck, *Absolutes Nichts und rhythmisches Sein. Chinesischer Zen-Buddhismus und Hegelsche Dialektik als Momente eines interkulturellen philosophischen Diskurses* (Frankfurt(M): Peter Lang, 1999). 34. 특별히 정재현에 따르면, "이때의 신앙적 자기 부정이란, 한 인간의 어떠한 신 이해나 신앙체험도 타인에 대해서는 물론이거니와 자신에 대해서도 결코 절대화될 수 없음을 의미하며, 어제의 신앙을 오늘 부정하면서 내일을 위해 새롭게 결단하는 종말론적 실존의 구현이다" (정재현, 『티끌만도 못한 주제에』 (1999), 393).

있는 역설적 성격을 통한 자기 비움이다. 특별히 여기서 우리가 주목해야 할 것은 이러한 자기 비움이 신학적으로 예수 그리스도의 케노시스와 연결되고 있다는 점이다. "하이데거는 마치 그리스도의 오심과 같이 존재의 도래를 말한다."[92] 다시 말해, 신학은 유한자와 궁극자 각각이 가진 자기 비움을 예수의 케노시스를 통해 제시하고 있으며, 그래서 자기 비움은 곧 기독론의 주제가 된다. "하나님의 자기 비움(Selbstentäußerung)과 인간의 자기 비움이 나사렛 예수 속에서 명백하게 겹쳐진다."[93] 그렇다면, 자기 비움은 하이데거의 사상과 어떠한 관계를 가지고 있는가?

1) 죽음 이해의 역설적 성격과 '인간의 자기 비움'

앞서 우리는 실존성에서의 죽음 이해의 역설적 성격이 '무성과 세계형성의 역설', 다시 말해 '자유'를 의미한다는 사실을 살펴보았으며, 여기서 자유란 고착된 것을 부숴 무화시킴과 동시에 다시금 새롭게 그 무(Nichts) 위에 자신의 세계를 형성시키는 '근거의 근거'를 의미했다(GA9, 174). 다시 말해, 죽음 앞에서 자신 앞에 세워진 모든 가능성들을 부숴버리고 철회함으로써 획득하게 된 자유는 인간 현존재로 하여금 다시금 새로운 가능성으로서의 세계와의 관계를 형성해낼 수 있도록 해준다. "하이데거는 자유함의 가능성으로서의 현존재를 존재와 시간 안에서 그의 가장 유일한 가능성으로 보여준다. 현존재의 존재방식은 존재가능이며, 그래서 그는 자신의 가능성을 실현해야만 하는 존재이

---

92 Inwood, *A Heidegger Dictionary* (1999), 143.
93 Waldenfels, *Absolutes Nichts* (1976), 201.

다. 여기서 본질적인 자유란 실현된 가능성들을 포기하게 해주고 (동시에) 새로운 시작을 만들어준다."[94]

특별히 우리가 여기서 주목해야 하는 것은 현존재의 자유의 행위에는 무성이 속해 있다는 사실이다. "무성은 현존재의 자유함(Freisein)에 속한다"(GA2, 285). 그리고 바로 이러한 무성 때문에 가사자로서의 인간은 자신의 실현된 가능성들을 무 앞에서 포기하고 자기 자신을 비워낼 수 있게 된다. 그렇다면, 이러한 자기 비움은 무엇을 의미하는가? 그것은 곧 인간이 자신의 세계를 자신의 죽음의 무성을 통해 비우고 있음, 즉 마음의 가난함을 받아들임이다. "단지 죽어가면서 자신의 모든 소유를 놓아야 할 뿐만 아니라, 자신의 의미, 자신의 몸, 그 밖의 모든 것들에 대한 소유를 놓아야 하는 사람보다 더 가난한 자란 과연 누구란 말인가?"[95] 더 정확하게 말한다면, 인간은 자신의 본질상 가난한 자이며, 이제 이러한 자기 비움이란 그가 자기 자신과 진리로 나아가는 과정을 의미한다. "그(현존재)는 본질적인 목자의 가난(Armut)을 획득한다. [...] 그럼으로써 (그는) 그것(존재)의 진리의 진정함(Wahnis) 안으로 불러내어져(gerufen) 있다"(GA9, 342).

물론 앞서 언급한 비움 혹은 가난은 결코 갈급함(배고픔)을 의미하지 않는다. "비움(Die Leere)은 일종의 갈급함(배고픔)에 함께 주어지는 것이 아니라, 오히려 자기 안에서 터져 나오는(aufbrechender) 기획투사, 즉 편히 진정함의 필요(Not der Verhaltenheit)이고, 가장 근원적인 귀속성(Zugehörigkeit)의 근본기분이다"(GA65, 382). 다시 말해, 자기 비움이란 인간 현존재가 존재자체에, 그리고 존재자 전체에 귀속하는

---

94 Denker, *Historical Dictionary of Heidegger's Philosophy* (2000), 93.

95 Welte, *Leiblichkeit, Endlichkeit und Unendlichkeit*, Bd. I/3 (2006), 171.

가장 근원적 태도이며, 또한 일상성으로부터 해방되어, 자신의 본질 안에 거하게 되는 근거이다. 따라서 인간은 자신을 비워 가난할 수 있기 때문에 존재자체와 관계 맺고, 그것의 개방을 준비하는 자, 즉 '존재의 목자'이자 "'무의 자리지기'이다. 실존은 전적으로 다른 것을 위해서, 존재자에 대한 무를 위해서, 존재자처럼 갖다 세워놓을 수 없는, 마음대로 처분할 수 없는 존재자체를 위해서 자리를 빈 채로 놔둔다."[96]

비우지 못하는 자는 결코 채울 수도 없다. 그러나 역설적이게도 비우는 자는 넘치게 채울 수 있다. 따라서 끊임없이 죽음의 불안 앞에 처해있어서 유한할 수밖에 없는 인간은, 무 앞에 자신을 풀어놓고, "자기 포기를 밝히며"(GA2, 264), 스스로에게 혹시 있을지 모르는 우상들을 파괴하면서 스스로를 비워내고 있는 자이다.

2) 무無 물음의 역설적 성격과 '존재의 자기 비움'

하이데거에 따르면, 이처럼 인간이 죽음의 무성을 통해 자기를 비우는 바로 그곳에서 존재자체는 자신을 존재생기로서 드러낸다. "존재는 오직 무 안으로 들어가-머물러-있는(hineinhaltende) 현존재의 초월 속에서만 스스로를 드러내 보인다"(GA9, 120). 그러나 앞서 살펴본 것처럼 이러한 존재생기 안에는 자신을 내빼면서 은폐하는 존재탈생기가 함께 귀속되어있다. "그것은 그 자체의 명명된 의미에서 스스로를 탈생기한다. 존재생기 그 자체에는 존재탈생기가 속한다"(GA14, 23).[97] "거

96 Pöggeler, *Der Denkweg Martin Heideggers* (1983), 173.

97 "Vom Ereignis her gedacht, heißt dies: Es enteignet sich in dem genannten Sinne seiner selbst. Zum Ereignis als solchem gehört die Enteignis."

절의 현성근거로서의 존재탈-생기(Ent-eignis). 아직은 순수한 망각적 서구의 현존과 부재에 대한 언급으로서가 아닌 거절(아니[Nein], 아님[Nicht], 비[Un])"(GA66, 312). 하이데거에 따르면, 존재자체 안에 이러한 거절로서의 존재탈생기, 즉 무가 함께 공속하는 이유는, 앞서 살펴보았던 것처럼, 존재자체의 "보내줌으로서의 줌에 '자체로-삼감'(Ansich-halten)이 속해 있"(GA14, 23)기 때문이다. 다시 말해, 자체로-삼감을 통해 존재생기의 생기함은 무제한적인 탈은폐로부터 자기 자신의 가장 고유한 점을 내빼면서 자신의 본령을 보호하고 있으며, 오직 그럴 때에만 존재자의 개방성이 가능해질 수 있다. 왜냐하면 존재자체는 근거로서 존재탈생기, 즉 스스로를 비우고, 그럼으로써 존재생기를 위해 자신을 은폐하여 무로 되돌아가기 때문이다. "내뺌의(Entzugs) 방식 안에 있는 존재자체는 탈은폐의 은폐 안에 현성한다(west)."[98] "존재는 이렇게 현존자에게 현존을 수여해주면서도 정작 스스로는 자신의 고유한 본령(Eigentum) 속으로 스스로 물러나 은닉하는 그런 것이다."[99] "이것을 통해 존재생기는 스스로를 포기하는 것이 아니라, 자신의 고유함의 본령(Eigentum)을 지킨다(bewahren)"(GA14, 23). 존재자체는 자신을 줌(Geben)과 동시에 철저히 자기 자신을 내빼고, 떠나며, 숨기고, 은폐함으로써 "모든 존재자에게 존재하도록 보장하여 (허락해) 준다(die Gewähr gibt, zu sein)"(GA9, 306).

특별히 여기에서 우리가 주목해야 하는 것은 이러한 존재자체의 거절과 떠남이 존재자를 존재하게끔 하고 개방하면서, 스스로를 감추는 그것의 적극적인 자기 비움, 자기희생으로 사유될 수 있다는 사실이

98 Winter, *Heideggers Bestimmung der Metaphysik* (1993), 226.
99 신상희, "동굴의 비유 속에 결박된 철학자, 플라톤" (2009), 193.

다. 왜냐하면 존재자체가 '자체로-삼가면서' 은폐하지 않으면, 존재생기도 일어날 수 없으며, 그럼으로써 존재자 전체 역시 존재할 수 없기 때문이다. "이러한 비움의 모습으로 하이데거는 자신의 사유를 투사한다. 하이데거는 자신의 사유인 '존재'의 근본적인 모습을 성격규정하기 위해 비움(공)을 사용한다."[100]

물론 이러한 존재의 '자기 비움'이란 결코 존재자체가 어떤 주체적인 존재자, 혹은 신과 같이 무엇인가를 임의적으로 우리에게 해주고 있음을 의미하지 않는다. 단지 여기에서 사용된 자기 비움이라는 말은 전혀 알려지지 않은 '그것이 준다'(Es gibt)의 '그것'(Es)이 자기를 내빼면서 다른 존재자들을 존재하게 하는 어떤 근원적인 비움 혹은 희생의 사태관계를 지시하고 있을 뿐이다. 다시 말해, 무더운 여름을 위해서는 추운 겨울이 근원적으로 있어야 하며, 밝은 낮은 어두운 밤이 근원적으로 있어야 하고, 참된 기쁨은 심한 고통이 근원적으로 있어야 하듯이, 존재자체의 줌이 가능하기 위해서는 자기를 거절하면서도 주는 자, 즉 자신을 비우면서 다른 것을 충만하게 해주는 어떤 희생이 있어야만 하며[101], 단지 우리는 이러한 알려지지 않은 사태관계를 자기 비움이라

---

100 Byung-Chul Han, *Philosophie des Zen-Buddhismus* (Stuttgart: Philipp Reclam, 2008), 58. "Auf diese Figur der Leere projiziert Heidegger dann sein Denken. (…) Heidegger verwendet die Leere zur Chrakterisierung der Grundfigur seines Denkens 'Sein'. Das 'Sein' bezeichnet das 'Offene', das jedes Seiende offenbar macht, ohne sich jedoch selbst zu offenbaren."

101 김형효, 『하이데거와 화엄의 사유』 (2002), 64. 특별히 하이데거는 이러한 줌의 다른 이면을 설명하기 위해 다음과 같은 개념들을 사용한다. 그것은 바로 은폐(Verborgenheit), 거절(Verweigerung), 신비(Geheimnis), 부재(Abwesen), 침묵(Schweigen), 탈생기(Enteignis), 탈취(Entzug), 감춤(Verbergung) 등의 단어들이다. 김형효에 따르면, "이러한 이중적 관점은 노자가 도덕경에서 '도가도 비상도'의 차원을 말하는 것과 같다"(앞의 책, 같은 곳).

명명할 수 있을 뿐이다. “거절 안에서 근원적인 비움(Leere)이 스스로를 [비워] 개방한다(offnet)”(GA65, 380). 그래서 “비움은 [...] 존재의 진리, 드러내고 있는 것(Weisende)이다”(GA65, 382). 그렇다면, 이러한 인간과 존재자체 각각이 자신의 본질로서 수행하고 있는 ‘자기 비움’은 어떠한 신학적 의미를 가지고 있는가?

그것은 곧 유한자와 궁극자 각각의 자기 비움이라는 도식 안에서 신학적으로 인간과 하나님의 본질을 알려준다. 다시 말해, 인간과 존재 각각의 자기 비움을 통해, 신학은 인간과 하나님 역시 자기 비움 안에서 상호 관계되고 있음을 통찰할 수 있으며, 우리는 이것에 대한 증거를 인간과 하나님 양자의 자기 비움이 만나고 있는 예수 그리스도의 케노시스 안에서 기독론적으로 발견할 수 있다. “하나님의 자기 비움(Selbstentäußerung, 자기 포기)과 인간의 자기 비움이 나사렛 예수 속에서 명백하게 겹쳐진다.”[102]

3) 인간과 하나님의 ‘자기 비움’의 원형으로서의 예수의 케노시스(κένωσις)

케노시스(κένωσις), 즉 “자기 비움(self-emptying)이란 예수의 신성이 육화를 통해서 비움으로 드러나는 신학 용어”[103]로서 빌립보서 2:5-11,[104],

102 Waldenfels, *Absolutes Nichts* (1976), 201.

103 곽승룡, 『비움의 영성』 (서울: 가톨릭출판사, 2004), 95.

104 “너희 안에 이 마음을 품으라. 곧 그리스도 예수의 마음이니, 그는 근본 하나님의 본체시나 하나님과 동등됨을 취할 것으로 여기지 아니하시고, 오히려 자기를 비워 종의 형체를 가지사 사람들과 같이 되셨고, 사람의 모양으로 나타나사 자기를 낮추시고 죽기까지 복종하셨으니 곧 십자가에 죽으심이라. 이러므로 하나님이 그를 지극히 높여 모든 이름 위에 뛰어난 이름을 주사 하늘에 있는 자들과 땅에 있는 자

그리스도 찬가에서 비움, 또는 스스로 비움의 행동을 지칭하는 데 사용되었다. "이 개념 자체는 잘 알려진 빌립보서 2장 7절의 표현 '자기를 비워'(εαυτον εκενσεν)에서 출발한다."[105] 빌립보서 2장 5-7절과 관련하여 케노시스는 신의 비움, 또는 스스로 비움의 행동으로 규정되고 있으며, 특별히 신학적으로는 다음과 같은 의미를 가진다. 이 찬가의 처음은 하나님의 아들로서의 예수의 신성을 강조하고 있으며, 마지막에는 그러한 신성이 고난 받는 인성으로 낮아졌음을 강조함으로써 성육신을 하나님의 '자기 비움'으로 해석한다. 이것은 곧 "그리스도가 하나님의 형상 안에 존재하지만, 다시 말해 하나님과 동일한 신적 본성이지만, 그는 하나님께 속한 영광 안에서 거주하기를 거부하고 신의 위치를 포기하고 종의 형상을 입었"고, "그래서 하나님의 형상 안에 그리스도가 자신을 비웠다."[106]는 사실을 의미한다. 즉, 하나님과 동등해지고 싶어 불복종한 아담과 다르게 예수(마지막 아담, 고전 15:45)는 하느님의 뜻에 순종하여 종의 모습을 취하였다.[107]

특별히 "이 문헌의 의미는 주석적으로 여러 가지 논쟁에 포함되고

들과 땅 아래에 있는 자들로 모든 무릎을 예수의 이름에 꿇게 하시고, 모든 입으로 예수 그리스도를 주라 시인하여 하나님 아버지께 영광을 돌리게 하셨느니라."

105 Armin Münch, *Dimensionen der Leere. Gott als Nichts und Nichts als Gott im christlich-buddhistischen Dialog* (Münster: Lit, 1998), 88.

106 Masao Abe, "Kenotic God and Dynamic Sunyata", in: *The Emptying God. A Buddhist-Jewish-Christian Conversation*, Edited by John B. Cobb, Jr and Christopher Ives (NY: Orbis, 1990), 9.

107 특별히 예수 그리스도가 스스로를 낮추셨다는 의미는 성서의 다른 곳에서도 동일하게 지적되어있다. 예를 들어, 요한복음 17:5에서 예수는 직접 "아버지, 제가 세상이 있기 전에 아버지 곁에서 누리던 그 영광으로 이제 아버지 앞에서 저를 영광스럽게 하소서"라고 이야기하고 있다. 또한 바울은 고린도후서 8:9에서 이러한 예수에 대해 "여러분은 우리 주님 예수 그리스도의 은총을 알고 있습니다. 그분은 부요하셨지만 여러분을 위해 가난하게 되셨습니다. 당신 가난으로 여러분을 부요하게 하시려고 말입니다"라고 말하고 있다(곽승룡, 『비움의 영성』 [2004], 95).

있지만,"[108] "빌립보서 2장 6-11절의 그리스도 찬가는 빌립보서의 핵심일 뿐만 아니라 신약성서의 핵심이며, 그것이 하나의 화두처럼 예수 그리스도의 역사를 요약하"[109]고 있다는 것은 중요하다. "우리는 케노시스 모티브가 또 다른 한 두 개의 구절들에 제한되지 않고, 신약성서의 중심 주제라는 사실을 인정해야만 한다."[110] 그렇다면, 신학의 중심주제인 케노시스에 대한 현대 신학적 논의는 누구로부터 시작되었는가?

이 개념에 대한 현대 신학적 논의는 17세기 개신교의 기독론 문제에서부터 부각되어 19세기 독일 루터교 신학자들에게서 유행하였으며, 그 이후 영국성공회의 몇몇 신학자들과 나아가 러시아 사상계에까지 확장되어왔다.

> 교리사적으로 케노시스 개념은 두 가지 큰 역할을 했다. 하나는 17세기의 루터 정통파 내에서 기센학파와 튀빙엔 학파 사이의 싸움에서이다. 그리고 다시금 19세기에는 몇 십 년 동안 케노시스론으로서 신학적으로 지배했다. 이런 과정은 다시금 나중에 두 가지로 반복되는데, 먼저 영국에서 19세기에서 20세기로의 변형에, 그리고 그 이후 케노

---

108 Ibid., 88.

109 Franz Kamphaus, "Das Christuslied des Philipperbriefes. Ermutigung zur Predigt", in: *Das Evangelium auf dem Weg zum Menschen,* hg. Otto Knoch (Frankfurt (M): Knecht Verlag, 1973), 75.

110 Rennings Reid, *Jesus, God's Emptiness, God's Fullness. The Christology of St. Paul, Mahwah* (N.J.: Paulist Press, 1990), 67. 이와 반대로 쉥크(Wolfgang Schenk)와 같은 신약학자는 다음과 같이 그 의미를 작게 축소하고 있다. "빌립보서 2장 6-11절은 빌립보서 선교텍스트의 모델일 수 있다. 그것은 그리스도를 로마적-헬라적으로 인식하고 있는 주민들에게 그들의 사유형태의 관점에서 선포하기 위한 문서이다. 그 모델 자체는 바울이 조작적으로 받아들인 것이다"(Wolfgang Schenk, *Der Philipperbrief des Paulus. Kommentar* [Stuttgart: Kohlhammer, 1984], 209).

> 시스가 러시아적인 종교철학에 [...] 의미를 가지게 되었던 러시아 안에서였다.[111]

이러한 개념의 확장의 과정을 통해 케노시스는 마침내 현대에 이르러 기독론의 이중본성론의 문제에 대한 답변을 넘어 철저한 신의 극단적인 자기 비움의 본성으로 해석된다. 특별히 본회퍼(Dietrich Bonhoeffer)는 이러한 신의 자기 비움으로서의 케노시스의 의미를 20세기 이후의 현대 신학 안에서 가장 먼저, 그리고 가장 분명하게 드러낸 최초의 신학자이다. "하나님이 그리스도의 몸 안에서 영원에 속하는 초월자로서 사망했다는 신학적 운동이 고지되었는데, 그것은 본회퍼에서 기인한다."[112] 그는 다음과 같이 말한다.

> 하나님은 스스로를 세계로부터 십자가에로 몰아넣었다. (따라서) 하나님은 세계 안에서 무력하시고 약하다. 단지 그렇기에 그는 우리 곁에 있으며, 우리를 돕는다. 마태복음 8장 17절에 따르면, 이것이 확실해지는데, 그리스도는 그의 전능으로 도우시는 것이 아니라 그의 약함으로, 그의 고난으로 우리를 돕는 것이다. 단지 고난 받는 하나님만이

111 Armin Münch, *Dimensionen der Leere. Gott als Nichts und Nicht als Gott im christlich-buddhistischen Dialog* (Münster: Lit, 1998), 89-90. 이 외에 케노시스 고전교리의 역사에 관해서는 Geddes MacGregor, *He Who Let Us Be: A New Theology of Love* (NY: Seabury Press, 1975). 4장 "Kenotic Theory and Its Historic Setting", 59-77을 참조. 또한 17세기의 교리논쟁부터 교토학파의 대화시도에 이르는 케노시스의 현대적 논의의 역사에 관해서는 Münch, *Dimensionen der Leere* (1998), 88-95를 참조.

112 Lyle Dabney, *Die Kenosis des Geistes. Kontinuität zwischen Schöpfung und Erlösung im Werk des Heiligen Geistes* (Neukirchen-Vluyn: Neukirch- ener Verlag, 1997), 56.

도울 수 있다.[113]

오히려 그리스도의 힘은 그의 무력함, 즉 케노시스로부터 나온다. 그래서 "이것이야 말로 종교적 인간이 기대했던 모든 것의 전복이다."[114] 물론 이러한 본회퍼의 논의는 현대 신학 안에서 더 극단적인 형태로 수용된다. 본회퍼의 주장을 받아들인 대표적인 신학자, 알타이저(Thomas Altizer)와 헤밀톤(William Hamilton)은 케노시스의 현대적 의미를 다음과 같이 이야기한다.

신학은 이제 급진적으로 케노시스의 기독론으로 명명된다.[115]

---

113 Dietrich Bonhoeffer/ Eberhard Bertge, hg., *Widerstand und Ergebung. Briefe und Aufzeichnungen aus der Haft* (München: Chr.Kaiser, 1970), 394. "Gott lässt sich aus der Welt herausdrängen ans Kreuz, Gott ist ohnmächtig und schwach in der Welt und gerade und nur so ist er bei uns und hilft uns. Es ist nach Matth. 8:17 ganz deutlich, dass Christus nicht hilft kraft seiner Allmacht, sondern kraft seiner Schwachheit, seines Leidens! [...] nur der leidende Gott kann helfen."

114 Ibid., 395. "Das ist die Umkehrung von allem, was der religiöse Mensch erwartet." 케노시스의 현대적 발전에 대해 브라이데르트(Martin Breidert)는 다음과 같이 말한다. "케노시스 혹은 신의 자기 포기의 사상은 소위말해 '신 죽음의 신학' 안에서 넓게 확장되었다. 알타이저는 그의 신의 죽음에 대한 논의를 그의 자기 끝냄 혹은 자기무화 위에 근거 지었다. [...] 죌레(Dorothee Sölle)는 헤겔의 신의 죽음에 대한 명제를 받아들이려 노력함으로써 신의 자기 포기라는 새로운 관계를 위해 노력하였다. 신의 죽음의 의식이 물러가고 난 이후 이 개념은 몰트만에게 주목받게 된다. 그는 그것이 운동하는 신의 존재를 개념파악하는 것인 한에 있어서, 자신의 삼위일체적인 십자가 신학의 관점에서 케노시스 안에 있는 어떤 '진리의 계기'를 발견했다고 말한다. [...] 가톨릭에서는 폰 발타자르(Hans Urs von Balthasar)가 긍정적인 케노시스-모티브의 가치를 위해 노력함으로써 19세기의 케노시스 이론에 대항하여 그것이(케노시스 이론이) 기독론적 역설을 줄여나가는 데 유용할 수 있도록 만들게 된다"(Martin Breidert, *Die kenotische Christologie des 19. Jahrhunderts* [Gütersloh: Gütersloher Verlagshaus, 1977], 13).

115 Thomas Altizer, *William Hamilton, Radical Theology and the Death of God* (Indianapolis: Boobs-Merrill, 1966), 135.

> **하나님은 그 자신을 성육신 안에서 부정하고, 초월하신다. 그렇기 때문에 그는 충만하고 궁극적으로 그의 원래적인 원초적인 형태 안에서 실존하시기를 거부하셨다. 하나님이 예수라는 사실을 안다는 것은 하나님 자신이 육신이 되셨다는 사실을 아는 것이다. 더 이상 하나님은 초월적인 영이나 다스리는 주인으로 실존하시지 않으시며, 이제 하나님은 사랑이시다.**[116]

이처럼 케노시스는 우선 현대신학의 화두로서 그리스도론으로부터 시작하여 다른 영역으로 발전되고 있으며, 그것이 바로 현대의 새로운 신학적 요청이다. "오늘날의 그리스도론은 예수의 죽음을 그 구속적 효력에서만이 아니라 그 자체로도 더욱 긴밀하게 반영해야 한다. [...] 우리가 소유하는 하나님은 궁극적으로는 하나님 홀로 우리에게 이르게 하시는 하나님에 대한 극단적인 포기를 언제나 관통해야 한다."[117] 다시 말해, 하나님의 자기 비움, 즉 신적 케노시스에 대한 논의는 예수의 죽음으로부터 출발하여 현대가 요구하는 하나님의 사랑과 희생으로 재해석되기를 시대적으로 요구받고 있다.[118] 그렇다면, 이러한 재해석은 어떠한 형태로 이루어지고 있는가?

우선 그것의 현대적 형태로서 우리가 언급할 수 있는 것은 이제 그 개념이 단순한 그리스도론적인 범위에서 벗어나 하나님 그 자체의 본성, 즉 그의 본질적인 사랑으로까지 확대되는 과정을 겪고 있다는

---

116 Thomas Altizer, *The Gospel of Christian Atheism* (Philadelphia: Westerminster Press, 1966), 67.

117 Karl Rahner, *Sacramentum Mundi*, Vol. 2 (London: Burns and Oates, 1969), 207-208.

118 이찬수, 『인간은 신의 암호. 칼 라너의 신학과 다원적 종교의 세계』 (경북: 분도출판사, 1999), 98.

점이다. "현금의 신학의 주된 특징 가운데 하나는 삼위일체 하나님의 자기 낮추심의 행동(kenotic action)을 강조한다는 것이다."[119]

예를 들어, 맥그리거에 따르면, 만약 성서에서부터 현대신학에 이르는 정통교리가 올바르다면, 우리는 오직 예수 그리스도를 통해서 하나님을 인식할 수 있을 뿐이며, 따라서 하나님은 케노시스를 자신의 '본질적 본성'(essential nature)으로 가진다.[120] 즉, 예수 그리스도가 우리에게 보여주었던 모습처럼 하나님께서도 원래 스스로를 낮은 자로 내어주시고, 또한 이러한 자기 비움을 통해 세상을 창조함과 동시에 유지하신다는 것이다. "그러나 이것은, 하나님이 존재의 공간을 홀로 차지하고자 하지 않으며, 다른 존재에게 자리를 마련한다는 것을 의미한다. 이것을 행함으로써, 그는 자기 자신을 제한한다. [...] 그리스도의 십자가에서 그의 정점에 도달하는 케노시스는 이미 세계 창조와 함께 시작한다."[121] 이미 "그(신)는 자기 스스로를 비움을 통해 창조하고 있으며, 그렇기 때문에 그 자신은 비움 안에 있는 자이다."[122]

---

119 신옥수, "몰트만의 창조이해에 나타난 하나님의 케노시스", 「한국조직신학논총」 Vol. 27 (2010, 한국조직신학회 편), 79.

120 MacGregor, *He Who Let Us Be* (1975), 93. 몰트만 역시 자기 비움으로서의 창조를 주장한다. 그는 다음과 같이 이야기한다. "세계의 창조와 유지는 단순히 한 전능한 신의 작품이 아니며, 오히려 하나님은 그것들 안에서 스스로를 내어주고, 전달하며, 자신의 작품 그 자체 안에 현존한다(Präsenz). [...] 하나님이 자기를 비신적인 세계의 창조자로 규정하는 이 자기 규정 안에서 하나님의 자기 제한을 인식하는 것이 옳다. 1. 그의 무한한 가능성들로부터 하나님은 이 하나의 가능성을 실현하며, 다른 모든 가능성들을 포기한다. 2. 창조에게 공간과 시간과 자신의 활동을 허용하며, 그리하여 창조가 신적 현실에 의하여 억압을 당하고 흡수되어버리지 않게 하는, 그의 창조에 대한 배려가 창조자로의 자기규정과 함께 결합되어 있다"(Jürgen Moltmann, *Wissenschaft und Weiheit. Zum Gespräch zwischen Naturwissenschaft und Theologie* (Gütersloh: Chr. Kaiser, 2002), 75-76).

121 Brunner, *Dogmatik*, Bd. 2. *Die christliche Lehre von Schöpfung und Erlösung* (1960), 31.

특별히 여기에서 우리가 주목해야 하는 것은 창조하는 하나님의 자기 비움이 역설적이라는 사실이다. 왜냐하면 그는 자기 자신과 다르고, 또한 그렇기에 불완전한 것들의 실존을 인정해줌으로써 스스로 자기 자신을 부정하기 때문이다. 즉, 창조는 항상 자기 부정, 즉, 자기 비움을 수반하고 있으며[123], 이러한 근원적인 사건을 통해 하나님은 사랑으로 고백된다.[124] 그분은 자신의 사랑으로 말미암아 모든 피조물들에게 자유를 주시고 그들의 충만함과 더불어 신 자신을 넘어설 수

---

122 Karl Rahner, *Grundkurs des Glaubens. Einführung in den Begriff des Christentums* (Freiburg/ Basel/Wien: Herder, 1991), 220. 라너는 이런 의미에서 신의 창조가 신의 확장이 아닌 자기 제한을 통해 비워진 공간 안에 타자들의 자리를 마련하고, 유지하는 역설적 사랑이라 주장한다. "어떤 생성된 것이 되는 것이 신 자신의 자기 비움이고 생성이며, 신 자신의 케노시스와 창조(Genesis)이다"(Karl Rahner, *Schriften zur Theologie*, Bd. IV (Zürich: Benzinger, 1967), 148). 다시 말해, "창조란 신적인 창조력의 외부적 투사함(Hinausprojizieren)이나 유출함(Emannieren)이 아니라, 오히려 그 반대로 물러남(Zurückziehen), 즉 자기 자신으로 물러섬(Rückzug)이다"(Münch, *Dimensionen der Leere* (1998), 81).

123 MacGregor, *He Who Let Us Be* (1975), 72. 이러한 역설에 대한 논의를 통해 우리는 앞서 하이데거의 죽음 이해와 무 물음에서 살펴본 것처럼, 스스로의 죽음을 받아들이고(앞서-달려가봄), 무의 무화를 경험하게 되는 역설적 사건이 사실상 세상의 본래 모습일 뿐만 아니라, 그 범위가 신에게까지 확대되는 근원적인 사건에 해당된다는 점을 알 수 있다.

124 뮌쉬에 따르면, 이러한 하나님은 사랑이라는 케노시스의 의미는 기독교 신학을 넘어 종교간 대화에도 중요한 역할을 하고 있으며, 특별히 불교-기독교 대화에 유용하다(Münch, *Dimensionen der Leere* (1998), 95). 이와 관련하여 발덴펠스(Han Waldenfels)는 기독교적 입장에서 기준이 되는 부분을 제공하였으며, 그것에 동의하면서 가톨릭의 일본학자 임무스(Thomas Immoos)는 다음과 같이 이야기한다. "이러한 논의 안에서 빌립보서의 케노시스 발언은 하나의 높은 의미에 도달한다. 여기서 그들은(일본의 대화상대자들) 그리스도의 자기 버림을 창조의 하나님에 대해 연장시키고 있으며, 이것은 사랑으로부터 Sunyata, 곧 공에 이른다. 여기서 서구 신학을 위한 새로운 지평이 열리지 않겠는가?"(Thomas Immoos, "Die Harfe, die von selbst tönt. Überlegungen zur Inkilturation in Japan," in: Hilpert, Konrad; Ohlig, Karl-Heinz, hg., *Der eine Gott in vielen Kulturen. Inkulturation und christ- liche Gottesvorstellung* (Zürich: Benzinger, 1993), 231).

있는 가능성까지 주시는 분이다. "신에게는 자기-내줌(Self-expenditure)이 자기-충만이"[125]며, 그래서 "케노시스 혹은 비움은 하나님의 하나의 속성(attribute)이 아니라(중요하긴 하다), 하나님의 근본 본성(nature)"[126]이다.

물론 하나님이 자기를 내어주는 것은 전적인 타자인 그분에게는 일종의 고통이 따르는 작업이다. 하지만, 그는 고통을 느끼면서도 자신 스스로를 깎고 작게 축소시키고, 또한 아예 무화시켜 비움을 통해 자신과 전적으로 다른 자기 아닌 것들, 즉 존재자들의 자리를 마련한다. 어떻게 본다면, 세상은 오직 신의 비움의 고통을 근거로 해서만 존재할 수 있을 뿐이다. "신은 끊임없이 창조하기 때문에 신은 자신을 비우고 있으며 따라서 끊임없이 고통스러워한다. [...] 창조성은 고통을 수반하지만 그 고통이 또한 기쁨이기도 하다."[127] "신은 근거 없이(grundlos) 자기 없이(selbstlos) 자기 스스로를 비운다. 신이 근거 없이, 자기 없이 행동하는 동기로서는 최고의 사랑을 거론할 수 있을 뿐이다."[128] 따라서 하나님이 행했던 태초의 창조란 스스로의 절대불변을 비워 사랑의 완전으로 나아가는 하나님의 동적인 자기 비움의 자유로운 수행법칙을 의미한다.[129]

예수 그리스도가 보여준 하나님은 이렇게 자신을 비워 고통을 당함으로써 다른 것들을 살리고 존재하게 하는 전적으로 자유로운 존재이며, 그래서 우리 역시 "순수한 자유 속에서 하나님이 스스로 자신을

---

125 Arthur McGill, *Suffering. A test of Theological Method* (Philadelphia: The Westminster Press, 1982), 57.

126 John B. Cobb, Ives Christopher Edited. *The Emptying God. A Buddhist-Jewish-Christian Conversation* (New York: Orbis, 1990), 16.

127 MacGregor, *He Who Let Us Be* (1975), 187.

128 Waldenfels, *Absolutes Nichts* (1976), 204.

129 MacGregor, *He Who Let Us Be* (1975), 149.

비우고 내어주심으로써 타자, 즉 유한한 자가 되는 가능성을 지니게 된다."[130] 이러한 하나님의 본성을 볼 때, 우리는 진정한 의미에서의 강함과 힘은 바로 이러한 자기희생을 의미하는 것이며, 진정으로 강한 자만이 자기를 희생할 수 있다는 사실을 깨닫게 된다.[131] "그래서 진정한 신, 혹은 진정한 절대자란 자체로 절대적 자기-부정을 소유하고 실현하는 것이다."[132]

나아가 하나님의 자기 비움은 이제 예수 안에서 인간의 자기 비움의 근거로 드러나게 된다. 자신의 자기 비움의 본질을 따라 하나님은 예수의 십자가 안에서 죽음의 고통을 감내했으며, 이와 동시에 예수는 이러한 하나님의 케노시스를 통해 그리스도로서의 부활에 대한 희망을 드러냈다. "무화의 경험(Nichtigkeiterfahrung)은 그(그리스도)에게 있어 무로부터 나와 모든 것에게로 이르는 변증법적 도약의 도약대(Sprungbrett)이다. 즉 이것은 신을 향한 그의 내적 고양을 위한 것이다."[133] 따라서 인간 역시 이러한 그리스도의 케노시스를 본받아 자신을 낮추

---

130 이찬수, 『인간은 신의 암호』 (1999), 138.

131 McGill, *Suffering* (1982), 61. 특별히 맥길은 이에 대한 증거로 누가복음 22:25-27을 들고 있다. "예수께서 이르시되 이방인의 임금들은 저희를 주관하며 그 집권자들은 은인이라 칭함을 받으나 너희는 그렇지 않을지니 너희 중에 큰 자는 젊은 자와 같고 두목은 섬기는 자와 같을지니라. 앉아서 먹는 자가 크냐 섬기는 자가 크냐 앉아 먹는 자가 아니냐 그러나 나는 섬기는 자로 너희 중에 있노라."

132 Thomas Altizer, "Buddhist emptiness and the crucifixion of God," in: *The Emptying God*, Edited by John B. Cobb, Jr. and Christopher Ives (1990), 70 즉, 이제 절대자로서 전통 안에서 논의되었던 신론 자체가 비움의 신론으로 변경될 필요가 있다. 기독교는 더 이상 "자신들의 전통적인 형태의 한계 안에 머물러 있어서는 안 되며, 자신들의 가장 순수하고 본질적인 성격들을 개방하기 위하여서는 오히려 이러한 한계를 부수어야만 한다." Fritz Buri, *Der Buddha-Christus als der Herr des wahren Selbst. Die Religionsphilosophie der Kyoto-Schule und das Christentum* (Bern und Stuttgart: Paul Haupt Verlag, 1982), 329.

133 Siegmund, *Buddhismus und Christentum* (1968), 57.

는 사랑을 수행하기 위해, 스스로를 고착화시키지 않고 죽음을 통해 획득되는 자유 안에서 자신을 비워 개방해야 한다. 왜냐하면 그리스도 안에서 드러난 것처럼, 자기 비움이란 본래 하나님의 본성일 뿐만 아니라, 또한 결과적으로는 인간 자신이 하나님께 이르기 위한 필연적인 본질이기 때문이다. 이러한 의미에서 발덴펠스는 다음과 같이 이야기한다.

> 하나님의 케노시스의 마지막, 혹은 최고점은 하나님의 자기 비움(Selbstentäuβerung)과 인간의 자기 비움이 철저히 그리고 전적으로 일치하는 곳에서 실현된다. 바로 이것을 고백하는 것이 예수 그리스도에 대한 기독교적 신앙이다. [...] 즉 하나님의 자기 비움과 인간의 자기 비움이 나사렛 예수 속에서 명백하게 겹쳐진다.[134]

이처럼 자기 비움은 인간에게 주어진 본질이며, 또한 "자기 비움은, 하나님 자체의 원칙이고 포기하는 하나님의 원칙(principle of Him-who-abdicates)이"[135]다. 물론 우리가 여기에서 잊어서는 안 되는 것은 이러한 자기 비움이 결코 인간이 만들었거나, 혹은 그 자신으로부터 시작된 행위가 아니라는 사실이다. 오히려 비움은 하나님이 근원적으로 행하시고 있는 그의 본성이며, 모든 만물이 계속적으로 창조와 유지 안에 있을 수 있음과 동시에 예수 그리스도를 통한 구원 안에 속할 수 있는

---

134 Waldenfels, *Absolutes Nichts* (1976), 201. 또한, 발덴펠스는 이러한 통찰에 대하여 다음과 같이 이야기한다. "그리스도의 십자가의 죽음 이래 기독교인에게 있어 사랑은 기독교인의 행동에 대한 무제한의 기준이었다. 기독교인은 다른 사람을 향해서 철저히 모든 힘을 쏟아서 스스로 약해지면서 자기실현을 향해서 노력하는 사람이다. 그러나 참된 사랑은 그리스도의 성령에 의한 깨달음에 의해서 자기 자신이 움직여지고 있음을 알고 있다"(Ibid., 207).

135 MacGregor, *He Who Let Us Be* (1975), 126-127.

사건이다. 따라서 단지 "하나님을 신앙하고자 하는 자는 그가 자체로 소위 말해 아무것도 없는 텅 빔 안에 놓여있다는 사실을 알아야만 한다. [...] 인간은 하나님 앞에 있을 때, 언제나 빈손으로 서 있는 존재일 따름이다."[136] 왜냐하면 "구하기 위해서는 버려져야만"[137]하기 때문이다.

물론 이러한 비우고 버리는 것은 결코 아무것도 하지 않는 것을 의미하지 않는다. 이미 앞서 살펴보았던 것처럼 자기 자신을 죽음과 무를 통해 비워나간다는 것은 인간에게뿐만 아니라, 하나님에게도 고통스럽고 힘든 일이다. 이러한 고통에도 불구하고, 그 안에서 스스로를 비우는 것은 어쩔 수 없는 하나님의 은혜이며, 인간의 본질이고, 나아가 기독교의 본질이다. 이러한 의미에서 예수는 '자기 비움'의 중요성을 다음과 같이 분명히 말씀하고 계신다.

> **예수님께서 [...] 말씀하셨다. 누구든지 내 뒤를 따르려면 자신을 버리고 제 십자가를 지고 나를 따라야 한다. 정녕 자기 목숨을 구하려는 사람은 목숨을 잃을 것이고, 나와 복음 때문에 목숨을 잃는 사람은 목숨을 구할 것이다.**[138]

---

136 Bultmann, *Glauben und Verstehen 4* (1993), 188. "Wer an Gott glauben will, muß wissen, daß er selbst sozusagen in einem Vakuum steht [...] Der Mensch hat immer leere Hände vor Gott."

137 Ricoeur, *The Conflict of Interpretations* (1988), 20

138 마가복음 8장 34-35절, 새번역 성경. 따라서 우리가 나아가야 하는 참된 신앙이란 안정에 대한 갈구와 그것을 위한 아부가 아니라, 우선 이러한 안정을 갈구하고 있는 자기 자신을 십자가에서 버리는 것에서부터 시작될 수 있다. 왜냐하면 "여기서 자기를 버리는 것은 자아도취를 깨는 자기비허의 가르침 [...] 이기 때문이다. 결국 자아도취적 우상숭배로 이루어진 '묻지마 신앙'에 대해서 자기비허와 우상파괴가 결정적인 처방이라 하겠다. 이래서 '참된 종교'는 안정이 아니라 파괴이다"(정재현, "신앙성찰과 신학하기" [2008]).

7장

부정성의 신학 : 신학적 인간학, 신론 그리고 신-인-관계론

앞서 언급한 신학적 의미를 전제로 이제 우리는 '부정성의 신학'을 새롭게 구성해 보고자 하며, 이를 위해 다음과 같은 세 가지 단계가 수행된다. 먼저 우리는 하이데거와 상당히 밀접한 관계 안에서 그의 사상을 수용하고 있는 세 명의 신학자를 현대 기독교신학을 구분할 수 있는 세 가지 범주 안에서 선택하게 된다. 개신교의 신학자 융엘(Eberhard Jüngel),[1] 가톨릭의 신학자 벨테(Bernhard Welte)[2] 그리고 하이

---

1 융엘(Eberhard Jüngel)은 1934년 12월 5일 독일 막데부륵(Magdeburg)에서 태어나, 고향에서 인문계 고등학교(Gymnasium)를 졸업하고, 독일의 나움베르크/잘/베를린의 기독교 대학에서 개신교 신학을 공부하였다. 그 이후 스위스 취리히와 바젤로 옮겨 에벨링(Gerhard Ebeling)과 칼 바르트 지도 아래 학업을 계속하였으며, 동베를린 기독교 대학에서 1961년에 "바울과 예수"(Paulus und Jesus)라는 제목의 논문으로 조직신학 박사학위를, 1962년에 교수자격을 취득하였다. 교수자격을 취득하던 그 해에 목사안수를 받고, 1966년부터 1969년까지 스위스 취리히 대학에서 조직신학과 교리사 교수로 재직하기도 했다. 1969년부터 튀빙엔 대학교 조직신학-종교철학 담당 교수와 해석학연구소장을 역임했고, 뮌헨 대학 등 여러 대학을 모두 거절하고, 2003년 튀빙엔 대학에서 은퇴하게 된다. 그 이후 2003년부터 2006까지 하이델베르크 대학 개신교 연구소 소장을 지냈으며, 2007년에는 튀빙엔 대학 철학과의 가다머 초청교수를 역임했다.

2 벨테(Bernhard Welte)는 1906년에 하이데거의 고향인 메스키르히(Meßkirch)에서 태어

데거 사후에 그의 극복을 시도하였던 신학자 예거(Alfred Jäger)[3]의 신학에 주목하면서, 첫째 '인간의 가사적 본질로서의 죽음'에 대한 논의를, 둘째 '무로서의 하나님'에 대한 논의를 각각 살펴본다. 그 이후 우리는 최종적으로 이러한 죽음 이해와 무 물음에 대한 신학적 수용들을 종합함으로써 신-인-관계를 새롭게 제시하게 된다.

1. 가사자로서의 인간학: '극복 대상으로서의 죽음'으로부터 하나님을 향하는 '인간의 본질로서의 죽음'에로

앞서 살펴보았던 것처럼, 하이데거에게 있어 죽음이란 삶의 가능성이며, 또한 존재자체가 자신을 드러내는 장소이다.[4] 그러나 이러한 기초존재론적이면서(전기 하이데거), 존재사유적인(후기 하이데거) 죽음 규정은 그가 여전히 죽음의 부정적 성격을 간과하고 있다는 비판에 노출되어 있다. 서론에서 언급했던 것처럼, 마르쿠제가 지적한 죽음의

났다. 그곳에서 초등학교와 직업고등학교(Realschule)를, 콘스탄츠에서 인문계 고등학교(Gymnasium)를 졸업하고 프라이부룩과 뮌헨에서 가톨릭 신학을 공부하였다. 1929년 신부로 서품을 받았으며, 1938에 프라이부룩에서 신학박사학위를 받는다. 1946년 교수자격논문을 "칼 야스퍼스의 철학적 신앙과 토미즘 철학을 통한 해석의 가능성"(Der philosophische Glaube bei Karl Jaspers und die Möglichkeit seiner Deutung durch die thomistische Philosophie)이라는 제목으로 제출하고, 1952년부터 프라이부룩 대학 신학과의 종교철학 교수로 봉직하다가 은퇴하고, 1983년 사망했다. 특별히 하이데거는 벨테에게 자신의 장례식을 부탁하기도 했다.

3 예거(Alfred Jäger)는 1941년 스위스의 아펜젤(Appenzell)에서 태어나 1967년에 스위스 바젤에서 신학으로 박사학위를 받았다. 1969년에서 1975년까지 볼프할덴(Wolfhalden)/아펜젤에서 교회의 목사로 일했고, 1975-1981에는 독일 베텔 신학교에서 개신교 신학과 교목이자 강사로 가르쳤다. 1977년에 바젤대학교에서 교수자격논문을 제출하고, 1981년 이후로 베텔신학교 조직신학 주임교수로서 근무하다가 2007년에 은퇴했다.

4 Demske, *Sein, Mensch und Tod* (1984), 13.

순응에 대한 비판,[5] 몰트만이 지적한 지나친 실존주의적-주관주의적 해석에 대한 비판[6] 그리고 에벨링이 지적한 현대 사회와의 불일치에 대한 비판[7] 모두 여기에 해당된다.

특별히 이런 비판에는 대부분의 전통 기독교 신학 역시 동참하고 있다. 왜냐하면 신학은 그 성립이후 줄곧 죽음을 죄의 삯으로 간주함과 동시에 그것의 극복을 자신의 고유한 과제로 삼아왔기 때문이다. "(서구의) 전통은 이러한 사태관계를 [...] 신학적으로는 죄와 죽음의 연관으로 전개했다."[8] 이것은 초대 교부들에서 시작되었으며, "이 문제에 있어서 교부들은 전체적으로 랍비와 바울의 이론을 따르고 있다. 그리하여 고난과 죽음은 인간의 죄에 대하여 하나님께서 내리신 벌이라고 생각한다. [...] 죽음은 죄의 보편성(Universalität)을 증명한다." 물론 "몇몇 교부들은 고난과 죽음을 인과론적으로 죄로부터 연역하는 것에 대하여 이의를 제기했었다."[9] 그러나 이러한 이해의 모색에도 불구하고 결국 모든 신학은 죽음을 인간의 본질이 아닌, 극복되어야만 하는 어떤 것으로 간주했고, 결국 "근대계몽주의에 이르기까지 신학은 죽음을 인간의 죄에 대한 하나님의 벌로 생각했다.[10]

---

5 Marcuse, "Die Ideologie des Todes" (1979), 114-115.

6 Moltmann, *The Way of Jesus Christ* (1990), 236.

7 Ebeling, *Selbsterhaltung und Selbstbewußtsein* (1979), 133-135.

8 Rentsch, *Negativität und praktische Vernunft* (2000), 88.

9 Jürgen Moltmann, *Trinität und Reich Gottes: Zur Gotteslehre* (München: Chr. Kaiser, 1980), 65.

10 김균진, 『죽음의 신학』 (2002), 229. 물론 이러한 죽음에 대한 부정적 인식은 현대신학에까지 영향을 미친다. 바르트는 다음과 같이 말한다. "죽음이란 우리의 세상에 존재하는 최고의 법이며, 부정이요, 사라져버리는 것이며, 파괴자요, 파괴성이고, 피조성이요, 자연성이며, 해소될 수 없는 대립이요, 우리 삶의 지울 수 없는 표지이면서, 환난 가운데 환난이며, 우리의 현존과 상존이 지니고 있는 모든 악과 경악과 수수께끼의 본질이요 총체이며, 이 세계의 인간과 인간의 세계 위에 진노가 내리고

지금부터 우리는 바로 이러한 전통적인 죽음 이해를 윰엘을 통해 살펴보기로 한다. 왜냐하면 그의 죽음 이해는 하이데거를 수용했음에도 불구하고, 여전히 전통 신학의 이해에 머물러 있기 때문이다.

1) 극복 대상으로서의 죽음

윰엘은 하이데거를 신학적으로 수용했음에도 불구하고, 그것을 전통 신학적으로 재구성하고 있다. 다시 말해, 그는 어디까지나 바르트와 불트만으로 대변되는 독일의 전통신학을 고수하고자 하며, 이러한 이유에서 죽음 이해와 관련된 하이데거의 방법론과 개념들을 자신의 신학적 입장에 맞추어 변경시키고, 그럼으로써 죽음을 극복의 대상으로 간주하고 있다.[11] 그렇다면, 그는 죽음을 어떻게 규정하고 있는가?

있다고 하는 사실에 대한 기억이다"(Karl Barth, *Der Römerbrief* [Zürich: Schweiz, 1989], 144). 그러나 바르트를 위시한 대다수의 신정통주의 신학자들은 죽음의 부정적인 성격이 원래 죽음 그 자체가 가지고 있었던 것은 아니라고 주장하기 시작한다. 그들에 따르면, 창조의 질서에 따르자면, 본래적인 죽음이란 자연적 죽음이며, 그런 한에서 피조물이 현재 경험할 수밖에 없는 경악스러운 죽음은 저주받은 죽음이며, 죄 때문에 변형된 죽음이다. 그러나 "죽음이 언제나 저주받은 죽음으로 이해될 필요는 없다. 왜냐하면 저주받은 죽음은 예수 그리스도의 죽음을 통해 이미 깨어졌"기(이관표, "윰엘의 신학적 죽음 이해" [2009], 127) 때문이다. 그리고 바로 이러한 의미에서 바르트는 기독교가 플라톤의 영혼불멸설에서 벗어나야 한다고 이야기하게 된다. 바르트와 그의 제자들의 자연적 죽음과 탈플라톤화에 대한 논의는 다음을 참조. Wohlgschaft, *Hoffnung angesichts des Todes* (1977). 134, 각주 15번.

11 정기철, 『에버하르트 윰엘』 (2007), 120. 정기철은 윰엘의 죽음에 대한 관심사를 다음과 같이 이야기하고 있다. "윰엘은 세간에서 회자되고 있는 인간의 죽음의 고유성이나 생태계의 죽음의 심각성 그리고 사회, 정치적 차원의 죽음문제보다도 십자가에서의 예수의 죽음을 이해하는 것이 신학자의 과제임을 주장했다."

(1) 관계로서의 인간과 무관계성으로의 충동의 총합으로서의 죽음

우리는 융엘의 죽음 이해를 구체적으로 살펴보기 위해 먼저 그가 인간에 관해 말하는 것을 직접 들어볼 필요가 있다.

> [...] 오히려 인간이 단지 관계들 안에서만 살 수 있다는 것을 암시한다. 그리고 그것은 인간이 자기 자신에게 벗어나 있기 때문에 이미 항상 신과의 관계없이는 그 자신과도 관계를 맺을 수 없다는 사실을 암시하는 것이기도 하다. [...]하나님의 율법을 청종함으로써 인간은 모든 관계의 근거와 관련을 맺는다. 그 근원 안에서만 단지 삶이 수행될 수 있다. [...] 따라서 관계에 맞게 실존하는 자는 올바르며, 따라서 제사장에 의해 올바른 자로 설명된다.[12]

> 하나님과 관계를 맺고 있으며, 그럼으로써 그의 자기-자신을-이미-항상-벗어나있음(Sich-selbst-schon-immer-Entzogensein)에 상응하는 인간은 살든지 죽든지 스스로를 은혜롭게 벗어나 있는 것이다.[13]

그의 책 『죽음』 중, '죽음에 대한 구약성서의 태도'라는 제목으로 2부 4장 2절에 나와 있는 위의 구절들은 성서가 인간을 관계적인 존재라고 정의하고 있음을 보여주고 있다. 융엘에 따르면, 하나님과 관계 맺는 인간의 본질은 '자기-자신을-이미-항상-벗어나있음'이다. 또한, 그는 시간 안에 있는 유한한 자이기에[14] 우리는 이 개념을 하이데거로부터

12 Jüngel, *Tod* (1983), 80-81.

13 Ibid., 83.

받아들인 탈자태(Ekstase)(GA2, 329)[15]개념으로 이해할 수 있다. 여기서 특별히 우리가 주목해야 할 점은 이러한 시간 안에 있는 유한한 자이며, 탈자적인 인간이 언제나 관계 안에서만 존재할 수 있다는 사실이다. "관계에 알맞게 실존하지 못하고 올바른 자가 되지 못하면 그는 죽게 된다."[16] 하지만 인간은 그가 가진 관계를 끊어버릴 수도 있다. 그리고 이것은 죄로서 모든 관계에서 인간에게 나타나고 있다.[17] 그렇다면, 인간에게 죽음이란 무엇인가?

특별히 바울이 아담을 통해 세상에 나타나게 된 죽음과 순수한 가사성을 구분한 것처럼[18] 융엘 역시 죽음을 '저주받은 죽음'(Fluchtod)과 '자연적인 죽음'(natürlicher Tod)으로 구분하고, 인간이 일상적으로 맞이하게 되는 죽음을 관계의 단절로서의 저주받은 죽음이라고 말한다. 관계의 단절이란 인간의 죄이며, 그것은 죄성, '무관계성으로의 충동'(Drang in die Verhältnislosigkeit)이다.[19] 그리고 이러한 무관계성을 향한 충동은 구체적인 태도를 가지고 있으며, 하나님과의 관계가 가장 충만할 수 있을 때, 거기서 발생하게 된다. 그것은 자기 의를 세우는 것이며(로마서 10:3), 하나님을 인간의 판단을 순전히 집행만 하는 자로 격하시키는 것이다. 그 안에서 인간은 하나님과의 관계를 단절한다. 따라서 이러한 관계의 단절이 쌓여 '무관계성으로의 충동의 총합(Fazit)'[20]이 되고, 결국 그것은 죽음이 된다.

---

14 Jüngel, *Entsprechungen* (1986), 327.

15 "탈자태란 시간성의 성격으로 엑스타티콘(ἐκστατικόν), 즉 자기 밖에 나가있음을 의미한다."

16 Jüngel, *Tod* (1983), 82.

17 Jüngel, *Entsprechungen* (1986), 340.

18 Wohlgschaft, *Hoffnung angesichts des Todes* (1977), 121.

19 Jüngel, *Tod* (1983), 164.

무관계성을 향한 충동이 사실적으로 침입할 때, 삶은 완전히 관계를 상실하고, 죽은 인간은 하나님에게서 멀어지고 만다. 그리고 하나님에게서 멀어졌기 때문에, 그와 동시에 모든 것들과의 관계 역시 끊어지고 만다.[21] 그러나 융엘에 따르면, 죽음이 모두 다 저주받은 죽음인 것은 아니다. 왜냐하면 저주받은 죽음은 예수 그리스도의 죽음을 통해 이미 깨어졌으며, 그럼으로써 무관계성의 충동이 깨어지고, 하나님과 피조물 간의 관계가 다시금 회복되었기 때문이다.

(2) 하나님을 통한 죽음의 극복

융엘에 따르면, 관계가 회복된다는 것은 새로운 관계가 정립된다는 것을 의미한다. 물론 새로운 관계를 만든다는 것은 창조적인 작업이며, 그렇기 때문에 하나님만이 하실 수 있는 작업일 뿐이다.[22] 바로 이러한 하나님의 구원이 예수 그리스도의 십자가 사건을 통해서 이루어졌다. 따라서 그것을 힘입어 우리는 새로운 관계를 통해서 새롭게 창조될 수 있다. 그리고 인간들과 더불어 모든 피조물들 역시도 새로워진 관계를 통해 이 세상을 새롭게 바꾸어갈 수 있게 된다.

예수 그리스도의 십자가를 통해 새로워진 관계는 저주받은 죽음을 무화시키고, 자연적 죽음을 회복시킨다. "자연적인 죽음은 그리스도가 약속한 영원한 삶과 관계된다."[23] "우리는 저주받은 죽음으로부

---

20 Ibid., 99, 171. "Das Wesen des Todes ist Verhältnislosigkeit." 또한, Jüngel, *Entsprechungen* (1986), 34. "Tod ist schlechthinnige Beziehungslosigkeit."

21 Jüngel, *Tod* (1983), 83.

22 Ibid., 114.

23 Ibid., 167.

터 해방된 생의 종말을, 그것이 단지 인간 본성에 속한 현존재의 종말이기에, 자연적 죽음이라고 성격 규정할 수 있다."[24] '자연적 죽음이란 죽음을 일반적인 자연의 원리로, 다시 말해 그것을 유한성의 증거로 간주하는 이론이다. 융엘에 따르면, 그것은 하나님이 직접 결론 내리는 종말을 의미한다. 이것은 관계의 단절로서의 저주받은 죽음과는 다르다. 왜냐하면 저주받은 죽음이 인간들이 스스로를 비존재로 만들어버리는 죄의 결과이고, 갑자기 중단하는 단절을 의미한다면, 자연적인 죽음은 모든 피조물들이 자신들의 고유한 존재를 하나님 안에서 끝마치는 것이며, 나아가 그분의 은혜를 통해 영원한 삶까지 희망할 수 있음을 의미하기 때문이다. "용어상으로 우리는 저주받은 죽음으로부터 해방된 생의 종말을, 그것이 단지 인간 본성에 속한 현존재의 종말이기에, 자연적 죽음이라고 성격 규정할 수 있을 것이다."[25]

하지만, 융엘은 그것 역시도 우리에게 닥쳐오는 죽음이기는 마찬가지라는 사실을 강조한다. 즉, 인간은 이러한 자연적인 죽음 안에서도 고통을 느낄 수밖에 없으며, 그는 그 안에서 수동적인 자가 되고 만다는 것이다. 물론 이러한 수동성은 단절로서의 죽음과 다르며, 그래서 악한 것이 아니다. 왜냐하면 그 고통을 견뎌내면서 우리는 하나님을 바라보고 단절로서의 죽음에서 스스로를 해방시킬 수 있기 때문이다. 융엘에 따르면, 오히려 이러한 죽음의 기능은 인간을 궁극적인 수동성으로 이끄는 것이다. 궁극적 수동성이란 바로 인간에 속하는 그의 한계성 곧 유한성이며, 자연적인 것이다. 따라서 죽음은 하나님의 질서에 속해 있는 자연적 죽음으로서,[26] 예수 그리스도의 십자가 사건을 통해 다시

24 Ibid., 117.
25 Ibid.

회복된 창조의 본 모습이다.

그뿐만 아니라, 융엘은 여기서 한발 더 나아가 이러한 자연적인 죽음조차도 하나님께서 십자가의 죽음에 함께 하심으로써 완전히 극복되었다고 말한다. 즉 예수 그리스도의 죽음 안에서 결코 죽을 수 없는 하나님이 스스로 죽음과 접촉하심으로 죽음 자체가 멸절되었다는 것이다. "예수의 죽음은 그렇기 때문에 하나의 새로운 하나님과의 관계를 열어-밝히는데, 왜냐하면 오히려 하나님의 존재는 예수의 죽음 때문에 그의 신적인 생명력 안에서 스스로를 드러내기 때문이다."[27] 따라서 하나님과 죽음이라는 상호모순적인 관계는 이러한 모순 자체를 넘어 이미 예수 그리스도의 죽음 안에서 역설적으로 접촉한 사건이 죽음을 죽였다. "하나님이 죽음 안에 계시기 때문에 죽음은 스스로를 부정한다. 하나님은 삶에 대해 반대로 서 계신다. 그렇기에 삶은 스스로를 그 반대로 향하게 만든다."[28] 즉, 서로 만날 수 없던 모순이 실제로 벌어지는 역설이 되었고, 예수의 죽음 안에서 하나님이 역설적으로 행하셨기에 피조물과의 관계가 회복되면서 죽음은 패배하였다. 융엘에 따르면, 이러한 이유에서 죽음은 이미 죽어버렸다. "그(그리스도)의 죽음을 통해 죽음이 죽었다."[29] 그리고 죽음이 죽은 이후 우리에게 남아 있는 것은 죽음에 대해 영적인(geistliche) 조롱을 보내야 하는 우리의 권리와 사명뿐이다.[30] 그렇다면, 이러한 융엘의 논의는 어떻게 평가될 수 있는가?

---

26 Wohlgschaft, *Hoffnung angesichts des Todes* (1977), 74.

27 Jüngel, *Gott als Geheimnis der Welt* (1976), 471.

28 Ibid., 123.

29 Jüngel, *Tod* (1983), 147.

30 Ibid., 167.

(3) 마지막 때의 사건이 아닌 삶의 계속적 가능성으로서의 죽음

융엘의 죽음 이해는 '죽음의 죽음'이라는 희망적 논의에도 불구하고, 죽음이 가진 본질적인 요소를 놓치고 있다. 왜냐하면 그가 극복의 대상으로 주장하고 있는 죽음은 어디까지나 삶의 끝에 나타날 사건을 의미하기 때문이다. 이것은 무엇을 의미하는가?

우리는 앞서 하이데거의 논의를 통해, 죽음이 삶 안에 이미 깊숙이 들어와 있는 일종의 가능성이라는 점을 살펴보았다. "(하이데거에게) 죽음은 너무나도 역설적이게도 현존재에 대한 궁극적 가능성, 건너뛸 수 없는 가능성이다."[31] 물론 우리는 신학적으로 죽음이 마지막 때에 나타날 부정적인 것, 그래서 그리스도의 죽음을 통해 극복될 것이라고 말할 수는 있다. 하지만, 우리는 이렇게 규정된 죽음이 우리의 삶 안에서 결코 경험될 수 없는 사건이라는 사실을 간과해서는 안 된다. 다시 말해, 융엘이 극복의 대상으로 언급하고 있는 죽음은 죽기 직전까지는 경험할 수 없기 때문에, 지금 여기의 내가 전혀 사유할 수 없는 마지막 때의 어떤 사건을 의미한다. "죽음이 무엇인가 하는 것에 대해 살아있는 그 어떤 누구도 그의 경험으로부터는 알 수 없다. 우리는 죽어가는 자에게 물을 수도 없다. 단지 그들은 자신들의 경험으로부터 인간이 인간에게 죽어가면서 벌어지는 일들만 말할 수 있을 뿐이다. [...] 또한, 논리적인 귀납을 통해서도 죽음에 대해 아무것도 결론짓지 못한다."[32] 그래서 그것은 지금의 나에게는 전혀 사유될 수도, 경험될 수도 없는데, 왜냐하면 "더 이상 현존재가 아님으로 이행하는 것은 이러한 이행을 경험하고,

31 Macquarrie, *Heidegger and Christianity* (1999), 35.

32 Höring & Leppin, hg., *Der Tod gehört zum Leben* (2005), 86.

경험한 것으로서 이해할 가능성으로부터 현존재를 치워버리(hebt)"[33] 기 때문이다. 우리가 있으면, 죽음이 없고, 죽음이 있으면, 우리가 없다고 말한 "에피쿠로스가 우리는 죽음에 대하여 아무것도 알 수 없다고 말한 소이가 바로 여기에 있다."[34]

"그러나 종말을 향한 존재란 단지 현사실적인 종말, 즉 현사실적인 죽음만을 의미하는 것이 아니다. 사실, 우리는 끊임없이 끝나고 있다."[35] 죽음이란 마지막 때에 나타나는 사건으로서의 죽음과 다르게 생명이 붙어있는 한, 언제든지 지니고 가야 하는 사망을 의미할 뿐이다. "현존재는 오직 그가 사망하는(stirbt) 동안에만 삶을 다할 수 있다"(GA2, 247). 그런데 이 "사망함(*Sterben*)은 존재론적 가능성의 관점에서 염려에 근거한다"(GA2, 252). 다시 말해, 사망으로서의 죽음은 마지막 때의 사건이 아니라, 살아있는 한 계속 의식해야 하는 존재가능성이다. "죽음은 삶의 현상으로 보여진다."[36] "현존재적으로 죽음은 오직 '죽음을 향한 존재' 안에만 있다"(GA2, 234). "죽음이란 삶의 종말에서나 갑자기 나타나는 부정이라기보다는 삶의 전 과정 안에 가능성의 형태로 단 일순간의 예외도 없이 드리워져 있다."[37] 그리고 이러한 사망으로서의 죽음이라는 개념을 사용함으로써 하이데거는 죽음을 극복되어야 할 것이 아니라, 보다 적극적으로 삶 안에 수용되어야 할 근거적 가능성으로 규정한다. "죽음 안으로 앞서-달려가보는 결단성은 결코 죽음을 극복하기 위하여 고안된 탈출구가 아니다"(GA2, 310). "(하이데거에게) 죽음은 [...]

33 Rentsch, hg., *Martin Heidegger. Sein und Zeit* (2001), 134.
34 정동호·이인석·김광윤 편역, 『죽음의 철학』 (1987), 10.
35 Rentsch, *Negativität und praktische Vernunft* (2000), 88.
36 Rentsch, hg., *Martin Heidegger. Sein und Zeit* (2001), 135.
37 정재현, 『티끌만도 못한 주제에』 (1999), 145.

모든 다른 가능성들을 구성하며 기준을 정하면서 그것들을 능가하는 현존재의 초월적 가능성이다."[38] 그렇다면, 우리는 앞서 융엘이 말한 마지막 사건으로서의 죽음에 대한 극복, 혹은 내세에 대한 희망 등을 무조건 버려야 하는가?

안타깝게도 이 물음에 대답할 수 있는 사람은 아무도 없다. 왜냐하면 모든 사람은 살아있는 한, 본질적으로 '죽음을 향한 존재'일 뿐, 죽음 이후에 대한 그 어떠한 확실한 정보도 가지고 있지 않기 때문이다. 단지 우리가 하이데거의 죽음 이해를 통해 명확히 통찰할 수 있는 것은, 만약 누군가 죽음의 극복과 내세의 희망을 말하고자 한다면, 반대로 지금까지 신봉했던 죽음 극복에 대한 신앙들을 우선 단념한 이후, 다시금 그것을 찾기 시작해야 한다는 것이다. 왜냐하면 지금까지 우리에게 알려졌던 내세에 대한 모든 논의들은 그것의 진위를 떠나서, 결코 규정될 수 없고, 대상화될 수 없는 피안의 것이 인간의 삶의 욕망이 투영되어 있는 비유, 혹은 상징 안에서 규정화, 대상화될 수밖에 없었다는 한계를 지니고 있기 때문이다. "사실, 실체 없는 교리가 효과를 보는 것은 욕망의 힘 때문이 아니라면 무엇 때문이겠는가? 인간의 끈질긴 욕망, 현실하고는 잘 맞지 않는 그런 욕망이다."[39]

따라서 우리가 죽음과 관련된 신앙에 새롭게 도달할 수 있는 방법은 철저히 자신의 죽음의 무성을 통해, 고착된 비유와 상징들을 무화시킴과 동시에 다시금 그것들을 형성하면서 앞으로 나아가는 것뿐이다. 그리고 바로 그럴 때야 만이 죽음은 허물고 다시 세우는 인간의 자유의 행위 안에서 또 다른 차원의 길, 즉 성스러움을 향한 길로 드러날 수

38 Demske, *Sein, Mensch und Tod* (1984), 57.
39 Ricoeur, *The Conflict of Interpretations* (1974), 131.

있게 된다. 우리가 다음으로 살펴볼 벨테는 바로 이러한 죽음 이해를 하이데거 사상과의 대화를 통해 명확히 보여주고 있다.

2) 하나님을 향하는 인간의 가사적 본질로서의 죽음

벨테에 따르면, 죽음은 현대 사회 안에서 부정되고 배제되고 있지만, 그러함에도 불구하고 이미 인간 현존재의 유한한 영역에서 분명하게 드러나고 있다. "죽음은 현대적 문명 안에서 강조되어 배제되었다."[40] "죽음은 우리의 삶의 한 가운데에 실재적으로 존재한다."[41] 따라서 죽음은 거부할 수 없는 가치를 가지고 있다. 왜냐하면 그것은 감추어지지 않고, 항상 삶 안에 나타나 우리 삶의 일상적 자기기만을 찢어버리고, "우리를 우리의 극단적인 진리 앞으로 데리고"[42] 오기 때문이다. 그리고 여기서 말하는 진리란, 벨테에 따르면, 바로 성스러움이다.

죽음은 인간의 세속적 삶의 종말이며, 일종의 특별한 인간의 현상으로서, 인간은 자신의 삶과 관계를 맺음 안에서 죽음과도 관계를 맺는다. 인간들은 죽음을 그들에게 가깝게 서 있는 죽음으로서 경험하고, 그럼으로써 때때로 "그것은 우리의 삶의 의지에 대해 '아님'(nein)을 말한다."[43] 따라서 이러한 부정성으로서의 아님이 삶의 변경을 가능하게 하며, 인간은 죽음을 가지고 세상에 대해 아님을 말함으로써 새로운 차원으로 나아갈 원동력을 얻게 된다. 그래서 "죽음은 긍정적인 눈짓

---

40 Welte, *Leiblichkeit, Endlichkeit und Unendlichkeit*, Bd. I/3 (Lexikonartikel 'Tod') (2006), 148.

41 Ibid., 156.

42 Ibid., 158.

43 Ibid. (Der Ernstfall der Hoffnung. Gedanken über den Tod), 162.

(Wink)이다."[44] 여기에서 중대함과 충격이 나오며, 그것이 세상에 빠져 있는 인간을 새로운 차원으로 끌어올린다. 즉, 죽음은 이제 죽음에서만 머무르지 않으며, 무를 지나 신비에 이르게 하는 힘, 즉 신비로운 비밀을 향한 길이 된다.

> 죽음이 적중하고 있다는 것(Betreffen)은 인간을, 그 죽어있는 삶의 전체를 현재적으로 멈추도록(halten) 만들고, 가능한 한, 이러한 전체를 고양시키고(zu erhöhen), 찬란하게(verklären) 만든다. [...] 죽음이 인간의 자기를 떨쳐내는 그 무가 비밀로서 이해될 충분한 근거가 있다. 이러한 비밀이란 모든 지배로부터 벗어나고 무조건적으로 요구하고 있는 것이며, 모든 시간 저편에서 삶을 비로소 전체적으로 만들며, 동시에 경고하며, 동시에 고양됨, 즉 찬란함을 약속하는 것이다.[45]

죽음 앞에서 인간은 그 안에 깃들어 있는 비밀을 알기 위해 시도하며, 이러한 인간의 시도란 그의 초월이면서, 동시에 신적인 신이 우리에게 주고 있는 눈짓이다. 왜냐하면 오직 죽음 앞에서만, 인간은 스스로의 살아있음을 느끼고, 죽음을 진지하게 받아들임으로써 은폐되어 있던 절대적 타자, 초월자, 즉 신을 찾게 되기 때문이다. "유한성의 도장으로서의 죽음은 살아있으며, 거룩한 힘으로서의 무한성에 대해 사유하도록 한다."[46] 벨테에 따르면, 바로 이것이 경악스러운 현대에 주어진 희망이다. "죽음의 경험에 직면하여 신을 생각하고 이러한 사상으로부터 죽음의 어둠을 극복할 수 있다는 하나의 희망을 발전시키는 것은 가능

---

44 Ibid., 163.

45 Ibid. (Lexikonartikel 'Tod'), 149-150.

46 Ibid. (Der Ernstfall der Hoffnung. Gedanken über den Tod), 166.

하며, 때때로 가깝게 놓여있다."[47] 그리고 이러한 희망이란 살아계신 하나님의 비밀 이외에 다른 것이 아니기에, 죽음은 성스럽고 무한한 신비를 드러내면서 종말에 다다른 삶을 고양시키고, 그것이 가진 의미를 새롭게 바꾸어, 끊임없이 자신을 비워 희망에 다가가도록 만드는 장치이다. "(죽음은) 무제약자의 어두운 신비에서 들려오는 희망적 소리를 청취하도록 한다."[48] 그렇다면, 죽음이 이러한 역할을 할 수 있는 이유는 무엇인가?

벨테는 그것이 바로 죽음이 인간 자신의 본질이기 때문이라고 말한다. 다시 말해, 죽음이 인간으로 하여금 신비를 향해 갈 수 있게 만드는 이유는, 오직 인간이 죽음을 향한 존재이자, 동시에 죽음을 죽을 수 있는 가사자이기 때문이며, 그래서 그는 존재자체, 성스러움, 혹은 신이 자신을 드러내는 장소로서 살아갈 수 있다는 것이다. "인간 현존재는 본질적으로, 본래적으로 '죽음을 향한 존재'이다. [...] 죽음은 무의 관이다. 그것은 모든 측면에서 순수하게 존재하는 어떤 것은 아니지만, 동시에 존재자체의 비밀로서 현성하는 무의 관이다."[49] 그것은 무의 관으로서 신비스러운 어떠한 것을 은닉하고 있으며, 그래서 인간으로 하여금 그것과 관계 맺을 수 있게 해주는 그의 자격이자 본질이다. 그렇다면, 이처럼 가사자가 자신의 죽음을 통해 존재자체, 성스러움, 혹은 신이 드러나는 장소가 될 수 있는 방법은 무엇인가?

벨테에 따르면, 그 방법은 바로 인간이 죽음을 통해 자신을 비워 하나님 앞에 가난한 자가 되는 것이다. 다시 말해, 예수 그리스도와

---

47 Ibid., 167.

48 Welte, *Zwischen Zeit und Ewigkeit* (1982), 84.

49 Welte, *Leiblichkeit, Endlichkeit und Unendlichkeit*, Bd. I/3 (Der Ernstfall der Hoffnung. Gedanken über den Tod) (2006), 178.

같이, 또한 그의 산상수훈의 말씀과 같이, 죽을 수밖에 없는 인간은 가난한 자(Armen), 즉 하나님 앞에서 가난한 자로서 자신을 비움으로써 천국의 복을 약속받는다. "죽어가면서 자신의 모든 소유를 놓아야 할 뿐만 아니라, 자신의 의미, 자신의 몸, 그밖에 모든 것들에 대한 소유를 놓아야 하는 인간보다 더 하나님 앞에서 가난한 자란 과연 누구란 말인가?"[50]

따라서 가사자로서의 인간이 나아가야 하는 곳은 죽음의 극복이 아니라, 오히려 자기를 비우기 위한 죽음의 수용이며, 오직 그럴 때에만 그는 성스러움, 즉 하나님 자체에 이를 수 있다. 그리고 이것을 통해 이제 성스러움을 향한 길로서의 죽음은 거절되거나, 극복되어야 하는 어떤 것이 아니라, 항상 상기되고, 받아들여져야만 하는 나의 본질로 드러나게 된다. "나는 죽어가는 자이다"(GA20, 437). 삶 안에 죽음이 깊게 드리워져 있다는 사실, 즉 역설적으로 삶과 죽음이 공속하고 있고, 죽음이 실존론적으로 확실하며, 무성과 세계형성 안에서 자유가 나온다는 사실을 통해 인간은 죽음을 자기 비움의 근거이자, 자신의 본질로 받아들여야 한다. 그럼으로써 그는 이러한 비움의 장소인 죽음을 성스러움이 우리에게 임할 장소로서 준비해야만 한다. "왜냐하면 그것(죽음)은 현존재 안에 있는 존재의 탁월한 개시장소이기 때문이다."[51]

물론 여기서 우리가 주목해야 하는 것은 자기 비움이, 앞서 살펴보았듯이, 결코 가사자로서의 인간만의 본질은 아니라는 점이다. 오히려 인간은 하나님이 무의 측면을 가지고 있기 때문에, 즉 하나님이 자신을 은폐하고, 자기를 비우기 때문에 인간일 수 있다. "(인간은) 순수한 자유

---

50 Ibid., 171.

51 Demske, *Sein, Mensch und Tod* (1984), 190.

속에서 하나님이 스스로 자신을 비우고 내어주심으로써, 타자 즉 유한한 자가 되는 가능성을 지니고 있다."[52] 그렇다면, 하이데거의 무 물음을 수용한 신학자들은 신과 무의 관계를 어떻게 해명하고 있는가?

2. 무無로서의 신-론: '극복 대상으로서의 무'로부터 '무로서의 하나님'에로

앞서 우리는 하이데거가 무를 형이상학 극복의 단초이자, 존재자체의 다른 측면으로 규정하고 있음을 살펴보았다. 물론 이러한 그의 무 이해에 대한 많은 비판이 존재하고 있었으며, 특별히 신학은 무를 악, 어둠, 창조에 반하는 것으로서 정의하면서 무를 신과 동일화한다고 비판하고 있었다.[53] 왜냐하면 무란 전통 신학적으로는 불필요한 것이기 때문이다. "신 곁에 있는 두 번째 원리, 형태 없는 질료라는 의미에서, 그것은 그리스도교에서는 존재할 수 없었다."[54] 따라서 이제 우리가 살펴볼 것은 무를 극복의 대상으로 간주하는 전통 신학의 입장이며, 이것을 위해 우리는 다시금 융엘에게로 돌아가 그의 무에 대한 이해에서부터 시작하기로 한다. 왜냐하면 그는 앞서 언급한 것처럼, 하이데거의 사상을 수용했음에도 불구하고, 그것을 철저히 전통 신학의 입장으로 변경시키고 있기 때문이다.

52 이찬수, 『인간은 신의 암호』 (1999), 138.
53 김광식, 『토착화와 해석학』 (1997), 222.
54 Colditz, *Kosmos als Schöpfung* (1994), 59.

1) 극복 대상으로서의 무無

융엘의 무 이해는 당시의 신 죽음의 신학에 맞서 기독교적 전통을 주장하려는 기획 안에서 나타났으며, 그래서 그는 무의 극복을 예수 그리스도의 십자가의 죽음 안에서 주장하게 된다. "융엘은 인간을 '무에 걸려있는 존재'로 파악하고 존재론적 질문을 재구성하고자 시도했던 하이데거를 따라서 '무'로부터 질문을 재구성해 나가는데 [...] '무'가 아니라 존재가 되도록 하시는 것이 바로 하나님이라고 주장하며, 그리스도의 십자가 사건이 바로 무가 아닌 존재가 되도록 하는 길을 가능하게 해주는 것이라고 논증해 나간다."[55]

(1) 십자가에서 드러난 하나님의 죽음

융엘은 허무주의의 도래, 공산 치하에서 겪었던 신의 존재에 대한 부정을 겪었으며, 신학적 흐름에서 만연했던 '신의 죽음의 신학'에 대한 충격을 통해 무와 직면하였고, 끊임없이 공격으로 부정되어야만 했던 하나님의 존재를 목도하였다. 그럼으로써 융엘은 바로 "여기에서 [...] '무'의 문제를 통해 존재를 지탱하게 해주는 하나님에 대해서 고찰하고자 시도한다. 그것은 인간의 사유로부터 귀결된 '신'이 아닌 근원적 존재로서의 '신'에 대한 주목이다."[56]

---

55 이상은, 『계시를 통해 열어밝혀지는 비밀』 (2005), 17. "'왜 도대체 어떤 것은 있으며, 없지 않은가?' 그의 이러한 형식의 물음은 무에 대해 이야기하는 것이며, 인간은 그래서 무 안에 그 안으로 머물러 들어가 있는 현존재로 성격규정된다. [...] 도대체 왜 무엇인가가 있는가? 왜 없지 않는가?"(Jüngel, *Gott als Geheimnis der Welt* (1976), 39)

56 이상은, 『계시를 통해 열어밝혀지는 비밀』 (2005), 183.

물론 융엘은 하이데거를 따라, 이러한 무에 대한 논의가 기존의 형이상학에서 제대로 다루어질 수 없었다는 점을 분명히 한다. 왜냐하면 무는 언제나 존재자에 대한 아님으로서, 즉 비-존재자로서 여겨졌을 뿐이며, 오히려 인간과 거리를 두고 있는 하나님의 자기은폐, 즉 자기보존이 그대로 조명될 수 없었기 때문이다.[57] 따라서 융엘이 보기에 하이데거가 인간 현존재의 정의로서 언급한 무의 자리 지기란 이러한 하나님의 자기보존을 위한 은폐에 참여하는 것이며, 이것의 최종적인 사건이 바로 예수 그리스도의 십자가 사건이다. 즉, 무가 기존의 진부한 여러 논의들과는 다르게 긍정적인 모습을 통해 신과 연관될 수 있는 유일한 근거는 오직 예수의 십자가 사건일 뿐이다. 융엘은 다음과 같이 이야기한다.

> 하나님의 생명은 예수 그리스도와 더불어 계약하는데(verträgt), 그것은 그것을 견디어냄(ertragen)을 통해서이다. 그래서 그의 이러한 죽음을 자기 자신에게 받아들임으로써 그는 죽음에 승리한다. 죽음에 대한 승리자로서 하나님은 하나님으로서 스스로를 열어-밝힌다.[58]

전통적으로 '하나님'은 완전하시며, 불변하시기 때문에 결코 죽을 수 없다고 정의되어 왔다. "창세기 3장 22절 이하에 따르면, 죽음은 하나님과 분리되는 영역이었고, 분기점이었다."[59] 따라서 전통적으로 이러

57 Jüngel, *Gott als Geheimnis der Welt* (1976), 243.

58 Ibid., 471.

59 정기철, 『에버하르트 융엘』 (2007), 139. "여호와 하나님이 가라사대 보라 이 인간이 선악을 아는 일에 우리 중 하나 같이 되었으니 그가 그 손을 들어 생명나무 실과도 따먹고 영생할까 하노라 하시고 여호와 하나님이 에덴동산에서 그 인간을 내어 보내어 그의 근본된 토지를 갈게 하시니라"(창세기 3장 22절 이하).

한 가르침의 지배 아래 있어 왔던 서구의 사상은 당연히 신의 죽음을 납득할 수 없는 모순으로 여길 수밖에 없었다. 그러나 융엘에 따르면, 이제 하나님과 죽음이라는 상호모순적인 관계는 하나님께서 모순 자체를 이겨내고 예수 그리스도의 죽음 안에서 역설적으로 접촉하신 사건 속에서 해소된다. "예수 부활의 선포는 무가 하나님의 역사에 들어오는 것을 말한다. 하나님은 무를 규정하면서 무의 무화하는 권력에 모순되고 저항한다."[60] "하나님은 죽음 안에서, 무에 대해 들어가는 것이지 무 안에서 쇠락하는 것이 아니다. 그런 한에서 하나님은 죽음에 대한 승리자이다."[61] 따라서 이제 무는 하나님의 영원하신 존재의 속성이 되고, 하나님은 그 본질상 결코 사라질 수 없는 자임에도 불구하고 십자가를 통해 우리에게 무와의 통일성으로 드러난다. 융엘에 따르면, 바로 이러한 하나님과 무와의 통일성이야말로 하나님의 본질이자, 하나님을 사유할 수 있는 가능성의 근거이다.

> 하나님은 그가 없이는 아무것도 없고, 가능성의 능력과 무에로의 흡입(Sog) 사이의 투쟁도 없는 그런 창조자이다. 하나님이 없다면, 어떠한 가멸성도 있지 못할지 모른다(wäre). [...] 우리는 따라서 그의 본질이 무와 가능성 사이에 있는 그의 실존과 동일할 때, 그리고 그가 존재론적인 무로의 흡입과 가능적인 것의 능력 사이의 투쟁에 참여(teilhat)할 때, 하나님의 존재가 사유될 수 있음을 정확히 지시해야 한다.[62]

---

60 Jüngel, *Gott als Geheimnis der Welt* (1976), 297.
61 Ibid., 525.
62 Ibid., 295.

(2) 무에 대한 하나님의 승리

이처럼 융엘은 무가 하나님의 본질에 결코 속하지 않는다는 형이상학의 주장들에 대해 정면으로 반대하고, 하나님이 이미 부정적인 계기를 자기 존재의 본질로서 담지하고 있다고 주장한다. 그럼으로써 "신의 죽음에 대한 선포는 그 자체가 '형이상학의 종말'을 말하는 것이다. 존재-신-론적 전통으로 이해되어온 형이상학적 흐름은 여기에서 종결된다."[63] 따라서 이제 우리는 이렇게 물어보아야 한다. 즉, 하나님이 무를 자신의 본질로 지니고 있으며, 또한 예수의 십자가 안에서 그것을 드러내고 있다면, 그 개념 자체를 우리는 부정적으로만 보아야 하는가?

융엘에 따르면, 무는 가멸성으로서, 결코 부정적인 것만을 의미하지 않는다. "지금 가멸성은 단적으로 부정적인 현상으로서 판단되지 않는다."[64] 오히려 "가멸성의 존재론적 긍정은 가능성이다. 가능적인 것은 가멸적인 존재 안에서 본래적으로 긍정하고 있는 것이다."[65] 왜냐하면 가멸적인 것의 연관에는 생성의 능력이 있기 때문이다.[66] 그것은 가능성과 무 사이의 투쟁이며, 존재와 비존재 사이의 투쟁이다.[67] 십가자의 하나님은 모든 가멸성 속에 있는(in aller Vergänglichkeit) 자신의 무를 고유한 존재와 대결시키는(konfrontierender) 신이다.[68] 그럼으로써 가멸성은 인간의 해방을 가능하게 만든다. 왜냐하면 인간은 이 가멸성 속에서 자신의 유한성을 깨닫고 자신의 오류로부터, 즉 하이데거적

63 Ibid., 275.

64 Ibid., 287.

65 Ibid., 289.

66 Ibid., 292.

67 김영한, "세상과 신", 「한국기독교신학논총」 Vol. 31 (2004), 317.

68 Jüngel, *Gott als Geheimnis der Welt* (1977), 285.

의미에서의 빠져있음으로부터 해방되기 때문이다. "현존재의 '빠져있음'으로부터 '무'와의 만남을 통한 '열어밝힘'으로 향하게 되는 구도는 융엘이 말하는 칭의론적 측면과도 결부된다."[69]

그러나 결국 융엘은 무를 부정적인 것으로 규정하게 된다. 왜냐하면 한 분 하나님은 무가 아닌 '존재'이시며, 따라서 그는 무와의 투쟁 안에 있는 분이시기 때문이라는 것이다. 그는 다음과 같이 말한다.

> 우리는 따라서 한분 하나님이 존재하시기 때문에 무와 존재 사이의 투쟁이 존재하고 있다고 말해야만 한다. [...] 무는 존재자를 무화시킴으로써 자기 자신을, 소위말해 완전히 존재와 더불어 빨아들인다(saugt). 그러나 그것은 무화함의 유혹에서 존재자체를 떠안기 때문에, 결코 존재를 소유할 수 없다. 그리고 그것이 존재를 소유할 수 없기 때문에, 그것은 항상 다시금 무화의 행위 안에서 지속적으로 존재자 자체를 잡아 찢어놓아야 한다.[70]

융엘은 이제 존재하시는 하나님이 무와 관계를 맺었기 때문에, 부정적인 무가 극복되었다고 주장한다. 즉, 하나님이 무와 관계 맺었기 때문에 그리스도의 부활이 나타났고, 그럼으로써 무의 세력은 무력해지고 말았다는 것이다. "예수 부활의 선포는 오히려 하나님이 무와 관계 맺었다는 그 의미를 드러낸다."[71] 무가 하나님과 관계 맺게 됨으로써 이제 하나님은 무 자체를 규정하며, 그럼으로써 무의 무화시키는 폭력에 저항하고 맞선다. 그리고 무는 하나님의 능력을 통해 끝내 자신의

---

69 이상은, 『계시를 통해 열어밝혀지는 비밀』 (2005), 199.

70 Jüngel, *Gott als Geheimnis der Welt* (1977), 296-297.

71 Ibid., 297.

단적인 무규정성과 공허를 상실하게 된다. 윰엘에 따르면, 바로 이것이 하나님이 그리스도의 십자가 안에서 승리한 사건이다. "자체로 무화(Nichtung)를 견뎌내면서 하나님은 자기 자신을 무에 대한 승리자로 증거했고, '지옥, 죽음 그리고 악마'의 무적인 유혹을 끝장냈다."[72] 그리고 마침내 하나님은 자기 자신을 무에 대한 승리자로 증거함으로써, 스스로를 세상에 드러내게 된다.

무는 이제 하나님 안에서 무적인 유혹과 무화하는 작용을 상실했다. 무는 하나님의 존재 안에서 받아들여짐으로써 창조적으로 변형되었으며, 하나님을 통해 규정성을 얻어 존재 안에 속하는 어떤 것으로 축소되었다. 윰엘에 따르면, 이러한 하나님의 승리 때문에, 무는 죽음과 더불어 우리의 삶에 들어와 있지만, 결코 우리를 능가할 수도, 결코 우리 자신을 절망하게 만들 수도 없다. 왜냐하면 예수 그리스도의 십자가 안에서 무를 받아들인 하나님은 그것과 직접 관계를 맺었으며, 그럼으로써 그것을 극복하셨기 때문이다.[73]

(3) 무와 하나님 사이의 새로운 관계 모색

앞서 살펴본 윰엘의 무 이해는 하나님이 무와 관계되어 있음을 인정한다는 점에서 분명 전통 형이상학과 신학을 넘어서려는 시도임에 틀림없다. 하지만, 그럼에도 불구하고 그의 논의는 여전히 전통 형이상학적인 존재와 신의 관계 안에 머물러 있으며, 그래서 무를 부정적인 것으로 간주하는 한계를 가진다. 다시 말해, 그에게 신은 순수한 존재자

72 Ibid., 297-298.

73 Jüngel, *Gottes Sein ist im Werden* (1986), 298.

체의 차원에 속하는 존재, 혹은 존재자이며, 이런 이유에서 무는 존재와 존재자의 절대부정으로서, 당연히 부정적이고, 허무하여 반드시 극복되어야 하는 것으로 규정될 수밖에 없다.[74] "무는 고유한 존재자에 대한, 존재자의 총합(summum ens)에 대한, 창조적 존재자(ens increatum)로서의 신에 대한 반대개념이 된다"(GA9, 119).

그러나 하이데거에 따르면, "존재는 신의 근거와 본질로서 생각될 수 없다"(GA 15, 437). 오히려 형이상학적인 존재로서의 "신에게 인간은 기도할 수도 없고 제물을 드릴 수도 없다. [...] 철학의 신, 자기 원인으로서의 신을 포기해야만 하는 신-없는 사유가 아마도 신적인 신에게 더 가까울 것이다"(GA11, 77). 이와 달리, 신적인 "신이란 아르케도 아니고, 의미의 근거이거나 존재의 근거도 아니다. 신은 형이상학적인 신학이 말하고자 하는 신들의 종말이다."[75] 따라서 신은 존재 형이상학의 종말이기에 현대의 우리에게는 무 안에서 드러날 수밖에 없으며, 이런 이유에서 "무의 경험은 본래적으로 우리 시대의 특징적인 근본 경험이며, 그와 동시에 새로운 신에 이르는 길이다."[76]

이제 무의 경험 안에서 신은 무를 배제하거나, 극복하는 자로 드러나지 않는다. 오히려 그는 무와 직접적인 관계 안에 있는 자, 나아가 무와 상호 공속하고 있는 자의 모습으로 현대의 우리와 관계 맺는다. "우리는 철저한 무의 체험 안에서 물음을 던지는 자이신 하느님을 만나게 된다."[77] 따라서 이제 우리는 무와 신의 관계를 상호부정의 관계가

---

74 Jüngel, *Gott als Geheimnis der Welt* (1977), 296-297.

75 Jäger, *Gott. 10 Thesen* (1980), 56. 하이데거 역시 다음과 같이 이야기한다. "하지만 존재, 그것은 신이 아니며, 세계의 근거도 아니다"(GA9, 331).

76 심광섭, 『탈형이상학의 하느님』(1998), 406.

77 앞의 책, 128.

아닌, 상호긍정의 관계로 확장시킬 필요가 있다. 다시 말해, '무와 하나님의 모순적 관계'가 '무와 하나님의 긴밀한 역설적 공속의 관계'에로 변경되어야 한다. 그리고 다음으로 우리가 살펴볼 벨테와 예거의 논의는 이것을 분명한 방식으로 보여주고 있다.

2. 하나님 경험의 장소로서의 무無

우선 벨테에게 무란 형이상학적 존재론이 무의미하게 된 현 시대에 종교와 신학 그리고 신물음의 근본 범주이다. 다시 말해, 하이데거의 사유를 통해 비로소 현대에 나타난 무는 존재와 신을 망각한 시대에 신성한 것을 기다리는 가능성으로 등장했다. "무로부터 존재자가 고유하게 드러나는 방식은 하이데거가 거룩한 것이라고 명명했던 보존하고 있는 것(ein Gewährendes)을 연다."[78] 따라서 무에 대해 탐구한다는 것은 앞서 우리가 하이데거의 무 물음에서 살펴보았듯이 형이상학의 종말과 그것의 징표로서 나타난 허무주의를 철저히 숙고하여 극복하고, 그것을 통해 망각되었던 것을 다시 한 번 지시하는 것을 의미하게 된다.[79]

현대는 허무주의로 말미암아 전적으로 종교적 경험에서 탈락되어(ausfallen) 있으며, 그럼으로써 신의 죽음은 자체로 모든 것, 궁극적인 것, 의미 등이 철저하게 무로서 나타나는 무의 경험으로 나타나고 있다. 이러한 무의 경험을 통해 유한한 인간은 이 시대의 불안과 경악에 직면

---

78 Klaus Kienzler, "Das Heilige im Denken Bernhard Welte", in: *Das Heilige im Denken. Ansätze und Konturen einer Philosophie der Religion* (Münster: Lit, 2005), 274.

79 Welte, *Zeit und Geheimnis* (1975), 280.

하며, "그럼으로써 우리 시대 전체의 근본 경험이 분명하게 지적되고 있다."[80] 그러나 이와 반대로 바로 여기에서 현대의 허무주의는 극적으로 반전된다. 왜냐하면 무의 경험 안에는 허무주의와 더불어, 또 다른 차원, 즉 새로운 신적 차원이 함께 담겨있기 때문이다. "신의 결여란 [...] 단순히 순수한 결여가 아니라, 오히려 있어왔던 것의 은폐되었던 충만함이 비로소 고유화하면서 현존하는 것을 의미한다."[81]

(1) 무의 경험 안에 있는 새로운 신적 차원

"무는 거기에 내가 도달하려고 아무리 달려도 허사인 신기루로 나타나며, 이것은 내가 중단할 수 없이 자꾸만 아래로 떨어지는 아득하고 막막한 심연이다."[82] 바닥없이 끊임없는 추락만이 존재할 뿐인, 그래서 아무것도 발견할 수 없는 그 심연에서 인간은 자신이 가진 모든 근거들을 상실한다. 마치 허공을 떠다니며, 그 아래의 까마득한 절벽을 보는 것처럼, 인간들은 그렇게 삶을 불안과 경악으로 살아간다. 그러나 벨테는 이러한 심연으로서의 무가 가진 문제점을 극복할 수 있는 가능성을 하이데거에서 발견하게 된다. "하이데거 역시 예언적 사유로서 간주될 수 있다. 그렇기 때문에 그의 분석들과 숙고들은 항상 중요하다."[83] 따라서 "벨테는 하이데거에게서 영감 받은 것 같은 무의 사상을 원용하여 신 물음의 열쇠로 삼"[84]아 삶의 적대자로 보이는 무를 새롭게

80 Welte, *Zur Frage nach Gott*, Bd. III/3 (2008), 141.

81 Welte, *Denken in Begegnung mit dem Denken*, Bd. II/2 (2007), 189.

82 심광섭, 『탈형이상학의 하느님』 (1998), 325.

83 Welte, *Zur Frage nach Gott*, Bd. III/3 (2008), 141.

84 심광섭, 『탈형이상학의 하느님』 (1998), 325.

관찰하고 그것들에게 의미를 부여하기 시작하며, 마침내 그 안에서 이제 무가 신의 섬뜩한 그림자로서 전면에 등장하게 된다.

> 무는 그의 이름 없음의 근거 안에서 모든 무한자의 현상(Erscheinung)으로, 모든 존재와 모든 의미를 제한 없이 정복하는 것(Mächtigen)의 현상으로, 모든 보존하고 있는 것의 현상으로, 모든 말의 무근거성을 타도하는(niederschlägt) 존재자체의 현상으로, 무한한 침묵 안에서 나의 내면을 어루만지는 모든 근거의 현상으로 눈앞에 스스로를 드러낸다(sich enthüllt). 신의 섬뜩한 그림자가 인간의 영혼에 드리워지며 다가온다. [...] 인간들이 만들었던 것, 생각했던 것은 사라진다.[85]

벨테에 따르면, 이러한 무의 신적인 섬뜩함을 통해, 즉 우리와는 전적으로 다른 어떤 힘을 통해, 인간의 자기 이해와 존재 이해가 변경된다. 즉, 일상성의 무의미한 삶에서 무가 드러나는 순간, 그것을 직시하는 자의 자기 이해와 타자에 대한 존재 이해가 모두 새롭게 각성된다. "신의 경험과, 그로써 종교적 경험이 탈락된 거기에, 또한 무의 경험이 대신 들어서 있다. 그리고 이러한 무에 대한 경험은 근대 허무주의의 모든 형식의 본래적 기초이다."[86]

여기서 특별히 우리는 벨테의 의도를 이해하기 위해 다음과 같은 점을 분명히 해야 한다. 그것은 무를 경험함(das Nichts zu erfahren)이 결코 아무것도 경험하지 않음(überhaupt nicht zu erfahren)을 의미하지 않는다는 사실이다. 무를 경험하는 자는 실제로 어떤 경험을 한 자이며,

---

85 Welte, *Auf der Spur des Ewigen* (1965), 34.
86 Welte, *Zur Frage nach Gott*, Bd. III/3 (2008), 144.

그 안에서 어떤 것을 만난 자이다. 그리고 그 어떤 것이란 바로 무한적인 것이다. 그래서 무는 무한성의 한 특성이면서, 무한한 무근거의 양면성을 갖는다. 무는 무근거적으로 깊은 곳, 즉 우리가 그 속으로 떨어질 수 있고, 결국 떨어져야만 하는, 그러나 결코 어떠한 끝에도 다다를 수 없는 그러한 깊은 곳이다. 또한, 무는 무제약적인 것(Unbedingtes, 무조건적인 것)이다. 그것은 마치 어떤 유한한 유의미성도 그 앞에서는 아무 힘도 쓸 수 없을 것처럼 그렇게 존립한다. 그것은 결코 회피될 수도 없으며, 결코 흥정하는 법도 없다. 우리는 그저 무의 무한성과 무조건성을 마주한 채, 그것을 부정적인 낱말들로 표현할 수 있을 뿐이다.

그러나 역설적이게도 벨테는 바로 이러한 언어적 부정성 속에서 긍정적인 어떤 것이 표현된다는 사실을 우리에게 알려준다. 즉, 여러 가지 방식으로 경험된 충격이 나타나고, 그것이 우리를 어떠한 방식으로든지 직접적이며, 전체적으로 변경시킨다. 다시 말해, 바로 이러한 성격들, 즉 무한성, 무조건성 그리고 경험의 직접성, 전체성 그리고 변경의 가능성들이 바로 우리가 종교적 언어에서 신에게 부여했던 경험의 특징들이며, 그래서 현대의 무의 경험이란 신의 자리에 대신 들어서 우리에게 종교적 차원에 대한 침묵을 요구하고 있는 어떤 것이다.[87] 그렇다면, 이러한 침묵 중에서도 우리는 무의 배후에 신적인 어떤 것이 있다고 할 수 있는가? 아니면, 그것은 단지 허무한 것에 불과한가?

벨테에 따르면, 현대의 우리는 이 두 가지 경우 모두에 가능성을 열어놓아야만 한다. 왜냐하면 우리가 경험하는 것은 단지 무이며, 그것은 어디까지나 우리에게 침묵만을 요구하고 있기 때문이다. 단지 우리

---

87 Ibid., 145.

가 할 수 있는 것은 그것을 너무 쉽게 신과 동일한 것으로 규정하지 않는 것이며, 동시에 그것을 단순히 허무한 것으로만 치부하여 버리지 않는 것이다. 오히려 우리는 무의 참다운 의미를 획득하기 위해 우리에게 주어진 무적인 상황 안에서 모든 것이 의미를 가지고 있다는 점을 분명히 해야 할 뿐이다.[88] 그렇다면, 이러한 의미는 어떻게 찾을 수 있는가? 벨테에 따르면, 그것은 요청을 통해서 가능하다. "의미의 문제는 본래적으로 하나의 요청(Postulat)이다. 모든 것은 의미를 가져야만 한다."[89]

물론 이러한 의미요구 또는 의미요청 자체가 현실적으로 어떤 의미를 보장하지는 않는다. "의미요청(Sinnpostulat)은 무에 대항하여, 무와 충돌하여, 상처를 입는다."[90] 그러나 현존재는 그 존재의 바탕에 모든 것은 의미를 가져야 한다는 기본적 욕구를 가지고 있으며, 그렇기 때문에 그는 강렬하면서도 고통스럽고, 마비적이면서도 혼란스러우며, 때때로 치명적임에도 살아가고 있다. 다시 말해, 의미의 요청은 우리의 세계 안에 남아있는 인격적 사랑, 신뢰, 또는 자비 등의 경험에서 그대로 반영되고 있다.

> 우리에게, '좋은 것(das Gute)은 현실적으로 의미를 갖는다.'는 것을 가르치는, 그리고 우리가 그러한 사실을 믿도록 해 주는 그러한 경험은 '윤리적인 것'의 진지함을 살아나게 해 주는 것이다. [...] 따라서 우

88 벨테에 따르면, 이러한 결단이 인간의 '무에로의 용기'이다. "무에로의 용기(Mut zum Nichts)란 인간이 열린 눈으로 무의 이웃 속에서 살게 되는 것"(심광섭, 『탈형이상학의 하느님』 [1998], 417)이며, 무로부터 도피하지 않고, 무의 상황 안으로 자신을 머무르게 풀어놓는 것이다.

89 Welte, *Zur Frage nach Gott*, Bd. III/3 (2008), 146.

90 Ibid., 147.

> 리는 '좋은 것'의 의미를, 우리들의 삶을 지탱하는 진리로서 믿어야만 한다. 이것은, 우리가 그 경험을 구체적이면서 진지하고 충분히 하게 될 때, 바로 그 경험으로부터 뚜렷하게 된다.[91]

우리는 모든 것을 살아있는 양심으로 경험할 수 있고, 그래서 그 모든 것이 단적으로 무의미한 것이 아니라는 것을 느낀다. 그럼으로써 우리는 의미 있는 관계들 그리고 사라지지 않는 의미의 관계들이 주어져 있다는 것을 경험하게 되며, 그럼으로써 모든 것의 공허하고 무의미한 무로의 전락에 대해 반대할 수 있게 된다. 그리고 이러한 의미요청의 능력을 통해 무 역시도 삶 안에서 하나의 의미를 획득한다. 그렇다면, 무는 어떤 의미를 가지고 있는가?

(2) 무로부터 성스러움으로의 전환

무는 은폐로, 즉 숨겨진 밤과 같은 힘으로 이해되며, 그럼으로써 "사랑하는 사람들에게 그들의 사랑의 의미를 그리고 모든 사람들에게 선과 악, 정의와 불의 사이의 구별을 보존해" 주는 의미를 드러낸다.[92] 다시 말해, 무는 이제 사랑, 선, 정의를 위한 긍정적인 기준으로 새롭게 의미를 획득하게 된다. 벨테는 다음과 같이 이야기한다.

> 무는 부정적 경험형태에도 불구하고, 긍정적 의미를 얻는다. 무는 자체로 전환되어, 모든 것에게 의미를 보장하는(gewährt), 무한한 삶의

91 Ibid., 148.
92 Ibid., 149.

무근거로서 감지될 수 있게 된다. 그렇게 그것은 하나의 종교적 경험이 된다.[93]

이제 벨테는 이러한 무가 보장하는 새로운 종교적 경험이 몇몇의 증인들에게서 분명히 증명되고 있다는 점을 분명히 한다. 그것은 우선 시인 엘리엇(Thomas S. Eliot)의 다음의 시구에서 증거된다.

침묵하라, 그리고 이 어둠을 당신에게 이르게 하라고 나는 내 영혼에게 말했었네. 그것은 바로 신의 어두움이라네.[94]

벨테는 이 시구에서 무로부터 성스러움으로의 전환을 발견한다. "여기서 [...] 말해진 바는, 무와 어둠의 경험이 '신의 어두움'에 대한 신뢰로 바뀔 수 있다는 것이다. 그것은 전환(Wende)이다."[95] 이러한 전환은 첼란(Paul Celan)의 시에서도 드러난다.

무 안에 - 누가 서 있는가? 왕이로소이다. / 거기에 왕이 서 있소, 왕 말이요. / 거기에 그는 서 있으며, 서 있소. [...] 비어있는 아몬드는 왕의 색이오.[96]

---

93 Ibid., 150.

94 Thomas S. Eliot, *Four Quartet* (London: Palgrave Macmillan, 1956), 18f. 벨테는 이것을 다음과 같이 독일어로 번역하고 있다. "Ich sagte zu meiner Seele: Sei still - laß das Dunkel kommen über dich. Welche soll sein die Dunkelheit Gottes."

95 Welte, *Zur Frage nach Gott*, Bd. III/3 (2008), 151.

96 Paul Celan, *Die Niemandsrose* (Frankfurt(M): Ficher Verlag, 1964), 42. "Im Nichts - wer steht da? Der König/Da steht der König, der König/Da steht er und steht [...] Leere Mandel königsblau."

첼란은 비어있는 아몬드(Leere Mandel)를 무로 비유하면서, 무란 바로 그 성스러운 빛에 놓여있다고 말한다. 그럼으로써 이 빛은 왕의 빛으로 드러난다. "무는 서 있고, 또 서 있다. 그것은 세월과 운명의 모든 전환 후에 언제나 거듭 새롭게 서 있다. 그리고 그것은 갑자기 왕이 된다."[97] 그리고 마지막으로, 이러한 무와 성스러움에 대한 비유는 철학자 바이셰델(Wilhelm Weischedel)의 미간행된 시에서 분명해진다.

> 어둔 술잔의 바닥에 / 빛의 무가 나타난다네. / 신성, 어두운 비춤 / 그것은 무의 빛이라네.[98]

여기서 말하는 어둔 술잔이란, 순수한 무이며, 그것은 어둠 그 자체로 자신을 드러낸다. 하지만, 이렇게 어둠이 자신을 드러내는 것은 곧 하나의 전환을 몰고 오는 사건이다. 왜냐하면 이러한 어둠이 빛나는 사건은, 동시에 신성의 비춤에 다름 아니기 때문이다. "이러한 전환 속에서 어두운 것이 밝혀지고(lichtet sich das Dunkle), 빛을 비춘다(es hellt sich auf)."[99]

벨테는 바로 여기에서 무가 새로운 종교적 경험이며, 또한 이것이 이미 기독교적 부정신학의 전통에서 나타났던 경험과 동일하다는 점을 발견한다.[100] 즉, 부정신학전통의 역사 안에서 폰 니사(Gregor von Nyssa, 334-394)가 모든 것을 무로 보았던 것, 위-디오니소스(Pseudo-

---

97 Welte, *Zur Frage nach Gott*, Bd. III/3 (2008), 151.

98 "Im dunklen Bechergrund / Erscheint das Nichts des Lichts/Der Gottheit dunkler Schein/Ist so: Das Licht des Nichts."

99 Welte, *Zur Frage nach Gott*, Bd. III/3 (2008), 152.

100 Ibid., 154.

Areopagiten Dionysos)가 신의 참모습을 '이름 없음'(Namenlosigkeit)과 무로서 언급했던 것, 에크하르트(Meister Eckhart)가 신을 무로 보았던 것, 16세기의 십자가 요한(Johannes vom Kreuz)이 어두운 밤 안에서의 결정적 종교 경험을 이야기한 것 모두 이러한 무의 경험과 동일한 사태라는 것이다.[101] 이러한 통찰을 통해, 벨테는 마침내 하이데거를 따라, 무와 신과의 관계를 유대교적 우상파괴의 전통으로부터 재정립하기 시작한다. 그는 다음과 같이 말한다.

> 유대적 전통은 오래전부터 '우상금지'(Bilderverbot)를 알아 왔다. 그것은 성서의 출애굽기 20장 4절에 바탕을 둔 것이다. 이러한 금기는 일찍이 신의 이름을 입 밖에 내어 말하는 것을 금기시했던 것과 연결되어 있다. [...] 어떠한 상징도 없는 곳에서는 어떠한 특정한 특징들도, 어떤 것(Etwas)도 나타날 수 없고, 따라서 무가 나타난다. [...] 어떠한 이름도 명명되지 않는 곳에서는 다만 침묵함(Schweigen)만이 남게 된다. 이러한 침묵함은 무의 경험에 상응한다.[102]

유대인들이 가지고 있던 무에 대한 근본적 경험은 기독교의 부정신학의 경험과 일치하며, 나아가 현대의 무-경험과도 유사하다. 따라서 이러한 유사성을 통해 현대의 무의 경험은 새로운 종교적 경험이 전종교적 범위로 확장되는 가능성을 가지게 된다. 왜냐하면 이슬람도, 인도의 리그베다(Rigveda)도, 노자의 도덕경도, 그리고 불교까지도, 궁극적인 것을 무로 규정하면서, 인간이 만들어내는 우상에 대한 파괴를

101 Ibid., 154-156.
102 Ibid., 157.

요구하고 있기 때문이다.[103] 따라서 현대의 허무주의는 이제 무의 영원한 충만에 대한 하나의 새로운 경험을 가능하게 함으로써 상호교통하기 어려웠던 종교들 사이의 잠겼던 문을 열게 된다. "무의 경험은 본래적으로 우리 시대의 특징적인 근본 경험이며, 그와 동시에 새로운 신에 이르는 길이다."[104] "신이 사라져 버린 그곳에, 무가 나타난다. 그리고 이 무는 다시 신의 차원 속에서 주목할 만한 방식으로 나타난다."[105] 그렇다면, 이처럼 새로운 신의 차원에서 새롭게 나타난 무란 무엇을 의미하는가?

특별히 우리는 이 질문에 답하기 위해 벨테를 넘어 다시금 한 걸음 더 나아갈 필요가 있으며, 그곳은 바로 무와 신이 자체로 동일함에 거하고 있다는 예거의 통찰이다. 그리고 우리는 그것의 정당성을 벨테가 자신의 근거로 삼고 있는 하이데거의 무 물음이 여전히 무를 철저하게 사유하지 못한 한계를 지닌 채, 전통 형이상학의 존재-신-론의 성격에 머물러 있을 뿐이라는 예거의 비판에서 찾을 수 있다. "무, 십자가의 어리석음, 그리고 무의미가 기독교적 하나님 이해의 내적 시금석이 된 곳에서조차 신의 존재론(Rede vom Sein Gottes)을 벗어나지 못하고 있다."[106] 오히려 예거에 따르면, 무와 신의 동일성의 관계를 거부하는 것은 신을 존재의 차원, 즉 존재-신-론에서 규정하는 것에 불과하다. 따라서 그는 이러한 한계를 극복하기 위해 무와 신이 전적 타자라는 점에서 동일하다는 사실에 주목하고자 한다.[107] 즉, '절대타자'의 개념

---

103 Ibid., 157-159.

104 심광섭, 『탈형이상학의 하느님』 (1998), 406.

105 Welte, *Zur Frage nach Gott*, Bd. III/3 (2008), 145. "Wo Gott verschwunden ist, erscheint das Nichts. Und dies dann merkwürdigerweise wiederum in den Dimensionen Gottes."

106 Jäger, Gott. Nochmals Martin Heidegger (1978), 41.

안에서 무는 하나님과 동일한 것으로 드러난다. "'신은 무이다'라는 이 말은 [...] 형이상학의 [...] 속박을 모든 날카로운 통찰들 안에서 흔적이 되도록 하기 위한 신학적인 저항형태의 시도를 제시한다. '신은 전적 타자이다'라는 말은 이러한 방향을 잡는 대략적인 이정표(Wegweisen)이다."[108]

이제부터 우리는 전통 형이상학의 존재와 신의 관계도식을 넘어 무와 신을 동일화시키는 예거의 신학적 무 이해를 살펴보기로 한다. 그리고 이것을 위한 우리의 논의는 우선 그의 존재와 무 사이의 새로운 관계정립의 시도에서 출발한다.

3) 무無로서의 하나님

예거에 따르면, 서구의 형이상학과 신학은 존재를 우위에 두고, '타자로서의 무'를 경시하면서 언급하지 않았다. "형이상학은 시원에서부터 일자(das Eine)의 무근거한 타자(grundlosen Andern)에 대한 거절에서 기인한다. 형이상학은 지속적으로 새롭게 타자에 대한 반복된 비난이다. [...] 형이상학은 타자의 망각에 기인한다."[109] 그리고 이러한 문제점들을 드러내고, 그것을 변형하고자 시도한 첫 학자가 바로 하이데거이다. 왜냐하면 그가 말한 불안에 대한 규정과, 심연, 즉 무에 대한 논의는 기존의 존재에 대한 집착을 해소하고 무를 중심주제로 끌어들여 존재자체라는 새로운 차원을 이야기하고 있기 때문이라는 것이다.[110] 그러나 예거는 이러한 하이데거의 성과를 받아들이면서도, 그가

---

107 Ibid., 451.

108 Ibid., 453.

109 Ibid., 435.

무를 여전히 존재자체라는 최고의 개념과 동일화하고, 무를 존재에 귀속시켰던 점을 강하게 비판한다. 그럼으로써 예거는 하이데거가 여전히 무를 전통 형이상학과 동일한 방식으로 망각시킨 서구 형이상학의 최후의 완성자일 뿐이며, 그래서 그의 존재사유로부터 떠나야 한다고 주장하게 된다.[111]

(1) 절대타자로서의 무

예거는 존재가 형이상학 안에서 일자로서 사유되었다면, 무는 자체로 타자로서 그리고 배제되어야 할 부정적인 것으로서 간주되었다는 점에 주목한다. 그럼으로써 그는 무가 전통 형이상학 안에서 존재보다 더 망각되어 존재의 부정적인 측면, 즉 은폐의 측면에만 머물러 있다는 점을 통찰한다. 따라서 그에게 무란 단순히 존재와 동일한 것으로 규정되어서는 안 된다. 오히려 하이데거와 같이 그 둘을 동일하게 보려는 시도들은 여전히 무가 신과 관계되지 않는다고 주장하는 전통 형이상학, 그중에서도 특별히 독일관념론의 배경 하에 머물러 있는 것이다.

예거는 가장 먼저 일자와 타자의 관계에 대해 언급해 들어간다. "형이상학적 존재사유의 가장 어려운 점은 존재가 자체로 무관계적인 것이면서 절-대적인 것으로 생각된다는 것이다. [...] 따라서 (다른 그 어떤 것도) 이러한 존재에 대해서는 아무것도 아니다."[112] 그러나 예거에 따르면, 존재는 일자(Das Eine)이지만, 홀로 존재한다는 전통적 논의

---

110 심광섭, 『탈형이상학의 하느님』 (1998), 125.

111 Jäger, *Gott. 10 Thesen* (1980), 특별히 63, 90, 100, 114, 120.

112 Jäger, *Gott. Nochmals Martin Heidegger* (1978), 429-430.

와 달리 "다른 것과의 차이 안에 존립한다."[113] 다시 말해, 존재는 모든 것들을 포함하는 어떤 개념으로서, 그래서 모든 것들의 원인으로, 때로는 모든 것들의 근거로 사유되었지만, 그러함에도 불구하고 그것의 사태는 단순히 일자의 전체성에서 끝나지 않는다. 오히려 "존재는 항상 관계 안에 정위된다."[114] 존재가 관계 안에서 다른 존재자들의 근거이기 때문에, 다시 말해 관계를 가지고 있기 때문에, 존재자들은 무가 아니라, 존재일 수 있었고, 그래서 세계 안에서 관계로서 자신을 드러낼 수 있다.[115] 그리고 이러한 존재의 초월적 성격 때문에 고대 형이상학은 존재를 '하나'(Eins)로, 이와 반대로 무를 전적 타자로 규정했다.

예거에 따르면, 그러나 바로 여기에서 모순이 발생한다. 왜냐하면 존재가 일자로서, 그 자체로 이해되기 위해서는 일자를 일자로서 드러내는 어떠한 차이가 함께 존립해야만 하기 때문이다. 즉, 하나가 하나이기 위해서는 언제나 타자와의 관계 안에 존립해야 하기 때문이다. "하나는 타자에 대한 극단적인 차이와 모순에 존립한다. 차이는 관계 자체이며, 하나로 향한다. 차이는 하나와 타자의 매듭을 형성한다. 하나는 타자와의 차이 안에 연결되어 존립한다. 하나는 다른 것과 동일시하는 대신 극단적인 차이 안에서 존재한다."[116] 예거는 이처럼 차이/대립을 통해 존재가 하나로서 자신을 드러내고 있기 때문에 하이데거가 이야

---

113 Ibid., 429.

114 Ibid., 430.

115 Ibid. "그것(관계)은 모든 것에 대한 것이고 존재를 또 다른 것과 연결시키는 것이다. [...] 존재는 이미 존재자의 초월로서 사유된다."

116 Ibid. "Das Eine besteht im radikalen Unterschied und Gegensatz zum Anderen. Unterschied ist dieses Verhältnis selbst und geht über das Eine hinaus. Der Unterschied bildet das Gefüge des Einen und des Andern. Das Eine besteht einefügt in den Unterschied zum Andern. Das Eine, anstatt mit dem andern identisch zu sein, besteht im radikalen Unterschied dazu."

기한 것처럼, 하나는 원인 자체(Causa sui)도, 절대적인 어떤 것도 아니라고 말한다. 그것은 오직 자신의 의미와 내용을 타자와의 관계 안에서 발견하기 때문에 존재일 수 있고, 일자일 수 있으며, 근거일 수 있을 뿐이라는 것이다. "하나의 의미와 본질은 그 자신 안에 있는 것이 아니라 타자와의 관계 안에 놓여있다. [...] 존재자와 존재의 차이는 기본적인 것이 아니며, 거기에 대해서, 그리고 이러한 포함하는 하나의 타자와의 차이이다."[117] 그렇다면, 이러한 차이란 무엇을 의미하는가?

그것은 양자가 대립/투쟁의 관계 안에 있음을 의미한다. "일자는 타자와의 대립/투쟁(Auseinandersetzung) 안에서 존립한다."[118] 형이상학은 오히려 이러한 대립을 견디지 못하고, 어렵고 다의적인 개념을 가지고 모든 존재자들에 대하여 존재를 떼어내려 시도했을 뿐이다.[119] 따라서 이러한 대립의 본질적인 의미가 새롭게 통찰되어야 하며, 그러기 위해 '실존'이라는 개념, 즉 존재의 실존이라는 개념이 'Ek-'라는 접두어를 통해 '내외부적인' 관계를 함께 포용하는 것으로 새롭게 사유되어야 한다.[120]

예거에 따르면, 여기서 일자는 실존하고 타자는 내존 하며, 이 둘은 대립과 투쟁의 상호놀이라고 언급될 수 있다. 먼저 존재로서의 일자의 본질과 의미는 그것의 실존 안에서 기인되며, 따라서 일자의 실존이란 "타자 안에 들어가 견디고 있음(Hinausstehen)을 의미한다. [...] 일자는 자신의 외부에 있는 타자에 저항하며(Aussetzung), 실존한다. 일자는

117 Ibid., 431.

118 Ibid., 432. "대립/투쟁 자체는 모든 운동 안에 지속적으로 존립하는 것이다"(*Die Auseinander- setzung selbst ist das Beständige in aller Bewegung*).

119 Ibid., 430.

120 Ibid., 431.

타자 안에 실존한다. 존재는 개방된 무 안에서 둥둥 떠다닌다." 반대로 이러한 대립의 관계는 타자의 입장에서는 타자의 '내존'(Insistenz)이다. "일자 자체가 구분됨을 통해 그리고 타자 안으로 들어가 견디기 위하여 동시에 일자는 타자를 그 자체 안으로 수용한다. 타자는 일자의 중심으로 침투해 들어온다. 일자의 실존은 타자의 내존이다. 일자는 타자에게 스스로를 개방한다."[121] 이처럼 상호 대립하고, 상호 포용하는 투쟁 안에서 피아를 구분하게 된 일자는 자신의 중심에서 비-동일적인 타자를 드러낸다. 그러나 이 비-동일적이라는 표현은 결코 일자와 타자, 존재와 무가 아무런 관계를 가지고 있지 않거나, 상호 분리되어 있다는 것을 의미하지 않는다. 왜냐하면 내존 안에서 일자와 타자는 상호 가장 친밀한 관계를 가지고 있기 때문이다. "타자의 외부는 동시에 일자의 가장 내면적인 부분이 된다. 그의 실존 안에서 일자는 기본적인 차이를 지양하지 않고도 타자를 내존시킨다(insistieren)." 그리고 바로 실존과 내존의 '이러한 놀이'가 바로 "대립/투쟁이다. 일자는 존속하는 타자와의 대립/투쟁 안에 존립한다."[122]

예거는 이러한 '일자의 실존'과 '타자의 내존' 사이의 투쟁이 바로 하이데거의 관념론적 사상을 넘어서는 새로운 사유라고 이야기한다. 왜냐하면 하이데거가 단순히 존재와 무를 존재자체가 가지고 있는 이중적이며, 동일성 안에 포함되는 어떤 동일한 사건으로 보았던 것과 다르게, 이제 일자와 타자의 실존과 내존의 상호 놀이는 그 둘의 단순한 동일성을 벗어나 있기 때문이다. 다시 말해, 일자와 타자가 대립/투쟁을 통해 서로 관계되었을 때만이 존재와 무는 자신들의 고유한 놀이공

---

121 Ibid.

122 Ibid. "[...] Auseinandersetzung. Das Eine besteht in beständiger Auseinander- setzung mit dem Anderen."

간을 획득할 수 있을 뿐이다. 예거는 다음과 같이 이야기한다.

> 존재의 놀이는 근거 없이 자기 자신 안에서 놀지 않으며, 일자의 투쟁 안에는 타자의 내존이 문제가 된다. 빛과 어둠의 놀이, 현존과 부재의 놀이, 은폐와 탈은폐의 놀이는 자기 자신 안에서 움직이는 것이 아니라, 일자가 타자에 대립하여서 개방성과 폐쇄를 하는 놀이이다.[123]

이러한 일자와 타자의 대립/투쟁 놀이의 중심에서, 즉 타자가 내존하고 있는 존재의 실존의 중심에서 타자는 스스로를 깨어 비워내며, 그럼으로써 그 안에서 타자의 조용한 현존 혹은 부재가 나타난다. 즉, 깨어짐을 통한 부재 안에서 타자는 무로서, 존재자체 안에서 전체의 조용한 중심이 되며, 이처럼 중심이 비워질 때, "그 주위에 모든 것들이 건설되며, 그것의 개방성과 비개시성 주위에 투쟁의 대결이 도래한다." 따라서 이제 일자로서의 존재가 드러나는 그 자리란 앞서 일자와의 투쟁을 통해 깨어지고 자기를 비워 조용한 중심이 된 타자, 즉 무로서 개방된다. "일자는 타자의 개방성 안에 존립한다." "일자의 세계는 타자의 열린 빈터(Lichtung)이다."[124] 그렇다면, 이러한 일자와 타자의 개방

---

123 Ibid. "Das Spiel des Seins spielt nicht grundlos in sich selbst, sondern in der Auseinandersetzung des Einen geht es um die Insistenz des Anderen. Das Spiel von Licht und Dunkel, von Anwesen und Abwesen, von Verbergen und Entbergen bewegt sich nicht sich selbst, sondern ist ein Spiel der Offenheit und Verschlossenheit des Einnen im Gegenüber zum Anderen."

124 Ibid., 432. 예거에 따르면, 이러한 이유에서 일자와 타자의 대립/투쟁을 보지 못한 파르메니데스 이후의 존재 형이상학은 존재를 완전한 전체성으로만 간주하고, 그럼으로써 모든 분리와 운동을 배제해버렸다. 그러나 하이데거는 가장 먼저 이러한 전통 형이상학의 방식에 대항하면서 "존재의 본질이 유한성이"며, 오직 일자의 타자와의 대립/투쟁에서 나오는 시간을 통해 모든 것들이, 다시 말해 일자와 타자가 존재할 수 있게 되었다는 점을 통찰했다"(Martin Heidegger, *Schellings Abhand-*

의 투쟁 안에서 인간의 위치는 어디에 속하는가?

인간은 일자와 전적 타자의 대립/투쟁 한 가운데에 속하며, 또한 속할 수 있는 존재자로서 존립한다. "현존재의 본질은 타자와 그와의 대립성(Ausgesetztheit)에서 기인한다"(GA9, 115). 즉, 그는 타자가 비워둔 빈 공간 안에서만, 즉 전적 타자의 열린 빈터 안에서만 특수한 방식으로 실존할 수 있을 뿐이다. 인간의 본질이 그의 실존에 기인할 수 있는 이유는 단순히 인간이 무에게 들어가 있기 때문만이 아니라, 이미 무가 그 자신을 타자로서, 그리고 일자의 개방성으로서 자신을 비워놓고 있기 때문이다.[125] 인간은 존재의 차원이 아닌, 무의 차원에서, 즉 타자가 자신을 비우는 바로 그 차원에서 존재하며, 이러한 이유에서 형이상학적인 존재를 통한 인간규정은 이제 무로서의 타자를 통한 인간규정으로 변경된다. "왜냐하면 근거 없고 우연적인 전적 타자의 현재에 의해 인간 현존재는 규정되기 때문이다."[126]

(2) 무로서의 하나님 이해

그리고 마침내 전적 타자로서의 무는 신과 동일한 것으로 드러난다. 특별히 예거에 따르면, 이러한 무와 신의 연결은 단순히 무신론이나 허무주의를 따르는 것이 아니다. 오히려 이것은 전통 형이상학의 숙고 안에서 왜곡되어 왔던 신학이 이제야 비로소 자신의 본질을 찾을 수

---

lung über das Wesen der menschlichen Freiheit (1809) (Tübingen: Max Niemeyer, 1971), 195. [이하 GA42]). 따라서 모든 시간을 넘어서는 영원에 대한 표상은 하이데거에서부터 사실상 폐지되었고, 전체 세계는 언제나 지속적으로 변화하고, 개방된 일자와 타자의 놀이 안에서만 자신을 드러낼 수 있음이 확인되었다.

125 Jäger, *Gott. Nochmals Martin Heidegger* (1978), 433.

126 Ibid., 434.

있는 가장 긍정적이고, 결정적인 단초이다. 따라서 이러한 동일화 작업은 상당히 치열한 비판을 견뎌내야 하는 작업일 수밖에 없다. 왜냐하면 전통적으로 기독교는 신을 존재를 통해 규정했고, 그 증거를 출애굽기 3장, 즉 '나는 나이다'(나는 스스로 있는 자이다)에서 찾았기 때문이다.

예거에 따르면, 하나님과 일자로서의 존재와의 무조건적 연결은 앞서의 출애굽기 3장의 말씀을 그 이후의 세대가 전통 형이상학이 가지고 있는 존재, 즉 일자에 대한 선입관으로 해석했기 때문이다. "독일 관념론으로부터 하이데거에 이르는 형이상학적 발전은 존재사유에 대한 심오한 형이상학적 의문성을 보여준다."[127] 이러한 형이상학에서의 논의와 다르게, 예거에게 진정한 신이란 존재자의 목적이나 원인이 아닌, 그것들로부터 분리되어 있는 전적 타자이다. "신은 아르케도 아니고, 의미의 근거이거나 존재의 근거도 아니다. 신은 형이상학적 신학이 말하려는 신들의 종말이다. 신으로서의 일자의 죽음은 전적 타자의 시작이다."[128] 예거는 이러한 전적 타자와 신의 관계를 설명하기 위해 신을 하이데거와 같이 '알려지지 않은 신'(der unbekannte Gott)으로 명명한다. 왜냐하면 앞서 언급한 출애굽기 3장의 하나님은 자신을 분명하게 드러내지 않고 있기 때문이다. 즉, 그는 단지 '나는 나다'라고 이야기하고 있을 뿐이며, 이러한 이유에서 여호와의 이름은 자신을 알리지 않는 하나님의 인식불가능성을 표현하는 것일 뿐이다. 오히려 "이러한 하나님은 존재자의 항목에 속하지 않는다."[129]

이처럼 진정한 하나님은 존재와, 존재자와 전적으로 다른 전적 타

127 Ibid., 449.

128 Jäger, *Gott. 10 Thesen* (1980), 56.

129 Jäger, *Gott. Nochmals Martin Heidegger* (1978), 448.

자이며,[130] 무 역시 허무한 무가 아닌 잘 알려지지만 않았을 뿐 자체로는 일자와의 투쟁 안에 있는 실재적인 타자이다. 그래서 하이데거의 말처럼, "지금까지의 신들은 있어왔었던(존재해왔던) 자들이"[131]었다면, 진정한 "하나님은 실재적 존재(ens realissimum)로서의 무이다."[132] 다시 말해, 신적인 신은 일자로서의 존재의 영역에서가 아니라, 타자로서의 무의 영역에서 찾아질 수 있을 뿐이다.

> 이러한 전적 타자인 신에 맞춰보면 지금까지의 신들은 더 이상 아무것도 아니다. 존재의, 근거의, 보장의 그리고 절대적인 신과 신들도 아니며, 자아의, 자기 관계의 신과 신들도 아니며, 저급하고 일상적인 신들에 대해 이야기하는 것도 아니다. 하나님은 모든 신들의 종말이다. 신으로서의 일자의 죽음은 타자의 시원이다.[133]

이제 궁극적이며, 진정한 신적인 신이란 전통 형이상학에서처럼 존재에 속해있는 어떤 것이 아니다. 그는 존재와 존재자와 다르면서도 그것들을 포함하고 있는 전적 타자이자, 일자로서의 존재와 투쟁하는 무이다. 다시 말해, 신적인 신이란 형이상학에서 항상 이야기되어왔던 일자로서의 존재가 아니라, 타자로서 실재하는 무이다. 이러한 무로서의 신은 모든 것을 자기 자신 속에 소유하지 않는다. 오히려 그는 타자로

---

130 Ibid., 451.

131 Ibid., 448. "Die bisherigen Götter sind die Gewesenen."

132 Ibid., 447.

133 Ibid. "Gemessen an diesem ganz andern Gott ist es mit den bisherigen Göttern nichts mehr: Mit dem Gott und den Göttern des Seins, des Grundes, der Sicherheit und des Absoluten, des Ichs und der Selbstbezogenheit, von den unteren, alltäglichen Göttern nicht zu sprechen."

서 일자와의 투쟁 안에서 자신을 깨트리고 비워, 자신에게 속한 존재와 존재자를 개방하는 무이다. 예거는 이러한 신과 무의 관계를 다음과 같이 이야기한다.

> 신은 무이다. 이것은 일종의 무신론적 문장을 거칠게 반복하는 대신에, 신학이 이 실재적인 존재에 대해 말해야 하는 중심표현에 끼워져 있다. [...] 신은 존재하지 않으며, 무이다(ist nicht und Nichts). 왜냐하면 그는 어디서에든, '존재하는'(ist) 그 모든 것을 능가하기 때문이다.[134]

이제까지의 형이상학에서는 존재가 주장되었다면, "예거에게 있어서는 이제 그 자리에 다시 무가 등장한다. 하느님은 무이다."[135] 그리고 현대에서 벌어졌던 신의 죽음의 신학, 그리고 여러 가지 무신론은 이러한 자신을 비우는 무로서의 하나님에 대한 또 다른 언술이었을 뿐이다.[136]

예거에 따르면, 이러한 신과 무 사이의 관계에 대한 논의는 예수의 십자가에서 그 정당성을 획득할 수 있다. 왜냐하면 십자가의 하나님 안에 형이상학적 신과의 전적인 결별가능성이 존립해 있기 때문이다. 다시 말해, 하나님이 예수 그리스도의 십자가 죽음에 참여함으로써,

---

134 Ibid., 448.

135 김광식, 『토착화와 해석학』(1997), 268. 물론 "무라고 하는 이 기상천외한 주장은 결코 일반이 알고 있는 무신론과는 아무 상관이 없다. 말하자면, 하느님의 존재를 부인하는 무신론은 예거의 무 개념을 이해할 수 없을 것이다" (앞의 책, 267).

136 Jäger, *Gott. Nochmals Martin Heidegger* (1978), 454. 이러한 의미에서 본다면, "일자에 대해 신이라는 이름을 거절하고 허무주의적인 '신의 죽음'보다 결코 약하지 않은 무신론은 이와 관련해보자면, 보다 큰 진리를 재현하고 있는 것이다."

이제 전통적 형이상학이 생각하지 않았으며, 생각할 수 없었던 무와 신의 관계, 즉 자신을 비우는 신의 무가 비로소 나타나게 되었다는 것이다.[137]

십자가에서의 예수의 죽음은 철저한 신의 무화사건을 경험하게 만든다. 즉, 죽어가는 비참한 인간 예수가 그 안에서 신의 무능과 부재를 함께 들어내고 있다. 불러도 대답하지 않고, 울부짖어도 도와주지 않는 고통 안에서 신은 경험되지 않으며, 바로 그때에 전통적으로 믿어왔던 전지전능한 신의 표상은 붕괴되고 만다. 하지만, 철저히 붕괴된 바로 그 십자가 위에서 예수는 하나님을 드러냈으며, 그를 찬양하고 죽어간다. 그럼으로써 가장 비참하게 죽은 그 인간 예수의 부활 안에서 하나님의 개방사건이 확증된다. 다시 말해, 예수의 비참한 죽음과 부활 안에서 이제 신과 무 사이의 관계가 개방되어, 고통당하고 자신을 희생하여 구원을 이루는 '무로서의 하나님'이 경험된다. 따라서 십자가는 철학자들의 신을 무화시킨다. 왜냐하면 성서의 하나님은 결코 형이상학의 부동의 동자이자 일자로서의 존재에 함몰되어 있는 분이 아니기 때문이다.

예수의 십자가는 '신'과 '존재'를 연결하려는 모든 시도를 무력화시키며, 그때에 인간은 철저한 무의 체험에서 하나님의 "아담아 네가 어디 있느냐?"(창세기 3:9)의 질문에 직면한다. 그럼으로써 이러한 물음을 통해, 전통 형이상학의 체계 전체는 흔들려버리고, 그것을 넘어 새로운 신 경험이 등장한다. "십자가의 철저한 의문성, 철저한 무의 체험에서 물음을 던지는 자이신 하느님을 만난다."[138] 이 만남에서 신은 무로서

137 Jäger, *Gott. 10 Thesen* (1980), 124

138 심광섭, 『탈형이상학의 하느님』 (1998), 128.

일자와의 대립/투쟁 안에서 자신을 비우며, 그럼으로써 역설적으로 존재와 존재자를 드러내고 있는 자로 드러난다. "신은 무라는 이 말은 이러한 방향에서 신학적인 모순형식의 시도를 제시한다."[139] 따라서 이제 일자로서의 존재는 더 이상 자신을 유일한 것으로 고집하지도, 또한 다른 것들을 압제하지도 않는다. 오히려 타자와의 투쟁적 관계 때문에 존재는 존재자들의 세계를 더욱 풍요롭게 바꾸어간다. 그리고 세계 안에서 하나님은 존재를 드러내 주는 근거이자, 자신을 깨어 개방성의 자리로 내어주는 무로서, 세계의 극단적인 피안으로, 또한 일자와의 투쟁 안에 내존하고 있는 가장 내적인 자로 드러난다.[140] 즉, 하나님은 존재를 위해 무로서 자신을 비우는 자이다.

물론 이처럼 하나님이 자신을 깨어 무로 비우는 것은 결코 그가 무능하기에 그런 것이 아니다. 이와 정반대로 그는 자기를 일자와의 투쟁 안에서 무로서 비워 개방할 수 있기 때문에 그렇게 하는 것이며, 그래서 그에게는 언제나 충만이 함께 전제되어있다. 왜냐하면 아무도 하고 싶지 않은 것을 할 수 있는 자가 가장 전능한 자이며, 또한 가장 폭넓게 비울 수 있는 자만이 그 안을 가장 충만하게 채울 수 있기 때문이다. 그리고 이러한 자기 비움의 근거로서의 '하나님의 무'에 대한 논의는 이제 '가사자로서의 인간'에 대한 논의와 연결되면서 하이데거의 죽음 이해와 무(無) 물음의 새로운 신학적 가능성을 제시할 수 있는 자리를 마련하게 된다. 그것은 바로 '가사자로서의 인간'의 자기 비움과 '무로서의 하나님'의 자기 비움이 서로를 '더욱 충만함'에 이르게 하는 역설적 관계이다.

---

139 Jäger, *Gott. Nochmals Martin Heidegger* (1978), 453.
140 Ibid., 457.

3. '가사자로서의 인간'과 '무無로서의 하나님' 사이의 신-인-관계론

앞서 우리는 죽음이 극복되어야 할 것이 아니라, 자기를 비워 하나님을 향해 나아가는 인간의 가사적 본질이라는 사실과 더불어, 무 역시 극복되어야 할 것이 아니라, 하나님이 자신을 비워 존재를 개방하는 그 자체의 모습이라는 사실을 살펴보았다. "인간은 가사자이다"(GA7, 145). "하나님은 무이다."[141] 따라서 이제 우리가 이러한 논의들을 종합함으로써 최종적으로 살펴볼 사항은 '가사자로서의 인간'과 '무로서의 하나님'이 각자의 부정성, 즉 죽음과 무를 통해 자기를 비움으로써 서로를 더욱 충만함에 이르게 하는 역설적인 상호관계이다.

1) '가사자로서의 인간'의 '그러함에도 불구하고 자기를 비움'

우선 우리는 이것을 논의하기 위해 인간이 자신의 죽음을 통해 수행하게 되는 자기 비움에 주목해야 한다. 앞서 살펴보았듯이 인간은 자신의 본질인 죽음 때문에 자유로울 수 있으며, 그 안에 속한 무성을 통해 스스로를 비우는 자이다. 또한, 이것은 신학적으로 말하자면, 예수 그리스도의 케노시스를 본받아 우리가 행해야 하는 참된 신앙이기도 하다. 따라서 이제 우리는 인간, 특별히 그리스도인이 된다는 것이 바로 자유 안에서 '자기 비움'을 수행함이라는 사실을 통찰하게 된다. 그렇다면, 이러한 자기 비움은 어떻게 수행되어야 하는가? 그것은 바로 자기 대신에 하나님이 주인이 되도록, 다시 말해 나의 중심이 되도록

---

141 Ibid., 448.

하는 것이다. "인간이 하나님을 사랑한다고 할 때에는 인간이 하나님에 대해서 무가됩니다. 무가됨으로써 하나님이 인간의 주체가 됩니다."[142] "무(無)가 됨으로써 그 빈자리에 하나님이 자리를 잡게 하는데, 의자에 내가 걸터 앉아있으면, 하나님이 앉아 계실 수 없다."[143] 따라서 우리가 할 일은 오직 그 자리를 비움으로써 바로 거기로부터 하나님이 자신을 드러내도록 준비하는 것이다. "우리에게 남아있는 것은 사유하면서 시 지으며 신의 드러남(Erscheinung)에 대해... 하나의 예비를 준비하는 유일한 가능성이다."[144]

그러나 여기서 주목해야 하는 것은 '자기 비움'을 통해 비워둔 그 자리에 하나님께서 언제 앉으실지 우리는 알 수 없으며, 그저 우리는 그 자리를 끊임없이 비워내야 할 뿐이라는 사실이다. 오히려 우리가 하나님과 관련하여 때나 조건 등을 만드는 일은 하나님의 일을 우리가 대신 하려는 교만일 따름이며, 그래서 자기 비움은 우리의 공적이나 목표와 상관없이, 모든 개인적 욕망이나 욕심의 성취를 넘어 '그러함에도 불구하고'(in spite of, Trotzdem)[145]의 방식으로서만 행해져야 한다. 즉, "'때문에'로 표현되는 인과응보적 결과나 '위하여'로 표현되는 의지

---

142 아베 마사오·히사마쯔 신이찌/변선환 엮음, 『선과 현대철학. 선의 철학적 자리매김은 가능한가?』 (서울: 대원정사, 1996), 453.

143 앞의 책, 396.

144 Heidegger, "Nur noch kann ein Gott uns retten!," *Der Spiegel* Nr. 23 (1976), 209.

145 Ricoeur, *The Conflict of Interpretations* (1974), 437. 이러한 신앙은 다니엘의 세 친구인 '사드락', '메삭', '아벳느고'가 우상숭배를 강요하는 왕 앞에서 외친 '그리 아니하실지라도'에서 드러난다. 다니엘 3:17-18은 다음과 같이 그들의 말을 전하고 있다. "만일 그럴 것이면 왕이여 우리가 섬기는 우리 하나님이 우리를 극렬히 타는 풀무 가운데서 능히 건져 내시겠고 왕의 손에서도 건져내시리이다. 그리 아니하실지라도 왕이여 우리가 왕의 신들을 섬기지도 아니하고 왕의 세우신 금 신상에게 절하지도 아니할 줄을 아옵소서."

발현적 목표를 넘어 '그럼에도 불구하고 바로 그렇기 때문에'라는 자기 비움의 방식으로 펼쳐진다."[146] 그렇다면, 이러한 '그러함에도 불구하고'란 무엇을 의미하는가? 우선 푀겔러의 다음과 같은 하이데거 해석은 그것의 성격을 분명히 보여준다.

> (하이데거에게서) 자유는 근거 없는(grundlosen) 근거로서 개념 파악되고 있기에, 비은폐성으로서의 진리에 자신을 관여시키는 자유는 무근거(Abgrund)를, 즉 근거제시에서의 근거의 부재를 도리어 진리 안에서 다시 찾아야 한다.[147]

하이데거에 따르면, 아무것도 없는 무근거 위에서 인간 현존재는 죽음에서 획득한 자유를 가지고, 무근거 자체를 향해 다시금 나아가야 한다. "자유는 근거 지어질 수 있는 사실이 아니다."[148] 우리의 자유가 자신의 근거에로 파고 들어가면 갈수록, 확실한 근거는 나타나지 않으며, 그래서 그곳은 더욱더 깊이 비워지면서 결국 인간 앞에 바닥없는 무근거를 드러낸다.

그런데 바로 여기에서 문제가 발생한다. 그것은 곧 '그러함에도 불구하고' 계속 무근거를 향해 나아갈 때, 우리는 자유로서 자기의 근거를 비우고, 또 비우기를 반복할 수밖에 없다는 사실이다. 왜냐하면 푀겔러의 위의 언급처럼 자유란 근거 없는 근거이며, 끝내는 그 무근거를 자신의 것으로 떠맡는 것이기 때문이다. "근거를 향한 자유는 무근거 안으로 내던져져있음으로부터 현성한다"(GA67, 62).[149] 다시 말해, 무

---

146 정재현, 『티끌만도 못한 주제에』 (1999), 446.

147 Pöggeler, *Der Denkweg Martin Heideggers* (1983), 97.

148 Han, *Martin Heidegger* (1999), 82.

근거임에도 '불구하고', 모든 것이 불가능한 것처럼 보임에도 '불구하고', 세상 안에 있는 모든 비극에도 '불구하고', 우리는 그 무근거와 불가능함 위에서 죽음과 삶이 함께 역설적으로 얽혀서 만들어내는 자유를 수행해야만 하는 것이다. 그리고 이것은 곧 우리가 고착된 자신의 일상성을 무화시킴과 동시에, 새롭게 세계를 형성하고, 또 무화시키기를 끊임없이 반복해야만 한다는 사실을 의미한다. 만약 우리가 그렇게 하지 않는다면, 삶과 신앙 안에서 "빠져있음의 존재망각 안에 있는 궁극적이지 못한 것이 궁극적인 것이"[150]되어, 욕망충족에 봉사하는 우상으로 고착된다. 그렇다면, 우리는 이것을 어떻게 수행할 수 있는가?

하이데거에 따르면, 그것은 단념에 의해 가능하다. 왜냐하면 단념할 때에만이 기존의 고착된 것이 파괴되고, 그 빈자리에서 무엇인가 새로운 것이 준비될 수 있기 때문이다. "모든 것은 동일한 것(das Selbe) 안으로의 단념을 말한다. 단념(Verzicht)은 빼앗는 것이 아니라 주는 것이다"(GA13, 90).[151] 즉, 우리는 하나님에 대한 경험의 부족에도, 신정론의 문제가 발생해도, 또한 세상의 일이 내 뜻대로 이루어지지 않더라도, 우리가 유한한 자에 불과할지라도, 즉 '그러함에도 불구하고', 어떤 것

---

149 "Die Freiheit zum Grund west aus der Geworfenheit in den Abgrund."

150 Casper, "Das Versuchtsein des Daseins und das Freiwerden von den Götzen" (1998), 75.

151 하이데거가 여기서 말하고 있는 동일한 것(das Selbe)이란 "과거, 현재, 미래로 파열되어 나가는 무상한 시간의 흐름 속에서 상주하는 것(ein Bleib- endes)이며(신상희, "시 짓는 사유: 사유하는 시. 하이데거의 횔덜린 시론", 「철학과 현상학 연구」 Vol. 40 [2009, 한국현상학회], 207)", 성스러운 것이고, 또한 모든 사상가들과 시인들이 그것으로부터 듣고 사유하며, 시 짓고 있는 그러한 것이다. 그리고 이것은 동일하다는 이름을 가지고 있다고 해서 꼭같은 것(das Gleiche)으로 오해되어서는 안 된다. 왜냐하면 꼭같은 것 안에서는 상이함이 사라지지만, 동일한 것 안에서는 상이함이 나타나게 되기 때문이다(GA11, 55).

의 절대화나 안정을 단념함으로써 유한성 안에서 자신을 반성하며, 계속 자신을 비워나가야 한다. "인간은 무의 심연과 모든 것 사이에서 그의 삶을 살아야만 한다."[152] 따라서 다음과 같은 물음이 필연적으로 나타난다. 그렇다면, 우리에게는 단념을 통한 그러함에도 불구하고 자기를 비움의 영원한 반복만이 본질로 '주어져 있는'(geschickt) 것인가? 그래서 우리는 그 '운명'(Geschick)으로부터, 혹은 '숙명'(Schicksal)으로부터 벗어날 수 없는 것인가?

결코 아니다! 자기 비움은 단지 '그러함에도 불구하고'의 무한반복에 머물지 않으며, 오히려 우리로 하여금 '더욱 충만함'에 대한 희망을 가질 수 있도록 만들어준다. 왜냐하면 그러함에도 불구하고 자기를 비움에는 더욱 충만함이 함께 존재하기 때문이다. "비움이란 한편으로는 결여(Entbehrung)이지만, 그러나 다른 한편으로는 충만(Erfüllung)이다."[153] "바로 이 비움이 신성의 충만이며, [...] 충만이란 비움이다. 비움 혹은 자기부정인 충만."[154] 그래서 "'그러함에도 불구하고'는 생명의 도약(thrust), 즉 성 바울의 유명한 표현인 더욱 충만함(superabundance)에서 발견되는 신앙적 관점의 다른 측면이다. 보다 더 깊은 이 범주를 가리켜 '더욱 충만함(풍부함)의 논리'라 부를 수 있으며, 이것은 곧 희망의 논리이다."[155] 그렇다면, 여기서 말하는 '그러함에도 불구하고 자기를 비움의 더욱 충만함'이란 무엇을 의미하는가?

---

152 Siegmund, *Buddhismus und Christentum* (1968), 59.

153 Edward Conze/ Übers. von Herbert Elbrecht, *Buddhistisches Denken* (Frankfurt (M): Schurkampf Verlag, 1988), 80.

154 Altizer, "Buddhist emptiness and the crucifixion of God" (1990), 72.

155 Ricoeur, *The Conflict of Interpretations* (1974), 437.

2) 인간의 '무성'과 존재의 '자체로-삼감' 사이의 역설

이것을 해명하기 위해 우선 우리는 앞서 언급한 죽음 이해의 역설적 성격 중 실존성에서의 '무성과 세계형성의 역설'의 인간의 '무성'과 더불어 무 물음의 역설적 성격인 '무와 존재의 공속의 역설'에서의 존재의 '자체로-삼감'에 대해 꼼꼼히 살펴볼 필요가 있다.

앞서 살펴본 것처럼, 인간 현존재는 실존성에서의 '무성과 세계형성의 역설', 다시 말해 자유를 가진다. "자유는 세계를 기투하면서-던지면서 세계를 전개되게 함이다"(GA9, 164). 그러나 바로 이 "현존재의 자유함(Freisein)에 무성이 속"(GA2, 285)하며, 인간은 바로 이 무성을 통해, 자신의 고착된 가능성들을 비워 존재자체의 드러남을 준비할 수 있다. 왜냐하면 "죽을 수밖에 없는 가사자(Die Sterblichen)로서의 인간들만이 비로소 거주하면서 세계로서의 세계를 이룩할 수 있기"(GA7, 175) 때문이다.

이와 더불어, 존재자체 역시 '무와 존재의 공속의 역설' 안에서 '자체로-삼감'을 가지고 있다. "존재는 인간주체의 정복시도를 거부하고, 주체의 공격을 항상 벗어나면서 자신을 은폐하는 비밀로서 자신을 드러냄으로써 '존재를 주고 있으며'"[156], "동시에 보내줌(Schicken)으로서의 줌(Geben)에 '자체로-삼감'(Ansichhalten)이 속해 있다"(GA14, 23). 다시 말해, 존재자체는 자체로-삼가면서 스스로를 '비우고' 거절하고 있기에, 존재자를 고유하게 존재하게 하면서, 자신의 충만에 이른다. "거절(Versagung) 안에서 근원적인 비움(Leere)이 스스로를 [비워] 개방(offnet)"(GA65, 380)하기 때문에, "존재는 자기 스스로를 드러내지 않으

---

156 이수정·박찬국, 『하이데거. 그의 생애와 사상』 (1999), 244.

면서도, 모든 존재자를 개시하는 '개방됨'으로 성격규정"[157]되며, 그래서 "존재는 가장 공허한 것이면서 가장 충만한 것(Reichste)이다"(GA48, 329). 그렇다면, 앞서 언급한 인간의 '무성'과 존재의 '자체로-삼감'은 '더욱 충만함'과 어떤 관계를 가지고 있는가?

'더욱 충만함'은 인간과 존재 각각이 자신들의 '무성'과 '자체로-삼감'을 통해 스스로를 비울 때에 도래한다. 다시 말해, '인간과 존재'가 각각 자신들의 부정성으로서의 '죽음과 무'를 통해, 즉 '무성과 자체로-삼감'을 통해 서로를 더욱 충만함에 도달시킨다. 왜냐하면 인간이 죽음의 무성을 통해 비워두고 있는 열린 빈터 바로 그곳에서, 존재자체가 무의 '자체로-삼감'을 통해 자신의 본령을 숨김과 동시에 모든 존재자를 존재하도록 하기 때문이다. "실존은 전적으로 다른 것을 위해서, 존재자에 대한 무를 위해서, 존재자처럼 갖다 세워놓을 수 없는, 마음대로 처분할 수 없는 존재자체를 위해서 자리를 빈 채로 놔둔다."[158] "무는 존재로서 존재자를 각각의 고유한 방식 안에서 인간에게 보내준다. 이러한 보냄이 또한 존재생기라고 명명된다."[159] 이것은 무엇을 의미하는가?

하이데거에 따르면, 존재가 존재생기로서 자신을 은폐함과 동시에 탈은폐하여 드러나는 장소는 바로 인간이 자신의 무성을 통해 비우는 열린 빈터, 즉 현존재의 현(Da)이다. "존재자 전체와 함께하는 현존재는 오직 근원적으로 존재가 존재자를 존재의 열린 빈터 내적으로 그것의 존재의 밝음 안으로 비춰 들어올 수 있도록 스스로를 비추기

157 Han, *Philosophie des Zen-Buddhismus* (2008), 58.

158 Pöggeler, *Der Denkweg Martin Heideggers* (1983), 173.

159 Welte, *Denken in Begegnung mit dem Denken*, Bd. II/2 (2007), 164.

때문에만, 존재한다. 존재는 그로부터 자신의 열린 빈터를 위한 일종의 장소를 필요로 한다. 이러한 장소란 바로 인간의 현이다."[160] 따라서 현존재의 "준비와 준비함이란 존재가 자신의 드러냄과 보호함을 위해 인간을 필요로 한다는 사실을 가리킨다."[161] 그러나 존재가 자체로-삼가지 않는다면, 즉 무로서 스스로를 무화하며, 스스로를 비우지 않는다면, 인간은 결코 자신을 비우고 준비할 수도, 자신의 고유함에 도달할 수도 없을 것이다. "무는 인간적 현존재를 위해 존재자 그 자체의 개방성을 가능하게 한다"(GA9, 115). "(존재의) 거절함은 은적의 숨음이고 또 은닉의 감춤이며, 그런 은적과 은닉의 필요성은 그것이 마음의 가난을 가능케 해준다는 것이다. 마음의 가난은 마음의 비어 있음과 다르지 않다."[162]

이와 반대로, 만약 인간이 자신을 비우면서 스스로를 열린 빈터로 만들지 않는다면, 존재자체는 자기 자신의 충만함도, 또한 존재자들의 충만함도 드러내지 못한다. "존재는 오직 무 안으로 들어가-머물러-있는(hineinhaltende) 현존재의 초월 속에서만 스스로를 드러내 보인다"(GA9, 120). "이러한 장소의 개방성 안에서 현-존과 같은 것(존재)이 주어질 수 있도록 인간은 존재자의 절대타자(무)에게 이 장소를 비워준다(hält [...] frei)"(GA9, 419). "이러한 의미에서 인간의 사유 없이는 존재의 어떠한 개현도 없다."[163] 다시 말해, 존재자체가 무화하면서 스스로를 비우

160 von Hermann, *Die Selbstinterpretation Martin Heideggers* (1964), 83. 하이데거에 따르면, 이처럼 인간이 존재의 탈은폐의 장소일 수 있는 이유는 바로 인간들이 자신의 죽음을 본질로 지닌 가사자로서 자신을 비워 존재의 드러남을 준비하는 자, 즉 하나의 사이이기 때문이다(GA7, 171). "이러한 열려진 사이는 존재의 탈은폐와 은폐의 탈자적 영역이라는 의미의 단어, 즉 현-존재로 이해된다"(GA5, 104).

161 Kovacs, *The Question of God in Heidegger's Phenomenology* (1990), 5.

162 김형효, 『하이데거와 화엄의 사유』 (2002), 154.

기 때문에, 인간은 "존재와 현존재 사이의 벌어진 자리(Durchbruchstelle)"로서의 죽음[164]을 따라 자기를 비우면서 준비할 수 있을 뿐이며, 반대로 존재는 인간이 자기를 비워 열린 빈터를 준비할 때에만, 거기서 스스로를 드러내 존재자를 존재하게 하고, 동시에 스스로를 비워 은폐할 수 있을 뿐이다.

이러한 상호비움 안에서 인간과 존재는 상호충만함에 도달한다. 다시 말해, 인간이 자유의 무성을 통해 자기를 비우고 스스로를 개방하는 그 자리에서 존재는 존재생기로서 드러나고, 그럼으로써 존재자들을 충만하게 해줌과 동시에, 자신을 내빼어 비우면서 다시금 인간의 자기 비움을 요구하면서 "인간과 존재는 이미 그들의 본질에 도달해 있다. 왜냐하면 어떤 충만함으로부터 서로가 서로에게 넘겨져-고유해지기(넘겨져-도달하기) 때문이다"(GA11, 41-42).[165] 이러한 상호비움과 상호충만의 관계를 하이데거는 다음과 같이 정식화한다.

> 그것(존재)은 낮아지고 있는 것들(붕괴되고 있는 것들)을 필요로 하며, 존재자가 나타나는 그곳에서 이것들을 이미 존재생-기하게 만들고, 스스로는 내뺀다. 이것은 존재자체의 현성이며, 우리는 이것을 존재생기라고 명명한다. 측정할 수 없을 만큼 존재와 그것에 존재생기한 현-존재의 전향적인 관계의 풍성함은 측량할 수 없을 만큼 생기함의 충만이다(GA65, 7).[166]

163 이수정·박찬국, 『하이데거. 그의 생애와 사상』 (1999), 257.

164 Demske, *Sein, Mensch und Tod* (1984), 13.

165 "[...] Mensch und Sein einander je schon in ihrem Wesen erreicht haben, weil beide aus einer Zureichung einander über-eignet(über-reicht) sind."

166 "Es braucht die Untergehenden und hat, wo ein Seiendes erscheint, diese schon er-eignet, sich zugewiesen. Das ist die Wesung des Seynsselbst, wir nennen sie das

다시 말해, 이러한 역설적인 비움과 충만의 상호관계 안에서 인간은 자신을 비워 존재자체의 드러남을 준비하고, 존재자체는 자신을 비워 인간과 존재자를 존재하게 함으로써 그 둘은 함께 충만함에 도달한다. 그래서 존재자로서의 인간에게 있어 "죽음에서 나타나는 비움은 참된 충만의 현상일 뿐이"[167]며, 동시에 존재에게 있어 "비움은 [...] 아직 결정되지는 않았지만, 결정되어야 할 그러한 충만이다"(GA65, 382).

이러한 논의를 통해 우리는 다음과 같은 통찰에 이르게 된다. 그것은 바로 인간과 존재자체가 '비움-충만'의 역설적 관계 안에 서 있기 때문에, 존재자체가 떠난 허무주의 안에서의 무의 경험이란 결코 부정적인 것으로만 머물지 않는다는 사실이다. 오히려 우리가 경험하고 있는 무의 근저에는 존재자체의 비움이 놓여있으며, 그래서 그것은 존재자체가 자신을 비움으로써 존재의 충만함을 우리에게 선사해줄 것에 대한 징표를 의미하게 된다. "비움은 존재의 떠남이 충만히 채워질 긴급함이며, 이것은 이미 (비워) 열린 어떤 것(das Offene)으로 되돌아가 있다"(GA65, 382). 그래서 "부재란 아무것도 아닌 것이 아니라, 오히려 바로 있어왔던 것의 숨겨진 충만의 고유하게 하는 현존성이며, 그리스, 예언자적 유대, 그리고 예수의 설교 안에 있는 신적인 것의 현성함을 모아들인다"(GA7, 177).[168]

이제 허무주의는 인간과 존재자체 사이의 비움과 충만의 관계 안에서 극복되며, 그 안에서 경악으로서의 근본기분으로 경험되었던 무

Ereignis. Unausmeßbar ist der Reichtum des kehrigen Bezugs des Seyns zu dem ihm ereigneten Da-sein, unerrechenbar die Fülle der Ereignung."

167 Waldenfels, *Absolutes Nichts* (1976), 202.

168 "Alein Abwesenheit ist nicht nichts, sondern sie ist die gerade erst anzueignende Anwesenheit der verborgenen Fülle des Gewesenen und so versammelt Wesenden, des Göttlichen im Griechentum, im Prophetisch- Jüdischen, in der Predigt Jesu."

는 새롭게 신과 연관되면서 그의 드러남을 보증하기 시작한다. 즉, "무의 드러남은, 존재의 무 안에서의 드러남은, 그리고 거룩한 것의 존재 안에서의 드러남은 신의 드러남에 대한 전제이다."[169] 왜냐하면 가장 추운 겨울에 봄의 새싹이 피어날 준비를 시작하듯이, 가장 깊은 "위험이 있는 곳에, 구원하고 있는 것(Das Rettende) 역시도 (함께) 자라(wächst)"(GA7, 39)나기 때문이다. 그리고 우리는 마침내 이러한 자기 비움으로부터 더욱 충만함에 이르는 인간과 존재 사이의 역설적 관계를 통해 '가사자로서의 인간'과 '무로서의 하나님' 사이의 관계의 새로운 신학적 가능성을 제시할 수 있는 단계에 이르게 되었다.

3) '무無로서의 하나님'의 '더욱 충만함'

(1) 더욱 충만함의 논리

새로운 신학적 가능성이란 바로 '가사자로서의 인간'과 '무로서의 하나님' 사이의 역설적 관계 안에서 나타나는 '자기 비움 안에서의 더욱 충만함'을 가리킨다. 다시 말해, 그것은 하나님이 무로서 자기를 비우는 자이기 때문에, 인간과 존재자체 사이의 역설적 관계와 마찬가지로, 그는 인간과 자기 비움을 통해 관계 맺고 있는 자로 드러나며, 이러한 관계 안에서 그가 주는 '더욱 충만함'이 우리에게서 새롭게 희망될 수 있음을 말한다. 그렇다면, 이것은 무엇을 의미하는가?

우선 우리는 여기에 답하기 위해 리쾨르의 바울에 대한 해석을

169 Welte, *Denken in Begegnung mit dem Denken*, Bd. II/2 (2007), 126. "Das Aufgehen des Nichts und im Nichts des Seins und im Sein des Heiligen ist Voraussetzung für Aufgehen Gottes."

살펴볼 필요가 있다. 바울은 다음과 같이 말한다.

> 그렇지만 은혜의 경우는 범죄의 경우와 다릅니다. 사실 그 한 사람의 범죄로 많은 사람이 죽었지만, 하느님의 은총과 예수 그리스도 한 사람의 은혜로운 선물은 많은 사람에게 넘치게(*vielen reichlich*, 매우 충만하게) 내렸습니다. [...] 사실 그 한 사람의 범죄로 그 한 사람을 통하여 죽음이 지배하게 되었지만, 은총과 의로움의 선물을 넘치게 받은 (*empfangen die Fülle*) 이들은 예수 그리스도 한 분을 통하여 생명을 누리며 지배할 것입니다. [...] 율법이 들어와 범죄가 많아지게 하였습니다. 그러나 죄가 많아진 그곳에 은총이 넘치게 내렸습니다(*viel mächtiger worden*).[170]

여기에서 리쾨르는 바울이 은혜의 경우, 논자가 인용문에서 밑줄로 강조한 부분에서, '-했지만, 넘치게, 넘침을 받다', 즉 '-임에도 불구하고 넘친다'라고 말하는 것에 주목한다. 그럼으로써 그는 하나님의 은혜가 일반적인 삶에서 벌어지는 인과응보와 전적으로 다르다는 점을 발견한다. 이와 관련하여 리쾨르는 다음과 같이 이야기한다.

> 동등(equivalence) 논리에 대해, 보다 낫게는 정죄의 논리에 대해 더욱 충만함(superabundance)의 논리는 정반대이다.[171]

그에 따르면, 하나님의 은혜는 충만의 논리 안에 있기 때문에, 세상

---

170 로마서 5장 15-20절(새번역 성경). 강조는 논자.

171 Ricoeur, *The Conflict of Interpretations* (1974), 410.

의 상식과 같이 일대일의 원칙으로 부정적인 것들을 가감시키는 것이 아니라, 역설적이게도 부정적인 것들이 극단적으로 팽배해진 그 비참한 장소에서 보다 더 넘쳐난다. '죽었지만, 은혜가 넘치며(viel reichlich)', '죽음이 지배하지만, 은총과 의로움의 선물의 넘침(die Fülle)을 받고', '범죄가 많아지게 되었지만, 은총이 더 많이 넘친다(mächtiger werden).' 다시 말해, 세상의 생각과 정반대의 장소에서, 즉 죽음이 지배하는 곳, 범죄가 많아지는 곳, 시련이 우리를 괴롭히는 곳에서, '그러함에도 불구하고' 그리스도의 은혜와 은총과 의로움이 더욱 충만해진다. 그래서 "그럼에도 불구하고는 더욱 충만함의 또 다른 측면이며, 그 그늘이다."[172] 그렇다면, 이처럼 부정적인 것들이 극단에 이르는 그곳, 그때 신의 더욱 충만함이 드러나는 이유는 무엇인가? 그것은 바로 무로서의 하나님이, 무와 역설적으로 공속하는 하이데거적 존재와 마찬가지로, 인간의 무성, 즉 그의 자기 비움 안에서만 자신을 알려오는 분이기 때문이다.

(2) 인간과 하나님 사이의 '비움-충만'의 관계

앞서 살펴본 것처럼, 신은 모든 존재자와 더불어 존재에 대해 전적 타자로서 자기를 부정하고, 비우기 때문에 무라고 이야기될 수밖에 없다. "진정한 신, 혹은 진정한 절대자란 자체로 절대적 자기-부정을 소유하고 실현하는 것이다. 그리고 이러한 측면에서 절대자란 절대적으로 무임에 틀림없다."[173] 이러한 무로서의 신이란 당연히 허무가 아니며, 오히려 절대적으로 '사유될 수 없음'에 대한 또 다른 표현이다.

---

172 Ibid.

173 Altizer, "Buddhist emptiness and the crucifixion of God" (1990), 70

다시 말해, 우리는 신에 대해서도, 무와 마찬가지로 인식적 한계를 가지고 있으며, 이러한 인식불가능성 안에서 '전적 타자로서의 신'은 '전적 타자로서의 무'와 연결된다.[174] "무란 어떤 긍정적인 규정에서든 스스로를 내빼버리는 신의 부정성을 표현한다."[175] 따라서 '신적인 신'이란 '알려지지 않은 신'(der unbekannte Gott)이다(GA7, 191). 아니 더 적극적으로 말해, 오히려 신은 무 자체이며, 그래서 "신은 존재자의 항목에 속하지 않는다."[176] 그러나 여기서 놀라운 사건이 나타난다. 그것은 바로 신이 자체로 무임에도 불구하고, 자신의 인식불가능성으로부터 스스로 벗어나 자기 자신을 드러냈으며, 또한 드러내고 있다는 사실이다. 출애굽기는 이것을 다음과 같이 증거하고 있다.

> 하나님이 모세에게 말씀하여 가라사대 나는 여호와로라. 내가 아브라함과 이삭과 야곱에게 전능의 하나님으로 나타났으나 나의 이름을 여호와로는 그들에게 알리지 아니하였고 [...] 이제 애굽 사람이 종을 삼은 이스라엘 자손의 신음을 듣고 나의 언약을 기억하노라.[177]

전능하신 하나님은 그 자신의 이름을 알리지 않는 자이다. 신의 이름이 알려지지 않았다는 것은 그의 전능함 때문에 그가 어떤 분인지, 그가 무엇을 행할지, 전혀 알려지지 않았고, 결코 알려질 수도 없다는 것을 의미한다. "신이 무엇인지 우리는 알지 못한다. 이것은 오래된 신학적 명제이다. 신은 규정되지 않는다(Deus definiri nequit)."[178] 단지

---

174 Jäger, *Gott. Nochmals Martin Heidegger* (1978), 447.

175 Han, *Philosophie des Zen-Buddhismus* (2008), 11.

176 Ibid., 448.

177 출애굽기 6장 2-6절. 개역성경

우리가 알 수 있는 것은 그분이 전능한 분으로서, 그의 전능함 때문에 유한한 인간에게는 전적으로 인식 불가능하다는 사실뿐이다. 그래서 이름을 알 수 없는 신에 관련하여, 우리는 그가 자신을 무로서 은폐하는 무규정자이자, 모든 유한자들의 절대타자인 궁극자(마지막 자)라고만 사유할 수 있을 뿐이다. "신은 단적으로 규정되지 않는 것, 즉 무규정자이다. [...] 신은 모든 특수자의 부정이다."179 "궁극적 신(Der letzte Gott)이란 거절의 최고의 형태이다"(GA65, 416).

그러나 역설적으로 "바로 이러한 (신성의) 은폐된 전개로부터 신은 자신의 본질 안에서 나타난다"(GA7, 171).180 그는 자신의 무에 머물지 않고, 오히려 앞서의 출애굽기의 말씀처럼, 종으로 잡힌 자들, 그래서 죽음에 직면해 있는 자들의 신음을 듣고, 은폐의 무로부터 자신을 탈은폐하여 자신의 이름을 드러내어 알림으로써 이제 그들과의 언약을, 즉 그들과의 관계를 기억하기 시작한다. 다시 말해, 인간이, 신이 부재하는 세상의 시련과 환란 그리고 고난과 죽음 등에도 불구하고, 스스로를 비워내어 가장 가난해지는 바로 그 고통의 때, 그 고통의 장소에서 무로서의 하나님이 자신을 자체로-삼가면서 비우는 은폐로부터 자신을 내어준다(schicken).181 "인간이 케노시스를 수행하면서 스스로를

178 Jürgen Moltmann, *Der gekreuzigte Gott. Das Kreuz Christi als Grund und Kritik christlicher Theologie* (München: Chr. Kaiser, 1972), 210.

179 G. W. F. Hegel, Werke in 20 Bänden, Hrsg, von Eva Moldenhauer und Karl Markus Michael, Bd. 16: *Vorlesungen über die Philosophie der Religion I* (Frankfurt(M): Suhrkamp Verlag, 1986), 28

180 "Aus dem Walten dieser (Gottheit) erscheint der Gott in seinem Wesen."

181 따라서 이러한 역설적인 극단적인 자기 비움의 더욱 충만함의 사건은 개인의 숙명(Schicksal)이며, 동시에 역사의 운명(Geschick)으로 드러난다. 이것은 단지 모세에게만, 그리고 예수 그리스도에게만 나타나고 끝나버린 사건이 아니다. 오히려 더욱 충만함은 우리의 삶 안에서 언제나 희망될 수 있는 은혜이다.

'비울'(entäußert, 자신의 드러냄을 제거했을) 때에, 신적인 것은 그에게 자신을 '드러내며'(äußern), 개시하고, 그에게 내재하게 된다."[182] 따라서 "우리가 죽음을 향해, (무를 향해) 우리를 내려놓고 있다면, 죽음의 어두운 밤의 한 가운데로부터 신의 구원이 비밀스럽게, 그리고 놀랍게 우리를 넘어 나타나, 우리를 붙들 것이다."[183] 그렇다면, 하나님이 이러한 인간의 비움, 즉 가난함 안에서 스스로를 알려오는 이유는 무엇인가? 그것은 바로 우리보다 앞서 근원적인 고통을 당하고 있는 '무로서의 하나님'이 '가사자로서의 인간'이 당하는 비움의 고통을 알고 불쌍히 여기기 때문이다.

앞서 우리가 살펴보았던 것처럼, 인간은 죽음을 통해 나약하고, 깨어질 수밖에 없는 철저한 부정성의 존재이다. 특별히 인간이 이처럼 부정성에 직면할 수밖에 없는 이유는 그가 현실적인 조건 안에서 죽음을 결코 극복할 수 없으며, 그래서 그는 항상 고통에 처해있을 수밖에 없기 때문이다. 다시 말해, 부정성은 결코 긍정적인 어떤 것으로 환원되지 않고 고통스럽게 남아, 인간의 삶을 어떤 새로운 형태 안으로 끊임없이 개방해 버린다. "이것은 고통, 죄책 그리고 회복 불가능성이 모든 삶의 운동들을 성격규정하고, 각인한다는 것을 의미한다."[184] 그러나 바로 이 죽어가며, 스스로를 비우는 고통의 시간과 고통의 장소에서

---

182 Münch, *Dimensionen der Leere* (1998), 93.

183 Welte, *Leiblichkeit, Endlichkeit und Unendlichkeit*, Bd. I/3 (2006), 173. "Wenn wir uns ganz in Gottes Hände legen, dann, wenn wir uns zum Tode niederlegen, dann wid mitten aus der dunklen Nacht des Todes Gottes Heil geheimnisvoll und wunderbar über uns aufgehen und uns auffangen."

184 Thomas Rentsch, "Transzendenz, Negativität und Zeitlichkeit. Fragen an Michael Teunissen," 미발표논문 (2011), 3. "Das heißt auch, dass Leiden, Schuld und Unwiederbringlichkeit auch weiterhin alle Lebensbewegungen charakterisiert und mitprägt."

오히려 신이 나타난다. 다시 말해, 고통스러운 비움의 작업은 우리의 현실 안에 놓인 채, 우리의 삶 안에서 새로운 충만의 차원, 즉 신적 차원이 들어오도록 만들며, 그래서 "현재와 미래, 각각의 시간은 그것을 통해 신이 항상 다시금 새롭게 시간 안에 등장하는 (혹은 할 수 있는) '작은 문'(kleinen Pforte)이 된다. 이것은 [...] 마치 모든 순간이 그것을 통해 메시아가 등장할 수 있는 작은 문과 같은 것이었다. 시간은 '은혜와 포기(사명)' 그 양자이다(Die Zeit ist ineins 'Gnade und Aufgabe')."[185] 이와 관련하여, 하이데거는 다음과 같이 이야기한다.

> 고통이란 사방세계의 근본 틈새가 기입되어 있는 틈새이다. [...] 고통의 틈새는 은혜가 은총의 새로운 도래를 향해 위장된 채 들어오고 있음을 찢어 열어놓는다(GA79, 57).[186]

비움의 고통은 우리의 비움과 가난함으로부터 시작되어, 동시에 우리의 비움과 가난함을 더욱더 비우고 가난하게 만들지만, 거기서 끝나지 않으며, 오히려 그것은 신이 우리의 삶 안으로 침입해 들어오는 은혜의 틈새로 사용된다. 왜냐하면 신은 우리의 고통보다 먼저 자신의 무로서의 비움의 고통을 근원적으로 겪고 있기 때문이다. "신은 끊임없

---

185 Ibid., 4.

186 "Der Schmerz ist der Riß, in den der Grundriß des Gevierts der Welt eingezeichnet ist. [...] Der Riß des Schmerzes reißt verhülltes Gehen der Gunst in eine ungebrauchte Ankunft der Huld." 여기서 말하는 사방세계(das Geviert)란 그 안에서 신과 인간 그리고 하늘과 땅이 서로와 관계 맺는 사자적 장소이다. 하이데거는 다음과 같이 말한다. "땅과 하늘, 신적인 것들과 가사자들은 스스로로 부터 합일화하면서 합일되어가는 사방세계의 단일성 안에 공속한다"(GA79, 18). 그리고 그 안에서 네 가지 요소의 각각이 개별화되는 "사중화는 단일하게 서로를 신뢰하는 생기하는 거울놀이로서 현성한다" (GA79, 19).

이 창조하기 때문에, 신은 자신을 비우고 있으며, 따라서 끊임없이 고통스러워"[187]하며, 그래서 "신은 이미 우리에 앞서서 우리의 고통에 함께 하신다."[188] 다시 말해, 무로서의 하나님은 스스로의 비움을 통해, 이미 이 비움의 고통을 우리보다 앞서 경험하고 있는 분이며, 그래서 그는 우리의 가난함의 고통을 잘 알아, 불쌍히 여김으로써 우리의 고통 안에서 자신을 드러내고 계신다. "아비가 자식을 불쌍히 여김같이 여호와께서 자신을 경외하는 자를 불쌍히 여기시나니."[189]

특별히 여기에서 우리가 잊지 말아야 하는 것은 이러한 하나님의 불쌍히 여김 안에서는 산상수훈의 말씀처럼, 자기를 비운 자, 즉 가난한 자가 가장 복 있는 자라는 사실이다. 왜냐하면 가난한 자란, 고난과 고통을 통해 가장 잘 자신을 비우고 있는 자, 즉 "죽을 자들 중 가장 잘 죽을 자들(die Sterblichsten)"(GA5, 273)이기 때문이다. 그리고 이것이야말로 예수가 분명하게 가르치고, 보여주었던 바로 그것이다.

> 예수는 산상수훈의 기본적인 말씀을 따라 성령 안에서 가난한 자(Armen), 혹은 하나님 앞에서 가난한 자를 천국의 복이라고 약속했다. [...] 단지 죽어가면서 자신의 모든 소유를 놓아야하는 [...] 사람보다 더 가난한 자란 과연 누구란 말인가?[190]

> 하나님의 결정적인 자기 드러냄이 그리스도 이외의 그 누구도 아닌 이 예수의 종이 됨, 고통, 그리고 죽음 안에 있다."[191]

---

187 MacGregor, *He Who Let Us Be* (1975), 187.

188 정재현, 『티끌만도 못한 주제에』 (1999), 322.

189 시편 103편 13절, 개역성경.

190 Welte, *Leiblichkeit, Endlichkeit und Unendlichkeit*, Bd. I/3 (2006), 171.

그뿐만 아니라, 우리는 다음과 같은 사실 역시 결코 잊어서는 안 된다. 그것은 바로 자신을 비워 가난해진 자가 '그러함에도 불구하고 자기를 비움'으로부터 '더욱 충만함'에 이르게 되는 이러한 역설적 과정이 결코 인간의 능력에 의존되어 있지 않다는 사실이다. 다시 말해, '더욱 충만함'의 차원은 우리와 전적으로 다른 곳으로부터 오고 있으며, 그렇기 때문에 우리의 욕망이나 안정성의 추구에 의해 좌지우지되는 것이 아닌, 그런 것들과는 전적으로 다른 것이다.[192] 만약 그렇지 않다면, 그것은 "하나의 '업적'이 되어버리고, 따라서 내가 나의 실존을 규정해버리고 말게 된다."[193] 오히려 역설적인 비움-충만의 관계는 "모든

---

191 David Tracy, "Kenosis, Sunyata, and Trinity," in: *The Emptying God. A Buddhist-Jewish-Christian Conversation*, Edited by John B. Cobb, Jr. and Christopher Ives (NY: Orbis, 1990), 153. 물론 예수의 삶 안에서 예증된 것처럼 가장 가난한 자가 가장 복된 자가 될 수 있는 이유는 결코 나중에 받을 천국 때문이 아니다. 오히려 가난한 자는 인과응보를 넘어, 역설적으로 그 어떤 것도 아닌, 오직 자신의 가난 때문에 복된 자이다. 다시 말해, 그의 가난함은 떠나있던 하나님께서 가난한 자를 멸시하는 세상의 상식을 뒤집고, 이제 그가 비워 둔 자리에 들어와 그와 함께 하고 있다는 징표이기에 가장 복되다. "마음이 가난한 사람은 [...] 이 모든 것을 신께 되돌려준 사람이다. [...] 따라서 신은 어떤 다른 덕목이나 그 밖의 어떠한 것에서보다도 버리고 떠나 있는 심정 가운데 보다 기꺼이 거주하신다"(에크하르트, 『마이스터 에크하르트 독일어 논고』 (2009), 240). "그러므로 누구든지 [...] 자신을 낮추는(sich selbst erniedrigen) 이가 하늘나라에서 가장 큰사람이다"(마태복음 18장 4절, 새번역 성경). 이 말씀을 따르게 된다면, 앞서 우리가 서론에서 언급했던 일반인들의 상식, 즉 '재벌은 승리자이고 가난한 자는 패배자이다.'라는 평가는 완전히 잘못된 것으로 드러난다. 오히려 가난한 자가 신에게 가까이 다가가는 승리자이고, 그와 반대로 재벌은 신과 관계가 끊어진 패배자이다. 우리는 다음과 같은 예수의 말씀에서도 이것을 분명하게 확인할 수 있다. "부자가 하느님 나라에 들어가는 것보다 낙타가 바늘귀로 빠져나가는 것이 더 쉽다"(마가복음 10장 25절 새성경).

192 Bultmann, *Glauben und Verstehen 4* (1993), 160. 그래서 불트만에 따르면, "하나님 말씀을 신앙한다는 것은 모든 순수한 인간적인 안전을 포기하는 것을 의미한다." 이와 관련하여 그는 특별히 수동태 접두어인 'Ge'를 통해, 신앙이 주어지는 것이라는 점을 강조한다. "이러한 의미에서 신앙이란 명령(Gebot)이며 선물(Geschenk)이다."

선입관들, 모든 기대와 반대로(para taen doxan) 모든 경험과 인간이 가능하게 보는 모든 것과 정반대로"[194] 하나님 쪽에서 오는 것일 뿐이다. "신과 신들이 [...] 존재의 밝음 안으로 들어와서 (우리에게) 가까이 다가와 현존하거나 부재하게(an- und abwesen) 될 것인지 아닌지, 그리고 어떻게 그렇게 될는지, 인간은 결정하지 못한다"(GA9, 330). 단지 "우리는 기다리면서, 기다리는 그것을 열어놓아야만(offen) 할 뿐이"(GA13, 49)[195]며, 그것을 기독교는 '희망'이라고 명명할 수 있었다.[196]

지금까지의 논의를 통해 우리는 다음과 같은 결론에 이르게 된다.

---

193 Ricoeur, *The Conflict of Interpretations* (1988), 398-399. "'내게 요구하고 있는 그 어떤 것'은 인간으로부터 진행되어 나가는 것이 아니다. 인간에게 이르는 것이다."

194 Hummel, hg., *Das theologische Paradox* (1995), 3.

195 이러한 인간의 기다림의 태도와 관련하여 정재현은 다음과 같이 이야기한다. "참으로 다 깨부수어 버린다면, 그제야말로 그분이 무엇인가를 하실 것이다. 우리가 노심초사할 일이 아니다. [...] 결국 우리가 할 일은 망치로 깨부수는 것뿐이다. 그 뒤에는 그 분이 하실 것이다"(정재현, 『망치로 신-학하기』 (서울: 한울아카데미, 2006), 284).

196 진정한 신적인 희망이란 언제나 '희망할 수 없는 것을 희망함'일 뿐이다. 왜냐하면 만약 이미 실현될 가능성이 있는 어떤 것을 희망하는 것이라면, 그것은 인간의 욕망이 들어가 있는 기대함이지 신으로부터 오는 희망 그 자체는 아니기 때문이다. "희망이란 시련을 이겨내는 충실성이며, 이 시련을 관통하는 사랑의 끈기이지, 결코 보상이나 벌에 대한 비전이 아니다." 즉, 그것은 어떠한 대가와 보상도 기대하지 않고 현실의 불안을 인내하는 충실한 주체가 되는 일종의 계기이다(알랭 바디우/현성환 역. 『사도바울. 제국에 맞서는 보편주의 윤리를 찾아서』 [서울: 새물결, 2008], 183). 오히려 "그것(희망)이 [...] 희망할 수 없는 것을 희망할 수 있게 만든다"(Jürgen Moltmann, *Theologie der Hoffnung. Untersuchung zur Begründung und zu den Konsequenzen einer christlichen Eschatologie* [München: Chr. Kaiser, 1964], 26). 따라서 오직 "희망할 수 없는 경우에 '그럼에도 불구하고 바로 그렇기 때문에', 우리는 비로소 희망한다. 그리고 그 희망은 희망할 수 없는 것을 향한다"(정재현, 『티끌만도 못한 주제에』 [1999], 446). 벨테에 따르면, 이러한 신적인 희망, 즉 희망할 수 없는 것을 희망함은 아직 자신을 드러내지 않은 은폐된 신의 가르침, 즉 신성의 가르침이다. 그는 다음과 같이 말한다. "신성의 눈짓하는 사자들이란 무엇인가? [...] 그들은 희망할 수 없는 것에 대한 희망을 가르쳐준다"(Welte, *Denken in Begegnung mit dem Denken*., Bd. II/2 [2007], 176).

인간은 '가사자'이다. 그는 역사 안의 수많은 상징을 통해 임재하신 하나님의 흔적을 받아들이면서도 동시에 자신의 죽음을 통해 그 안에 고착되어버린 우상을 비워 마음이 가난해짐으로써 하나님이 드러날 자리를 준비해야 하는 자이다. 그래서 "그(인간)의 유한성은 [...] 신비를 위한 개방성이다."[197] 또한, 이처럼 인간이 비워놓은 이 자리에 임하실 분은 '무로서의 하나님'이다. 그 분은 피조물들을 위해 스스로를 비우시는 분이시기에 인간의 자기 비움을 요구함과 더불어, 신적인 더욱 충만함을 약속하시는 분이시다. 따라서 "만약 하나님을 방해하기 위해 우리의 힘을 발휘하는 대신 우리가 물러나서 그가 지나가게 한다면 [...] 케노시스적인 하나님의 충만함을 우리의 것으로 만들 수 있다."[198] 이러한 이유에서 우리는 환란 중에도, 시련 중에도, 고통 중에도, 죽음이라는 지우개를 통해 우리 자신을 지워 마음의 가난함을, 즉 하얀 캔버스를, 다시 말해 아무것도 그려져 있지 않은 장소를 준비해야 한다. 그럼으로써 우리는 언제 어디서 자신을 드러내실지 전혀 알 수 없는 하나님의 오심과 그분이 채워주실 더욱 충만함을 희망하고 준비하며, 기다려야 한다. 왜냐하면 환란과 고통 안에 놓여있는 죽음과 무의 경험이야말로 궁극적인 무로서의 하나님이 이미 우리의 고통스러운 무적 상황 안에서 자신을 드러내기 시작했다는 징표이기 때문이다.

> 오직 신만이 우리를 구원할 수 있습니다. [...] 부재하는 신에 직면하여 우리는 낮아져(사라져) 갑니다. [...] 우리는 신을 거기에서부터는 사유할 수 없습니다. 최고로 해봐야 기다림의 예비함을 일깨울 수 있을 뿐

---

197 Demske, *Sein, Tod und Mensch* (1984), 189.

198 MacGregor, *He Who Let Us Be* (1975), 185.

이지요.[199]

(오직) 내가 고통 가운데 있을 때, 여호와께 울부짖었습니다. 그러자 여호와께서 대답하시고 나를 넓은 터로 풀어 주셨습니다(setzte mich in einen weiten Raum).[200]

---

199 Heidegger, "Nur noch kann ein Gott uns retten!," *Der Spiegel* Nr. 23 (1976), 209. "Nur noch ein Gott kann uns retten. [...]; daß wir im Angesicht des abwesenden Gottes untergehen. [...] Wir können ihn nicht herbeidenken, wir vermögen höchstens die Bereitschaft der Erwartung zu wecken."

200 시편 118편 4-5절. 특별히 우리는 성서가 증거하고 있는 이러한 넓은 터(weiter Raum)를 하이데거가 이야기한 모든 만물의 존재의 터전, 즉 그 안으로 만물이 회집해 들어가는 그 고유하고, 평안하며, 조화로운 존재의 터로 이해할 수 있다. 하이데거는 다음과 같이 이야기한다. "영역 안으로 모든 것들이 회집해(versammelt) 들어가며, 도처에 편재하면서 자기 안에 일체만물을 조화롭게 어울리게 하면서 개방적으로 개시한다. '회집한다'(會集한다, Sammelung)는 것은 한적히 머무르는 동안에 널리 안주하도록 모아들이면서 되감싼다는 것이다. [...] 그 영역은 안주하는 넓은 터(Weite)에 체류하고 있다"(GA13, 47). 이러한 의미에서 본다면, 이 터에 거주함이란 신학적 의미에서, 자유롭게 풀려난 구원이라 말할 수 있으며, 우리는 이러한 '터와 구원의 공속성'을 하이데거 연구가인 고(故) 신상희의 다음과 같은 말 안에서 보다 분명하게 발견하게 된다. "우주만물이 하나로 어우러져 펼쳐지는 만물제동(萬物濟同)의 터전 안에 우리 자신이 늘 깨어 있는 삶의 방식으로 서 있게 될 때, 그리하여 존재의 진리의 한가운데에서 자신의 가장 고유한 본질(참나)을 발견하게 될 때, 오직 이때만이 우리는 결박에서 풀려나 진정한 자유를 누리게 될 것이다"(신상희, "동굴의 비유 속에 결박된 철학자, 플라톤", [2009], 194).

❚ 나가는 말 ❚

부정성의 신학을 위하여

이렇게 해서 본 연구가 목표로 삼았던 부정성의 신학은 인간과 하나님이 각각 자신들이 지닌 부정성, 즉 죽음과 무를 통해, 상호적인 '비움-충만'의 관계 안에 들어서 있음을 제시함으로써 마무리되었다. 이제 우리는 모든 논의를 마치면서 최종적으로 이러한 새로운 가능성의 개념화와 그 신학적 위치, 그리고 그것의 구체적이며 현실적인 적용을 다루어야 할 것으로 보인다.

우선 우리는 앞서 논의한 '비움-충만' 관계구도의 신학을 '원초적-신-인간학'(Prototheoanthropologie)이라 명명할 수 있으며, 이것은 곧 인간과 하나님 사이의 '비움-충만'의 관계로부터 신학의 논의를 시작함으로써 신학이 먼저인가, 혹은 인간학이 먼저인가로 오랜 시간 다투어 온 대결구도를 극복하는 새로운 신학적 가능성을 의미한다. 지금까지 신학은 '신학의 절대화'와 '신학의 인간학화'라는 두 가지 대립을 가지고 있었다. 다시 말해, '신학의 절대화의 오류'와 더불어, 그에 대한 반동으로서의 "신학은 인간학일 수밖에 없다."[1]는 경건의 고백이 여러 세대에 걸쳐 대립해왔다. 그러나 이제 앞서 살펴본 '가사자로서의 인간'의 비움 안에 '무로서의 하나님'이 도래해 들어오는 인간과 하나님 사이의 상호관계 안에서 이 둘 모두는 '원초적-신-인간학' 안으로 종합된다.

---

1 정재현, 『신학은 인간학이다』 (2003), 458.

왜냐하면 학문으로서 신학이 다루는 사태란 '신 그 자체'만의 것일 수도 없으며, 그렇다고 '신에 대한 인간의 경험'만의 것일 수도 없기 때문이다. 오히려 신학을 신학으로서 만들고 있는 근원적인 사태관계란 '신과 인간 사이의 상호적인 관계'라 말할 수 있다.

물론 '원초적-신-인간학'을 언급함에 있어 우리가 분명히 해야 하는 것은 이 신학방법론이 결코 앞서 언급한 '신학의 절대화'를 다시금 등장하게 만들려는 의도를 지니지 않았다는 사실이다. 오히려 이와 반대로 우리의 의도는 '현대적인 인간학의 신학에 대한 우위성', 즉 '신학의 인간학화'가 신학의 절대화 안에서 망각되고 있는 인간의 우상화, 자기절대화를 제거하는 '우상파괴', '자기 비움', 혹은 '부정 신학적 경건성'의 중요성을 함축하고 있다는 사실을 결코 버리지 않으려는 것에 있다. 다시 말해, '존재-신-론'으로서의 전통신학이 인간의 유한한 경험에서 비롯되었다는 사실을 망각하고, 자신의 종교적 경험만을 절대적인 것으로 간주해왔던 반면, 현대신학은 자기 자신이 사실상 인간학적 바탕 위에서 비롯될 수밖에 없다는 통찰을 통해, 신학의 자기비판, 자기성찰, 나아가 자기 비움의 중요성을 일깨워 주어왔으며, 이러한 이유에서 우리는 결코 신학을 인간학으로부터 재정립하려는 현대의 시도를 쉽게 간과해서는 안 된다.

그러나 그럼에도 불구하고, 우리가 잊지 말아야 하는 것은 신학이 '하나님에 대한 로고스'(Theos + Logos)라는 이중적인 사태 관계를 지시하고 있다는 점이다. 다시 말해, 신학은 결코 인간학이 말하는 우상파괴와 자기 비움의 경건성에만 머물러 있을 수 없으며, 오히려 그것을 넘어서는 어떤 인간과 하나님 사이의 상호적인 사태 관계를 말해야만 한다. 왜냐하면 가사자로서의 우리가 지니고 있는 부정성을 하나님 역시 무로서 함께 가지고 있으며, 바로 이 부정성을 통해 그가 우리에게 초월로서 들어오고, 반대로 우리가 그에게 초월화해 나아가는 동근원적인 사태가 역설적이게도 이미 현실에서 벌어지고 있기 때문이다. 그래서 "이렇게 정리된 신-인간학에 대한 내용의 울림은 (그저 쉽게) 들어 넘길 수 없는 것이다."[2]

렌취에 따르면, 초월이란 침입하는 초월과 넘어서는 초월의 이중성을 지닌다. "침입하는(einbrechender) 초월이란 신적인 것들이 인간적인 세계 안에로 갑작스럽게 침투해 들어오는 것이며, 넘어서는(übersteigender) 초월이란 그(인간)의 우연적이며, 짧게 살고 죽는 삶 안에서 인간이 고유하게 초월화함(Transzendieren)이다."[3] 그리고 이러한 이중적 초월은 스스로를 부정하며 앞으로 나아감의 근거인 부정성을 통해 끊임없이 현실 안으로 침투해 들어온다.

> 구체적인 삶의 현실의 중간에 있는 이러한 (초월) 차원들의 매개의 중심은 현재 안에서 개념파악될 수 있다. [...] 우리의 초월함은 구체적인 삶의 현실의 실존적-시간적 부정성 안에서 삶의 형식으로서의 (아리스토텔레스적인) 중용을 향해있다.[4]

내재하고 있는 인간의 부정성 안으로 신은 초월로서 침입해 들어

---

2 Michael Theunissen, *Pindar. Menschenlos und Wende der Zeit* (München: C. H. Beck, 2008) 236.

3 Rentsch, "Transzendenz, Negativität und Zeitlichkeit" (2011), 5.

4 Ibid., 9. "[D]ie Mitte der Vermittlung dieser Dimensionen inmitten der konkreten Lebenswirklichkeit, [ist] in der Gegenwart zu begreifen. [...] Unser Transzendieren ist in der existentiell-zeitlichen Negativitat der konkreten Lebenswirklichkeit auf diese Mitte als Lebensform ausgerichtet."

오고, 그럼으로써 인간은 자신을 넘어 초월할 수 있게 되며, 이러한 침입과 넘어섬의 이중적인 초월의 사태를 통해 이제 모든 현실적인 세계와 시간은 신이 자신을 드러낼 수 있는 장소가 된다. 그 안에서 신과 인간은 그 둘이 만나고 있는 이중적인 초월의 관계를 통해 현실 안에서 상호 '내뺌과 드러냄', 즉 '비움과 충만'을 반복한다. "이러한 신적인 초월과 인간적인 초월화 간의 관계를 토이니센(Michael Theunissen)은 매개하는 신-인간학(Theoanthropologie)으로 이해한다."[5] 즉, 신과 인간의 상호관계 안에서 본다면, 신학이란 신학 자체에도, 또한 인간학에도 머물 수 없으며, 오히려 그것은 인간의 내재적 부정성 안에 신이 들어와 주는 상호관계의 학으로서의 신-인간학이 되고, 나아가 신학과 인간학의 근거에 놓여있다는 의미에서 '원초적-신-인간학'(Prototheo-anthropologie)이라 명명될 수 있다.[6]

'원초적-신-인간학'은 인간의 부정성을 경시하고, 신의 전능성을 절대화함으로써 신학을 만학의 왕으로 삼았던 전통신학과 다르며, 또한 인간의 초월을 강조함으로써 신학을 인간학 안으로 흡수해버린 현대신학과도 전적으로 다르다. 오히려 이것은 인간과 신 모두의 부정성을 함께 인정하려는 괴로운 몸부림이지만, 우리의 시대에 주어진 신학의 절실한 과제일 수밖에 없다. 왜냐하면 이러한 부정성을 인정함으로써만 우리는 인간과 궁극자 그 둘을 현실에서 더 정확하게 경험할 수 있으며, 그럼으로써 그 둘 사이의 상호적인 '비움-충만'의 관계를 비로소 통찰할 수 있을 것이기 때문이다.

---

5 Ibid., 5.

6 Ibid. "현상학적, 해석학적 의미 기준적으로 보았을 때, 만약 우리가 원초적-신-인간학적 단초를 체계적으로 받아들인다면, 그것은 다시금 구성하는 초월과 구성된 초월의 상호적인 것, 즉 상호적, 변증법적 상관을 정확하게 파악하는 것에 연관된다고 말할 수 있다."

마지막으로 우리는 다음과 같은 물음에 대답하며 지금까지 논의되었던 부정성의 신학의 구체화를 나름대로 예측해보기로 한다. "그렇다면, 비움에서 더욱 충만함에 이르는 이 신-인-관계는 우리의 신학함의 현실에서 어떻게 구체화되어 적용될 수 있는가?"

첫째, 우리는 그것을 통해 존재함의 충만한 은혜를 새롭게 통찰할 수 있다. 존재자들이 현상하고, 계속적으로 유지되고 있다는 사실은 하나님이 자신의 고통을 감내하면서 베풀어주고 있는 은혜로서 새롭게 규정할 수 있다. 왜냐하면 신은 케노시스의 고통을 통해 창조하시는 분이시며, 또한 모든 피조물들이 그의 고통을 바탕으로 해서만 존재할 수 있기 때문이다. 다시 말해, "신은 끊임없이 창조하기 때문에, 신은 자신을 비우고 있고, 따라서 끊임없이 고통스러워하며"[7] 이러한 고통을 근거로 "하나님으로부터 만물의 존재가 나왔기에 만물은 가치를 지니고 있다. [...] 존재하는 것은 무엇이든 존재한다는 이유만으로 사랑받을 가치가 있다."[8] 따라서 우리는 존재자들의 피조성과 존재함이 그 어떤 것으로도 침범할 수 없는 신적인 차원 안에 놓여 있음을 통찰해야 하며, 나아가 그 어떤 것도 소중하지 않은 것이 없고, 바로 그 존재함 안에 하나님이 자신의 고통을 짊어지고 우리와 함께 현존하고 있음을 고백해야만 한다. 이러한 현존을 통해, "하나님의 영광은 모든 피조물이 충만하게 생동하는 것이며, 우리는 세계와 세계 안에 있는 모든 것을 사랑함으로써 하나님께 영광을 돌리기 위해 산다."[9] "그러므로 세계를 사랑함으로써(만) 하나님을 사랑할 수 있다. 우리는 하나님과 함께 있

7 MacGregor, *He Who Let Us Be* (1975), 187.

8 쉘리 맥페이그/장윤재·장양미 역, 『풍성한 생명. 지구의 위기 앞에 다시 생각하는 신학과 경제』 (서울: 이화여자대학출판부, 2008), 214.

9 앞의 책, 195.

기 위해 세계를 떠날 필요가 없다."[10]

둘째, 부정성의 신학은 기독교적 '성화'의 개념을 새롭게 회복할 수 있게 해주며, 이것은 곧 하나님의 창조의 고통에 대한 통찰을 통해, 하나님을 향하는 도상에 있는 인간의 성화 가능성이 긍정될 수 있음을 의미한다. 앞서 살펴보았던 것처럼, 인간은 죽을 수밖에 없는 자이며, 그래서 그는 언제나 자신의 부정성을 가지고 하나님의 경험에 연관될 수밖에 없다. 신이 떠나버린 현대의 허무주의 경험조차도 인간에게는 하나님에 대한 하나의 경험, 그러나 부정적인 경험에 속하며, 그래서 우리는 그분의 현존과 부재 모두에서 그분에 대한 경험을 발견한다. 이러한 의미에서 본다면, 인간이 살아가는 모든 삶은 신 경험에서 벗어날 수 없다. "무와 어둠의 경험(조차) '신의 어두움'에 대한 신뢰로 바뀔 수 있다."[11] 다시 말해, 우리는 우리 자신의 삶의 충만함도, 혹은 그것의 파괴됨도 언제나 하나님에 대한 하나의 경험 안에서 받아들일 수밖에 없으며, 그런 한에서 우리의 삶은 언제나 하나님을 향하는 유한한—하지만 하나님의 편에서 본다면, 영원한— 하나의 성화의 길인 셈이다.

셋째, 부정성의 신학은 우리로 하여금 악을 새롭게 규정할 수 있게 해준다. 우리는 '비움-충만의 신-인-관계 안에서' '악이 선의 결핍'이라는 아우구스티누스의 규정을 넘어, 정반대로 '선이 악의 결핍'이며, 그래서 끊임없이 부정성을 통해 악에 저항하고, 그 범위를 줄여나가는 것이 선의 본질임을 새롭게 통찰하게 된다. 다시 말해, 악이 선의 결핍이 아니라, 오히려 타락되고 가사적인 세상 안에서 실체를 가지고 있는 것은 악이며, 그것이 점차적으로 줄어듦을 통해 하나님 나라가 되어가

10 앞의 책, 50.

11 Welte, *Zur Frage nach Gott*, Bd. III/3 (2008), 151.

는 과정이 역사라 말할 수 있다. 이것은 무엇을 의미하는가?

우선 우리는 우리의 근원적 타락의 상황으로서의 원죄를, 즉 "유한성과 죽음의 문제를 죄와 악의 개념으로부터 분리시켜"[12] 규정할 필요가 있다. 인간은 죽을 수밖에 없는 자인데, 그것은 우리가 언젠가 존재함을 중단하고 무로 사라질 위험에 놓여있음을 의미한다. 그리고 인간은 이러한 한계 지어진 유한성에 대해 자각하고 있는 자이다. 다시 말해, 인간은 유한한 자이면서, 그 유한성을 알고 있는 자이기에, 그에게는 언제나 죽지 않으려 애쓰는 욕망이 함께한다. 죽을 수밖에 없다는 사실을 알고, 자신의 괴로움을 느낄 뿐만 아니라, 적극적으로 알고 있기 때문에 그는 그것을 해결하기 위해 움직인다. 그렇다면, 인간은 그것을 어떻게 해결하려 하는가?

그 해결책은 바로 자기가 더욱 더 존재하려는 것으로 나타난다. 왜냐하면 내가 더욱 더 안정적으로 존재하면 할수록, 그만큼 죽음에 대한 생각도, 죽음의 불안도 감추어지기 때문이다. 나는 나를 위해, 나의 유한성을 극복하기 위해, 나의 괴로움과 죽음을 피하기 위해, 나를 더욱 강하고 더욱 잘 존재하도록 만드는 것이다. "악이란 우리로부터 분리된 어떤 사물이나 사람 안에 있는 것이 아니라, 타자에게 열등성과 악을 투사시켜 그들을 억압하고 착취하는 억압 관계 안에 존재한다."[13] 왜냐하면 사람은 "죽음에 대한 의식과 불안을 알기 때문에, 죽음을 가지고 다른 사람을 위협"[14]하기 때문이다. 그렇다면, 자기만을 더욱 잘 존재하게 하는 이러한 경향은 자기를 제외한 나머지 존재자들에게 어

---

12 전현식, 『에코페미니즘과 신학』 (서울: 한들출판사, 2003), 90.

13 앞의 책, 79.

14 Moltmann, *Das Kommen Gottes* (1995), 113.

떠한 영향을 미치는가?

내가 더욱 굳건하게 존재하면 할수록 타자들의 존재는 약해진다. 왜냐하면 내가 무엇인가를 가져다가 내 자신을 위해 쓰면 쓸수록, 그리고 다음을 위해 저축해놓고 안정을 위해 노력하면 할수록, 그것을 위해 타자를 부리면 부릴수록, 타자는 반대로 더욱더 죽음에 가까워지고, 불안정해지며, 또한 고통당하게 되기 때문이다. 다시 말해, 나에게는 가장 좋은 선이라 보였던 것이 타자에게는 악이 된다. "악은 '잘못된 관계' 안에 존재한다."[15] 내가 더욱 편하게 존재하려고 하는 것이 타자에게는 고통이 된다. 나와 타자의 관계에서 나의 승리는 타자의 패배로 인식되면서 타자를 죽음으로 내몰며, 그것은 죄와 악의 형태로 드러난다. "죄는 삶을 자아의 중심에 두는 것, 자아를 스스로, 그 자체로 확립하려고 애쓰는 것이다. [...] 거짓된 삶은 이기적인 삶이다."[16] 그렇다면, 이에 비해 선한 삶이란 무엇을 의미하는가?

선한 삶이란 모든 것들이 잘 존재하기 위해, 다시 말해 모든 것들이 잘살기 위해, 내가 내 자신의 욕심이나, 내 자신의 안정감을 줄여나가는 것이다. 많이 가지는 것, 혹은 수명이 길어지는 것이 반드시 행복과 평안함을 지시하지는 않으며, 내가 타자를 억압하고 나의 욕심을 채운다면, 나의 존재는 결코 행복할 수 없다. 그래서 이러한 나눔, 연대, 그리고 스스로를 낮추어감이 바로 존재함 자체에 알맞은 선이다.

> 하나님의 질서는 자기 자신에게 집중하는 자아('이기심')가 중심 밖으로 밀려나고, 하나님에게 뿌리를 두고 이웃에 관심을 갖는 자아('신성

15 류터, 『가이아와 하느님』 (2000), 200.
16 맥페이그, 『풍성한 생명』 (2008), 54.

화')가 다시 중심이 되는 질서다.[17]

오히려 존재함이란 결코 혼자 살 수 없는 나눔의 작업이며, 다른 것들의 고통을 돌아보면서 스스로를 천천히 낮추어감이기에,[18] 이러한 의미에서 우리는 선을 이기적인 자아만이 영원히 존재하고자 하는 욕망의 실체화로서의 죄와 악이 결여되는 사건이라 말할 수 있다. 다시 말해, 선이란 자기의 욕심 때문에 타자에게 가해졌던 고통과 악을 줄여나감이다. 악이 선의 결핍이 아니라, 오히려 선이 악의 결핍이며, 제대로 살아감이란 한정된 시간과 공간 안에서 모두가 함께 타자를 위해 자신을 제한하며 살아감이다. "만약 우리가 모든 면에서 [...] 공동체 안의 존재라고 한다면, 어떻게 나의 선이 너의 선과 연결되지 않을 수 있으며, 어떻게 너의 쇠약함이 나의 쇠약함과 무관할 수 있단 말인가? 나 홀로 번영하는 것이 가능한가? 네가 고통받는다면 나도 고통받지 않을까?"[19] 그리고 이런 의미에서 선이란 악을 줄여나가는 것이다.

넷째, 바로 이러한 새로운 선-악 규정을 통해, 이제 '신은 선하다'라는 전통신학의 고백은 그 현대적 정당성을 새롭게 획득하게 된다. 왜냐하면 신은 자신을 비움으로써 우리를 유한함 안에서 존재하도록 해주며, 그의 희생이 바로 그의 선함의 모습 자체이기 때문이다. 가장 위험하고, 가장 비참한 곳에서 신이 드러난다고 이야기했던 앞서의 논의들은

---

17 앞의 책, 같은 곳.

18 MacGregor, *He Who Let Us Be* (1975), 149 참조. 따라서 악이란 자신을 비울 수 있는 자유에도 불구하고 오히려 그 소중함을 망각하고 오직 질투에만 얽매이는 인간의 모자란 본성에서 기인한 것에 불과하다. 즉, 인간의 모자란 본성 때문에 나타나는 이러한 악의 짐을 하나님은 더 많은 고통을 감내하면서 다시금 비워나가고 있는 것이다.

19 맥페이그, 『풍성한 생명』 (2008), 171.

바로 이것을 의미하며, "[…] 우리와 함께 하는 하나님의 행위가 모든 형태의 생명들을 풍요롭고 충만하게"[20] 만든다.

지금까지 논의한 것처럼, 하나님을 불러오는 것은 우리 모두의 가난함이다. 그러나 이 가난함에는 언제나 타자들의 충만함이 함께 있다. 왜냐하면 나와 타자들 사이의 비움과 충만이 반복되고, 아름답게 조화를 이룰 때, 그때 이미 신은 거기에 들어와 있기 때문이다. 그분은 우리의 비움과 충만의 조화를 따라서 스스로를 비우고 충만히 채우기를 반복한다. 우리의 비움이 있을 때, 신의 충만을 통해 그 악은 평정되고, 아름다운 조화만이 있을 것을 믿는다. 왜냐하면 선과 악이란 나의 비움과 나의 욕심에서 나오는 것이며, 그것은 존재라고 하는 유한성의 필연적인 양태이기 때문이다. 스스로를 비우는 것이 선이며, 스스로에 대한 지나친 욕심이 악이다. 신은 선하신 분으로 자신을 비워 존재자들을 존재하게 만든다. 이것은 곧 우리가 "'하나님처럼' 되어야 한다는 말이다. 그리스도인에게 이것은 그리스도를 따름으로써 그분처럼 되라는 것을 의미한다. 그리스도를 따른다는 것은 우리와 마찬가지로 살과 뼈로 이루어진, 이 세상에 속한 세속적인 인물을 따른다는 것을 뜻한다. 다시 말해, 기독교 성자들은 우리 모두, 즉 지구 위의 모든 피조물들이 충만하게 살도록 돕는 하나님의 행동에 초점을 맞추어야 한다."[21]

더욱 충만함을 함께 누리기 위해 우리는 우리 자신이 전지구적인 연대성 안에 상호 의존되어 있으며, 생성소멸의 순환 안에 있음을 통찰함을 통해 스스로를 비우면서 다른 것들을 위해 우리 스스로를 내주어야 한다. 오히려 세계 안의 모든 것들은 공동창조자이기에 서로가 서로

20 앞의 책, 276.

21 앞의 책, 28.

를 돕는 창조 과정에 적극적으로 참여되어 있는 하나이다. 이 인식은 기독교 신학에서 말하는 축제와 저항의 공동체 안에 세상 모든 것들이 참여하고 있다는 통찰이며, 모든 것들 간의 연대성 안에서 서로 함께 고통당하고, 그것을 이겨나가자는 신의 부름이다. "사실 이것은 그리스도 안에서 하나님이 하신 일이다. 그리고 이것이 그리스도를 따르는 우리가 해야 할 일이다."[22]

22 앞의 책, 201.

참고문헌

◇ 하이데거 (Heidegger)

Heidegger, Martin. *Identität und Differenz*. Frankfurt(M): Vittorio Klostermann, 2006. (Abkürzung: GA11)

______. *Bremer und Freiburger Vorträge*. Frankfurt(M): Vittorio Klostermann, 2005. (GA79)

______. *Seminare*. Frankfurt(M): Vittorio Klostermann, 2003. (GA15)

______. *Metaphysik und Nihilismus*. Frankfurt(M): Vittorio Klostermann, 1999. (GA67)

______. *Besinnung*. Frankfurt(M): Vittorio Klostermann, 1997. (GA66)

______. *Phänomenologie des religiösen Lebens*. Frankfurt(M): Vittorio Klostermann, 1995. (GA60)

______. *Phänomenologische Interpretationen zu Aristoteles. Einführung in die phänomenologische Forschung*. Frankfurt(M): Vittorio Klostermann, 1994. (GA61)

______. *Heraklit*. Frankfurt(M): Vittorio Klostermann, 1994. (GA55)

______. *Grundfragen der Philosophie. Ausgewählte 'Probleme' der 'Logik'*. Frankfurt(M): Vittorio Klostermann, 1992.(GA45)

______. *Grundbegriffe*. Frankfurt(M): Vittorio Klostermann, 1991. (GA51)

______. *Metaphysische Anfangsgründe der Logik im Ausgang von Leibniz*. Frankfurt(M): Vittorio Klostermann, 1990. (GA26)

______. *Beiträge zur Philosophie. Vom Er-eignis*. Frankfurt(M): Vittorio Klostermann, 1989. (GA65)

______. *Prolegomena zur Geschichtesbegriff der Zeit*. Frankfurt(M): Vittorio Klostermann, 1988. (GA20)

______. *Nietzsche. Der Europäische Nihilismus*. Frankfurt(M): Vittorio Klostermann, 1986.(GA 48)

______. *Unterwegs zur Sprache*. Frankfurt(M): Vittorio Klostermann, 1985. (GA 12)

______. *Grundbegriffe der Metaphysik. Welt-Endlichkeit-Einsamkeit*. Frankfurt(M): Vittorio Klostermann, 1985. (GA29/30)

______. *Aus der Erfahrung des Denkens*. Frankfurt(M): Vittorio Klostermann,

1983. (GA13)
______. *Parmenides*. Frankfurt(M): Vittorio Klostermann, 1982. (GA54)
______. *Holzwege*. Frankfurt(M): Vittorio Klostermann, 1977. (GA5)
______. *Wegmarken*. Frankfurt(M): Vittorio Klostermann, 1976. (GA9)
______. *Zur Sache des Denkens*. Tübingen: Max Niemeyer, 1976. (GA14)
______. *Grundprobleme der Phänomenologie*. Frankfurt(M): Vittorio Klostermann, 1975. (GA24)
______. *Sein und Zeit*. Tübingen: Max Niemeyer, 1972. (GA2)
______. *Schellings Abhandlung über das Wesen der menschlichen Freiheit* (1809). Tübingen: Max Niemeyer, 1971. (GA42)
______. *Nietzsche*. Vol. II (1939-1946). Pfullingen: Neske, 1961. (GA6II)
______. *Was heißt Denken*. Pfullingen: Neske, 1954. (GA8)
______. *Vorträge und Aufsätze*. Pfullingen: Neske, 1954. (GA7)
______. *Einführung in die Metaphysik*. Tübingen: Max Niemeyer, 1953. (GA40)
______. "Nur noch kann ein Gott uns retten!: Spiegel-Gespräch vom 23. 9. 1966", in: *Der Spiegel* Nr. 23 (1976).
하이데거, 마르틴/이기상·신상희·박찬국 역. 『강연과 논문』. 서울: 이학사, 2008.
______/이기상 역. 『존재와 시간』. 서울: 까치, 1999.
______/신상희 역. 『동일성과 차이』. 서울: 민음사, 2000.

◇ 예거, 융엘, 벨테 (Jäger, Jüngel, Welte)

Jäger, Alfred. *Gott. 10 Thesen*. Tübingen: J. C. B. Mohr (Paul Siebeck), 1980.
______. *Gott. Nochmals Martin Heidegger*. Tübingen: J. C. B. Mohr (Paul Siebeck), 1978.
Jüngel, *Eberhard. Entsprechungen. Gott-Wahrheit-Mensch*. München: Chr. Kaiser, 1986.
______. *Gottes Sein ist im Werden*. Tübingen: J. C. B. Mohr (Paul Siebeck), 1986.
______. *Tod*. Stuttgart: Kreuz Verlag, 1983.
______. *Gott als Geheimnis der Welt*. Tübingen: J. C. B. Mohr (Paul Siebeck), 1977.
______. "Gott entsprechendes Schweigen? Theologie in der Nachbarschaft des Denkens von Martin Heidegger," in: Martin Heidegger, *Fragen an sein Werk. Ein Symposion*. Stuttgart: Stuttgart Verlag, 1977.
______. *Unterwegs zur Sache. Theologische Bemerkungen*. München: Mohr

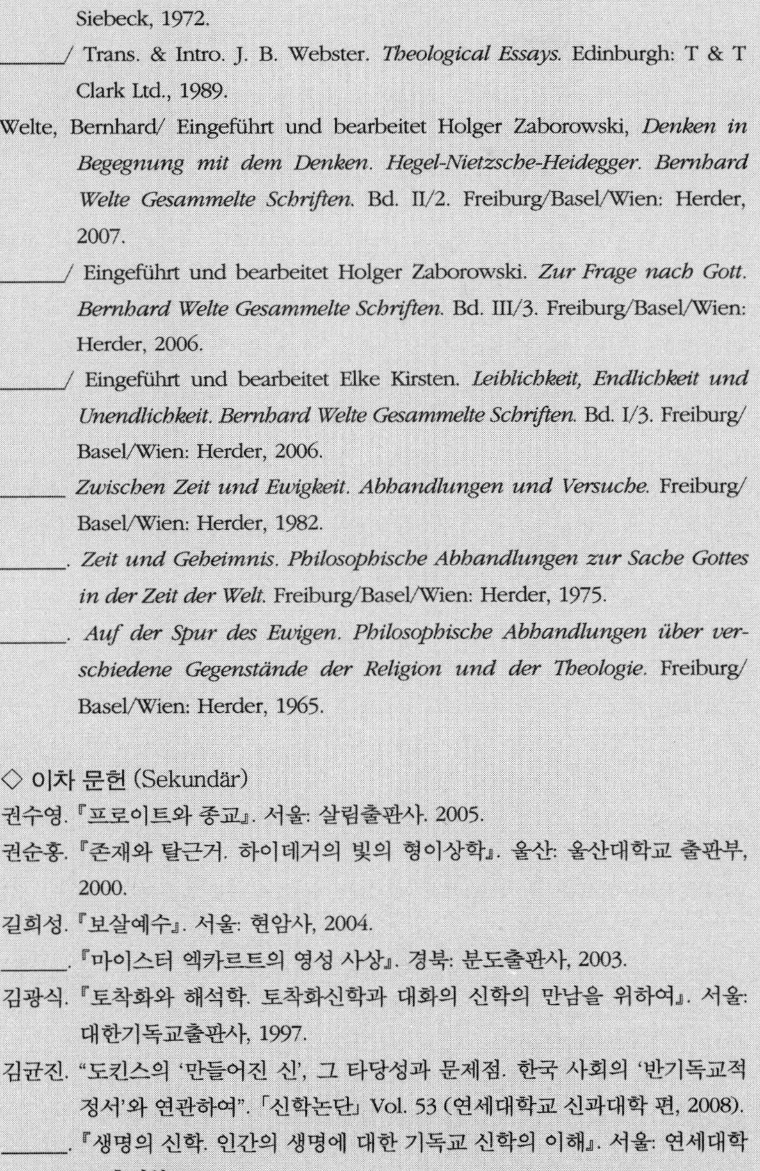

Siebeck, 1972.

______/ Trans. & Intro. J. B. Webster. *Theological Essays.* Edinburgh: T & T Clark Ltd., 1989.

Welte, Bernhard/ Eingeführt und bearbeitet Holger Zaborowski, *Denken in Begegnung mit dem Denken. Hegel-Nietzsche-Heidegger. Bernhard Welte Gesammelte Schriften.* Bd. II/2. Freiburg/Basel/Wien: Herder, 2007.

______/ Eingeführt und bearbeitet Holger Zaborowski. *Zur Frage nach Gott. Bernhard Welte Gesammelte Schriften.* Bd. III/3. Freiburg/Basel/Wien: Herder, 2006.

______/ Eingeführt und bearbeitet Elke Kirsten. *Leiblichkeit, Endlichkeit und Unendlichkeit. Bernhard Welte Gesammelte Schriften.* Bd. I/3. Freiburg/Basel/Wien: Herder, 2006.

______ *Zwischen Zeit und Ewigkeit. Abhandlungen und Versuche.* Freiburg/Basel/Wien: Herder, 1982.

______. *Zeit und Geheimnis. Philosophische Abhandlungen zur Sache Gottes in der Zeit der Welt.* Freiburg/Basel/Wien: Herder, 1975.

______. *Auf der Spur des Ewigen. Philosophische Abhandlungen über verschiedene Gegenstände der Religion und der Theologie.* Freiburg/Basel/Wien: Herder, 1965.

◇ 이차 문헌 (Sekundär)

권수영. 『프로이트와 종교』. 서울: 살림출판사. 2005.

권순홍. 『존재와 탈근거. 하이데거의 빛의 형이상학』. 울산: 울산대학교 출판부, 2000.

길희성. 『보살예수』. 서울: 현암사, 2004.

______. 『마이스터 엑카르트의 영성 사상』. 경북: 분도출판사, 2003.

김광식. 『토착화와 해석학. 토착화신학과 대화의 신학의 만남을 위하여』. 서울: 대한기독교출판사, 1997.

김균진. "도킨스의 '만들어진 신', 그 타당성과 문제점. 한국 사회의 '반기독교적 정서'와 연관하여". 「신학논단」 Vol. 53 (연세대학교 신과대학 편, 2008).

______. 『생명의 신학. 인간의 생명에 대한 기독교 신학의 이해』. 서울: 연세대학교 출판부, 2007.

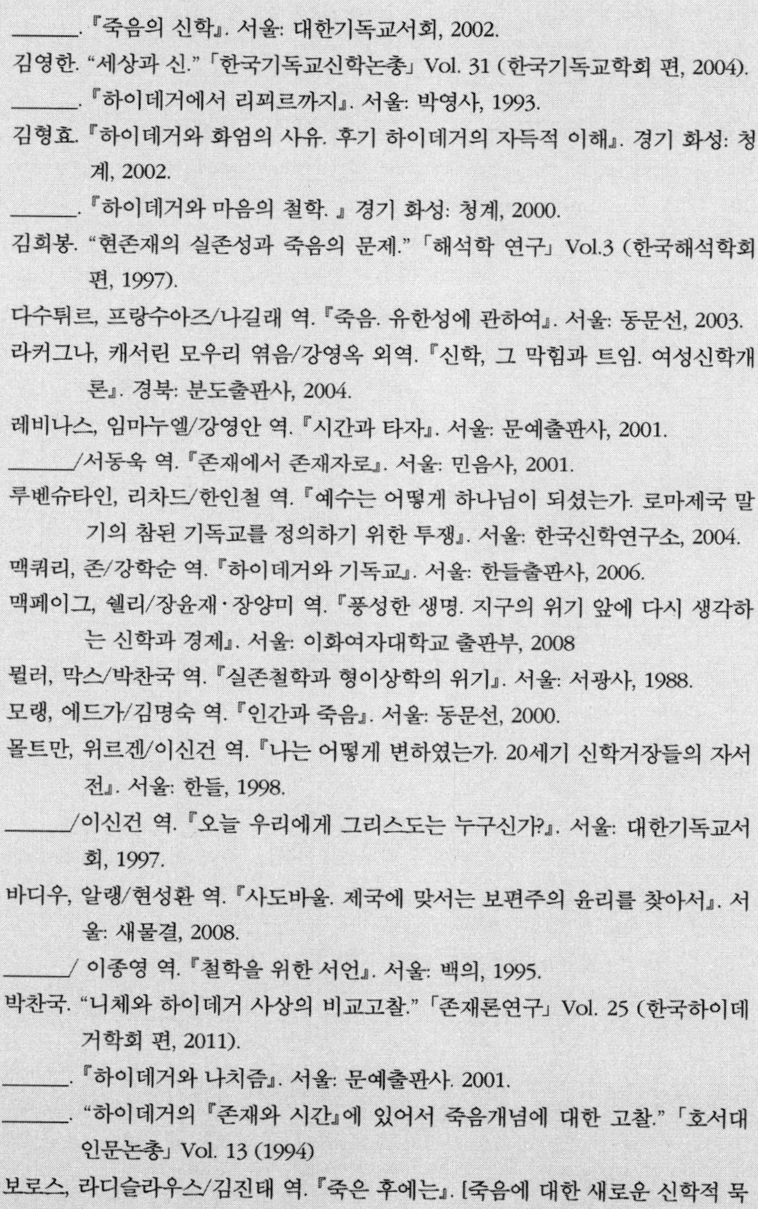

______. 『죽음의 신학』. 서울: 대한기독교서회, 2002.

김영한. "세상과 신." 「한국기독교신학논총」 Vol. 31 (한국기독교학회 편, 2004).

______. 『하이데거에서 리퍼르까지』. 서울: 박영사, 1993.

김형효. 『하이데거와 화엄의 사유. 후기 하이데거의 자득적 이해』. 경기 화성: 청계, 2002.

______. 『하이데거와 마음의 철학. 』 경기 화성: 청계, 2000.

김희봉. "현존재의 실존성과 죽음의 문제." 「해석학 연구」 Vol.3 (한국해석학회 편, 1997).

다수튀르, 프랑수아즈/나길래 역. 『죽음. 유한성에 관하여』. 서울: 동문선, 2003.

라커그나, 캐서린 모우리 엮음/강영옥 외역. 『신학, 그 막힘과 트임. 여성신학개론』. 경북: 분도출판사, 2004.

레비나스, 임마누엘/강영안 역. 『시간과 타자』. 서울: 문예출판사, 2001.

______/서동욱 역. 『존재에서 존재자로』. 서울: 민음사, 2001.

루벤슈타인, 리차드/한인철 역. 『예수는 어떻게 하나님이 되셨는가. 로마제국 말기의 참된 기독교를 정의하기 위한 투쟁』. 서울: 한국신학연구소, 2004.

맥쿼리, 존/강학순 역. 『하이데거와 기독교』. 서울: 한들출판사, 2006.

맥페이그, 셀리/장윤재·장양미 역. 『풍성한 생명. 지구의 위기 앞에 다시 생각하는 신학과 경제』. 서울: 이화여자대학교 출판부, 2008

뮐러, 막스/박찬국 역. 『실존철학과 형이상학의 위기』. 서울: 서광사, 1988.

모랭, 에드가/김명숙 역. 『인간과 죽음』. 서울: 동문선, 2000.

몰트만, 위르겐/이신건 역. 『나는 어떻게 변하였는가. 20세기 신학거장들의 자서전』. 서울: 한들, 1998.

______/이신건 역. 『오늘 우리에게 그리스도는 누구신가?』. 서울: 대한기독교서회, 1997.

바디우, 알랭/현성환 역. 『사도바울. 제국에 맞서는 보편주의 윤리를 찾아서』. 서울: 새물결, 2008.

______/ 이종영 역. 『철학을 위한 서언』. 서울: 백의, 1995.

박찬국. "니체와 하이데거 사상의 비교고찰." 「존재론연구」 Vol. 25 (한국하이데거학회 편, 2011).

______. 『하이데거와 나치즘』. 서울: 문예출판사. 2001.

______. "하이데거의 『존재와 시간』에 있어서 죽음개념에 대한 고찰." 「호서대 인문논총」 Vol. 13 (1994)

보로스, 라디슬라우스/김진태 역. 『죽은 후에는』. [죽음에 대한 새로운 신학적 묵상 Ladislaus Boros, *Sein und Werden nach dem Tod*』. 서울: 가톨릭대학교출판부, 2001.

비멜, 발터/신상희 역.『하이데거』. 서울: 한길사, 1997.

세계화 국제포럼/이주명 역.『더 나은 세계는 가능하다』. 서울: 필맥, 2005.

소광희.『하이데거, 존재와 시간 강의』. 서울 : 문예출판사, 2003.

신상희. "동굴의 비유 속에 결박된 철학자, 플라톤 - 하이데거가 바라보는 플라톤의 좋음의 이데아 성격과 진리 경험의 변화에 관하여."「철학연구」Vol. 84 (철학연구회 편, 2009).

______. "시 짓는 사유: 사유하는 시. 하이데거의 횔덜린 시론."「철학과 현상학 연구」Vol. 40 (한국현상학회 편, 2009).

______.『하이데거와 신』. 서울: 철학과 현실사, 2007.

______ .『시간과 존재의 빛. 하이데거의 시간이해와 생기사유』. 서울: 한길사, 2000.

신승환. "탈형이상학적 사유의 의미."「하이데거 연구」Vol. 20 (한국하이데거학회 편, 2009).

신옥수. "몰트만의 창조이해에 나타난 하나님의 케노시스."「한국조직신학논총」Vol. 27 (한국조직신학회 편, 2010).

심광섭.『탈형이상학의 하느님. 포스트모던 시대를 살아가는 사람들의 하느님 물음』. 대구: 이문출판사, 1998.

아리스토텔레스/조대호 역해.『형이상학』. 서울: 문예출판사, 2005.

아베, 마사오/변선환 엮음.『선과 현대신학. 종교부정의 이데올로기를 극복하는 길』. 서울: 대원정사, 1996.

아퀴나스, 토마스/정의채 역.『신학대전 1』. 서울: 바오로딸, 2002.

에크하르트, 마이스터/요셉 퀸트 편역/이부현 한역.『마이스터 에크하르트 독일어 논고』. 서울: 누멘, 2009.

오트, 하인리히/김광식 역.『사유와 존재』. 서울: 연세대학교 출판부, 1985.

______/김광식 역.『신학해제』. 서울: 한국신학연구소, 1983.

윤병렬. "하이데거의 죽음-해석학과 그 한계."「해석학 연구」Vol. 3 (한국해석학회 편, 1997).

이관표. "M. 하이데거, <존재와 시간>에서 '존재론적-실존론적 해석'의 의미와 적용에 대한 연구: 죽음, 양심, 탓이있음, 결단성, 그리고 앞서달려가보는 결단성 분석을 중심으로."「현대유럽철학연구」59집 (현대유럽철학회, 2020).

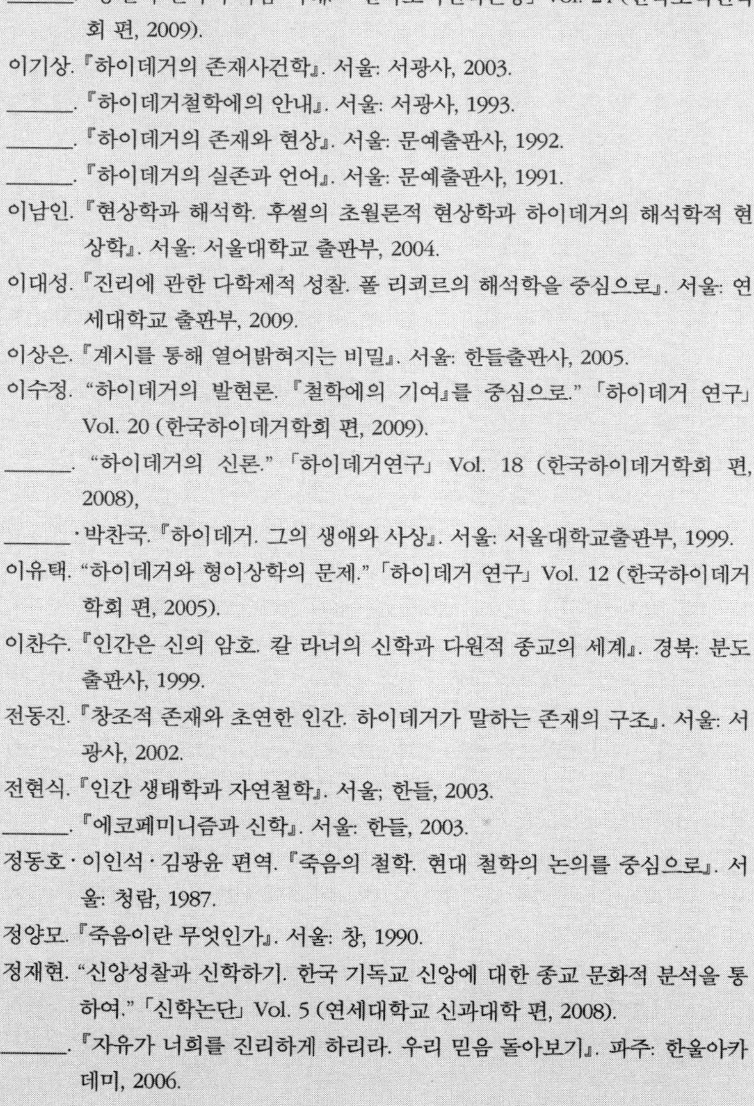

______. "하이데거 사상에서의 역설과 그 종교철학적 함의". 「존재론연구」 Vol. 25 (한국하이데거학회 편, 2011).

______. "융엘의 신학적 죽음 이해." 「한국조직신학논총」 Vol. 24 (한국조직신학회 편, 2009).

이기상. 『하이데거의 존재사건학』. 서울: 서광사, 2003.

______. 『하이데거철학에의 안내』. 서울: 서광사, 1993.

______. 『하이데거의 존재와 현상』. 서울: 문예출판사, 1992.

______. 『하이데거의 실존과 언어』. 서울: 문예출판사, 1991.

이남인. 『현상학과 해석학. 후썰의 초월론적 현상학과 하이데거의 해석학적 현상학』. 서울: 서울대학교 출판부, 2004.

이대성. 『진리에 관한 다학제적 성찰. 폴 리쾨르의 해석학을 중심으로』. 서울: 연세대학교 출판부, 2009.

이상은. 『계시를 통해 열어밝혀지는 비밀』. 서울: 한들출판사, 2005.

이수정. "하이데거의 발현론. 『철학에의 기여』를 중심으로." 「하이데거 연구」 Vol. 20 (한국하이데거학회 편, 2009).

______. "하이데거의 신론." 「하이데거연구」 Vol. 18 (한국하이데거학회 편, 2008),

______·박찬국. 『하이데거. 그의 생애와 사상』. 서울: 서울대학교출판부, 1999.

이유택. "하이데거와 형이상학의 문제." 「하이데거 연구」 Vol. 12 (한국하이데거학회 편, 2005).

이찬수. 『인간은 신의 암호. 칼 라너의 신학과 다원적 종교의 세계』. 경북: 분도출판사, 1999.

전동진. 『창조적 존재와 초연한 인간. 하이데거가 말하는 존재의 구조』. 서울: 서광사, 2002.

전현식. 『인간 생태학과 자연철학』. 서울; 한들, 2003.

______. 『에코페미니즘과 신학』. 서울: 한들, 2003.

정동호·이인석·김광윤 편역. 『죽음의 철학. 현대 철학의 논의를 중심으로』. 서울: 청람, 1987.

정양모. 『죽음이란 무엇인가』. 서울: 창, 1990.

정재현. "신앙성찰과 신학하기. 한국 기독교 신앙에 대한 종교 문화적 분석을 통하여." 「신학논단」 Vol. 5 (연세대학교 신과대학 편, 2008).

______. 『자유가 너희를 진리하게 하리라. 우리 믿음 돌아보기』. 파주: 한울아카데미, 2006.

______. 『망치로 신-학하기』. 서울: 한울아카데미, 2006.

______. 『신학은 인간학이다. 철학읽기와 신학하기』. 경북: 분도출판사, 2003.

______. 『티끌만도 못한 주제에. '사람됨'을 향한 신학적 인간학』. 경북: 분도출판사, 1999.

정기철. "융엘의 죽음의 신학." 「한국기독교신학논총」 Vol. 55 (한국기독교학회 편, 2008).

______. 『에버하르트 융엘. 진리의 현대적 해석자』. 서울: 살림, 2007.

존슨, 엘리사벳/함세웅 역. 『하느님의 백한번째 이름』. 서울: 바오로딸, 2000.

죌레, 도로테/정미현 역. 『말해진 것보다 더 말해져야 한다』. 서울: 한들출판사, 2000.

카푸토, 존/정은해 역. 『마르틴 하이데거와 토마스 아퀴나스』. 서울: 시간과 공간사, 1993.

케인스, 하워드/이명준 역. 『헤겔철학의 현대성. 역설, 변증법, 그리고 체계』. 서울: 문학과 지성사, 1998.

콘첼만, 한스/안드레아 린데만 개정증보/박두환 역. 『신약성서신학』. 서울: 한국신학연구소, 2001.

크라우스, H. J./박재순 역. 『조직신학』. 서울: 한국신학연구소, 1986.

포퍼, 칼 박영태 역. 『더 나은 세상을 찾아서』. 서울: 문예출판사, 2008.

퓔만, 호스트/이신건 역. 『교의학』. 서울: 한국신학연구소, 1990.

하르트만, 니콜라이/손동현 역, 『존재론의 새로운 길』. 서울: 서광사, 1997.

한국정신문화연구원 엮음. 『삶 그리고 죽음』. 서울: 대한교과서(주), 1995.

Abe, Masao "Kenotic God and Dynamic Sunyata." in: *The Emptying God. A Buddhist-Jewish-Christian Conversation*, Edited by John B. Cobb, Jr and Christopher Ives, NY: Orbis, 1990.

Altizer, Thomas. "Buddhist emptiness and the crucifixion of God." in: *The Emptying God. A Buddhist-Jewish-Christian Conversation*, Edited by John B. Cobb, Jr. and Christopher Ives. NY: Orbis, 1990.

______. *... daß Gott tot sei. Versuch eines christlichen Atheismus.* Zürich: Zwingli Verlag, 1968.

______. *The Gospel of Christian Atheism.* Philadelphia: Westerminster Pr., 1966.

______ & Hamilton, William. *Radical Theology and the Death of God.* Indianapolis: Boobs-Merrill, 1966.

Anelli, Aberto. *Heidegger und die Theologie. Prolegomena zur zukünftigen theologischen Nutzung des Denkens Martin Heideggers*. Würzburg: Ergon Verlag, 2008.

Arifuku, Kogaku. *Deutsche Philosophie und Zen-Buddhismus*. Berlin: Akademie Verlag, 1999

Barth, Karl. *Der Römerbrief*. Zürich: Schweiz, 1989.

______. *Die Auferstehung der Toten. Eine akademische Vorlesung über I. Kor. 15*. München: Chr. Kaiser, 1953.

______. *Die Kirchliche Dogmatik. Die Lehre von der Schöpfung*, III/2. Zürich: Theologischer Verlag Zürich, 1950.

______. *Die Kirchliche Dogmatik. Die Lehre von der Schöpfung*, III/3. Zürich: Theologischer Verlag Zürich, 1950.

Bouma-Prediger, Steven. *The Greening of Theology. The Ecological Models of Rosemary Radford Ruether, Joseph Sittler, and Jürgen Moltmann*. US: American Academy of Religion, 1995.

Bollnow, Otto F. *Existenzphilosophie*, Auflage 8. Stuttgart: Kohlhammer, 1954.

Bonhoeffer, Dietrich/ Eberhard Bertge. Hg. *Widerstand und Ergebung. Briefe und Aufzeichnungen aus der Haft*. München: Chr. Kaiser, 1970.

Bonsor, Jack A. *Rahner, Heidegger, and Truth: Karl Rahner's Notion of Christian Truth, Influence of Heidegger*. Lanham, Md.: Univ. Press of America, 1987.

Breidert, Martin. *Die kenotische Christologie des 19. Jahrhunderts*. Gütersloh: Gütersloher Verlagshaus, 1977.

Brunner, Emil. *Dogmatik. Bd. 2. Die christliche Lehre von Schöpfung und Erlösung*. Zürich: Theologischer Verlag Zürich, 1960.

Bultmann, Rudolf. *Glauben und Verstehen 4. Gesammelte Aufsätze*. Tübingen: J. C. B. Mohr (Paul Siebeck), 1993.

Buri, Fritz. *Der Buddha-Christus als der Herr des wahren Selbst. Die Religionsphilosophie der Kyoto-Schule und das Christentum* (Bern und Stuttgart: Paul Haupt Verlag, 1982).

Casper, Bernhard. "Das Versuchtsein des Daseins und das Freiwerden von den Götzen." in: *Herkunft aber bleibt stets Zukunft. Martin Heidegger und Die Gottesfrage*, Paola-Ludovica Corando. Hg. Frankfurt(M): Vittorio

Klostermann, 1998.

Caysa, Volker. *Das Seyn entwerfen. die negative Metaphysik Martin Heideggers.* Frankfurt(M)/Berlin: Verlag Peter Lang GmbH, 1994.

Celan, Paul. *Die Niemandsrose.* Frankfurt(M): Fischer Verlag, 1964.

Chen Yu-hui/ Vorwort Heinrichbeck. *Absolutes Nichts und rhythmisches Sein. Chinesischer Zen-Buddhismus und Hegelsche Dialektik als Momente eines interkulturellen philosophischen Diskurses.* Frankfurt(M): Peter Lang, 1999.

Colditz, Jens Dietmar. *Kosmos als Schöpfung. Die Bedeutung der Creatio ex nihilo vor dem Anspruch moderner Kosmologie.* Regensburg: S. Roderer Verlag, 1994.

Conze, Edward/ Übers. von Herbert Elbrecht. *Buddhistisches Denken.* Frankfurt(M): Schurkampf Verlag, 1988.

Coriando, Paola-Ludovica. *Der letzte Gott als Anfang. Zur ab-gründigen Zeit-Räumlichkeit des Übergangs in Heideggers "Beiträge zur Philosophie (Von Ereignis)."* München: Fink, 1998.

Crowe, Bejamin. *Heidegger's Phenomenology of Religion. Realism and Cultural Criticism.* Bloomington: Indiana Uni. Press, 2008.

Cullmann, Oscar. *Unsterblichkeit der Seele oder Auferstehung der Toten? Antwort des Neuen Testaments.* Stuttgart: Stuttgart Verlag, 1986.

Dabney, Lyle. *Die Kenosis des Geistes. Kontinuität zwischen Schöpfung und Erlösung im Werk des Heiligen Geistes.* Neukirchen-Vluyn: Neukirchener Verlag, 1997.

Demske, M. James. *Sein, Mensch und Tod. Das Todesproblem bei Martin Heidegger.* Freiburg/München: Verlag Karl Aber GmbH., 1984.

Denker, Alfred. *Historical Dictionary of Heidegger's Philosophy.* Lahm, Maryland, and London: The Sarecrow Press, 2000.

Doss, Richard. *The Last Enemy: A Christian Understanding of Death.* New York: Harper & Row, Publischers, 1974.

Dreyfus, H. & Wrathall. M. Eds. with introductions. *Heidegger reexamined, Vol. I. Dasein, Authenticity, and Death.* London and New York: Routledge, 2002.

______. Ed. with introductions. *Heidegger reexamined, Vol. II. Language and the Critique of Subjectivity*. London and New York: Routledge, 2002.

Ebeling, Gerhard. *Studium der Theologie. Eine enzyklöpödische Orientierung*. Tübingen: J. C. B. Mohr (Paul Siebeck), 1975.

______. *Wort und Glauben I*. Tübingen: J. C. B. Mohr (Paul Siebeck), 1960.

Ebeling, Hans. *Selbsterhaltung und Selbstbewußtsein. Zur Analytik von Freiheit und Tod*. Freiburg/München: Karl Alber Verlag, 1979.

______. Hg. *Der Tod in der Moderne*. Meisenheim am Glan: Anton Hain, 1979.

Eckhart, Meister/ Übers. Josef Quint/ Hg. und komment Niklaus Largier. *Werke I*. Frankfurt(M): Deutscher Klassiker Verlag, 1993.

Edwards, Paul. *Heidegger and Death: A Critical Evaluation*. La Salle, Illinois: Hegeler, 1979.

Eliot, Thomas. *Four Quartet*. London: Palgrave Macmillan, 1956.

Esposito, Constantino. "Die Gnade und das Nichts. Zu Heideggers Gottesfrage." in: *'Herkunft aber bleibt stets Zukunft.' Martin Heidegger und Die Gottesfrage*, Hg. Paola-Ludovica Coriando. Frankfurt(M): Vittorio Klostermann, 1998.

Farias, Victor/ Übers. von Klaus Laermann/ Vorwort von J. Habermas, *Heidegger und der Nationalsozialismus*. Frankfurt(M), Fischer, 1989.

Figal, Günter. *Heidegger*. Zur Einführung. Hamburg: Junius, 1996.

______. *Martin Heidegger: Phänomenologie der Freiheit*. Frankfurt am Main: Athenaum, 1988.

Fräntzki, Ekkehard. *Daseinsontolgie. Erstes Hauptstück*. Dettelbach: J.H. Röll Verlag, 1996.

Fuchs, Werner. *Die These von der Verdrängung des Todes*. Frankfurt(M), Frankfurter Hefte, 1971.

Fukushima, Yo. *Aus dem Tode das Leben. Eine Untersuchung zu Karl Barths Todes- und Lebensverständnis*. Zürich: Theologischer Verlag Zürich, 2009.

Gethmann-Siefert, Annemarie. *Das Verhältnis von Philosophie und Theologie im Denken Martin Heideggers*. Freiburg/München: Karl Alber Verlag, 1974.

Han, Byung-Chul. *Philosophie des Zen-Buddhismus*. Stuttgart: Philipp Reclam, 2008.

______. *Martin Heidegger. Eine Einführung*. München: Wilhelm Fink Verlag, 1999.

Hartig, Willfred. *Die Lehre des Buddha und Heidegger: Beiträge zum Ost-West-Dialog des Denkens im 20. Jahrhundert*. Konstanz: Konstanz Verlag, 1997.

Hegel, G. W. F. *Werke in 20 Bänden*, Hrsg, von Eva Moldenhauer und Karl Markus Michael, Bd. 16: *Vorlesungen über die Philosophie der Religion I*. Frankfurt(M): Suhrkamp Verlag, 1986.

______. *Die Phänomenologie des Geistes*. Frankfurt(M): Suhrkamp Verlag, 1972.

Hemming Laurence P. *Heidegger's Atheism - The refusal of Theological Voice*. Indiana: Notre Dame Univ. Press, 2002.

Hempel, Hans-Peter. *Heidegger und Zen*. Frankfurt(M): Hain, 1992.

von Hermann, Friedrich Wilhelm. *Wege ins Ereignis. Zur Heideggers "Beiträge zur Philosophie."* Frankfurt(M): Vittorio Klostermann, 1994.

______. *Subjekt und Dasein. Interpretationen zu "Sein und Zeit."* Frankfurt(M): Vittorio Klostermann, 1974.

______. *Die Selbstinterpretation Martin Heideggers*. Maisemheim am Glan: Anton Hain, 1964.

Hinman, Lawrence. "Heidegger, Edwards, and Being-toward-Death," in: *Southern Journal of Philosophy*, XVI (Fall, 1978).

Honneth, Andreas. *Das Paradox des Augenblicks. "Zarathustras Vorrede" und Nietzsche Theorem der "ewigen Wiederkunft des Gleichen."* Würzburg: Königshausen & Neumann, 2004.

Höring, Martin & Peter Leppin. Hg. *Der Tod gehört zum Leben. Sterben und Sterbebegleitung aus interdisziplinärer Sicht*. Münster: Lit Verlag, 2005.

Hummel, Gert. Hg. *Das theologische Paradox. Interdisziplinäre Reflexionen zur Mitte von Paul Tillichs Denken*. Berlin/New York: Walter de Gruyter, 1995.

Husserl, Edmund. *Die Krisis der Europäischen Wissenschaften und die transzendentale Phänomenologie. Eine Einleitung in die phänomenologische Philosophie*, Bd. VI. Haag: Martinus Nijhoff, 1976.

Immoos, Thomas. "Die Harfe, die von selbst tönt. Überlegungen zur

Inkulturation in Japan." in: Hilpert, Konrad; Ohlig, Karl-Heinz. Hg. *Der eine Gott in vielen Kulturen. Inkulturation und christliche Gottesvorstellung*. Zürich: Benzinger, 1993.

Inwood, Michael/ Übersetz. von David Bernfeld. *Heidegger*. Freiburg-Basel-Wien: Herder, 2000.

______. *A Heidegger Dictionary*. Oxford: Blackwell, 1999.

Ireton, Sean. *An Ontological Study of Death. From Hegel to Heidegger*. Pittsburgh, Pennsylvania: Duquesne Uni. Press, 2007.

Jung, Matthias. *Das Denken des Seins und der Glaube an Gott: Zum Verhältnis von Philosophie und Theologie bei Martin Heidegger*. Würzburg: Königshausen & Neumann Verlag, 1990.

Kamphaus, Franz. "Das Christuslied des Philipperbriefes. Ermutigung zur Predigt." in: *Das Evangelium auf dem Weg zum Menschen*. Hg. Ott Knoch. Frankfurt(M): Knecht Verlag, 1973.

Kant, Immanuel. *Kritik der Reinen Vernunft*. Hamburg: Felix Meiner Verlag, 1956.

Kienzler, Klaus. "Das Heilige im Denken Bernhard Welte." in: *Das Heilige im Denken. Ansätze und Konturen einer Philosophie der Religion*. Münster: Lit, 2005.

Kierkegaard, Sören/ Übers. Walter Rest, Günther Jungbluth und Resemarie Lögstrup. *Die Krankheit zum Tode. Furcht und Zittern. Die Wiederholung. Der Begriff der Angst*. München: Deutsch Taschenbuch Verlag, 2005.

______/ Übers. Emanuel Hirsch. *Vier erbauliche Reden 1844. Drei Reden bei gedachten Gelegenheiten 1845*. Gesammelte Werke 13/14. Köln & Düsseldorf: Gütersloher Verlagshaus Mohn, 1964.

Kirk, G. S. & Raven, J. E. & Schofield M. *The Presocratic Philosophers*. New York: Cambridge Univ. Press, 1983.

Kisiel, Theodore. *The Genesis of Heidegger's 'Being and Time.'* Berkeley, LA, London: California Univ. Press, 1993.

Knörzer, Guido. *Tod ist Sein?: Eine Studie zu Genese und Struktur des Begriffs "Tod" im Frühwerk Martin Heideggers*. Frankfurt(M): Verlag Peter Lang GmbH, 1990.

Kovacs, George. *The Question of God in Heidegger's Phenomenology*. Illinois: Northwestern Univ. Press, 1990.

Kroner, Richard. "Heidegger's Private Religion." in: *Union Seminary Quarterly Review* Vol. 11, no. 4 (1956).

Kroug, Wolfgang. "Das Sein zum Tode bei Heidegger und die Problem des Könnens und der Liebe." in: *Zeitschrift für philosophische Forschung* 7 (1953).

Lehmann, Karl und Albert Raffelt. Hrg. *Rechenschaft des Glaubens. Karl Rahner-Lesebuch*. Freiburg/Basel/Wien, Verlag Herder, 1979.

Lohner, Alexander. *Der Tod im Existentialismus. Eine Analyse der fundamentaltheologischen, philosophischen und ethischen Implikationen*. Paderbon: Ferdinand Schöningh, 1997.

Lovelock, James. *The Revenge of Gaia: Earth's Climate Crisis & the Fate of Humanity*. New York: Basic Books, 2006.

Lütkehaus, Ludger. *Nichts. Abschied vom Sein, Ende der Angst*. Zweitausendeins: Frankfurt(M), 2010.

MacGregor, Geddes. *He Who Let Us Be: A New Theology of Love*. NY: Seabury Press, 1975.

Macquarrie, John. *Heidegger and Christianity. The Hensley Henson Lectures 1993-1994*. New York: Continuum, 1999.

______. *Martin Heidegger. Makers of Contemporary Theology*. Cambridge: The Lutterworth Press, 1968.

Mansfeld, Jaap. Über. und Eräut. *Die Vorsokratiker I. Molesier, Pythagoreer, Xenophanes, Heraklit, Parmenides*. Stuttgart: Phillipp Reclam, 1999.

Marcuse, Herbert. "Die Ideologie des Todes." in: *Der Tod in der Moderne*, Hans Ebeling. Hg. Meisenheim am Glan: Anton Hain, 1979.

Marx, Werner. *Heidegger und die Tradition. Eine problemgeschichtliche Einführung in die Grundbestimmungen des Seins*. Hamburg: Felix Meiner, 1980.

May, Reinhard/ Trans. Graham Parkes. *Heidegger's Hidden Sources. East Asian influences on his Work*. London and New York: Routledge, 1996.

McFague, Sallie. *Metaphorical Theology*. Philadelphia: Fortress Press, 1982.

McGill, Arthur. *Suffering. A Test of Theological Method*. Philadelphia: The

Westminster Press, 1982.

Moltmann, Jürgen. *Im Ende - der Anfang. Eine kleine Hoffnungslehre*. München: Chr. Kaiser, 2003.

______. *Wissenschaft und Weisheit. Zum Gespräch zwischen Naturwissenschaft und Theologie*. Gütersloh: Chr. Kaiser, 2002.

______. *Das Kommen Gottes*. München: Chr. Kaiser, 1995.

______/ trans. Margaret Kohl. *The Way of Jesus Christ. Christology in Messianic Dimensions*. London: SCM Press, 1990.

______. *Trinität und Reich Gottes: Zur Gotteslehre*. München: Chr. Kaiser, 1980.

______. *Der gekreuzigte Gott. Das Kreuz Christi als Grund und Kritik christlicher Theologie*. München: Chr. Kaiser, 1972.

______. *Theologie der Hoffnung. Untersuchung zur Begründung und zu den Konsequenzen einer christlichen Eschatologie*. München: Chr. Kaiser, 1964.

Müller, Christian. *Der Tod als Wandlungsmitte. Zur Frage nach Entscheidung, Tod und letztem Gott in Heideggers 'Beiträge zur Philosophie.'* Berlin: Duncker & Humlot GmbH, 1999.

Münch, Armin. *Dimensionen der Leere. Gott als Nichts und Nicht als Gott im christlich-buddhistischen Dialog*. Münster: Lit, 1998.

Neske, Günter. Hg. *Erinnerung an Martin Heidegger*. Pfullingen: Neske, 1977.

Nietzsche, Friedrich/ Hg. Giorgio Colli & Mazzino. *Ecce Homo*. München: Deutscher Taschenbuch Verlag, 1999.

______. *Also sprach Zarathustra. Ein Buch für Alle und Keinen(1883-1885)*, Bd. VI-1. Berlin: Walter de Gruyter, 1974.

______/ Hg. Giorgio Colli & Mazzino. *Jenseits von Gut und Böse. Zur Genealogie der Moral (1886-1887)*, Bd. VI-2. Berlin: Walter de Gruyter, 1968.

Nishitani, Keiji/ Übers. von Dora Fischer-Barnicol. *Was ist Religion*. Frankfurt (M): Insel Verlag, 1982; 영역본: Trans. Intro J. van Bragt/ Forew W. L. King. *Religion and Nothingness*. Berkeley/LA/California: California Uni. Press, 1983.

Olin, Doris. *Paradox*. Chseham: Acumen, 2003.

Ott, Heinrich. *Denken und Sein. Der Weg Martin Heideggers und der Weg der Theologie.* Zürich: EVZ-Verlag, 1959.

Ott, Hugo. "Wege und Abwege: Zu Victor Farias' kritischer Heidegger-Studie." in: Günther Neske und Emil Kettering. Hg. *Antwort, Martin Heidegger im Gespräch.* Pfullingen, Neske, 1988.

Ozankom, Claude. *Gott und Gegenstand: Martin Heideggers Objektivierungsverdik und seine theologische Rezeption bei Rudolf Bultmann und Heinrich Ott.* Paderborn, München, Wien, Zürich: Schöningh, 1994.

Pannenberg, Wolfhard. *Systematische Theologie*, Bd. 1. Göttingen: Vandenhoeck & Ruprecht, 1988.

Parkes, Graham. Ed. *Heidegger and Asian Thought.* Honolulu: Hawaii Univ. Press, 1990.

Polt, Richard. *Heidegger. An Introduction.* New York: Cornell Univ. Press, 1999.

Pöggeler, Otto. *Philosophie und hermeneutische Theologie. Heidegger, Bultmann und die Folgen.* München: Wihlhelm Fink Verlag, 2009.

______. *Der Denkweg Martin Heideggers.* Pfullingen: Neske, 1983.

______. *Heidegger und die hermeneutische Philosophie.* Freiburg/München: Karl Alber, 1983.

Prudhomme, Jeff Owen. *God and Being. Heidegger's Relation to Theology.* New Jersey: Humanity Books, 1997.

Puntel, Lorenze. Sein und Gott. *Ein systematischer Ansatz in Auseinandersetzung mit M. Heidegger, E. Levinas und J.-L. Marion.* Tübingen: Mohr Siebeck, 2010.

Rahner, Karl. *Grundkurs des Glaubens. Einführung in den Begriff des Christentums.* Freiburg/Basel/Wien: Herder, 1991.

______. *Sacramentum Mundi*, Vol. 2. London: Burns and Oates, 1969.

______. *Schriften zur Theologie*, Bd. IV. Zürich: Benziger Verlag, 1967.

______. *Zu Theologie des Todes. Mit einem Exkurs über das Martyrium.* Freiburg: Herder, 1958.

Reid, Rennings. *Jesus, God's Emptiness, God's Fullness. The Christology of St. Paul.* Mahwah, N.J.: Paulist Press, 1990.

Rentsch, Thomas. "Transzendenz, Negativität und Zeitlichkeit. Fragen an

Michael Theunissen." 미발표논문 (2011).

______. *Gott.* Berlin: Walter de Gruyter, 2005.

______. Hg. *Martin Heidegger. Sein und Zeit.* Berlin: Akademie Verlag, 2001.

______. *Negativität und praktische Vernunft.* Frankfurt(M): Suhrkamp Verlag, 2000.

______. *Martin Heidegger - Das Sein und der Tod. Eine kritische Einführung.* München: Piper, 1989.

______. *Heidegger und Wittgenstein. Existential- und Sprachanalysen zu den Grundlage philosophischer Anthropologie.* Stuttgart: Klett-Cotta, 1985.

Richardson William. J. *Heidegger: Through Phenomenology to Thought.* The Hag Netherlands: Martinus Nijhoff, 1974.

Ricoeur, Paul / Übers. Andris Breitling und Henrik Richars Lesaar. *Das Rätsel der Vergangenheit: Erinnern-Vergessen-Verzeihen.* Essen: Wallstein Verlag, 1999.

______/ Edited Don Ihde. *The Conflict of Interpretations: Essays in Hermeneutics.* Evanton: Northwestern Univ. Press, 1974. (양명수 역, 『해석의 갈등』. 서울: 아카넷, 2001.)

Röhrig, Hermann-Josef. *Kenosis. Die Versuchungen Jesu Christi im Denken von Michail M. Tareev.* Leipzig: Benno Verlag, 2000.

Rombach, Heinrich. *Gegenwart der Philosophie.* Freiburg/München: Alber Verlag, 1988.

Römpp, Georg. *Heideggers Philosophie: Eine Einführung.* Köln: Marix Verlag, 2006.

Ruether, Rosemary R. *Gaia and God: An Ecofeminist Theology of Earth Healing.* San Francisco: HarperCollins, 1992. (전현식 역. 『가이아와 하나님. 지구 치유를 위한 생태 여성학적 신학』. 서울: 이화여자대학교출판부, 2000.)

______/ ed. Judith Plaskow and Carol P. Christ. "Sexism and God-Language." in: *Weaving the visions - New Patterns in Feminist Spirituality.* San Francisco: Harper Collins, 1989.

______. *New Woman/New Earth. Sexist Idealogies and Human Liberation.* New York: Seabury, 1975.

______. *Liberation Theology. Human Hope Confronts Christian History and*

American Power. New York: Paulist, 1972.

Schenk, Richard. *Die Gnade vollendeter Endlichkeit. Zur transzendental- theologischen Auslegung der thomanischen Anthropologie*. Freiburg: Herder, 1986.

Schneeberger, Guido. *Ergänzungen zur einer Heidegger-Bibliographie*. Bern: Selbstverlag, 1960.

Schulz, Walter. "Über den philsophiegeschichtlichen Ort Martin Heideggers." in: *Philosophische Rundschau* 1 (1953/54, Tübingen)

Siegmund, Georg. *Buddhismus und Christentum. Vorbereitung eines Dialogs*. Frankfurt(M): Josef Knecht, 1968.

Sinn, Dieter. *Ereignis und Nirwana: Heidegger, Buddhismus, Mythos, Mystik. zur Archäotypik des Denkens*. Bonn: Bouvier Verlag, 1991.

Sternberger, Adolf. *Der verstandene Tod. Eine Untersuchung zu Martin Heideggers Existential-Ontologie*. Leipzig: Hirzel, 1934.

Stomps, M. A. H. "Heideggers verhandeling over den dood en de Theologie." in: *Vox Theologoa* 9 (1938).

Strolz, Walter. "Das Nichts im Schöpfungswunder. Ein philosophischer Vermittlungen-versuch in biblischer Absicht." in: *Neue Zeitschrift für Systematische Theologie und Religionsphilosophie*. Band 38, Heft 1, (1996).

Theunissen, Michael. *Pindar. Menschenlos und Wende der Zeit*. München: C. H. Beck, 2008.

______. *Negative Theologie der Zeit*. Frankfurt(M): Suhrkamp Verlag, 1991.

Tillich, Paul. *Systematic Theology I*. Chicago: Chicago Univ. Press, 1965.

Tracy, David. "Kenosis, Sunyata, and Trinity." in: *The Emptying God. A Buddhist-Jewish-Christian Conversation*. Edited by John B. Cobb, Jr and Christopher Ives, NY: Orbis, 1990.

Tugendhat, Ernst. *Der Wahrheitsbegriff bei Husserl und Heidegger*. Berlin, Walter de Gruyter & Co., 1970.

Waldenfels, Hans. *Absolutes Nichts. Zur Grundlegung des Dialogs zwischen Buddhismus und Christentum*. Freiburg: Herder Verlag, 1976.

Waterhouse, Roger. *Heidegger Critique. A Critical Examination of the Existential Phenomenology of Martin Heidegger*. New Jersey: Humanities Press, 1981.

Webster, John. B. *Eberhard Jüngel. An Introduction to his Theology*.

Cambridge: Cambridge University Press, 1986.

Weiss, Thaddaeus. *Angst vor dem Tode und Freiheit zum Tode in M. Heideggers 'Sein und Zeit.'* Innsbruck, 1947.

White, Carol. Dasein, "Existence and Death." in: *Heidegger reexamined, Vol. I - Dasein, Authenticity, and Death*. H. Dreyfus & M. Wrathall, ed. with introductions. London and New York: Routledge, 2002.

Whitehead, Alfred. *Process and Reality*. New York: The Humanities Press, 1957.

William, Rodman. *Contemporary Existentialism and Christian Faith*. Englewood Cliff. N.J.: Prentice-Hall, Inc., 1965.

Winter, Stefan. *Heideggers Bestimmung der Metaphysik*. Freiburg/München: Karl Alber Verlag, 1993.

Wirtz, Markus. *Geschichte des Nichts. Hegel, Nietzsche, Heidegger und das Problem der philosophischen Pluralität*. Freiburg/München: Alber Verlag, 2006.

Wisser, Richard. Hg. *Martin Heidegger, Im Denken unterwegs*. Freiburg/München: Karl Alber, 1987.

Visser't Hooft, Willem Adolph. *Kingship of Christ*. New York: Harper & Row, 1948.

Wohlgschaft, Hermann. *Hoffnung angesichts des Todes. Das Todesproblem bei Karl Barth und in der zeitgenössischen Theologie des deutschen Sprachraum*. Paderbon: Ferdinand Schöningh, 1977.

Young, Julian. *Heidegger's Later Philosophy*. Cambridge: Cambridge Uni. Press, 2002.

Zaccagnini, Marta. *Christentum der Endlichkeit. Heideggers Vorlesungen: Einleitung in die Phänomenologie der Religion*. Münster-Hamburg-London: Lit Verlag, 2003.

Zimany, Roland Daniel. *Eberhard Jüngel's Synthesis of Barth and Heidegger*. London: University Microfilms International. 1980.

Zuidema, S. U. "De dood bij Heidegger." in: *Philosophia reformata* 12 (1947).

찾아보기Index